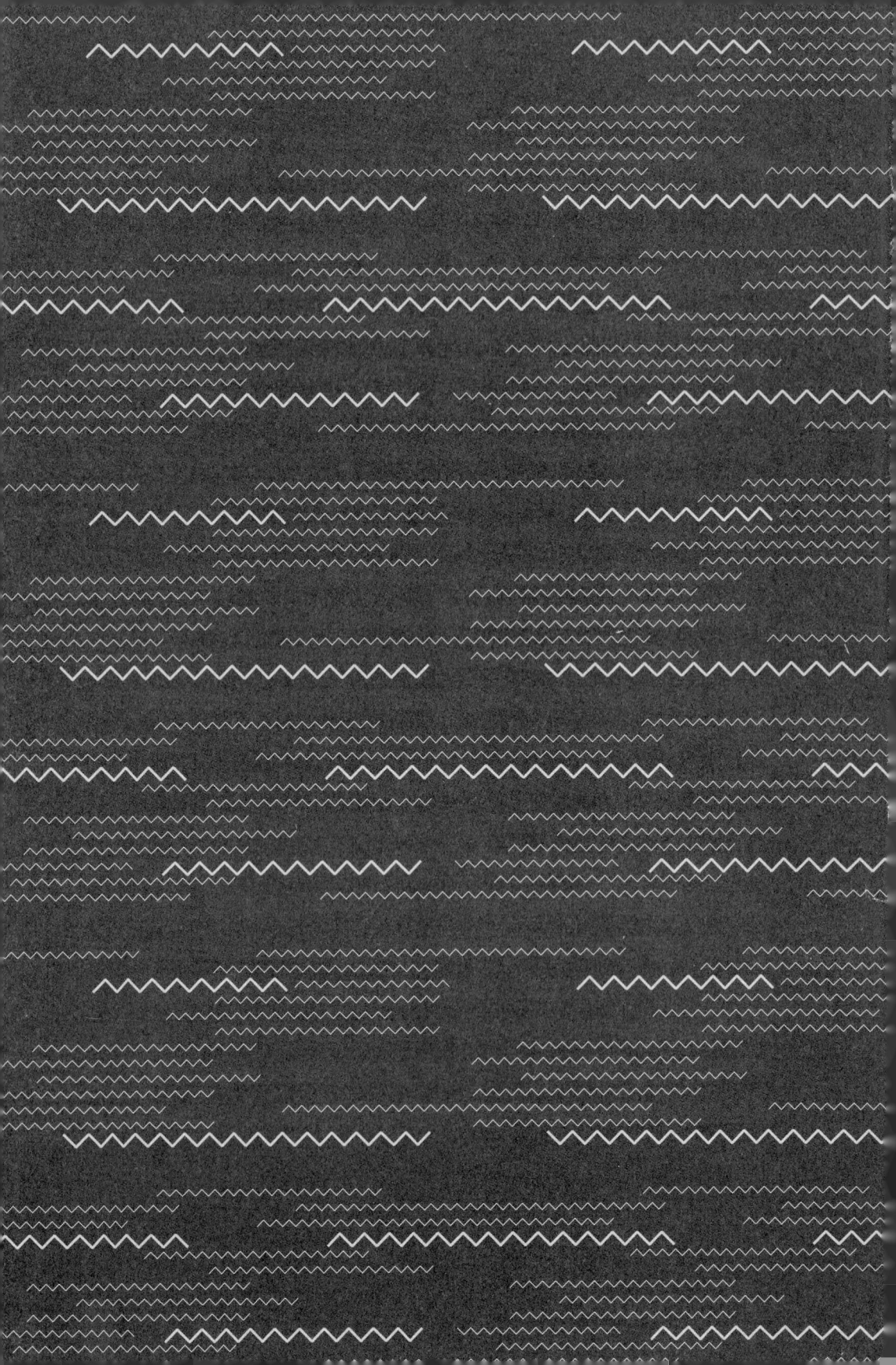

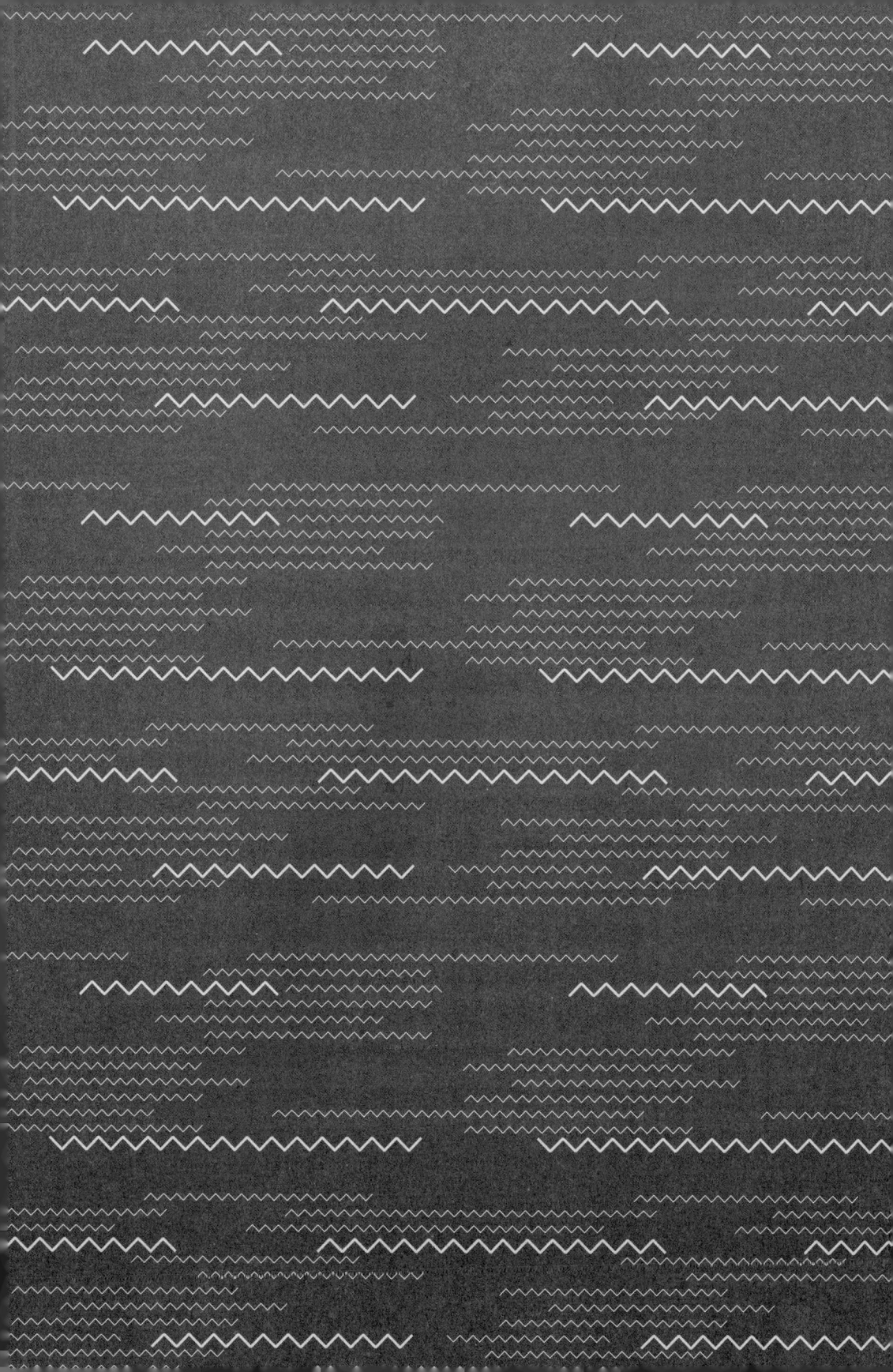

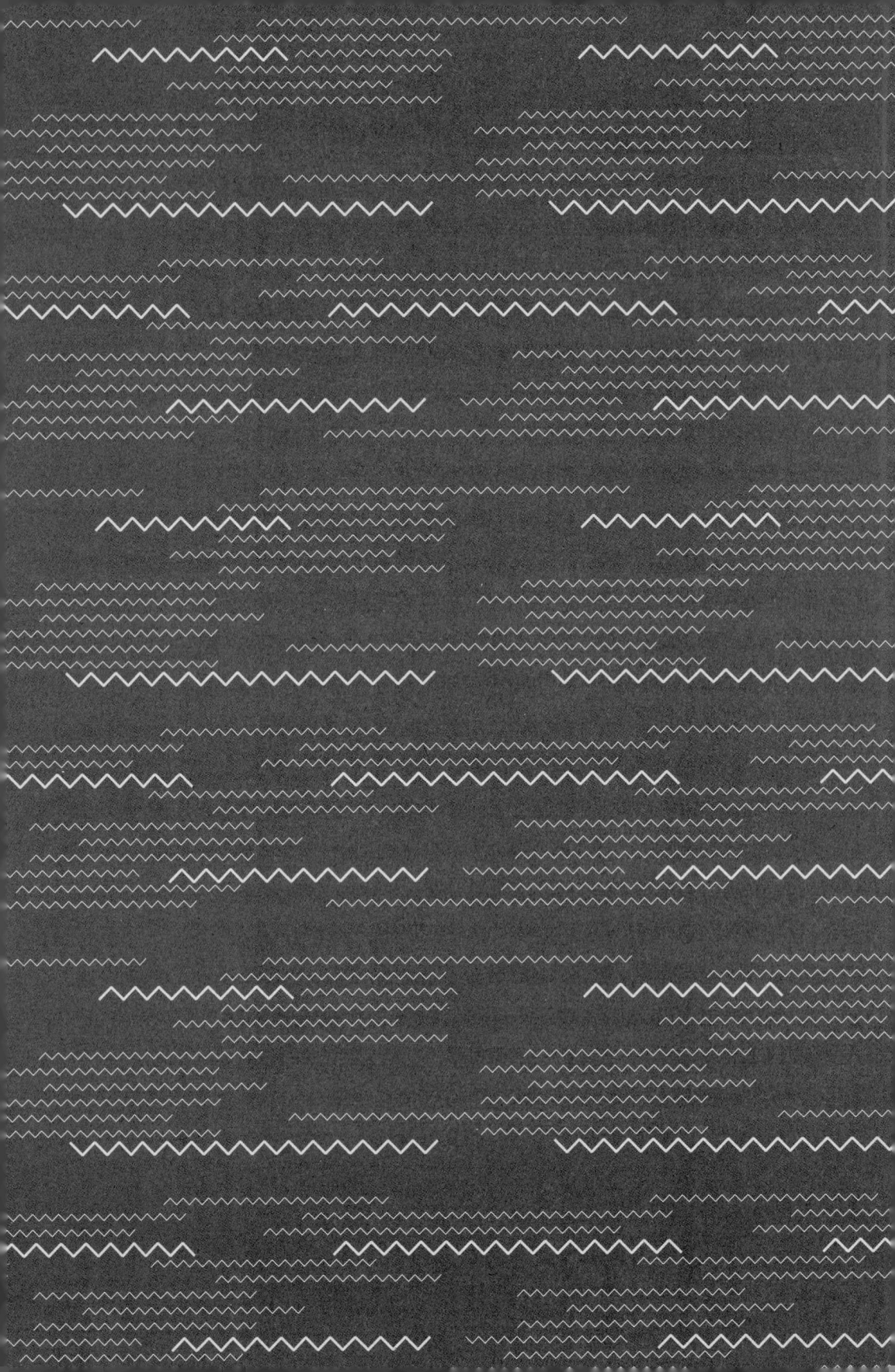

經濟戰爭時代

HOW THE GLOBAL ECONOMY BECAME A WEAPON OF WAR

CHOKEPOINTS

全球經濟如何成為
美國的戰爭武器

愛德華・費希曼
陶安禮 譯
EDWARD FISHMAN

CONTENTS

人物介紹　9
詞彙索引　13

前　言　**不戰而勝** ——————————————— 17

第 1 部　**打造鎖喉點** ——————————————— 29

1-1　│從雅典到伊拉克：經濟戰的千年戰史　30
1-2　│看不見卻支配世界的基礎設施　39
1-3　│當金融解放成為武器　44
1-4　│沙漠中的交易與權力交換　50
1-5　│美元規則：我們的貨幣，你們的風險　54
1-6　│穿西裝的經濟游擊隊　60
1-7　│小國試煉場　70

第 2 部　**伊朗與核彈之爭** ——————————————— 75

2-1　│技術官僚的隱形作戰　76
2-2　│伊朗對峙美國「紙老虎」　81
2-3　│高風險的經濟布局　88

2-4 ｜ 金融制裁教父——李維　96

2-5 ｜ 橄欖枝背後的盤算　105

2-6 ｜ 不是盟友就是目標　114

2-7 ｜ 資本大逃亡　120

2-8 ｜ 最後的金融堡壘　128

2-9 ｜ 一百比零的外交勝負　135

2-10 ｜ 冷熱交替的談判術　142

2-11 ｜ 壓倒性的經濟勝利　154

2-12 ｜ 凍結令：資產瞬間消失　165

2-13 ｜「世界又避開一場戰爭」的代價　175

2-14 ｜ 當世界金融成為黑魔法　184

第3部　俄羅斯的帝國擴張　193

3-1 ｜ 外交官的舞台　194

3-2 ｜ 巨熊的傷口與復仇　201

3-3 ｜ 烏克蘭廣場革命引爆點　210

3-4 ｜ 先瞄準，再開火　218

3-5 ｜ 制裁聯繫小組的祕密行動　229

3-6 ｜ 外科手術式的經濟打擊　236

3-7 ｜ 制裁俄羅斯的第一炮　247

3-8 ｜ 空難加劇的國際怒火　252
3-9 ｜ 制裁升級　258
3-10 ｜ 殘破不堪的經濟體系　265
3-11 ｜ 懸崖邊的俄羅斯　277
3-12 ｜ 來自莫斯科的黃金賄賂　285
3-13 ｜「壞思想」與內部危機　292
3-14 ｜ 搭黃金電梯找到活路　296

第4部　中國的科技稱霸野心 ── 309

4-1 ｜ 翻譯官與情報破口　310
4-2 ｜ 不負責任的「利益攸關者」　317
4-3 ｜ 醒來的那一刻：美中對撞　326
4-4 ｜ 百花齊放還是戰線混亂？　336
4-5 ｜ 第一個破口：中興通訊　345
4-6 ｜ 驗證案例：福建晉華　355
4-7 ｜ 華為中箭　361
4-8 ｜ 誤啟的科技戰　370
4-9 ｜ 後門與背叛　378
4-10 ｜ 對華為開出第二槍　385
4-11 ｜ 骨牌效應全面展開　393

4-12 ｜ 數位鐵幕落下　400

第5部　烏克蘭戰爭與經濟武器升級 ——— 411

5-1 ｜ 實戰派官員的反擊藍圖　412
5-2 ｜ 最完美的經濟戰計畫　417
5-3 ｜ 美國回來了　422
5-4 ｜ 戰爭前的歷史吶喊　425
5-5 ｜ 油價恐慌與能源戰　430
5-6 ｜ 入侵就是入侵　434
5-7 ｜ 蕭茲震撼與歐洲立場轉折　444
5-8 ｜ 銀行對決坦克　448
5-9 ｜ 潘朵拉的經濟盒子　454
5-10 ｜ 利率戰與戰爭同場競演　463
5-11 ｜ 虛幻貨幣與真實衝擊　468
5-12 ｜ 供需錯亂下的全球市場　474
5-13 ｜ 魔術方塊經濟的多重解法　479
5-14 ｜ 我們還有別的選擇嗎？　486
5-15 ｜ 經濟服務供應商大聯盟　493
5-16 ｜ 持久的經濟消耗戰　500
5-17 ｜ 分裂的世界市場　505

第 6 部　世界經濟的斷裂點 ──────── 515

6-1 ｜「小庭院，高圍牆」的全球新秩序　516
6-2 ｜世界爭搶經濟安全網　524
6-3 ｜打破鎖喉點的代價　529
6-4 ｜戰略博弈與最後結算　539

結　語　不可能的三位一體 ──────── 549

謝詞　561
資料來源附註　569
受訪者名單　571
地圖、圖表與圖片清單　573

人物介紹

大衛・柯恩（David Cohen）：律師，在 2011 年接替史都華・李維（Stuart Levey），擔任史上第二位美國財政部反恐暨金融情報次長；2012 年，負責監督加強對伊朗施壓的行動，包括針對伊朗中央銀行與石油收入的措施。

丹・弗瑞德（Dan Fried）：美國資深外交官，在 2013 年至 2017 年間擔任史上第一位美國國務院制裁政策協調員；在 2014 年俄羅斯併吞克里米亞（Crimea）後，為了促成歐美聯手制裁俄羅斯，帶頭展開美國和歐盟之間的外交斡旋。

馬克・柯克（Mark Kirk）：伊利諾州共和黨籍參議員，倡議積極制裁伊朗；在 2011 年共同發起《梅南德茲－柯克修正案》（Menendez-Kirk amendment），該法案明訂對伊朗中央銀行進行制裁，並制定了一項削減伊朗石油銷售量的計畫。

謝爾蓋・拉夫羅夫（Sergei Lavrov）：2004 年獲弗拉基米爾・普丁（Vladimir Putin）任命後，長期擔任俄羅斯外交部長；俄羅斯於 2014 年併吞克里米亞後，負責與美國國務卿約翰・凱瑞（John Kerry）進行談判，並在 2022 年俄羅斯全面入侵烏克蘭前，負責與安東尼・布林肯（Antony Blinken）國務卿談判。

史都華・李維（Stuart Levey）：律師，史上第一位財政部反恐暨金融情報部次長，任期介於 2004 年至 2011 年；他曾研擬一套將伊朗孤立於國際金融體系之外的策略，離開公職後，曾任匯豐集團（HSBC）法務長及 Diem 協會（Diem Association）執行長。

路傑克（Jack Lew）：2013 年至 2017 年擔任美國財政部長，鼓勵負責制裁事務的財政部官員和部裡的國際經濟學家合作，研擬制裁俄羅斯的懲罰措施；曾在一席著名的演說中警告濫用制裁的危險。

羅伯・萊特希澤（Robert Lighthizer）：貿易律師，在 2017 年至 2021 年間擔任美國貿易代表；向來對批判自由貿易直言不諱，川普政府對中國進口商品課徵的關稅便是他一手策劃。

鮑伯・梅南德茲（Bob Menendez）：紐澤西州民主黨參議員，力促歐政府對伊朗實施更嚴厲的制裁；在 2011 年共同發起《梅南德茲－柯克修正案》，該法案明訂對伊朗中央銀行進行制裁，並制定了一項削減伊朗石油銷售量的計畫。

史蒂芬・梅努欽（Steven Mnuchin）：2017 年至 2021 年擔任美國財政部長，前高盛公司（Goldman Sachs）銀行家；倡議自由市場，唯恐中美之間陷入經濟僵局，因而為了爭奪川普政府與北京當局之間的貿易談判控制權，常和萊特希澤相持不下。

艾爾薇拉・納比烏琳娜（Elvira Nabiullina）：自 2013 年起擔任俄羅斯中央銀行總裁，且長期擔任普丁的經濟顧問；分別在 2014 年與 2022 年負責統籌俄羅斯因應西方國家制裁的經濟對策。

維多利亞・盧嵐（Victoria Nuland）：美國資深外交官，在 2013 年至 2017 年間擔任歐洲暨歐亞事務助理國務卿；俄羅斯在 2014 年併吞克里米亞並入侵頓巴斯（Donbas）後，盧嵐便在美國的相關應對政策中扮演核心的角色。

博明（Matt Pottinger）：前駐華記者，在川普政府時期，先是擔任國家安全委員會（National Security Council）的亞洲事務處資深處長，後來升任國家安全委員會的副國家安全顧問；美國更強硬對付中國的政策的關鍵策劃者。

威爾伯・羅斯（Wilbur Ross）：私募基金投資圈老手，在 2017 年至 2021 年間擔任美國商務部部長；美國商務部在他的執掌之下，發展為與中國技術競爭的指揮中心，尤其倚重出口管制的實施。

畢裘恩・賽伯特（Bjoern Seibert）：歐盟執委會主席烏蘇拉・馮德萊恩（Ursula von der Leyen）的幕僚長兼親信顧問；俄羅斯在 2022 年全面入侵烏克蘭後，負責協調歐盟的俄羅斯制裁政策。

達利普・辛格（Daleep Singh）：前高盛公司交易員，在 2014 年俄羅斯併吞克里米亞之際任職於財政部，後來在拜登政府擔任副國家安全顧問，掌管國際經濟事務；他是 2014 年與 2022 年俄羅斯制裁政策的關鍵策劃者。

傑克・蘇利文（Jake Sullivan）：拜登總統執政時期的美國國家安全顧問；在俄羅斯於 2022 年全面入侵烏克蘭後，負責統籌與協調美國的應對政策，並宣布實施「小院高牆」策略，以阻止美國關鍵技術流入中國。

亞當・蘇賓（Adam Szubin）：在2006年至2015年間擔任美國財政部外國資產管制辦公室主任，後來升任反恐暨金融情報部次長；他是2015年伊朗核協議簽訂前幾年，美國的伊朗制裁政策的關鍵策劃者。

烏蘇拉・馮德萊恩（Ursula von der Leyen）：從2019年開始擔任歐盟執委會主席；在俄羅斯於2022年全面入侵烏克蘭後，提倡對俄羅斯採取嚴厲的政策，包括制裁以及對烏克蘭的軍事援助。

孟晚舟：華為公司（Huawei）財務長，亦是該公司創辦人任正非之女，被控違反美國制裁規定，在2018年遭加拿大主管機關逮捕。

維克多・亞努科維奇（Viktor Yanukovych）：2010年至2014年間擔任烏克蘭總統，他在烏克蘭廣場起義（Euromaidan，譯注：即烏克蘭親歐盟示威活動）期間遁逃到俄羅斯；普丁的盟友，倡議烏克蘭應與莫斯科建立更密切的關係。

珍妮特・葉倫（Janet Yellen）：經驗豐富的經濟學大老，曾在2014年至2018年間擔任美國聯準會（Federal Reserve）主席，後來還擔任拜登政府的財政部長；參與2022年俄羅斯制裁政策的核心要角之一，通常主張宜對制裁保持審慎態度。

賈瓦德・扎里夫（Javad Zarif）：2013年至2021年間擔任伊朗總統哈桑・羅哈尼（Hassan Rouhani）的外交部長；帶領伊朗團隊與美國國務卿凱瑞以及伊朗核問題六國（P5+1）的外交部長展開2015年核協議相關的談判。

任正非：華為公司創辦人暨執行長，一手將該公司打造為世界主要電信設備製造商，原為中華人民共和國解放軍軍官。

詞彙索引

凍結制裁（Blocking sanctions）：美國財政部最嚴厲的制裁形式；相關的罰則包括資產凍結與交易禁令，實質上等於斷絕制裁目標進出美國金融體系與存取美元的管道。

《對伊朗全面制裁、究責與撤資法案》（Comprehensive Iran Sanctions, Accountability, and Divestment Act，簡稱 CISADA）：這項法案在 2010 年由美國國會通過，經歐巴馬總統簽署，其內容威脅將對繼續和多數伊朗銀行交易的外國金融機構實施次級制裁（secondary sanctions）。

銀行間支付結算系統（Clearing House Interbank Payments System，簡稱 CHIPS）：美國的支付系統之一，是世界上最主要的大額美元交易結算機制。

通匯銀行（Correspondent bank）：為外國銀行業者提供中介服務的本國銀行業者，通匯銀行讓外國銀行得以使用國內的金融服務；位於美國的通匯銀行尤其重要，因為這些銀行讓外國銀行業者得以持有美元存款、進行美元計價的交易，並代表客戶完成跨境支付，讓客戶無須親自前往美國也能完成那些交易。

實體清單（Entity List）：由美國商務部負責管理的一份公開清單，用於識別受美國出口管制令約束的外國企業與個人；美國的公司行號在出售商品或技術給實體清單上的任何企業或個人以前，依法必須先取得許可證。

《外國直接產品規則》（Foreign Direct Product Rule，簡稱 FDPR）：美國商務部以此措施禁止對特定最終使用者出售以美國技術製造之商品；這項規定在 2020 年被用來對付華為，並因此變得鼎鼎有名。

外匯準備（Foreign exchange reserves，譯註；俗稱外匯存底）：一國中央銀行或貨幣主管機關所持有的資產，包含美元、歐元、英鎊和日圓等自由兌換貨幣，也包含黃金。外匯準備通常用於支撐本國貨幣的價值、支付進口貨款，以及履行國際償債義務等。

七大工業國集團（The Group of Seven，簡稱 G7）：由美國、歐盟、德國、法國、義大利、英國、加拿大與日本組成的民主陣營（歐盟是以「非列舉會員」〔non-enumerated member〕的身分參與七大工業國集團）；在 2014 年俄羅斯併吞克里米亞前，這個團體原本也包含俄羅斯，因此當時被稱為八大工業國集團。

國際事務辦公室（Office of International Affairs，簡稱 IA）：美國財政部轄下的部門之一，主要任務是促進美國經濟成長與防範全球金融不穩定。2014 年俄羅斯併吞克里米亞後，國際事務辦公室參與美國制裁政策的程度逐漸提高。

《國際緊急經濟權力法案》（International Emergency Economic Powers Act，簡稱 IEEPA）：賦予美國總統廣泛的職權，得以宣布「國家緊急狀態」，並對美國經濟體系行使非常的權力；這項法律是美國所有制裁政策

的基礎。

《伊朗與利比亞制裁法案》（Iran and Libya Sanctions Act，簡稱 ILSA）： 1996 年在美國國會通過的法案，試圖迫使外國企業停止投資伊朗能源產業；後來更名為《伊朗制裁法案》（Iran Sanctions Act，簡稱 ISA），這項法律是美國首度嘗試實施次級制裁的重大具體作為。

聯合全面行動計畫（Joint Comprehensive Plan of Action，簡稱 JCPOA）： 此即一般所知的伊朗核協議（Iran nuclear deal）。2015 年由伊朗與伊朗核問題六國（P5+1）之間達成的外交協議，以各國對伊朗減輕制裁，換取伊朗約束其核子計畫。

《梅南德茲－柯克修正案》（Menendez-Kirk amendment）： 美國國會在 2011 年年底通過的國防部年度支出法案修正案，明訂對伊朗中央銀行實施制裁，並制定了削減伊朗石油銷售量的計畫。

外國資產管制辦公室（Office of Foreign Assets Control，簡稱 OFAC）： 美國財政部轄下的機關之一，負責制裁政策的制定與強制執行。

伊朗核問題六國（P5+1）： 由聯合國安理會五個常任理事國（美國、中國、法國、俄羅斯與英國）外加德國組成的談判陣營，該陣營就伊朗核子計畫和伊朗展開談判，最終在 2015 年完成了「聯合全面行動計畫」。

油元（Petrodollars）： 石油出口國透過銷售石油所賺得的美元；通常被用來投資美國政府債券、公司債與股票、支付進口貨款，以及累積外匯準備。

特別指定國民及封鎖人員名單（Specially Designated Nationals and Blocked Persons List，簡稱 SDN List）：此為外國資產管制辦公室管理的公開名單，用以識別受到美國凍結制裁的外國企業與個人。

次級制裁（Secondary sanctions）：並非針對主要制裁目標，而是鎖定和主要制裁目標進行業務往來的外國銀行、企業或個人的經濟懲罰；舉例來說，如果某伊朗銀行成了美國的主要制裁目標，那麼和這家伊朗銀行做生意的中國銀行所受到的處分就構成了「次級制裁」。

環球銀行金融電訊協會（Society for Worldwide Interbank Financial Telecommunications，簡稱 SWIFT）：位於布魯塞爾的金融訊息服務機構，銀行業者普遍用它來收／發交易相關資訊；SWIFT 只用於分享支付指示，而不是用來結算支付。

反恐暨金融情報部（Office of Terrorism and Financial Intelligence，簡稱 TFI）：美國財政部轄下的部門之一，主要聚焦在制裁與反恐融資領域；負責監督外國資產管制辦公室與財政部內部的情報機關。

迴轉交易（U-turn transactions，譯註：俗稱掉頭式交易）：兩家非美國金融機構之間使用美國通匯銀行業者作為中介機構所進行的跨境交易，包括以美元完成的交易，也包括以美元作為兩種外幣間之兌換工具的交易；經常被用來作為美國金融制裁的鎖喉點。

前言
不戰而勝

　　世界上有些地方光靠地利之便就經常得以留名青史。貫穿伊斯坦堡市中心的博斯普魯斯海峽（Bosphorus）就是這樣一個地方，它標誌著歐洲與亞洲的分界線，黑海一帶的豐饒物資就是透過這條水道，被運往地中海各港口乃至遠洋國度。不同文明之間彼此貿易與爭權奪利的情節，經常在這個生機勃勃的交叉路口上演，而它自然也見證了許多帝國的興盛與衰亡。

　　西元前五世紀是古希臘主要城邦雅典的黃金時代，當時希臘各個城邦就是仰賴博斯普魯斯海峽來取得食物——它們的船隻在這條通道自由穿梭，裝好產自烏克蘭沃土的穀物[1]和來自克里米亞的魚乾後，便向南穿越博斯普魯斯海峽，朝雅典航行，一路上受到一連串帝國前哨基地與令人敬畏的雅典海軍保護。

　　雅典的最大死敵斯巴達對這件事了然於心。雅典和斯巴達之間的伯羅奔尼撒戰爭（Peloponnesian War）鏖戰了27年，直到斯巴達海軍在伊哥斯波塔米（Aegospotami）擊潰雅典艦隊，並取得博斯普魯斯海峽的控制權之後，整場戰爭才終於畫下句點[2]，當時雅典的糧食供應線遭到截斷，最終因飢荒而被迫屈從。博斯普魯斯海峽曾是雅典人的命脈，但雅

典人的帝國卻也因博斯普魯斯海峽而滅亡。

七個世紀之後，羅馬皇帝君士坦丁（Constantine）沿著這個海峽的兩岸建立了君士坦丁堡城（Constantinople），也就是當今的伊斯坦堡（Istanbul）。後來，君士坦丁堡城逐漸壯大為歐洲最大且最富裕的大都會，聖索菲亞大教堂（Hagia Sophia）雄偉的圓頂，成了當地天際線的最佳點綴。在鄂圖曼帝國於十五世紀發動攻擊之前的那一千多年裡，君士坦丁堡都扮演著東羅馬帝國的首都[3]。鄂圖曼帝國來襲之後，君士坦丁堡遭到長時間圍困後淪陷，而羅馬帝國的最後餘燼也就此熄滅。接著，鄂圖曼帝國以位處博斯普魯斯海峽的這個新首都[4]為起點，繁榮興盛了數個世紀之久。不過，鄂圖曼人也跟前人一樣，常為了抵禦其他覬覦這條海峽[5]的強國，而不得不費盡心力防禦外敵的入侵。一路上戰事綿延不絕，包括克里米亞戰爭（Crimean War）乃至第一次世紀大戰等。

這裡會成為一個屢屢創造歷史的地點絕非偶然——博斯普魯斯海峽正是典型的鎖喉點：它是對國際貿易至關重要的通道，控制它就等於掌握了巨大的力量，而封鎖它則足以讓敵人屈服。

2022年12月5日當天，正當俄羅斯對烏克蘭發動的殘酷戰爭在幾百英里外如火如荼進行之際，博斯普魯斯海峽的出海口也上演了一幕不祥的景象。舉目望去，一艘艘巨大的油輪魚貫而列，有些幾乎長達1,000英尺，阻塞了整個海上交通[6]。這些油輪在過境博斯普魯斯海峽時遭到阻攔，而航行停滯的消息很快就傳了開來。博斯普魯斯海峽是當今世界上最繁忙的船運路線之一，也是能源與糧食貿易不可或缺的動脈。如果它長期關閉，全球經濟將陷入一團混亂。

究竟是什麼問題導致這個僵局發生？

海上交通阻塞並非敵方的炮艦或戰艦所造成，也不是航運事故所導

黑海與博斯普魯斯海峽
白俄羅斯
華沙
波蘭
基輔
哈爾科夫
頓河
利沃夫
聶伯河
聶斯特河
烏克蘭
俄羅斯
斯洛伐克
聶伯城
頓內斯克
札波羅熱
布達佩斯
摩爾多瓦
匈牙利
尼古拉耶夫
馬里烏波爾
頓河畔羅斯托夫
奧德薩
赫爾松
亞述海
羅馬尼亞
克里米亞
貝爾格勒
布加勒斯特
賽瓦斯托波爾
新羅西斯克
塞爾維亞
多瑙河
黑海
索其
保加利亞
科索沃
索非亞
本地區
詳圖如下
喬治亞
北馬其頓
伊斯坦堡
阿爾巴尼亞
安卡拉
希臘
愛琴海
土耳其
0 英里 100 200 300 400
0 公里 200 400
底格里斯河
雅典
地 中 海
幼發拉底河
伊拉克
敘利亞
© 2024 Jeffrey L. Ward

黑海
博斯普魯斯海峽
土耳其
亞洲
博斯普魯斯海峽
歐洲
伊斯坦堡
0 英里 5 10
0 公里 10
馬摩拉海
© 2024 Jeffrey L. Ward

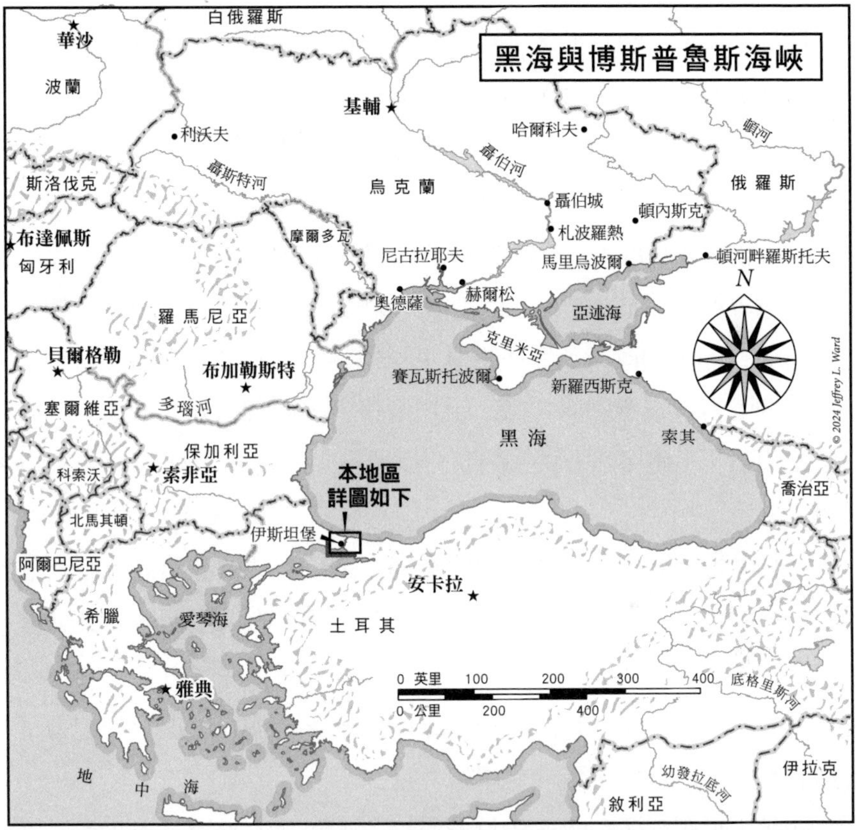

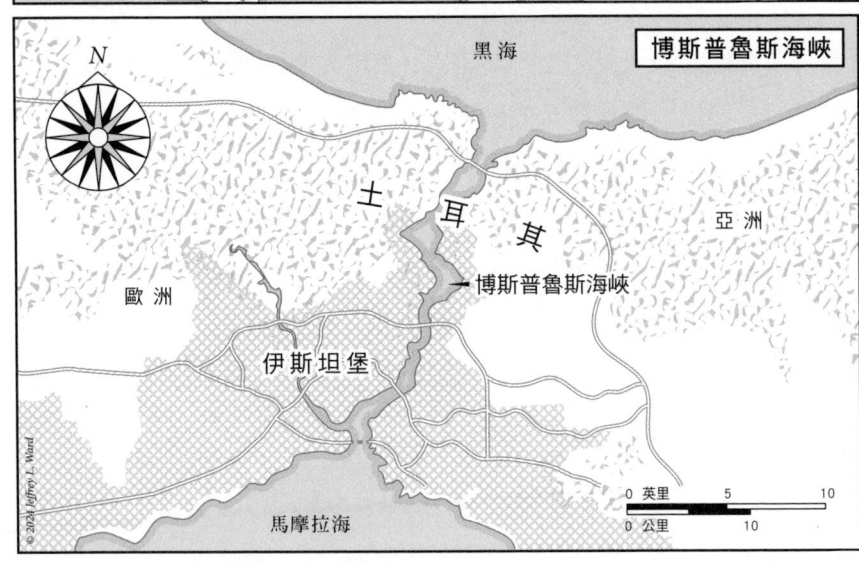

致（博斯普魯斯海峽有很多急轉彎，海流異常洶湧[7]，因此長久以來都存在相當高的航運事故風險）。導致海峽海運在 12 月那一天大打結的原因是：美國和其最親密的盟友共同頒布的新管制規定[8]在當天清晨 12 點 01 分正式生效。

根據新的管制規定，美國與歐洲企業不能再以每桶 60 美元以上的價格，為俄羅斯的原油提供海運、保險或融資的服務。這項所謂「價格上限」（price cap）的政策，旨在削減克里姆林宮的石油收入，從而削弱它在烏克蘭進行軍事活動的力量。這項價格上限確實對俄羅斯造成沉重的打擊，因為若不使用西方國家的服務與機構[9]，俄羅斯的石油貿易活動將幾乎停擺。

一般來說，俄羅斯必須使用向英國企業投保的歐洲籍油輪將石油運到海外，而且這些貨物是以美元計價。西方國家在海上保險領域掌握了近乎壟斷的勢力，不僅如此，95％以上的石油貨物保險更是由西方國家的保險公司所承保。如今，西方國家的政府正善加利用這股支配力量，遏止油元（petrodollar）流向克里姆林宮。

土耳其並未正式表態支持這項價格上限政策，不過，密切監控著博斯普魯斯海峽運輸流量的土耳其官員，卻也敏銳地體察到這項政策的寓意：任何一艘違反這項政策的油輪，都可能會失去保險的保障，這麼一來，一旦那艘油輪發生漏油或其他災難性意外，土耳其政府將首當其衝。於是，坐立不安的土耳其官員要求，唯有額外提供「已全額投保」證明的油輪[10]，才准許通過博斯普魯斯海峽，而這個要求就是導致當地海運壅塞不斷加劇的原因。追根究柢，遠在華盛頓的美國財政部，僅在官網上發布區區幾段管制術語[11]，就導致 5,000 多英里外原本熱鬧非凡的水道陷入交通癱瘓狀態。

Chokepoints

普丁入侵烏克蘭並造成大規模流血事件後，西方國家政府為壓縮俄羅斯經濟體系而採取了一系列行動，這個價格上限措施就是其中的最新手段。在這整場施壓作戰行動中，西方國家對俄羅斯實施的每一項經濟制裁，都和這個價格上限措施很類似：相關的管制規定都很單純，而且都是在一群鮮為人知的美國與歐洲文官大筆一揮之後立即頒布。但這些單純的管制規定卻激起極大的漣漪，帶來廣泛而深遠的影響。它們重組了世界各大強國之間的關係，並勾勒出全新的國際秩序藍圖。

對俄羅斯發動的這一系列經濟攻勢，緣自美國外交政策上的一大非凡演進：面對迫在眉睫的全球安全挑戰，美國轉為優先仰賴經濟彈藥庫裡的武器—以制裁為主—而非訴諸軍事武力。事實上，經濟武器已存在數個世紀之久，不過，過去 20 年，無論是這些武器的成熟度或它們造成的影響，都更突飛猛進。歷經半個世紀的全球化（globalization）與新自由主義（neoliberal）改革，世界經濟體系已變得緊密相連，正因如此，美國官員的行動才能以石破天驚的速度，在全球各地造成巨大的衝擊。

這就是經濟作戰[12]，也是美國對於今日最重要的地緣政治戰鬥的參戰方式。從阻礙伊朗發展核武，到遏制俄羅斯的帝國主義，乃至阻止中國追求世界主宰地位等，美國都是運用經濟彈藥庫來完成戰鬥任務。

在這個過程中，世界經濟體系也成了一個戰場。這個戰場的武器形式是制裁、出口管制與投資禁令等，而指揮官也不是陸軍或海軍的將領，而是律師、外交官和經濟學家；其士兵不是勇猛頑強且自願從軍的男男女女，而是一心尋求利潤最大化的企業高階主管，只不過，這些企業高階主管到頭來常會發現，他們除了聽命於華盛頓當局的「軍令」，別無選擇。而且，美國在這些戰鬥中的實力並非來自龐大的國防預算，而是來自它在國際金融與科技領域的龍頭地位。

這是一種全新型態的戰爭，但自古以來，經濟作戰早已存在。

1958年時，諾貝爾經濟學獎得主兼核子策略專家湯瑪斯・謝林（Thomas Schelling）[13]，就把經濟作戰定義為「對其他國家造成損害或威脅將對其造成損害，以達施壓目的之**經濟**手段[14]。」誠如謝林指出的，經濟戰爭與傳統戰爭之間的差別在於戰爭發動的**方式**：制裁對手的往來銀行業者，屬於經濟戰的行動，而用彈藥轟炸那一家銀行，則屬於傳統戰爭的行動。這兩種行動雖都旨在讓那一家銀行關門大吉，卻是以截然不同的方式來實現這個相同的目標。這就是政策制定者如此難以抗拒經濟作戰的主要原因：本質上來說，經濟作戰的戰術是**非暴力的**。而當今的經濟戰爭之所以有別於以往，原因在於眼前這個高度互相依存的世界經濟體系，已強化了經濟戰爭的影響，並使經濟戰爭的餘波變得難以控制。

艾倫・葛林斯潘（Alan Greenspan）剛從美國聯邦準備理事會（Federal Reserve，以下簡稱聯準會）主席退休不久後，有人問他在2008年總統大選時支持哪位候選人，他的回答巧妙地概述了當時盛極一時的經濟觀。他說：「撇開國家安全不談，誰當下一任總統，幾乎沒有差別。這個世界是受市場力量統治[15]。」這就是冷戰後的新自由主義秩序——這個秩序是大型跨國企業為了自身利益而一手建立，而這些企業的執行長也因此成了歷史上的新泰斗，華盛頓、北京或任何其他世界級首都的公職人員都只不過是旁觀者，偶爾出面盡一點管理的責任罷了。

不是只有葛林斯潘做出這樣的評斷。美國金融家華特・瑞斯頓（Walter Wriston）也在1988年寫道：「快速發展的全新國際金融體系，並非由政治人物、經濟學家、央行官員或財政部長所建立，它的整體藍圖

也非高層國際會議所擘劃。」相反的,這個金融體系是「以電信與電腦將整個地球互相連結在一起的男男女女」以及「立即利用這個全新的全球電子基礎建設[16]來推動其交易」的銀行從業人員所打造。從1960年代到1980年代中期一直領導花旗銀行的瑞斯頓,堪稱那個時代最有權勢的銀行家之一。他兩度婉拒擔任美國財政部長,因為他深知,身為華爾街頂尖企業的執行長[17],即使他接任公職,也不會賦予他原本未曾享有的任何經濟或政治特權。

瑞斯頓在蘇聯解體一年後的1992年,發表了《主權的黃昏》(暫譯,The Twilight of Sovereignty)宣言,他在當中預測,隨著金融與資訊科技的雙重動力已取得左右歷史的影響力,各國政府將變成隨時會被淘汰的過時存在。大型跨國企業將把全球供應鏈編織在一起,進一步鞏固產業界對政治的支配力量。瑞斯頓主張:「長期下來,隨著這些聯盟持續成長[18]並壯大,政治人物將愈來愈難以讓這個興起中的全球經濟體系恢復原狀,他們監理國民生活的權力正日益式微,未來也將愈來愈難以重新掌權。」瑞斯頓當年筆下描述的,正是我們今日稱為『全球化』的進程。

全球化的經濟體系看起來就像一部自主的機器,傳統的政府機構無法插手它的運作[19],不過,它絕對不是去中心化的(decentralized)。諸如葛林斯潘等新自由主義改革者一手創建的這個體系,其實是以美元為中心,而美元在購買石油乃至投資資本等方方面面的作用力也持續增長——即使美國在二次世界大戰後取得的貿易主導地位早已開始式微,美元勢力的增長趨勢卻仍在延續。在此同時,諸如瑞斯頓等企業執行長還打造了一個讓銀行業者與企業得以光速轉匯資金的中心化(centralized)金融網路[20]。諸如瑞斯頓等企業執行長的動機,其實和其他所有試圖打造基礎設施並訂定標準的企業執行長一樣單純:他們只不過

是想藉此收取某種使用費,從而獲取巨額的利潤罷了。

不過,葛林斯潘、瑞斯頓以及其他類似的全球化推手在發展與連結這些系統的過程中,也創造了某些其他產物,那就是鎖喉點。事實證明,這些鎖喉點[21]很容易淪為被政治不當利用的工具。

歷史上不乏藉由控制諸如博斯普魯斯海峽等地理鎖喉點,來興起或求生存的強國。而在這個全球化的經濟體系,美國則是仰賴另一種不同的鎖喉點來增強、維護實力。其中一個鎖喉點是美元,也就是國際貿易與金融活動的預設貨幣。

美國常用的其他鎖喉點,還包括能將資金轉匯到世界各地的主要銀行業者及網路,還有作為大量必要技術之基石的智慧財產權及技術專業知識,其中最值得一提的是作為數位經濟體系核心的先進電腦晶片。美國已利用對這些鎖喉點的掌控力量,開創了一種全新型態且犀利的經濟作戰方法。而這一切發展造成一個結果:在這個理應受市場力量支配的世界,政府的勢力卻以石破天驚之勢再次崛起。

911事件發生後那幾年,還在念大學的我為了理解一個矛盾的現象而傷透腦筋。當時的美國是地表上最強大的國家,但它卻總難以將這股實力轉化為解決全球安全問題的力量。美國在外交政策上的幾個災難,貼切說明了這個弔詭的狀況,其中又以美國在阿富汗與伊拉克的慘痛戰爭經驗為最──這兩場戰爭導致美國和它的對手付出了無數的鮮血和財富,成果卻乏善可陳。當時的我心想,應該有更好的辦法才對。

孫子在《孫子兵法》中寫道:「百戰百勝,非善之善者也;不戰而屈人之兵[22],善之善者也。」我投入職涯後的多數時間,都努力鑽研要如何

以經濟實力來促進這個目標的實現。俄羅斯在2014年併吞克里米亞後，我服務於美國國務院轄下負責設計與協商西方國家的俄羅斯制裁政策的團隊——這個團隊先前對伊朗進行的經濟施壓作戰行動，最終在2015年促成了極具里程碑意義的伊朗核協議。

我曾為美國國務卿、參謀長聯席會議主席（Joint Chiefs of Staff）以及財政部的制裁政策最高階官員獻策，也針對經濟作戰的主題寫過非常豐富的著作，並為企業提供許多關於應對制裁環境的建議；另外，我也在哥倫比亞大學開過一門和這個主題有關的研究所課程。總之，我透過上述種種經驗，直接參與過本書描述的某些歷史時刻，並和這些事務的很多重要人物密切合作過。

不過，這本書並不是完全以我個人的記憶為基礎，而是融合了研究、分析，以及我對涉及書中諸多事件的100多位重要人士的深入訪談內容。訪談精彩呈現了那些事件的轉折點、對那些事件的重要性做出解釋，並揭開了經濟戰發生地點的神祕面紗——例如沒有對外窗的白宮戰情室（White House Situation Room）、歐洲各國金碧輝煌的外交大廳、華爾街和倫敦金融城（City of London）光鮮亮麗的銀行業總部、克里姆林宮與中南海綿延不斷的建築群，以及荷姆茲海峽（Strait of Hormuz）——世界上有五分之一的石油供給[23]是透過行經此處的油輪來載運，而那些油輪經過此處時，伊朗的戰艦就在一旁虎視眈眈。

本書的敘事是以事件主角的關鍵決策時刻為起點，藉此凸顯他們的選擇對事態發展的影響。因為評估過往的選擇時，最公平且最發人深省的方式，就是避免以事後諸葛的角度來評估。因此，本書是依照事件的時間序來編排。

第一部解答了在全球化背景下有關經濟作戰的幾個基本疑問——**為何**

當今的世界經濟體系是這麼運作的？我們又如何走到如今這一步？——而且，我會著重在二十世紀下半葉至二十一世紀初期間一手打造了當今世界經濟體系的人物與事件。

第二部到第五部則詳細說明了 2006 年至今（我把這個時期稱為經濟戰爭時代〔Age of Economic Warfare〕）發生的 4 個影響深遠的事件。在這些年裡，我們見證了最重要且最新的經濟戰武器的發展，美國也先後利用了這些武器，對付伊朗（第二部）、俄羅斯（第三部），乃至中國（第四部），並再次於 2022 年以排山倒海之勢，將那些武器結合起來對付俄羅斯（第五部）。本書最後將探討在這些事件發生後，變得支離破碎的世界經濟體系將何去何從（第六部）。

「經濟決裂」並非經濟作戰的初衷。事實上，美國在使用它的新經濟武器時，一直懷抱著一個心照不宣的假設：美國假設可以用相對低的成本來使用那些武器——舉個例子，美國認為這些武器不會改造全球經濟體系本身。不過，從 2010 年代開始，這個假設就面臨愈來愈大的壓力，等到普丁在 2022 年對烏克蘭開戰後，這個假設也一舉遭到粉碎。

那一場戰爭和西方國家作為回應而實施的大規模經濟懲罰，象徵著一個歷史轉捩點。未來幾年，經濟武器將愈來愈盛行，其威力也將愈來愈強大。經濟作戰已成了眼前這個世界的基本特徵，舉凡外交政策、全球經濟學、國內政治學乃至商業等領域，都瀰漫著經濟作戰的色彩。

這一切的一切，將引爆一場經濟安全爭奪戰，地緣政治地圖將因這場爭奪戰而被重新定義，而我們所知道的全球化也將因此邁向終點。畏懼美國經濟作戰、希望免受其害的一方，將和更害怕中國可能使用自身

經濟武器的一方相互較勁。而第三個族群「搖擺國」[24]則將試圖當牆頭草,不過,這樣的立場雖能使其成員掌握顯著的影響力,卻也會置它們於險境。

美國必須為這樣的未來做好準備。美國已證明它的經濟彈藥庫有能力造成巨大的損害,但尚未證明這個彈藥庫能可靠地促進美國的戰略目標。具體來說,美國的經濟彈藥庫過去的表現僅僅差強人意,原因之一是,美國的經濟戰士經常被迫在缺乏事前規劃的情況下,急就章地對危機做出莽撞的回應。當鎖定的目標是諸如古巴和北韓等小型孤立對手時,這種即興演出的方法並沒有在全球各地引發太多惡果,問題是,當今對中國與俄羅斯發動的經濟戰爭,卻和前述狀況截然不同。

美國當今的經濟武器雖持久耐用,卻非堅不可摧。如果在使用這些武器之前沒有經過深思熟慮,那些武器有可能會永遠故障,或在經濟、政治方面引發意想不到的負面影響,最終對美國人自己造成揮之不去的夢魘。難怪曾參與過美國經濟戰爭的某些老兵不斷呼籲謹慎行事,前財政部長路傑克就是其中一人,他曾警告,「濫用制裁[25]可能會損害我們在全球經濟體系的領導地位。」然而,如果華盛頓當局放棄這些威力強大的工具,隨著地緣政治競爭情勢日益白熱化,它很可能會在這樣的世界裡屈居劣勢。因此,如果美國希望打贏未來的經濟戰爭,就需要妥善結合它的經濟實力與策略智慧。

在西元前405年,只有像斯巴達海軍與雅典艦隊之間那麼激烈的戰事,才足以阻斷博斯普魯斯海峽的交通(斯巴達大獲全勝,而曾經稱霸一時的雅典艦隊則遭到擊潰)。但到2022年,美國政府卻只憑在網路上張貼的一則管制規定,就阻斷了這個海峽的交通。那是一股令人畏懼的力量,高深莫測、令人不寒而慄。本書的目的就是要揭開那一股力量的

神祕面紗,詳細解說這股力量如何產生、如何運作,以及它對整個世界的意義。另外,本書也將說明美國曾經做過的選擇——無論好壞——以及它要如何才能做得更好。

第 1 部

打造鎖喉點

1-1 從雅典到伊拉克：經濟戰的千年戰史

回顧歷史上的任何一個時刻都會發現，每一國的政府都力求遵循孫子的建議，實現「不戰而勝」的目標。

而經濟作戰向來都是達成這個目標的途徑之一。剝奪對手的金錢、資源以及其他商業成果，就能削弱其意志、迫使其讓步。諸如此類的戰術也可以順道向世人展示自身的經濟實力，讓所有人望之生畏。即使敵人極度頑強、拒絕屈服，經濟作戰還是能夠削減其工業能量、弱化其軍事實力，從而在不幸爆發武裝衝突時，阻礙對手的作戰能力。

根據明文記載，世界上最早的經濟戰是發生在西元前 432 年的古希臘。當時，隨著雅典與斯巴達之間劍拔弩張的情勢日益沸騰，雅典人的領袖伯里克里斯對斯巴達的盟友之一邁加拉（Megara）城邦頒佈了全面性的貿易禁運令。這份「邁加拉命令」（Megarian Decree）禁止[1] 邁加拉人進入雅典人的市場以及雅典帝國（Athenian Empire）的所有港口。要知道，當時愛琴海沿岸最強大的城邦和島嶼城邦，全都隸屬雅典帝國管轄，所以想當然爾，這個禁運令必然對邁加拉造成重創。劇作家阿里斯托芬（Aristophanes）寫道，這個命令使邁加拉人陷入「慢性飢餓」[2] 處

境，最終不得不向斯巴達人求援。

歷史學家對伯里克里斯發布「邁加拉命令」的意圖各有不同的看法[3]，不過，最具說服力的說法是，他試圖利用這個禁運令來阻止更廣泛的戰爭發生：該命令頒佈前不久，邁加拉在科林斯（Corinth）對上雅典的盟邦克基拉（Corcyra）的戰役中，選擇和科林斯站在同一陣線；伯里克里斯也希望藉由這個禁運令，對以斯巴達為首的其他希臘城邦施壓，讓它們認清跟雅典及其強大海軍實力作對的風險。總之，伯里克里斯希望以邁加拉為鑑[4]，勸阻其他城邦對雅典人下戰帖。誠如英國古典學家亞弗瑞德・齊莫恩爵士（Sir Alfred Zimmern）所言：「伯里克里斯決心藉此展現雅典的海上實力有多麼強大[5]。」

「邁加拉命令」展現了經濟作戰的優點，但也暴露了經濟作戰的缺點。拜雅典的海事支配地位所賜，各地普遍遵從這項禁運令，所以，這項命令確實對邁加拉人造成了巨大的經濟壓力。不過，這個措施最終卻還是未能預先阻止戰爭發生，事實上，它甚至可能加速了[6]戰爭的爆發，因為這項命令讓斯巴達人更堅信，它絕對不可能與雅典和平共存，於是乾脆訴諸戰爭。換言之，伯里克里斯原本指望以飢餓來威脅雅典的對手，讓它們避免開戰，孰知此舉反而說服對手相信，雅典太過不擇手段，必須將它殲滅才能永絕後患。於是，戰爭爆發，雅典最終也衰敗了。

這個事件凸顯出經濟作戰一個亙久不變的問題：經濟作戰帶來的傷害不見得總是能促成眾所期盼的政策轉變，而且經濟作戰造成的無心後果，有時甚至反而可能加速它原本意圖阻止的那個結果發生。事實上，經濟作戰失敗的例子比成功的例子更為人所知。

舉例來說，1806 年，法國國王拿破崙對英國實施了大規模貿易禁運，希望能藉此逼迫他的最大對手接受法國繼續擴張為歐洲帝國的現

實。這個稱為大陸封鎖（Continental System）[7]的政策，明令禁止英國和拿破崙控制下的所有領土進行貿易，那包含了奧地利、比利時、荷蘭、波蘭、西班牙和德國與義大利的多數領土。

不過，這場禁運最終徹底失敗。不同於伯里克里斯治下的雅典，拿破崙統治下的法國並未掌握控制海洋的力量——控制海洋的其實是英國——因此，各方對拿破崙下的這個禁運令多半陽奉陰違。大陸封鎖實施後，英國的商品還是有不少門路可進入歐洲，所以，英國經濟體系並沒有像拿破崙所期待的那般受傷慘重。當代的一篇德國報導斷定，「在未擁有任何艦隊的情況下，要想透過封鎖措施來阻止英國人進入歐洲大陸，就如同禁止鳥兒在我們國家築巢一樣，沒有成功的可能。」[8]

受法國控制的地區因禁運所造成的不便而憤恨不已，歐陸的其他強國也一樣。後來，俄羅斯的亞歷山大一世（Tsar Alexander I）率先發難，他決定停止配合這項政策，而這也促使拿破崙做出了入侵俄羅斯的致命錯誤決定[9]，後續攻打俄羅斯的戰事對拿破崙的軍隊造成了重創，最終更在顏面掃地的情況下被迫撤退。大陸封鎖政策的崩潰以實例說明了經濟作戰的另一個亙久挑戰：要達到有效制裁的目的，通常需要其他國家一同配合實施制裁——而這是一個艱鉅的任務，特別是當這些國家被要求做出犧牲時。

接著讓我們將時間快轉 100 年，此時的世界正努力尋求和平解決衝突的方法。到 1919 年時，整個歐洲已因第一次世界大戰而分崩離析，那場戰爭不僅造成多達 2,000 萬人死亡，還導致歐洲各個帝國接連快速瓦解。美國總統伍德羅·威爾遜（Woodrow Wilson）與其他領袖在那一年召開的巴黎和會（Paris Peace Conference）中，構思了一個名為國際聯盟（League of Nations）的新組織，宗旨是要維護世界和平。未來各國將在

國際聯盟的支持之下,共同承諾以毀滅性經濟制裁來懲罰任何潛在的侵略者。根據威爾遜的說法,如果所有會員國都團結一致支持那類制裁,就可能釋放「某種比戰爭更巨大的力量。」[10] 這個方法無須耗損一槍一彈就能促使侵略者退縮。威爾遜宣稱:「被抵制的國家很快就會投降,只要應用這個經濟、和平、無聲且致命的矯正手段[11],就無須動用武力。」

不過,威爾遜的希望不久後就破滅了。美國國會投票反對美國加入國際聯盟[12],而此舉意味著這個部分是為了致力於經濟作戰的組織,將失去世界最大經濟體的支持。日本在1931年侵略滿州後,國際聯盟的會員國並未就經濟制裁達成共識。4年之後,義大利領袖貝尼托·墨索里尼(Benito Mussolini)出發遠征衣索比亞時,國際聯盟也只草草擬訂一份排除諸如石油、煤炭與鋼鐵等重要大宗原物料商品的貿易禁運令。想當然爾,這個敷衍了事的禁運令幾乎沒有對義大利產生任何衝擊,何況,義大利早在展開侵略行動前,就已先囤積了大量戰略性物資,而且,它和美國與德國之間的貿易仍公開進行,因為美、德兩國都沒有加入禁運行列。後來,墨索里尼的軍隊迅速占領了衣索比亞的首都阿迪斯阿貝巴(Addis Ababa),國際聯盟也隨即撤銷制裁措施[13]。到頭來,軍事力量還是獲勝了,而國際聯盟所謂的「經濟武器」則宣告失敗。

上述發展不僅僅影響到衣索比亞[14]。一直以來,很多學者就指出,國際聯盟的無能為力,是促使阿道夫·希特勒(Adolf Hitler)在幾年後更恣意妄為[15]發動侵略戰的因素之一,因為既然英國、法國和其他國際聯盟會員國缺乏懲罰義大利的決心,想必也不會出面阻止德國的閃電戰。無論這個推測是否正確,那個事件確實嚴重敗壞了經濟作戰的名聲。理論上來說,全面聯合經濟抵制是否能遏止戰爭並不是那麼重要;重要的是,在當時,唯有仰賴世界強國之間的團結,才有可能對侵略者施加那樣的

壓力，但問題是，那些任性的強國各有各的狹隘利益盤算，團結談何容易。後來，又過了半個多世紀後，拜全球金融體系演進之賜，那種難以實現的團結才終於變得不再那麼必要。

二十一世紀之前發生的多數經濟戰，都曾面臨當初導致「邁加拉命令」、大陸封鎖與國際聯盟等行動注定失敗的相同隱患。有意對敵人施加沉重經濟壓力的人，本身必須擁有強大的海軍實力和／或廣泛的國際聯盟。第一個要求「海軍」導致經濟戰爭與傳統戰爭的界線變得模糊，換言之，它使經濟武器變得更像是軍事行動的序幕或補充措施，而非軍事行動的替代品。第二個要求「國際團結」，除了遭遇最罕見的情況，否則難以激發出團結一致的氛圍，更別說長期維持了。這些條件都會限縮經濟武器的效力，特別是在承平時期。

事實證明，即使有海軍實力及國際支援作後盾，經濟戰的代價經常非常高，且極具挑戰性。聯合國在 1990 年代對伊拉克實施的禁運就是一個貼切的案例。1990 年 8 月時，伊拉克獨裁者薩達姆・海珊（Saddam Hussein）入侵石油蘊藏豐富的小鄰國科威特[16]。伊拉克的軍隊迅速占領科威特，海珊也隨即併吞科威特，並將它指定為伊拉克的第 19 個省。這是公然掠奪土地的無恥行為──而且諷刺的是，一如 1919 年的情況，伊拉克的侵略行為，發生在世界各地的領袖自以為即將開創一個全新和平世代的那種關鍵時刻。

9 個月後，柏林圍牆倒塌了。蘇聯雖又苟延殘喘了一年，東歐與西歐之間的地緣政治僵局卻已宣告結束。米哈伊爾・戈巴契夫（Mikhail Gorbachev）譴責伊拉克入侵科威特的行動「公然違反」[17]國際法，並許

伯里克里斯、拿破崙與威爾遜：這三位領袖的經濟作戰計畫最終都未能達到如其所願的結果。

諾將支持全球各地懲罰海珊的作為。在這場攻擊行動幾天後，聯合國安理會一致通過禁止與伊拉克進行任何貿易活動[18]的決議文。聯合國還表示，解除制裁的條件[19]是：伊拉克必須將所有伊拉克軍隊撤出科威特。

由於聯合國的所有會員國依法都必須遵守這項決議文，加上有一支以美國為首的海上封鎖隊負責以武力來落實[20]這項政策，所以相關的制裁行動的確重創了伊拉克的經濟：伊拉克的對外貿易活動急速萎縮，在短短幾個月內，占該國國內生產毛額（GDP）60％[21]且幾乎相當於該國全部出口收入的石油銷貨收入幾乎被一筆勾消。那段時間，後冷戰時代的聯合國看似真的可能單靠經濟施壓，就能實現威爾遜的願景，並遏止軍事侵略行為。1990年9月，喬治・布希（George H. W. Bush，譯注：即老布希總統）在國會發表演說時志得意滿地表示：「聯合國目前的表現已開始符合其創立者當初的設想[22]。」但他這話說得太早了。日子一天天過去，歷經數個月後，海珊還是拒絕改變方針，最後還是靠聯合國安理會授權採取軍事行動，才終於將伊拉克軍隊逐出科威特。

1-1 ｜ 從雅典到伊拉克：經濟戰的千年戰史

後續的戰役並不怎麼激烈。美國與盟軍只花了大約 100 個小時[23]，就在 1991 年 2 月擊垮伊拉克軍隊。就這樣，軍事力量再次勝出，經濟施壓再次失敗。

即使是在科威特恢復獨立後，聯合國還是沒有撤銷對伊拉克的經濟禁運，只不過，此時禁運號稱的目的，是要阻止海珊取得核彈及其他大規模殺傷性武器。除非檢查人員有辦法核實[24]伊拉克已廢除它的核子、化學與生物武器計畫，否則整個世界將繼續禁止與伊拉克貿易。

這個禁運令延續了超過 10 年，但事實證明，要維持這個禁運令並不容易。原因之一是，唯有持續部署海軍[25]，才能繼續強制執行。在禁運令剛實施時，來自 20 多個國家的軍艦在美國海軍軍官的指揮下，嚴密監督進出伊拉克各個港口的海運狀況。每當那些海軍的水手對某一艘船起疑，他們就會用小艇或直升機派出一組小隊，登上那艘船進行搜檢。但 1995 年起，他們的工作變得更錯綜複雜，因為聯合國決定允許伊拉克恢復限量石油出口（此舉旨在減輕禁運令對一般伊拉克民眾的嚴重衝擊），這就是所謂的「石油換糧食計畫」(Oil-for-Food)，該計畫允許伊拉克基於取得購買糧食、藥品與其他人道商品所需資金而出售石油。這項計畫實施後，美國官員為了確保伊拉克遵守相關規定，不得不逐批詳細審查伊拉克的石油船貨、核實那些石油的標籤是否正確，並清查相關的收入是否用於適當的用途。這項複雜的任務牽涉到詳細審閱合約等工作，有時甚至得把石油樣本送到實驗室去進行檢驗[26]。

這項作業既艱鉅，代價又高昂，且並非全然有效。所謂道高一尺，魔高一丈，走私犯還是開發了愈來愈多逃避檢測的祕密管道。為了利益不惜鋌而走險的石油貿易商[27]，更把這次禁運視為撈錢的大好機會；他們的盤算是，即使因違反禁運規定而被逮到，那也是從商的成本之一。

另外，海珊要求購買伊拉克石油的顧客支付回扣[28]，而且那些顧客經常是透過祕密管道支付回扣。海珊前前後後共計收取了近 20 億美元的這類特別費（side payments）。美國中央情報局（Central Intelligence Agency，簡稱 CIA，以下簡稱中情局）更估計，他一共透過石油走私搜刮到 110 億美元[29]的資金。當時的伊拉克雖承受沉重的經濟壓力，但透過諸多漏洞流出的伊拉克石油，卻換回了足夠讓海珊繼續站穩腳跟的資金。

在此同時，國際上對這項禁運令的支持也一天天趨於冷淡。當時的伊拉克陷入一場人道危機，不過，那不僅是禁運的結果，也是波斯灣戰爭衍生的損害以及海珊政權貪污風氣的盛行等所造成。由於海珊寧可透過走私的方式出售石油來中飽私囊，也不願遵守「石油換糧食」計畫的規定出售石油，結果導致伊拉克飢荒狀況顯著惡化，嬰兒死亡率急遽上升[30]。到小布希（George W. Bush）在 2001 年入主白宮之際，這個禁運政策已變成全球一致撻伐[31]的目標，有些人譴責它不人道，有些人則責怪這是個無效的政策。禁運失敗正是促使小布希在 2003 年做出入侵伊拉克的災難性決策[32]的一大因素。

諷刺的是，禁運確實達成了主要的目標[33]：它摧毀了海珊的核武計畫。儘管伊拉克政府在逃避制裁方面相對成功，它還是損失了價值數千億美元的石油收入，也因此無法取得重要的軍事設備。總括來說，這項政策雖未能有效遏制海珊的野心，卻無疑阻礙了他實現那些野心的能力。誠如聯合國駐伊拉克武器檢查長漢斯・布利克斯（Hans Blix）所言：「聯合國與全世界在不知不覺中成功解除了伊拉克的武裝。」[34]

但整體來說，以現代經濟作戰的個案來說，伊拉克禁運還是一次凌亂又悲慘的教訓。一方面來說，它雖成功削弱了一名獨裁者的軍事力量，並防止中東誕生一個新核武強國，但另一方面，它卻也對伊拉克的

平民百姓造成過當的傷害；由於強制執行禁運的緣故，海上封鎖措施延續了13年之久，每年付出的代價至少10億美元[35]，並使美軍不得不一直保持作戰狀態；不僅如此，海珊入侵科威特後，聯合國內部好不容易形成的國際團結氛圍，也因禁運的實施而漸漸減弱。最糟糕的是，即使禁運讓伊拉克的核武計畫成了泡影，卻終究未能阻止美國在2003年做出入侵伊拉克的決定。所以說，這次的禁運非但沒有成為取代軍事作戰的可行方案，還成了兩場戰爭之間的橋樑。

這次慘敗讓美國與世界上的其他強國開始嫌棄經濟作戰，因為它的代價過高，效益又太少。要改變這個情形，全球金融體系必須發生某種根本的變化——一種能使經濟戰戰士擺脫過往束縛的變化。事實證明，這個變化從1990年代起就開始發生，但它的影響又過了幾年以後才終於變得清晰可見。在那之後，美國官員不再需要進行海上封鎖，也無須高度仰賴聯合國之力，就有能力發動下一場經濟戰；具體來說，美國的官員只需要先描繪出葛林斯潘等中央銀行官員以及瑞斯頓等企業執行長一手鋪設的世界經濟線路圖，再按圖索驥，找出其中的有利鎖喉點，加以掐住，就能成功達陣。

1-2 看不見卻支配世界的基礎設施

十八世紀蘇格蘭經濟學家暨資本主義先驅理論家亞當・斯密（Adam Smith），曾以一段著名的說法來描述自由市場，他說，自由市場被一隻「看不見的手」（invisible hand）[1]引導著。那一股隱形力量即人性的自利心，能使資源的配置效率顯著提升，遠勝過任何一個中央集權規劃者。今日的全球經濟體系也依賴著另一股隱形但非純粹假設性的動力：它就是讓跨國金融活動得以進行的隱形基礎建設，而跨國金融活動是大宗原物料商品銷售、全球供應鏈乃至國際貿易與海外投資等所有事物的基石。全球經濟體系裡，幾乎每一筆大型買賣交易，無論牽涉到哪些國家或企業，都得仰賴這個基礎建設才能順利完成。不管你是否知曉這項基礎建設的存在，只要你在本國以外的任何地方從事商業活動，一定都會使用到。

這個基礎建設的心臟是一項貨幣：美元。美元已成為一般人心目中的全球準備貨幣，另外，一般人也普遍將美國國庫債券視為全世界最安全的投資性資產。因此，美元與美國國庫債券吸引了形形色色的投資人參與，從美國中西部農民乃至中國共產黨等都有。美元也是世界上最卓越的價值儲藏工具（store of value）。各國央行的60％外匯準備資產[2]是

以美元計價，這個占比是各國央行持有的第二大資產——歐元資產——的3倍，更是人民幣計價資產的20多倍。世界上最大的兩個股票市場也位於美國，分別是紐約證券交易所（New York Stock Exchange）和那斯達克（NASDAQ），這兩個市場的總市值比其他大型外國股市高好幾倍[3]。據估計，美國債券的市值更遠遠超過世界上其他債券市場，達到50多兆美元[4]。另外，每當世界各地的企業有意透過國際資本市場取得資金，幾乎總是會選擇美元計價的借款：有高達70%的外幣債務[5]是以美元計價。

不過，儘管上述統計數據令人印象深刻，這些都還只稱得上冰山一角。美元也是全世界默認的通用計價單位（unit of account）與交易媒介（medium of exchange），這意味任何有意參與全球經濟體系的人，都必須擁有存取美元的能力。當兩家位於不同國家的公司行號打算彼此貿易，買方必須先把它的貨幣兌換成賣方的貨幣。例如，印度農民出口稻米到沙烏地阿拉伯，沙烏地進口商為了支付採購稻米的款項，必須把沙烏地里亞爾換成印度盧比。不過，銀行業者並無法進行這兩種貨幣的直接兌換業務，原因很簡單：沙烏地的銀行業者並未持有盧比，而印度的銀行業者也不接受里亞爾。全球經濟體系太過錯綜複雜，貨幣數量也非常多元，所以任何一家銀行都不可能事先儲備它在業務上可能碰上的每一種貨幣；銀行業者通常只會大量持有兩種貨幣：本國貨幣以及美元。沙烏地的進口商為了購買印度的稻米，其往來銀行必須先把里亞爾轉換成美元，再用那些美元到外匯市場上購買盧比。所以，即使一筆買賣交易完全沒有牽涉到美國企業，美元還是會在那筆交易中發揮中繼站的作用。

由此可知，為何美國的出口還不到全球出口的10%，卻幾乎有90%的外匯交易牽涉[6]到美元。在最常見的10大外匯交易「貨幣對」（currency pairing）[7]當中，只有1個貨幣對不含美元。外匯交易員平日以美元兌換

瑞士法郎的頻率，比以歐元或人民幣兌換其他非美元貨幣的頻率都高得多。

支撐著世界經濟體系的隱形基礎建設除了美元本身，還包括眾多使多數跨國交易得以進行的銀行業者與其他中介機構。很多這類機構是美國機構，就算不是，一樣也遵循美國的法律，因為這些機構的正常運作，端賴它們在美國營運的能力來維繫。

例如，某印度煉油公司向沙烏地阿拉伯進口石油。這家印度煉油公司為了支付石油採購款，必須把美元電匯給那家沙烏地石油公司（石油是世界上最高貿易量的大宗原物料商品，以美元計價，我們稍後即將討論個中緣由）。由於多數銀行業者並未向對方開戶，所以那些款項的電匯作業就必須經過紐約某家大型銀行的通匯帳戶（correspondent accounts）來進行。而那一家大型銀行——例如花旗銀行或摩根大通銀行——將把這筆款項記入印度煉油公司往來銀行帳戶的借方（debit，譯註：即扣款），並將之記入沙烏地石油公司的往來銀行帳戶的貸方（credit，譯註：即入款）。而且，這筆電匯款項將透過美國的兩個支付系統之一進行結算，其中一個是銀行間支付結算系統（Clearing House Interbank Payments System，簡稱 CHIPS），另一個則是聯準會的美聯儲即時全額結算資金轉帳系統（Fedwire）。如果上述印度煉油公司、沙烏地石油公司或它們各自的往來銀行被禁止使用那兩個結算系統，這項交易就無法完成。

美國政府是這個隱形基礎建設中每一個環節的守門員。美國總統只要簽署一紙行政命令，就能拒絕任何一家外國企業進入這個基礎建設的任何一個環節，或甚至完全禁止它進入這個基礎建設。（通常美國總統會把這項權力委託給財政部與國務院的官員，本書後續內容將會介紹其中某些官員）。如果銀行業者對這些命令視而不見，或是企圖以小聰明規避

1-2 | 看不見卻支配世界的基礎設施

那些命令，就有可能遭受美國司法部與美國其他執法機關嚴厲懲罰。過去15年間，美國就曾對不少違反美國制裁政策的銀行業者裁處過罰款，其中不乏總部位於海外的銀行。法國的法國巴黎銀行（BNP Paribas）在2014年被裁罰近90億美元；總部設在英國的匯豐集團則在2012年被罰了近20億美元，而由於罰款過高，那些銀行並不能以單純的營業成本名義來沖銷那費用。在這兩起案例中，司法部事後還安插了第三方監督人員到那兩家銀行，督導它們後續幾年的法遵改革作業。而且，即使這兩家銀行的總部都不在美國，它們還是不得不乖乖支付罰款，並遵從美國政府的命令，因為如果不這麼做，下場會更慘——永遠無法再存取美元，也無法使用這個隱形基礎建設的其他環節。

透過這個方式，全球的銀行業者，不論總部設在紐約、倫敦、法蘭克福、香港或其他地方，都成了美國制裁政策強制執行前線的可靠士兵。近幾年，華盛頓當局更開始拿非金融業的企業開刀[8]。舉個例子，美國的主管機關以中國電信業巨擘中興通訊（ZTE）違反美國法律並將美國技術轉售給伊朗為由，對它裁處超過20億美元的罰金，而且美國也明確表示，即使相關不法情事與美國的唯一接觸點（touchpoint）只是某個電腦網路裡的一台伺服器，美國還是會積極強制執行它的制裁監理法規。隨著各行各業的企業為了安撫作為世界制裁警察的美國而重新配置其營運佈局，未來美國的這種權力無疑將持續擴張。

上述種種發展衍生了巨大的影響，那些發展不僅顯著降低了使用經濟武器的成本，也大大強化了經濟武器可造成的衝擊。美國不再需要展開代價高昂且危險的海上封鎖，就能讓制裁措施發揮足夠的殺傷力；另

外，就算沒有來自聯合國的政治團結，美國一樣能達到制裁的目的。美國總統只要大筆一揮，就能啟動比舊時代封鎖與禁運措施等更嚴厲的經濟懲罰。

關鍵的是，這項隱形基礎建設甚至讓美國有能力對勢均力敵的強國使用經濟武器。除非美國做好與擁有核武的對手作戰的準備，否則它應該不會輕易對中國或俄羅斯港口實施封鎖，因為此舉將被那些國家視為一種戰爭行為。任何國家都不可能在取得聯合國背書的情況下制裁中國或俄羅斯，因為作為聯合國安理會永久成員的北京與莫斯科當局都擁有否決權。不過，過去10年來，美國已經把自身對全球經濟體系的控制力量，化為瞄準中國與俄羅斯的武器，世界上其他各國也不得不努力順應這個新現實。

美國究竟是如何獲得這些經濟超能力的？答案藏在1970年代起展開，並在冷戰結束後的1990年代加速的世界經濟體系轉型歷程裡。這次轉型就是全球化──先是金融的全球化，接著是供應鏈的全球化。矛盾的是，這個歷程起始於一個攸關命運的決策，而且在這個決策出爐之際，美國經濟似乎正面臨勢不可檔的衰敗風險。

1-3　當金融解放成為武器

　　1971 年 8 月初某個溫暖的早晨，一艘法國戰艦[1]駛出大西洋的迷霧，開進紐約港水域。這艘戰艦上的一幕可能比它的槍砲彈藥更令人驚恐：偌大的空間。法國政府派遣這艘戰艦前來，是為了把它存在紐約聯邦準備銀行金庫裡的大量黃金打包運回法國。幾天後，英國也要求美國把價值 30 億美元的黃金，從諾克斯堡（Fort Knox）轉移到紐約，作為美國對英國存在紐約聯邦準備銀行的全部資產的擔保品[2]。法國和英國採取這些行動的原因是，它們雙雙對美元的力量失去信心，因此爭相搶在美國的黃金庫存消耗殆盡之前，先將它們手上的美元轉換成黃金。

　　為此，美國總統理查・尼克森（Richard Nixon）和他的經濟團隊躲到大衛營（Camp David）商討、制定對策。後來的事實證明，那是二十世紀經濟史上最關鍵的時刻之一。如果美國順應法國和英國的要求，可能會引爆史上最大的擠兌潮，導致美國的黃金準備被消耗殆盡，因而無法繼續履行它作為世界金融體系中心的義務。但替代方案的結果並沒有比較不慘烈：拒絕英、法兩國的要求，並取消以固定兌換率將美元換成黃金，就形同允許美元浮動，到時候，美元的價值就會隨著市場的一時興致而起伏不定。第一個選項很可能導致全球經濟體系陷入混亂與動盪；第二個選項或許能避免上述混亂發生，卻等於承認美國已放棄了主導權。這兩個選項都很糟糕，但尼克森終究必須做出抉擇，因為二戰結束以來

一向穩如泰山的全球經濟體系規則已經危在旦夕。

要瞭解為何放手讓美元與黃金脫勾的潛在發展如此事關重大，必須先瞭解美元和黃金最初如何會掛勾在一起。在二次世界大戰戰事依舊激烈的 1944 年，同盟國官員在紐罕布夏州布列敦森林（Bretton Woods）的華盛頓山飯店（Mount Washington Hotel）聚會，討論經濟功能失調當初怎會成為這場戰爭的起因之一，並商討要如何以更完善的法規來防範相同的情況再次發生。同盟國的會員國在會中一致認同，一戰結束後，存在於國際經濟體系的幾項結構性缺陷，種下了各國不和的禍根。金本位（gold standard）在大蕭條（Great Depression）期間瓦解[3]後，各國匯率開始浮動，這使各國政府得以競相採取貨幣一次性大幅貶值、提高關稅以及其他以鄰為壑的政策。另一方面，投機客迅速將資金從某一國搬移到另一國的行為，更導致金融恐慌擴散。這些狀況造成了貧窮、政治衝突，乃至戰爭等惡果。如果當初有一個更嚴謹且一切根據規則行事的經濟體系，第二次世界大戰或許就不會爆發。

上述種種獨到見解最終促成了所謂的布列敦森林體制（Bretton Woods system），這個體制後來也成為二戰後經濟體系的「交通規則」。布列敦森林體制的核心[4]是固定匯率：美元以每盎司 35 美元釘住（pegged）黃金，而其他所有貨幣則是釘住美元。各國貨幣的匯率只能在非常狹小的區間內調整，任何超過 1% 的匯率波動，都必須和剛成立的國際貨幣基金（International Monetary Fund，以下簡稱 IMF）協商。布列敦森林協議也為了阻斷大蕭條期間導致金融動盪四處蔓延的關鍵途徑[5]，規範了跨國資金移動的限制。同盟國採用固定匯率並限制跨國資本流動的作法，創造

了一個受到嚴格約束的國際金融體系——不過，凱因斯（John Maynard Keynes，著名的英國經濟學家暨布列敦森林體制的主要設計者之一[6]）認為這樣的金融體系是必要的。

凱因斯認為，跨國資本流動障礙[7]是維護戰後穩定的重中之重。如果沒有那類障礙，資本就會四處亂竄，快速流入利率最高的國度，並削弱各國政府控制本國經濟政策的能力。在當時，這的確是個令人頭痛的問題，因為各國政府需要能夠自由設定本國利率、決定社會支出，以及建立福利國家（welfare states），才能幫助國家從戰爭的蹂躪中漸漸復原。因此，每個國家都必須能夠透過資本管制，包括向外國投資課徵沉重的稅金，乃至直接禁止貨幣兌換等，阻止外國貨幣任意流入境內。凱因斯解釋道：「這不僅僅是過渡性的計畫，更是永久安排，它賦予每個會員國的政府對所有資本流動[8]的明確控制權。」誠如小羅斯福總統（Franklin D. Roosevelt）時期的財政部長亨利・摩根索（Henry Morgenthau）在布列敦森林會議閉幕演說中所言，目標是要「把放高利貸的人趕出[9]國際金融的廟堂。」

布列敦森林體制創造了長達20年的顯赫成就，它使全球經濟體系順利擺脫史上最具破壞性的戰爭的糾纏，最終浴火重生。但到了1960年代末期，這個體制的問題已開始浮現。

第一個壓力來源是外界對「美元以固定匯率兌換黃金」的規則的反應。法國總統戴高樂（Charles de Gaulle）[10]曾怒稱，他並不認同美元必然跟黃金一樣有價值。他的財政部長瓦萊里・季斯卡・德斯坦（Valéry Giscard d'Estaing）更譴責，美國因美元的國際地位而享受了「囂張特權」

（exorbitant privilege）[11]。為了堅持法國不願受制於美國的立場，戴高樂政府開始把法國持有的全部美元轉換成黃金，而法國的這個行動自然導致外界的疑慮加深，擔心美國可能總有一天不再有能力繼續履行以每盎司 35 美元兌換黃金的承諾。

　　布列敦森林體制的第二個破口源自於對跨國資本流動限制的強烈反彈。1960 年代時，倫敦興起了一個可供企業存、貸與兌換美元的全新市場。由於這個所謂的歐洲美元（Eurodollar）市場位於美國境外[12] 並不受監理規定約束，因此也成了銀行業者和大型跨國企業規避當時的嚴格資本管制的途徑之一。雖然歐洲美元市場跟狂野的大西部有著異曲同工之妙，英國政府還是把它視為維護倫敦金融城[13] 的世界金融中心地位的管道之一。

　　至於美國政府，它原本可以採取一些措施，讓這個市場關門大吉，但華盛頓當局最終卻還是基於自利考量，和英國並肩繼續支持歐洲美元市場，只因為這個市場使持有美元的吸引力[14] 進一步提升──實質上來說，這個市場是引誘外國人為美國的預算赤字提供融資[15] 的好用工具（當時美國的預算赤字正因越戰而迅速膨脹）。換言之，就算歐洲美元市場破壞了布列敦森林體制也無所謂，重要的是，它的存在讓華盛頓當局有機會維持巨額的預算赤字，且得以避免縮減支出，而這個機會比什麼都重要。

　　歐洲美元市場最初是一個未經授權的貨幣實驗，後來，在美國與英國政府共同支持下，它漸漸發展為世界經濟體系的關鍵基礎建設之一，這堪稱當今加密貨幣愛好者最夢寐以求的發展歷程。總之，布列敦森林體制下的資本管制就這麼逐漸瓦解，資金也開始更自由地在各國國境之間流動。

那艘法國軍艦駛入紐約港時，外界對美元實力的疑慮正日益加深，偏偏資本管制又在此時逐漸瓦解。法國運回本屬於它的黃金一事本身，或許還不足以引爆一場危機，但英國對美元信心動搖，讓已經非常緊繃的局勢變得更一觸即發，進而對尼克森造成一場全面的災難。誠如時任美國財政部官員且事後接任聯準會主席的保羅‧伏克爾（Paul Volcker）所言：「如果和我們共同創建這個體制，且曾費盡心力捍衛其本國貨幣的英國人，都想把他們手上的美元換成黃金，那就清楚說明遊戲真的玩完了[16]。」

經過一整個週末在大衛營的籌謀，尼克森在 8 月 15 日星期日晚間發表了一席演說。尼克森宣布，為了對抗「向美元發動全面戰爭」[17]的「投機客」，美國將不再履行以美元兌換黃金的請求。這席聲明一舉砍斷了布列敦森林體制的中流砥柱，實質上等於是逼迫全球金融市場開始採納浮動匯率。根據布列敦森林協議，貨幣的價值一向是依照各國政府之間的協議來設定；但在「尼克森震撼」（Nixon shock）之後，市場成了貨幣價值的決定者。這代表著世界經濟體系即將進入一個和凱因斯的期許背道而馳的全新時代，在這個新時代，金融市場將獲得至高無上的宰治地位。

當時的很多當代觀察家，把「尼克森震撼」視為美國經濟霸權的結束。從二戰到 1971 年，美國無論是在形式上或實務上，都扮演著全球經濟體系領導者的角色，美元則擁有跟黃金同等的價值。但在「尼克森震撼」之後，美國被降格為世界經濟體系的眾多平凡成員之一。接下來 10 年，美國經濟悲慘無比，不僅成長停滯，還因高通貨膨脹而苦不堪言──這個惡性組合就是所謂的「停滯性通膨」（stagflation）。美國的全球 GDP 占比[18]從 1960 年的 40％降至 1980 年的 25％，從那時迄今，都大致維持在這個水準。不過，諷刺的是，儘管這段時間美國的全球經濟

地位下滑,它的經濟支配力量卻也自此進入一個全新的階段——美國在製造業與貿易領域的卓越光環雖漸漸失色,它卻即將掌握國際金融領域的霸權。

1-4 沙漠中的交易與權力交換

　　1973年對美國而言是艱苦的一年。經濟陷入谷底，布列敦森林體制的終結與全新的浮動匯率制，更導致美元的價值重挫[1]。多年來隨著越戰而產生的巨額支出[2]，也使美國的財務體質每下愈況；通貨膨脹飆升到1940年代以來未曾見過的高點[3]，屋漏偏逢連夜雨的是，尼克森總統為了壓制水門案（Watergate）醜聞的衝擊，根本無暇也無心全力應對前述種種逆境。

　　更糟的是，美國作為能源超級強國的力量在此時迅速式微[4]，一天天失去它作為全球石油市場產量調節者（swing producer）的傳統地位。美國的石油產量在1970年達到最高峰[5]後就漸漸滑落，後續過了幾乎50年，它的石油產量都未曾回到當年的水準。而且從那時開始，美國有史以來首度成了仰賴石油進口[6]的國家，而進口石油主要來自中東。

　　1973年10月6日（也就是猶太人神聖的贖罪日〔Yom Kippur〕）當天，阿拉伯國家聯盟對以色列發動攻擊。2個星期後，由於尼克森要求國會為以色列提供緊急援助，沙烏地阿拉伯和石油輸出國家組織（Organization of Petroleum Exporting Countries，以下簡稱 OPEC，這個組織是石油生產國為控制價格與限制競爭而組成的卡特爾〔cartel〕）的其他

威廉・西蒙：前債券交易員，他搞定的一份協議促成了油元的誕生。

會員國遂決定減產，並對美國實施石油禁運[7]。總計沙烏地人及其盟友每天減少向全球石油市場供應大約 500 萬桶的石油，這個數量大約接近當時世界總產量的 10%[8]。

這個決定造成了令人痛苦的能源危機，時任美國國務卿的亨利・季辛吉（Henry Kissinger）對此憂心忡忡，擔心整個世界會陷入「惡性的競爭、專制、敵對與蕭條的惡性循環[9]，最終導致 1930 年代世界秩序崩壞的情況再次發生。」於是，人稱尼克森的「能源沙皇」的威廉・西蒙（William Simon），被賦予了防範那個惡果發生的重責大任。一位同儕形容這位在紐澤西州出生的老菸槍是個不折不扣的「極右派」[10]。西蒙加入政府之前，曾在華爾街從事債券交易員[11]的工作，他粗魯的作風和暴躁的脾氣，正好適合這件本質上總是針鋒相對的新職務。並非每個人都有能耐制定汽油配給那種令人頭痛的決策，畢竟汽油就像是美國人的活

血。不過西蒙做到了，而且他還無畏地把更多稀缺的石油供給分配給工廠，而非駕駛人[12]。

到那年年底時，美國人動輒得等待幾個小時才能填滿他們的油箱（西蒙自己也坦言：「我就是導致加油站大排長龍的那個人[13]。」）汽油價格飆漲了40%[14]。即使OPEC在1974年3月解除禁運後，油價也沒有大幅回落[15]。1970年時，每桶石油的價格只要大約1.8美元，但到1980年時，每桶油價已高達39美元——漲幅超過2,000％[16]。美國的進口支出因此急遽上升，貿易逆差也暴增。屋漏偏逢連夜雨的是，除了能源危機，美國還處於一場全面金融崩潰的邊緣。

由於此時尼克森正為了他的政治存亡而忙著和水門案搏鬥，所以西蒙成了最佳財政部長人選，他在1974年5月接下了這份新職務。面對油價上漲對美國金融造成的壓力，西蒙提出一個解決方案：說服沙烏地阿拉伯將它透過石油賺到的豐厚利潤，投資到美國政府債券。這麼一來，沙烏地人實際上就等於幫忙「回收再利用」美國為了購買石油而付出去的美元，從而填補美國的赤字。

1974年7月時，西蒙搭上安德魯空軍基地（Andrews Air Force Base）裡的一架飛機[17]，飛往沙烏地的沿海城市吉達（Jeddah）。途中，他狂飲了大量的威士忌。到下飛機那一刻，他已明顯醉醺醺了[18]。不過，酒精幾乎沒有影響到他的談判能力。西蒙不是季辛吉；他雖沒有受過學院派外交術的教育和訓練，卻是個超級優秀的債券推銷員，所以，他最終成功帶著一份有利的協議離開這個沙漠王國[19]：美國將為沙烏地提供軍事援助並繼續向它採購石油，而為了投桃報李，沙烏地人將把他們用石油換來的資金投入美國國庫債券，而且美國還允許沙烏地透過非常規拍賣會的祕密管道購買國庫債券。總之，西蒙成功說服另一個國家承諾為美

國的赤字提供資金——油元就此誕生。

　　接下來幾年，西蒙促成的協議幾度面臨破裂的風險。隨著1970年代期間美元持續崩跌，沙烏地石油利潤的實際價值也亦步亦趨地跟著縮水。持續走弱的美元實質上等於使石油的全球價格降低。所以到1975年時，OPEC決心不再以美元來為石油計價，而是改採一籃子貨幣。不過，這個計畫還沒來得及落實，接任西蒙的財政部長麥可・布魯門薩爾（Michael Blumenthal）就和利雅德當局敲定了另一個新協議[20]：美國承諾協助沙烏地阿拉伯在IMF爭取更多投票權，交換條件是沙烏地人及其OPEC夥伴將繼續以美元為石油計價。年累月下來，西蒙當年的安排漸漸形成世界經濟體系的明確結構性特徵之一。直至今日，石油依舊是以美元計價，外國人也繼續為美國人的赤字提供資金，而在這個日益全球化且由美國主導的金融體系中，油元則成了關鍵的組成要素之一。

1-5 美元規則：我們的貨幣，你們的風險

西蒙既是個歷史創造者，也是那個時代的產物。如果我們能從他應對沙烏地人的開創性外交手腕清楚看見他創造歷史的那一面，就能從他欣然接納那個時代方興未艾的經濟意識形態，清楚瞭解到他其實也是個時代產物。當時的西蒙和愈來愈多同儕都對自由市場的力量[1]深信不疑。他在 1978 年發表的資本家宣言《真理時刻》（暫譯，*A Time for Truth*）一書，收錄了大名鼎鼎的芝加哥大學經濟學家米爾頓‧傅利曼（Milton Friedman）為這本暢銷書撰寫的前言，而傅利曼本人正是新自由主義（neoliberalism）意識形態的最主要思想家。

傅利曼的思想追隨者慢慢晉升到掌握影響力的職位後，就開始大刀闊斧地裁減管制和稅賦，並進一步廢除布列敦森林體制對跨境金融流動的殘存限制（儘管這些限制在這個體制的創造者眼中至關重要）。以英國來說，柴契爾（Margaret Thatcher）首相領導的政府，甚至銷毀了和資本管制有關的官方檔案[2]，以免繼任者又試圖重新實施那些管制。至於在美國，雷根（Ronald Reagan）總統則對金融業大規模去除管制[3]，並在減稅的同時大幅提高軍事支出，導致美國累積了巨大的預算赤字。

這些政策創造了有利的條件，讓電腦、標準型貨櫃輪乃至後來的網

際網路等新技術得以將全球經濟體系編織成單一的巨大網路，並使柴契爾與雷根晉身新自由主義名流。不過，以美國來說，新自由主義早在雷根入主白宮之前就開始興起，而且雷根卸任後，新自由主義更繼續登峰造極。事實上，自由市場哲學擁有如此巨大改造力量的原因是，連左派領袖都欣然採納這個哲學。舉個例子，解除航空業、鐵道業以及貨運業監理規定的，其實是雷根前一任的民主黨籍總統吉米・卡特（Jimmy Carter），他甚至在1978年發表國情咨文時宣稱：「政府無法解決我們的問題[4]。」而雷根之後的其中一位民主黨籍總統柯林頓（Bill Clinton）更是新自由主義的大推手，使其得以在美國向下扎根，並推廣到世界的每個角落。

在歷史上，時機代表一切。恰好就在新自由主義概念開始成為西方國家經濟政策主流之際，一場地緣政治地震來襲[5]，那就是冷戰的結束。蘇聯是在沒有發生暴力衝突的情況下解體，所以，很多人將這個奇蹟般的發展視為「崇高思想必將戰勝邪惡帝國」的一種歷史必然。毫無疑問地，很多人認為那些崇高思想中，就包含了新自由主義教條。在蘇聯解體之際，老布希總統頒給新自由主義另一位知識教父──弗里德里希・海耶克（Friedrich Hayek）一枚總統自由勳章（Presidential Medal of Freedom），他還在海耶克接受頒獎時真情流露地說：「能親眼見到自己的概念獲得世人認可[6]，是多麼美好的事！」

蘇聯解體後，世界上多了一大片疆域，對美國金融家、大企業高階主管以及新自由主義改革者敞開大門。於是，西方國家熱情擁戴的自由市場政策，漸漸散播到世界上的每個角落，原本抽象的「全球化」概

念，也因此轉化為無所不在的現實[7]。柯林頓總統和加拿大與墨西哥簽署了一份自由貿易條約（北美自由貿易協定〔North American Free Trade Agreement〕，簡稱 NAFTA），他還支持打造全球性的自由貿易體系（世界貿易組織〔World Trade Organization〕，簡稱 WTO）；柯林頓政府和前共產主義國家接觸時，更是不遺餘力地宣揚所謂「華盛頓共識」（Washington Consensus）[8]——即計畫透過「休克療法」（shock therapy）來採納一系列自由市場改革。誠如柯林頓時代的美國財政部長羅倫斯・桑莫斯（Lawrence Summers）所坦承的：「任何一個誠實的民主黨人一定都會承認，我們現在都成了傅利曼主義者。[9]

柯林頓也完成了雷根在金融自由化方面的未竟之功，銀行業的規模因此持續成長，全球化程度也達到空前新高[10]。他簽署了廢除《格拉斯－史迪格法案》（Glass-Steagall Act）[11]的法律，從 1933 年起在商業銀行與投資銀行業務之間畫下楚河漢界的法規自此成了歷史。至於聯準會主席這個重要的職位，柯林頓也兩度建議，由雷根任命的新自由主義鬥士葛林斯潘來擔任，最終葛林斯潘總共管理美國貨幣政策近 20 個年頭[12]。

除了政府政策的推力，還有諸多新穎的商業計畫一同驅動著全球化的發展。以金融領域來說，歐洲美元市場的成長，加速促成了資本管制的廢除，而資本管制的廢除又進而促使銀行業者，積極打造全新的跨國金融技術，包括銀行間支付結算系統（世界最主要的支付結算系統）[13]以及環球銀行金融電訊協會（Society for Worldwide Interbank Financial Telecommunications，簡稱 SWIFT，目前已成為國際金融通用語言[14]的銀行業訊息服務）。

至於在貿易領域，標準貨櫃輪[15]與及時生產（just-in-time manufacturing）方法的興起，使公司行號得以善用透過 NAFTA 與 WTO

Chokepoints

全球外匯交易量（1989 年至 2022 年）

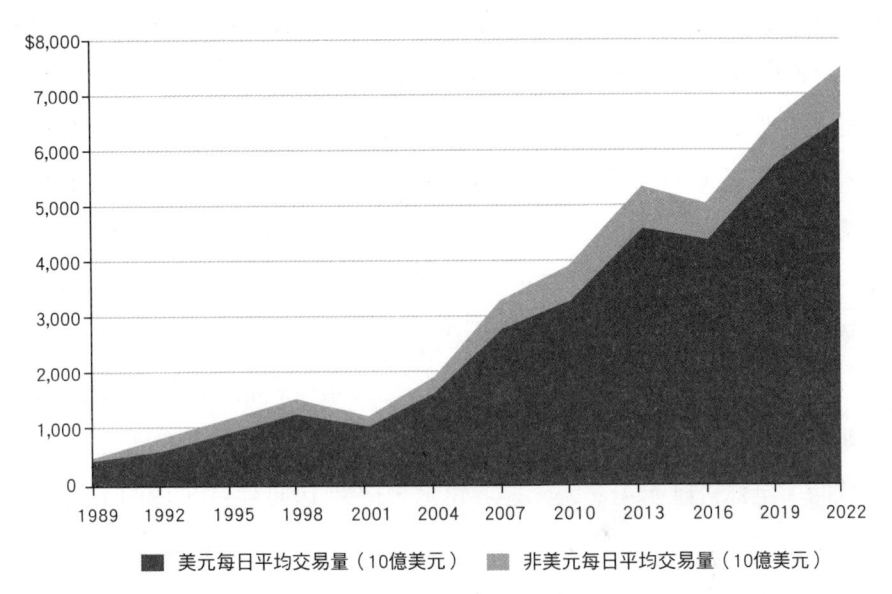

資料來源：國際清算銀行（Bank for International Settlements）

等架構協商而來的較低關稅壁壘來獲取利益。排除跨國經濟活動障礙的種種作為，一次又一次創造了，世人對各種有助於這類活動的新技術的需求，而跨國經濟活動方興未艾，又進而激勵各國提出更多有利於全球化發展的政策。

美國絕對不是唯一驅動這個進程的國家。歐盟在 1990 年代發行共同貨幣歐元，並鋪設了一條讓超過 12 個新會員國得以加入歐盟的康莊大道，最終把這個陣營轉化為世界上最大的單一市場[16]。在亞洲，日本和南韓、台灣等「亞洲四小龍」經濟體則成了強大的出口國。索尼（Sony）、三星（Samsung）和台積電則生產了許多加速這場數位革命[17]的電子零組件。最重要的是，中國在那段時間興起為世界工廠。從鄧小

平自1970年代末期開始推動市場改革以來,中國經濟就一路欣欣向榮,到1990年代時,它的成長速度更已高到令人眼花繚亂,舉個例子,1990年代,中國的出口成長了5倍之多,因此到2010年時,中國已囤積了價值超過1兆美元的美國債券[18],那主要是因美國對中國的貿易逆差暴增使然。西蒙在1974年與沙烏地阿拉伯達成協議,並將油元引進美國國庫債券,此後美國的赤字便開始暴增,美元貸款也大幅增加;而1990年代這個「中美經濟聯合體」(Chimerica)的興起[19],更使美國赤字與美元放款激增的趨勢一路延伸到二十一世紀。

然而,支撐著這整個系統的骨架卻是美元。最能清晰闡述這個事實的數據點,莫過於外匯市場飛快崛起為世界最大金融市場的歷程。1950年代時,全球外匯市場交易量還非常低,但到1990年代,這個市場的**每日交易量已達到近1兆美元**[20],大約是全球每日貿易額的40倍。如今,外匯市場的每日交易量更已**飆升**[21]到7兆美元的驚人水準,相當於全球每日貿易額的80倍以上(如果你手邊沒有計算機,且讓我告訴你,外匯市場每年的交易量大約等於2千5百兆美元)。更驚人的是,其中有90%的外匯交易牽涉到美元。

美元的支配地位賦予了華盛頓當局巨大的經濟與地緣政治實力。美國總統無須取得國會許可,就能頒布制裁令來剝奪任何個人或企業存取美元的能力,而試圖在缺乏美元存取能力的情況下闖蕩全球經濟體系,就猶如妄想在沒有護照的情況下環遊世界。誠如某位美國前財政部長曾對一群外國財政部長說過的話:「美元是我們的貨幣,但麻煩是你們的。」[22]

到1990年代時,美國已具備使用高效能經濟作戰武器的條件,因為此時的世界經濟體系已高度全球化與金融化,商品與資金跨國流動的自

由度（其中資金流動尤為重要）更達到史上新高。美元在全球經濟體系的重要性，使美國得以控制一個具備無比戰略價值的重要鎖喉點，而蘇聯解體，更讓美國成為世界上唯一的超級強國，從此得以恣意作威作福，同時吸引愈來愈多國家來當它的小跟班。

美國的新經濟影響力就像眼前一把上了膛的手槍。不過，美國政府並沒有選擇開槍。在柯林頓政府擔任財政部長的前高盛公司聯席董事長羅伯‧魯賓（Robert Rubin）雖掌握了極大的權力[23]，卻對所有出於政治目的而把美元當作某種手段的對策憂心忡忡，他擔心那種對策可能會「傷害美元作為準備貨幣的地位[24]」，並促使其他國家離開美國的金融體系。魯賓說：「這種事一旦做過一次，[25] 你就不再是那麼可靠的供應者。」畢竟此時美國經濟欣欣向榮且冷戰已經結束，地緣政治環境也大致良好，在這麼靜好的大環境下，美國有什麼理由冒任何風險？更重要的是，聯合國在伊拉克禁運方面的失敗，似乎也證明經濟制裁的想法行不通；在此同時，美國的軍事力量似乎依舊非常有效。既然使用空襲和巡弋飛彈能使美國的傷亡風險降到最低，且其相對成本也較低，柯林頓當然還是寧可選擇這兩種武器。[26]

不過，一如影響美國外交政策的其他許多因素，這樣的算計在一天之內徹底翻轉，那一天是 2001 年 9 月 11 日。

1-6 穿西裝的經濟游擊隊

2001 年 9 月 11 日早上，史都華・李維（Stuart Levey）坐在華盛頓賓夕法尼亞街 950 號美國司法部辦公室裡，這位年輕律師正在接聽一通電話。電話另一頭是他的同事，對方一開口就給了他一個簡單的指令：「打開電視機。」

世界貿易中心（World Trade Cente）的北塔大樓已經起火燃燒。幾分鐘後，第 2 架飛機撞上了南塔大樓。

身材精瘦的李維有著一雙深邃的黑色眼珠和一頭花白的頭髮，他平日主要是負責移民事務；雖然李維認識幾位負責反恐調查的同事（他們的辦公室就在走廊另一頭），但當他盯著那兩棟大樓著火的超現實畫面時，腦子裡卻拼湊不出那些畫面代表什麼意義。李維說：「我並沒有意識到那一段串流影片代表著什麼樣的威脅[1]。有幾位同事當場就想到很多可能，但我的腦袋一片空白，一丁點想法也沒有。簡單說，911 事件發生時，我整個人驚呆了。」

接著，李維和同事為了追蹤眼前這場災難的後續發展，到司法部頂樓的指揮中心集合。不久之後，消息傳出空中可能還有其他被劫持的飛機，而那些飛機的目標仍不得而知。接下來，又有消息指稱，一名同事的太太在美國航空公司第 77 號班機上打電話試圖和她先生聯繫。但不幸的是，這架飛機最後撞向了五角大廈。

李維和司法部的其他律師擔心司法部也會遭到攻擊，所以又火速搬到一個為因應極端威脅時刻而事前指定的辦公地點。新辦公地點比較安全，但電話線路太少，傳達機密資訊的能力也相當有限。顯然司法部雖在理論上已考慮到這類緊急狀況發生的可能性，但在實務上，它並沒有真正做好應有的準備。最後，他們一眾律師又搬到設備較完善的 FBI 總部，並在那裡著手調查這場攻擊行動的源頭。

　　美國政府將動用所有可能的工具來參與這場全球反恐戰爭。9 月 11 日的那一場悲劇引爆了綿延 20 年的阿富汗戰爭與後來的伊拉克戰爭，不過，新一代的經濟作戰也從那一場悲劇後展開。李維在司法部的職責則是從制定移民政策，轉變為起訴恐怖主義幫凶，這件工作需要追蹤諸如蓋達組織（al-Qaeda）以及哈瑪斯（Hamas）等團體的金流。這是李維有生以來首度涉獵這個金融武器化的花花世界。到 911 事件塵埃落定之際，一個新戰場已然成形，直到這時，李維才驚覺到自己竟已站在那個戰場的風口浪尖之上。

　　2001 年 9 月 12 日早上，小布希總統和國會領袖齊聚在白宮的一張大型紅木桌旁。這是美國開國以來發生在美國本土的最致命外來攻擊[2]，而蓋達組織這一次令人髮指的罪行共殺害了幾近 3,000 名美國人。

　　小布希總統以堅決的語氣向齊聚一堂的國會議員說：「這是二十一世紀戰爭的開始。我們一定會給美國民眾一個交代，並對民眾理所當然想血債血還的強烈欲望[3]做出回應。」《華盛頓郵報》（*Washington Post*）在那一天刊登的一篇專欄，把 1990 年代稱為「歷史給的假期」[4]，而此時，這段假期已經以令人痛苦的方式驟然結束。蘇聯解體之後，政治人物和

專家學者一致樂觀期待日益緊密相連的全球經濟體系將能成就永久的和平，但911事件清楚證明，那樣的期待只不過是個幻想。

為了對抗伊斯蘭恐怖主義的幽靈，布希總統已做好動用武力的準備[5]，華盛頓方面也幾乎沒有人不認為美國一定會獲勝。事實上，在911事件發生前幾年，美國軍方就已展現了在幾乎沒有傷亡的情況下迅速擊潰敵人的能力。舉例來說，美國的部隊只花4天就打贏了1991年的波斯灣戰爭，對當時堪稱世界最大編制的陸軍之一的伊拉克陸軍造成重創[6]。到了1995年，美國及其盟國只透過2個星期的空襲行動[7]，就逼得塞爾維亞領導人斯洛波丹·米洛塞維奇（Slobodan Milošević）上談判桌，最終以一紙和平協議結束了纏鬥4年的波士尼亞戰爭（Bosnian War）。另外，1999年時，以美國為首的78天空中作戰行動[8]，奪走了數千名塞爾維亞士兵的性命，有幸生還的敵軍士兵也被趕出科索沃（Kosovo），最重要的是，美國的部隊並未在這場作戰行動中損及一兵一卒。

因此，布希對美國的密集攻擊武力充滿信心。他在911事件發生後9天的一場國會聯席會議中宣稱：「我們的反恐戰爭始於[9]蓋達組織，但不會止步於此。除非揪出、阻止並擊敗每一個具全球影響力的恐怖團體，否則這場戰爭不會平息。」不過，那一股信心很快就動搖了。對阿富汗與伊拉克發動的戰爭和美國在1990年代曾參與的短暫勝仗截然不同。儘管美國軍方相對輕鬆就推翻了塔利班（Taliban）和海珊，卻被迫留下收拾殘局。

這兩場戰爭最終都變成了代價不斐且血腥的建國計畫，美國大兵不僅得幫忙在當地造橋鋪路、管理公務機關，還不時得出動抵禦暴力叛亂。問題是，他們不管做什麼都徒勞無功，每次稍有進展，那些成果也很快就被摧毀。在這個過程中，軍事力量也漸漸失去華盛頓當局的青

美國財政部的局部重要組織圖

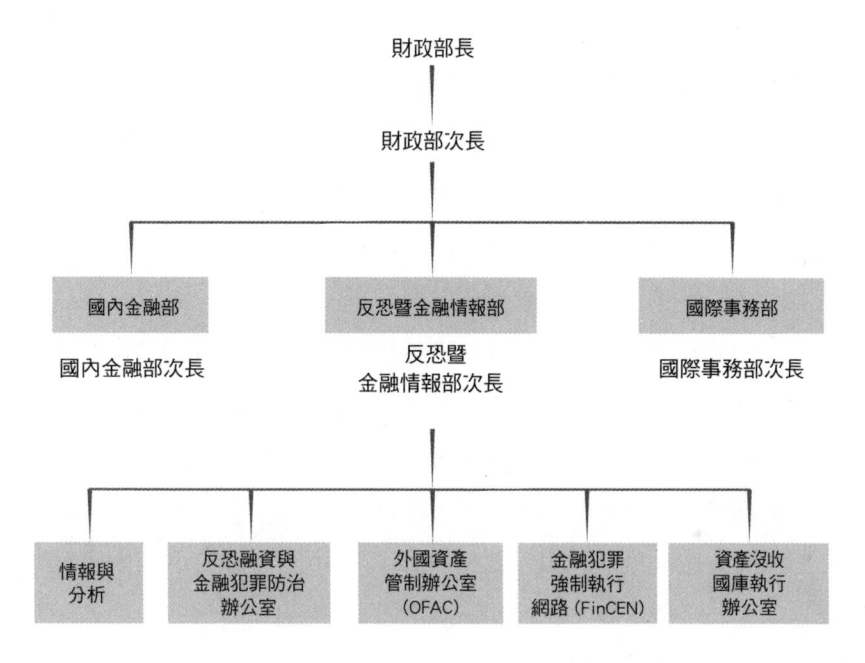

```
                        財政部長
                           │
                        財政部次長
                           │
        ┌──────────────────┼──────────────────┐
   國內金融部          反恐暨金融情報部        國際事務部
   國內金融部次長         反恐暨              國際事務部次長
                     金融情報部次長
                           │
        ┌──────┬───────┬───┴────┬───────┬──────┐
     情報與   反恐融資與  外國資產   金融犯罪   資產沒收
      分析   金融犯罪防治 管制辦公室  強制執行   國庫執行
              辦公室    (OFAC)   網路(FinCEN) 辦公室
```

資料來源：美國財政部

睞[10] 和美國民眾的支持。

就在布希政府焦頭爛額忙著處理這兩場無法取勝的戰爭之際，美國財政部的一群文官則著手展開另一個不同的計畫：他們要切斷蓋達組織的財路。這是布希總統本人指派的任務，他在那一場國會聯席會議中的演說中也提到，美國將「切斷恐怖份子的資金來源[11]。」911 攻擊行動只花了 50 萬美元的成本[12]，但更令人義憤填膺的是，恐怖份子順利透過美國金融體系轉移這筆資金。那些恐怖分子是用本名[13]銀行帳戶，並經由

1-6 ｜ 穿西裝的經濟游擊隊

電匯的管道,公然把這筆錢匯入、匯出美國。財政部官員下定決心絕不允許這種情況再次發生。

阻斷恐怖份子金流的作為是以外國資產管制辦公室(Office of Foreign Assets Control,簡稱 OFAC)為中心,這個隸屬財政部管轄的機關平日負責制定、執行制裁政策。外國資產管制辦公室的職權是由一戰時代通過的一項法律所賦予,條列禁止進入美國金融體系的個人與企業黑名單。這項法律就是當今所謂的《國際緊急經濟權力法案》(International Emergency Economic Powers Act,簡稱 IEEPA)[14],在危機時期,美國總統能根據這項法律對經濟體系動用非常權力;具體來說,該法案賦予總統宣布「國家緊急狀態」(national emergency)的廣泛自由空間,使總統有權對美國的敵人採行懲罰性經濟措施——包括切斷敵人存取美元的管道。美國最高法院的一項裁決准許總統可在不諮詢國會的情況下動用這項權力[15]。一旦總統宣布國家進入那種緊急狀態,通常就會由外國資產管制辦公室負責設計必要的經濟武器。

在冷戰時期,外國資產管制辦公室多半只是相對邊緣化的單位[16]。不過,從 1980 年代開始,它的地位開始扶搖直上;外國資產管制辦公室就是從那時開始發佈特別指定國民及封鎖人員名單(Specially Designated Nationals and Blocked Persons List),也就是所謂的指定制裁名單(SDN List)。透過這份清單,銀行業者就能輕鬆掌握最新被美國制裁的個人與企業,而美國政府也因此得以迅速擴大它對民間部門的影響力。在 1990 年代,這份清單和柯林頓政府打擊國際販毒集團的行動密切相關。隨著一個又一個拉丁美洲毒梟最終陸續被列入「柯林頓清單」(La Lista Clinton)[17],連美國境外的銀行都為了避開可能害它們惹上官非的客戶,而開始利用這份名單來篩檢金融交易。

911事件發生後，外國資產管制辦公室把許多涉嫌重大的恐怖份子[18]納入指定制裁名單，以便阻斷他們使用美國金融體系的管道。重要的是，外國資產管制辦公室也開始懲罰它認定為恐怖活動提供資金的個人與銀行業者。在此同時，《美國愛國者法案》（USA PATRIOT Act）[19]要求銀行與其他金融機構在接受新客戶與處理交易之前，必須進行更多盡職調查（due diligence）。布希總統在2001年11月時警告：「如果你們和恐怖份子做生意，如果你們支持或贊助他們，你們就別想和美利堅合眾國做生意[20]。」

美國財政部透過外國資產管制辦公室和其他許許多多參與糾察非法金流的機關，在這場反恐戰爭中承擔起一個重要但鮮少人注意到的角色。財政部的法律職權擴大了，而它對外國銀行業者與金融機構的影響力也隨之提高。財政部官員甚至和位於比利時布魯塞爾的SWIFT達成祕密協議[21]——根據這項協議，美國財政部能命令SWIFT交出特定交易的數據，這個發展意義非凡，因為SWIFT是少數位於美國領土之外、曾成功抵擋美國類似要求的關鍵金融基礎建設之一。

美國財政部在美國國安機器中的地位也漸漸改變。但令人匪夷所思的是，隨著外國資產管制辦公室變得日益舉足輕重，財政部過去以來的法律執行權力卻被移交[22]給新成立的國土安全部（Department of Homeland Security）。從此以後，特勤局、海關總署以及菸酒槍砲及爆裂物管理局（Bureau of Alcohol, Tobacco, and Firearms）等機關不再隸屬財政部管轄。這種安排真的很詭異，因為正當財政部在全球反恐戰爭的任務日益吃重、即將擔負重任之際，它卻損失了95％國家安全相關的預算與人員[23]。

由年輕律師胡安・札拉特（Juan Zarate）和專業菁英律師出身的大

衛‧奧夫豪瑟（David Aufhauser）共同領導的一個財政部官員小組留下來負責重組工作。他們和國會合作，在財政部創立了一個較不以法律強制執行為重，而是聚焦於反制恐怖份子融資的全新部門。這個新部門就是反恐暨金融情報部（Office of Terrorism and Financial Intelligence，簡稱TFI），負責監督海外資產管制辦公室，並獲准擁有自己的情報局，從此以後，美國財政部成了世界各國財政部中唯一擁有內部情報職能[24]的財政部。

反恐暨金融情報部從 2004 年展開運作，它的組織相當精實，只有幾百名員工，更只有略高於 1 億美元[25]的預算可用，這筆錢比即將首次公開亮相的 F35 戰鬥機的造價低一半以上。不過，無論如何，財政部終於建立了與其新使命一致的制度結構，萬事俱備，只差一位領導者了。

在司法部一路平步青雲的李維聽說反恐暨金融情報部成立時很惱火。他憋了一肚子氣，心想：**他們到底有完沒完？**

當時的李維只有 41 歲，年輕氣盛時的他把財政部當成文官體系裡的對手，甚至認為財政部有時會滋擾到司法部本身的反恐作為。因此，當他在 2004 年年初接到總統人事辦公室（Office of Presidential Personnel）主任迪娜‧鮑爾（Dina Powell）來電，徵詢他是否願意擔任反恐暨金融情報部的第一任首長時，他著實非常訝異。猶豫了一段時間後，李維接受了這份職務邀約。李維本身是個政務官，所以如果小布希總統沒有在那年 11 月連任成功，橫豎他很快就得開始找下一份工作。既然如此，何不冒險嘗試一下這個新任務？

雖然李維預期反恐暨金融情報部的主要任務是連根拔除恐怖份子的

史都華・李維：財政部第一任恐怖主義暨金融情報部次長

融資網路，但他也知道，他的責任也將包括監督財政部的海外資產管制辦公室，所以他竭盡所能閱讀大量有關制裁的學術研究。不過，他讀到的多數研究報告，實質上都是在解釋為何制裁不管用。（他事後打趣地說：「這正中我的下懷，幸好外界對制裁的期望值非常低。」[26]）李維的任命案在 2004 年 7 月獲得參議院確認後，他才在財政部二樓一間寬闊的辦公室[27]安頓下來，這間辦公室的入口是一個舊銀行金庫的門。李維在司法部有一位才華洋溢的同事名叫亞當・蘇賓（Adam Szubin），他不久後加入李維的行列，擔任隨從參謀。

一如李維先前對反恐暨金融情報部抱持懷疑的態度，相同地，他的新下屬也不知該如何看待這位新上司，他們懷疑李維是白宮安插來約束他們的。協助創辦反恐暨金融情報部的財政部事務官丹尼・葛拉瑟（Danny Glaser），最初把李維的上任當成一場「惡意購併」[28]。身材魁梧

1-6 ｜ 穿西裝的經濟游擊隊

的葛拉瑟是個從不廢話的反洗錢專家，儘管他最初對李維抱持懷疑的態度，但不出多久，他就成了李維最親密的戰友。葛拉瑟說：「我願意為他擋子彈。」[29]

在此同時，美國國家安全生態系裡的其他單位也不認同反恐暨金融情報部，在他們眼中，那個部會的成員只不過是一群惹人厭的新權貴。李維和葛拉瑟去參加白宮戰情室的會議時，身旁盡是一些國務院、五角大廈和中情局的官員，那些官員經常會以困惑的眼神盯著他們兩人。那些官員的共同疑問是：「為什麼財政部的人要參加這場會議？」何況反恐暨金融情報部的很多主管都年僅三十幾歲至四十歲出頭，明顯低於華盛頓高階官員的平均年齡，這當然也是引來旁人質疑的因素之一。

不過，反恐暨金融情報部人員被當成局外人的處境，敦促他們更遵守紀律。為了不被看輕，他們必須對自己的職權瞭如指掌，不僅如此，這樣的處境也促使他們培養出一種不講究階級且親力親為的文化。反恐暨金融情報部的另一位共同創立者札拉特形容他們的團隊是「穿著灰西裝的游擊隊。」[30]

李維在反恐暨金融情報部的主要任務，除了設法讓蓋達組織破產，還得鎖定想要取得大規模毀滅性武器的政權[31]，並切斷它們的資金來源。這種政權就是當時所謂的「流氓國家」，這類國家很可能在取得毀滅性武器後，轉手把那些武器交給恐怖份子。小布希總統在他的2002年國情咨文演說中，點名伊拉克、伊朗和北韓是其中最令人憂心的3個國家，並稱它們為「邪惡軸心」[32]。

李維加入反恐暨金融情報部時，美國軍隊已經占領伊拉克。伊朗的情況還是令人擔憂，不過緊張局勢稍微緩和了一些，因為當時的伊朗改革派總統穆罕默德・哈塔米（Mohammad Khatami）剛和英國、法國、德

國達成暫停伊朗濃縮鈾計畫[33]的協議，同時允許那些國家對伊朗的核設施進行更深入的檢查。但另一方面，和北韓之間的緊張局勢卻逐步升溫。

1-7 小國試煉場

　　2005年年初，美國和北韓之間的緊張局勢日益沸騰。長久以來，平壤當局都沒有停止核子技術的實驗，到了那年2月，它公開宣稱已「造出核武器」。[1] 更令人擔憂的是，北韓某位高官威脅，「若美國把我們逼到牆角」[2]，北韓將把核子材料交給恐怖份子。華盛頓當局自然不敢對這個威脅掉以輕心，特別是不久前的證據才顯示，北韓已將接近2噸的六氟化鈾（uranium hexafluoride，核子武器的關鍵成分之一）祕密轉移[3] 給利比亞。為此，白宮絞盡腦汁，希望找出或能阻止平壤當局的核子活動的新方法。

　　被戲稱為隱士王國（Hermit Kingdom）的北韓並非浪得虛名。它和主流世界經濟體系之間幾乎沒有連結，跟美國更是毫無聯繫可言。中國是北韓唯一的大型貿易夥伴[4]，也是它的資助者；中國為北韓提供糧食與能源援助[5]，還以紡織品、煤炭與其他礦物做為交換，為北韓提供少量的外匯收入。指望北京當局抑制北韓專制獨裁者金正日是不切實際的，因為自1950年代初期韓戰爆發後，他一直是北京當局長期支持的共產傀儡政權接班人。而且，由於中國在聯合國安理會擁有否決權，因此外界根本不可能對北韓實施類似1990年代對伊拉克實施的那種全面性多邊制裁。

　　不過，李維倒認為北韓難題是反恐暨金融情報部展現身手的好機會。整個北韓經濟體系堪稱一家大型犯罪企業，主要業務是出口毒品、

假萬寶隆香菸，更是世界第一大假百元美鈔的來源。[6] 不過，為了透過這些非法活動獲利並取得核子計畫所需的零組件，北韓必須擁有進出國際金融市場的能力。於是，反恐暨金融情報部在 2005 年設法釐清了北韓取得這項能力的關鍵環節：那是位於中國沿海城市澳門的一家小型銀行——匯業財經集團（Banco Delta Asia）[7]。反恐暨金融情報部官員發現，北韓政權為了使用該銀行的金融網路而支付某種手續費，而匯業財經集團則允許北韓開立帳戶、電匯資金並存入大額的現金。雖然它不是唯一為北韓提供服務的中國銀行業者，卻是這個隱士王國連結外界最重要的管道之一。

2005 年夏天時，李維和葛拉瑟開始想方設法，希望將匯業財經集團指定為《美國愛國者法案》第 311 條規定中所分類的「主要洗錢機構」[8]。一旦將它指定為「主要洗錢機構」，反恐暨金融情報部就能對它採取一系列懲罰措施，包括切斷這家銀行與美國金融體系的連結[9]。李維和葛拉瑟最初是希望僅憑威脅的方式（威脅將實施這類懲罰措施），促使各地金融機構斷絕和北韓政權之間的商業關係。

那時已從財政部轉任國家安全委員會的札瑞特也積極在白宮內部倡議這項政策。由於匯業財經集團是個微不足道的機構，所以，將它指定為「主要洗錢機構」，不可能在中國的銀行業引發不良的漣漪效應，更不可能影響到美國本身的銀行業。不過，此舉卻能向平壤當局宣示，華盛頓當局有實力擠壓它的經濟命脈。

由於小布希總統也迫切希望能有一個不使用武力的政策選項[10]，所以，他簽署了這項建議案。2005 年 9 月 15 日當天，財政部將匯業財經集團指定為「主要洗錢機構」[11]，並暗示打算在未來的某個時刻，斷絕這家銀行與美國金融體系的連結。表面上看，此舉只不過是個警告，但實際

上卻產生了令對方蒙羞的效果。澳門主管機關隨後凍結了北韓存放在匯業財經集團的 2,500 萬美元[12]資產，並接手控管這家銀行，以阻止恐慌的顧客到該銀行擠兌。不久後，中國各地與其他地方的銀行業者紛紛開始主動切斷和北韓之間的關係[13]，唯恐成為下一個遭到嚴格審查的目標。葛拉瑟回顧當時的狀況說，業界的回應速度與廣度出乎意料，「連真心相信這些措施的我[14]都感到意外。」911 事件爆發後，世界各地的銀行業者都戒慎恐懼，唯恐不慎違反諸如《美國愛國者法案》等美國新法律。同樣重要的是，它們也害怕一旦被貼上「恐怖主義支持者」或「核武擴散的縱容者」等標籤，會對聲譽造成不可收拾的後果，畢竟沒有任何企業執行長願意冒險沾上另一場 911 事件的鮮血。

這些創舉的成果讓美國傳統國安機構的老前輩們感到非常驚訝。在布希政府執政時期擔任美國中情局及國家安全局局長的空軍將軍麥可・海登（Michael Hayden），把這項行動比為「二十一世紀的精確導引武器」[15]。連平壤當局都無法否定它因此而遭受的衝擊。一位北韓官員在喝醉後向一位美國對等官員表示：「你們⋯⋯你們美國人終於找到了傷害我們的方法。」[16]

從那時開始，李維和葛拉瑟不再需要努力證明他們出席白宮戰情室會議的合理性。然而，從大局來看，美國對匯業財經集團採取的行動雖證明了這個概念可行，但那畢竟只是牛刀小試。具體來說，反恐暨金融情報部雖證明它有能力部署精密的經濟武器，卻只證實這種武器能有效對付一個微小的目標。這個行動雖使價值 2,500 萬美元的北韓資產遭到凍結，但這筆錢大約只相當於俠客・歐尼爾（Shaquille O'Neal）那一年為邁阿密熱火籃球隊效力的酬勞[17]。而且，儘管這筆被凍結的資金讓美國在談判桌上獲得更大的影響力，卻不足以促使平壤當局大幅調整核武方

面的盤算 [18]。要對付那麼一個自外於全球化浪潮的對手，經濟作戰的力量終究有其極限。不過，這個事件卻也暗示，華盛頓當局在這個超級金融化又牽一髮動全身的世界經濟體系裡，可能真的擁有某種呼風喚雨的力量。

後來美國選了一個遠大於北韓、又和國際經濟體系更關係密切的國家，當作新經濟武器的主要試驗場。那個國家不久之後將推舉一名激進派強硬份子出任總統，同時加速推動它的核武計畫。2006 年時，迫切尋求免戰解決方案的美國以經濟武器瞄準了那個國家，而經濟戰爭時代就此拉開序幕。

那個國家就是伊朗。

第 2 部
伊朗與核彈之爭

2-1 技術官僚的隱形作戰

　　直到 2013 年 10 月，已擔任美國對伊朗經濟戰最高指揮官之一近十年的蘇賓，才終於首次和一位伊朗官員正面交鋒。

　　雙方同意在代表中立地帶的瑞士日內瓦萬國宮（Palais des Nations）會談。位於湖畔的萬國宮是一棟新古典主義的瑰寶，從這裡可欣賞法國阿爾卑斯山的壯麗景致。對長年在美國財政部樸實無華的附屬建築裡辦公的蘇賓來說，萬國宮是個完全不同的世界，堪稱升級版的辦公地點。當年的蘇賓年僅 40 歲，從他年輕的外表和臉上那副書卷味濃厚的金絲邊眼鏡，著實看不太出他竟如此大權在握——他掌管著世界上最令人聞之喪膽的經濟彈藥庫。在蘇賓眼中，擁有 8,000 萬人口的伊朗是最難應付但也最有價值的目標。近幾年來，從他辦公室發出的大量指令雖未能立竿見影，但已毫無疑問地漸漸切斷伊朗和全球經濟體系之間的聯繫。美伊雙方在日內瓦進行的這場會談，象徵著一個清晰無比的訊號：德黑蘭當局已深刻感受到這股擠壓的力量。

　　美國的制裁是對伊朗核能力的一種回應——伊朗的核能力進步神速，令人思之極恐。回顧 2003 年時，美國為了在伊拉克搜尋大規模毀滅性武器，決定入侵伊拉克並推翻海珊政權，但後來的事實證明，伊拉克境內並沒有那樣的武器；相較之下，伊朗的核子計畫卻真實存在。數千台在伊朗境內運轉的核離心機[1]，因德黑蘭當局在伊朗境外的活動而變得

亞當・蘇賓：美國財政部外國資產管制辦公室主任

更令人擔憂——伊斯蘭革命衛隊（Islamic Revolutionary Guard Corps）與諸如真主黨（Hezbollah）等軍事代理人（proxies）確實天天到處搞破壞。所以，當伊朗總統馬哈默德・哈馬迪內賈德（Mahmoud Ahmadinejad）聲稱要把以色列「從地圖上抹去」[2]時，他的言詞聽起來並不像是個空洞的威脅，而像是動機聲明。問題是，美國和以色列雖雙雙聲明不會容忍伊朗發展核武。但華盛頓當局也沒有人希望中東再爆發另一場戰爭。

所以，美國需要設計一個無須訴諸武力的解決方案，而這個任務就落在蘇賓的頭上。為了逼迫伊朗放棄核子計畫，美國必須對伊朗造成深刻的經濟痛苦。不過，伊朗老早就成了美國的貿易禁運目標，且從1979年人質危機以來，它和美國經濟體系之間就沒有重大的聯繫可言。所以，美國官員需要的不只是能切斷伊朗政權與美國市場交流的方法，更

需要一個能切斷伊朗與全球經濟體系交流的方法。要發動那種有史以來最大規模與野心的經濟作戰，需要打造新穎的武器，並草擬全新的作戰手冊。最初華盛頓當局的掌權者多半認為這個想法是在作白日夢，蘇賓經過多年努力，才終於證明那些懷疑論者是錯誤的。

2006年時，蘇賓被任命掌管財政部的外國資產管制辦公室，那是他加入財政部擔任李維的左右手後2年。通常上級不會把外國資產管制辦公室主任這種重責大任交給一個30幾歲且剛投入職涯不久的公務人員。不過，蘇賓冷靜的性情與注重細節的習性，很快就為他贏得不少盟友。

蘇賓是在紐澤西州提內克（Teaneck）一個恪遵猶太傳統的家庭[3]裡長大，他父親奇維（Zvi）出生在1933年的波蘭，整個童年都忙著躲避納粹的追捕。奇維最終抵達巴勒斯坦，並在那裡長大成人。到了1948年的以阿戰爭期間，他被任命為拉比（rabbi，譯注：猶太教的導師），後來又搬到美國，最終成為紐約市立學院（City College of New York）受人敬重的學者之一。蘇賓的母親蘿莉（Laurie）則是在當了多年的全職母親後，在亞當10幾歲時申請就讀法學院，後來成為一名行政法官。

蘇賓深受父母融合宗教信仰與嚴謹思維的人生態度影響。他從曼哈頓一所猶太私立學校畢業後，便到耶路撒冷南部山區的耶許瓦・哈爾・艾茲翁（Yeshivat Har Etzion）猶太教學院就讀1年，這所學院是全球最具領導地位的進階妥拉（Torah）研究機構，教學計畫緊湊且繁重。每天從清晨到深夜，學生都忙著解析希伯來語和阿拉姆語（Aramaic）的古代文本。蘇賓事後回憶：「那裡堪稱我待過對智力要求最高的地方，當然，那也是我做過最艱難的研究。」[4]

如果說蘇賓曾親身經歷虔誠的宗教奉獻能讓他得到什麼回報，他一定也從那些經驗瞭解到虔誠宗教信仰的黑暗面。他在哈佛就讀大學和法學院時，轉而對彌賽亞運動（messianic movements，相信世界末日即將來臨的教派）產生興趣，並開始研究大衛教派（Branch Davidians，1993年時，FBI 幹員花了 51 天圍攻這個教派位於德州威柯〔Waco〕的聚落宅院，最終導致 76 人死亡）。後來，他又考慮成為公益律師。不過，一如眾多背負沉重學貸的法學院學生，他很快就放棄那個念頭，開始尋找既能讓財務狀況更穩定，又能讓世界更美好的途徑。

那條途徑引領蘇賓進入政府公務體系，最終以美國代表團成員之一的身份，前往日內瓦的萬國宮。那是美國財政部官員首度參與和伊朗之間的核談判。根據媒體圈的解讀，蘇賓的出席代表著一個重大的訊號[5]：歐巴馬政府正嚴肅考慮在談判桌上拿出最寶貴的籌碼——減輕制裁（sanctions relief）。

畫面轉回華盛頓，外國資產管制辦公室裡空蕩蕩的[6]。國會的茶黨（Tea Party）共和黨籍議員為了廢除《病患保護與平價醫療法案》（Patient Protection Affordable Care Act）而採取的種種作為，導致聯邦政府關閉了數週之久。超過 80 萬名聯邦政府員工被強制休假，外國資產管制辦公室裡的所有員工也幾乎無一例外。財政部最頂尖的伊朗專家之一安德魯・詹森（Andrew Jensen）坐在位於維吉尼亞州弗里德里克斯堡家中前廊的搖椅上，正當他感到百般無聊之際，突然接到一通電話，對方指示他立即向外國資產管制辦公室報到。接下來，他和另外幾位財政部參謀為了支援蘇賓的任務，在無薪可領的情況下連續做了幾天工，思考要如何減輕制裁措施，換取伊朗在核子發展上讓步。

蘇賓會見伊朗最高核談判特使阿巴斯・阿拉格齊（Abbas Araghchi）

與哈米德·巴艾迪內賈德（Hamid Baeidinejad）後，發現他們對美國的制裁政策幾乎瞭如指掌，而且能相當有效地使用這份理解，這讓蘇賓十分震驚。在會談的過程中，阿拉格齊與巴艾迪內賈德以外國資產管制辦公室政策專家慣用的艱澀術語和美方人員對談，言談之中更不時提到美國各文官單位的縮寫名稱。顯然德黑蘭當局內部花了不少精力研究美國的制裁政策，而且事前就已深入考量過不少反制對策。不過，到2013年秋天，伊朗官員終於不得不嚴肅面對美國的制裁，因為伊朗經濟在2012年陷入近20年來的首度衰退，而且2013年開年後那幾個月，它已不再能取得強勢貨幣（hard currency），換言之，伊朗政府口袋裡的錢正一點一滴消耗殆盡。

多年來，德黑蘭的政治人物總是否認伊朗經濟曾因國際壓力而受到傷害。不過，2013年6月的伊朗總統大選前，卻有一名候選人脫稿演出，他誓言將帶領伊朗擺脫制裁的束縛。結果，這名候選人獲得了壓倒性的勝利，這位候選人就是哈桑·羅哈尼（Hassan Rouhani）。在那年8月羅哈尼的就職典禮過後幾天，德黑蘭當局就釋出訊號，表示伊朗已做好和華盛頓當局談判的準備。

2-2 伊朗對峙美國「紙老虎」

但通往日內瓦的道路並非一帆風順。

歷經多年歲月，美國才終於累積到足夠迫使伊朗讓步的壓力，成功逼得伊朗承諾限制核子計畫。這個歷程之所以那麼曲折，必須歸咎於美國本身雜亂且經常機能失調的決策制定流程——在整個過程中，哈佛大學畢業的律師、能言善道的外交官、精明的遊說人員、四處大放厥詞的智庫學者，以及爭吵不休的國會議員等不斷相互叫囂，並指控對方叛國。這就是佛洛伊德（Sigmund Freud）所謂「對微小差異的自戀」[1]的經典案例之一，意思是指本質上相似的派系因一些細枝末節而分歧，並因此發生衝突。不過，儘管發生爭執（或許正因為他們彼此爭執）——他們最後還是站在同一陣線，為共同的目標提出可行的解決方案。

其實若少了上述任何一方，這場施壓運動不可能那麼成功。不過，最終從這一片混亂中理出秩序的，是財政部的一個核心團隊，也就是後來成為國安生態體系中流砥柱之一的制裁政策技術官僚。這個團隊以李維、蘇賓和大衛・柯恩（David Cohen，後來接任李維，擔任反恐暨金融情報部次長）為首，而在那整個過程中，這個團隊也漸漸成為一批輪廓分明的新型態華盛頓官員。制裁政策技術官僚在經濟作戰中扮演的角色，猶如軍事衝突中的陸軍與海軍上將：他們負責研擬攻擊計畫，爭取領袖的批准，並據此指揮作戰部隊。

這些官員及其方法能通過美國對伊朗政策的嚴苛考驗、脫穎而出，並非偶然。伊朗太大且太具毀滅性，美國無法漠視這個對手的威脅。伊朗是中東地區人口僅次於埃及的國家，而且擁有受過良好教育且活力十足的龐大中產階級[2]。以陸地面積來說，伊朗在這個地區的排名也僅次於沙烏地阿拉伯。它位於中東和南亞的戰略性十字路口，更控制了荷姆茲海峽（Strait of Hormuz，世界上有20%的石油供給[3]是經由這個狹窄的水道運送出去）的出入口，因此坐擁非常可觀的地理財富。拜伊朗本身巨大的石油（排名世界第三大）及天然氣（僅次於俄羅斯）蘊藏所賜，它更是一個能源強國[4]。

1979年的革命將代表伊朗國王的沙阿（shah）趕下台，並建立了伊朗伊斯蘭共和國。從那時開始，上述所有資源全數落入革命伊斯蘭主義政權手中，這個政權不僅尋求擴張它在中東的影響力，更有意暗中破壞美國及其盟友的利益。因此如果真的讓這個政權取得核子武器，將更加難以遏制其野心，甚至可能對它束手無策。

一如美國曾面臨的很多棘手國際挑戰，伊朗追求發展核武的野心，至少局部是美國人自己養出來的[5]。1957年時，艾森豪（Dwight D. Eisenhower）政府根據冷戰相關的倡議之一——原子能用於和平計畫（Atoms for Peace program）[6]——和伊朗簽署了一份民用核子合作協定。根據這項計畫，華盛頓將和其他國家分享科學專業知識與核能設備，目的是希望那些國家能和蘇聯保持距離。10年之後，美國履行承諾，為伊朗供應5兆瓦[7]的研究型反應爐（這些反應爐迄今仍在使用），同時提供了大量高濃縮鈾作為那些反應爐的燃料。伊朗政府這一頭也派遣了數十名年輕科學家到麻省理工學院（MIT）[8]與其他頂尖美國大學去進行研究，並接受世界級的核子工程教育。這批人回到故鄉後，就成了為伊朗核子

計畫打造堅實基礎的大功臣。

這是穆罕默德‧禮薩‧巴勒維（Mohammad Reza Pahlavi）沙阿時代的事，當時他的政權雖也採極權統治，卻堅定親美。到1970年代時，尼克森總統甚至還打算靠伊朗和沙烏地阿拉伯來維護中東的安定，同時確保石油能自由輸往全球市場。為了強化沙阿政權，尼克森政府出售了價值數十億甚至數百億美元的美製軍事裝備給伊朗，那一大批武器裡包含一個F-14雄貓式戰鬥機群[9]（這款戰鬥機因1986年的賣座鉅片《捍衛戰士》〔*Top Gun*〕而聞名），其中很多戰鬥機迄今仍在伊朗服役。

不過，1979年的革命使伊朗幾乎在一夜之間從美國的朋友變成了仇敵，而造成這個惡果的主因之一，是那年11月發生的人質截持事件：當時一群激進的伊朗學生襲擊位於德黑蘭的美國大使館，並劫持了52名美國人作為人質。為了應對這個事件，卡特總統訴諸1977年的《國際緊急經濟權力法案》（IEEPA）──這項法律賦予總統在國家陷入緊急狀態時將美國經濟體系化為武器的非常權力。有史以來首度訴諸這項法律[10]的美國總統卡特凍結了120億美元的伊朗資產，並切斷了美國和伊朗的商業及外交聯繫。

當時的美國是伊朗的最大貿易夥伴[11]，所以伊朗高度依賴美國──伊朗對美的貿易量占其全球貿易量的20%。因此，這些懲罰措施果然對伊朗造成重創。經過了痛苦的444天後，華盛頓與德黑蘭當局終於在1984年1月19日──也就是卡特卸任前一天──達成休戰協議。美國解除了120億美元的伊朗資產凍結令，而伊朗則釋放所有人質來作為回報。卡特當年最高階的顧問之一回憶：「事實上，被凍結的伊朗資產是促成最終協議的關鍵籌碼[12]，因為伊朗新政權羽翼未豐，迫切需要現金。」

這個協議就是所謂的阿爾及爾條約（Algiers Accords），它撤銷了多

2-2 | 伊朗對峙美國「紙老虎」

數制裁,不過損害早已造成。1981年時,美國從伊朗進口的商品總值比伊朗革命前減少了大約99%,從那時開始,美伊兩國之間的商業關係也未曾恢復,這主要是因為伊朗新政權的破壞行為並沒有隨著人質危機的結束而停止,被嚇跑的美國投資人因此也遲遲不願回歸。最後,德黑蘭當局的惡形惡狀又促使美國重新對伊朗實施制裁。

在革命後不久成為伊朗伊斯蘭共和國第一任最高領袖的阿亞托拉・魯霍拉・何梅尼（Ayatollah Ruhollah Khomeini）,下令建立伊斯蘭革命衛隊（Islamic Revolutionary Guard Corps,簡稱IRGC）,這個準軍事化團體的責任除了要在國內捍衛伊朗的強硬派神權政治制度,還得將其意識形態傳播到海外。1982年時,黎巴嫩極端主義團體真主黨（Hezbollah）在伊斯蘭革命衛隊的監督下成立。接下來幾年,真主黨在伊斯蘭革命衛隊的訓練與資源支持下,發起多次暴力恐怖攻擊,包括在1983年轟炸美國位於貝魯特（Beirut）的海軍軍營,那起轟炸事件共導致241名美國士兵遭到殺害。

在此同時,伊朗政權重新透過一個稱為物理研究中心（Physics Research Center）的最高機密組織,恢復對核子計畫的投資。在曾為蘇聯效力的前核武科學家維亞切斯拉夫・達尼連科（Vyacheslav Danilenko）的相助之下,物理研究中心以開發核彈為目標,進行了多項關鍵研究[13]。隨著德黑蘭當局介入這些致命的活動,美國也逐漸增強對伊朗的制裁,最終更恢復了人質危機期間的制裁規格。

然而這一次的懲罰措施未能明顯改變局面[14],伊朗經濟體系甚至沒有因此感受到明顯的痛苦。個中原因是,在人質危機過後,伊朗企業刻意對美國「敬而遠之」,因此儘管此時伊朗再次遭到美國制裁,卻得以維持和其他新興市場並駕齊驅的經濟成長。於是革命政權得以繼續穩定掌

Chokepoints

權,並繼續支持恐怖組織、投資核武的開發活動。

1995年時,美國在制裁伊朗方面徒勞無功的情況變得更顯而易見,當時休士頓的康納和石油公司(Conoco)簽署了一項在伊朗近海開發某大型油田的契約。這是自伊朗革命以來,美國企業首度與伊朗簽署能源協議[15],這項協議突破了美國制裁政策的極限(康納石油公司為規避美國的限制,以一家海外子公司的名義簽署這項契約,這個作法在當時是合法的)。但在沉重的政治壓力之下,柯林頓總統發佈一項行政命令[16],明令禁止美國企業參與伊朗的石油開發案。於是,康納石油公司旋即退出[17]這項協議,孰知短短幾個月後,法國能源巨擘道達爾公司(Total)卻宣布[18]它將開發康納石油公司不久前剛放棄的那一片油田,而且契約已簽訂。接下來,伊朗又迅速和多家非美國企業簽署了十幾項額外的能源協議[19]。到頭來,美國的制裁確實造成了損害,不過,受害的是美國企業,而非伊朗。

被這一連串發展激怒的美國國會隨即採取行動。1996年7月,眾議院與參議院一致通過所謂的《伊朗與利比亞制裁法案》(Iran and Libya Sanctions Act,簡稱ILSA)。《伊朗與利比亞制裁法案》是一項獨特的法案,因為這一次,美國制裁令的砲口並不是直接鎖定伊朗,而是瞄準和伊朗做生意的外國企業,而且其中很多外國企業的總部是設在美國的盟國境內。這項立法行動威脅將無差別懲罰所有大手筆投資伊朗能源業的企業,換言之,從事道達爾公司在康納石油公司退出後那類業務的所有企業,不分國籍,都將難逃美國的制裁。具體而言,即使是投資伊朗能源業的歐洲企業,都有被美國制裁的風險。這項法律實質上形同美國對盟友發出的最後通牒:如果你們不配合我們的伊朗政策,你們的企業就必須承擔痛苦的後果。

《伊朗與利比亞制裁法案》是美國首度嘗試後來所謂「次級制裁」（secondary sanction）的手段之一，這項法案不僅以伊朗為目標，其制裁範圍更擴及伊朗的海外商業夥伴。這個措施異常嚴苛，也因此導致美國與歐洲盟國之間的關係趨於緊張。歐盟貿易委員會委員里昂・布列坦爵士（Sir Leon Brittan）痛斥《伊朗與利比亞制裁法案》是一種不正當的「治外法權」（extraterritorial）[20]，並直言華盛頓當局越俎代庖，企圖左右它根本不具發言權的決策。歐盟在布列坦的敦促下通過了一項法律，規定歐洲企業不得遵守《伊朗與利比亞制裁法案》或其他美國次級制裁規定，否則會被認定違法[21]。

　　歐洲通過的這項法律導致美國國會更加群情激憤，最終更演變成一場全面的跨大西洋危機。與此同時，伊朗還是忙著簽署許多新的商業協議。在《伊朗與利比亞制裁法案》通過一年後的 1997 年，道達爾公司和另外幾家外國企業，仍陸續宣布將在伊朗南帕爾斯（South Pars）天然氣田進行多項大型開發計畫。根據《伊朗與利比亞制裁法案》，這些投資案明顯都理應會觸發美國的制裁機制，美國國會議員們也不斷叫囂，要求行政單位明快採取行動。於是，美國國務卿馬德琳・歐布萊特（Madeleine Albright）指示國務院的資深使節史都華・埃森斯塔特（Stuart Eizenstat）偕同《伊朗與利比亞制裁法案》的主要發起人之一艾爾・達馬托（Al D'Amato）參議員，火速搭機去和布列坦會面。經過一輪艱苦的協商，雙方終於達成協議：歐盟將緊縮它對伊朗的部分出口限制，以便爭取《伊朗與利比亞制裁法案》的豁免權。為了防止未來再次發生美國與歐盟對峙的情況，歐布萊特迅速把這項協議延伸為一個整體妥協方案[22]：如果歐盟願意在伊朗的議題上與美國合作，華盛頓當局將不會懲罰違反《伊朗與利比亞制裁法案》的歐洲企業。

然而，歐布萊特所謂的「美歐合作」具體內容根本語焉不詳。所以接下來幾年，歐洲的能源企業還是繼續將資金與專業技術輸入伊朗的石油及天然氣行業，而伊朗政權也因此掙得了數十甚至數百億的油元，進而快速發展核子計畫。直到這時，《伊朗與利比亞制裁法案》中規定的次級制裁未曾真正付諸執行，而這項法律的主要「成就」，還是僅限於搞僵跨大西洋關係。到 2004 年，也就是埃森斯塔特協助美國與歐盟達成這項妥協方案的多年之後，他公開宣稱《伊朗與利比亞制裁法案》是「一隻筋疲力盡的紙老虎」[23]，並呼籲國會放手讓它「壽終正寢」。

2-3 高風險的經濟布局

2004年9月30日當天，在邁阿密大學（University of Miami）處處棕櫚樹的校園裡，小布希總統擺好架式，準備和民主黨挑戰者約翰·凱瑞（John Kerry）參議員展開第一場總統選舉辯論。此時伊拉克戰爭的戰況並不理想，而且調查員已做出結論：海珊的核子計畫早在布希下令部隊開戰前10多年就已停擺，而美國當初正是以海珊發展該核子計畫為由，入侵伊拉克。由專家團隊組成的伊拉克調查小組（Iraq Survey Group）在邁阿密這場辯論展開前幾個小時發表了最終報告。這個在美國入侵伊拉克後負責搜尋大規模毀滅性武器的小組宣稱，「沒有證據」[1]顯示這個國家一直設法取得那種武器。

但伊拉克和伊朗並不能相提並論。

此前2年，留著小鬍子的伊朗異議份子阿里禮薩·賈法薩德（Alireza Jafarzadeh）在距離白宮僅短短腳程的威拉德飯店（Willard Hotel）召開記者會。和以色列情報網素有聯繫的他揭發了一個爆炸性的消息：伊朗政權正在興建祕密核子設施[2]。賈法薩德在地圖上點出了兩個祕密廠址[3]：一座是位於沙漠城鎮納坦茲（Natanz）的濃縮工廠，另一座是位於亞拉克（Arak）的重水（heavy-water）製造廠；前者能為德黑蘭當局供應高濃縮鈾，後者則能提供鈽。這兩座設施為伊朗提供了生產核子武器的兩條不同途徑。這些核子設施遠比海珊曾經擁有過的任何設施都先進許多，也

穆罕默德・哈馬迪內賈德：2005年9月在聯合國大會上發表演說的伊朗新總統

令布希政府（當時布希政府剛點名伊朗是「邪惡軸心」[4]的一員）陷入尷尬的處境。畢竟如果布希政府相信值得為了阻止一個想像出來的核子計畫而入侵伊拉克，那麼，值不值得為了阻止一個實際存在的核子計畫而入侵伊朗呢？

這個疑問就像邁阿密市濕黏的空氣般，從頭到尾都籠罩著那整場辯論。布希和凱瑞雙雙宣稱，核武擴散是美國面臨的最嚴厲挑戰，他們還雙雙點名伊朗的核子計畫特別危險。不過，他們兩人卻也都沒有提出任何理想的解決方案，而且被問到是否將下令展開另一場先發制人的軍事攻擊行動時，兩名候選人也不約而同地採取迴避戰術。當凱瑞提出可能以更多制裁來打擊伊朗時，站在講台上的布希弓起身子，皺著眉頭做出難以置信的表情，看起來像極了聽到對手提出錯誤主張後急著把問題唬弄過去的高中辯論社學生。他插嘴反駁道：「我們早就制裁伊朗了好嗎！」[5]

我們沒辦法再對它進行任何制裁了。」

布希此言道出了華盛頓當局那時的一個共識：美國已努力試著藉由制裁來阻止伊朗發展核子計畫，但那些作為都失敗了。布希在順利連任後不久重申了他的觀點。他在一場白宮記者會中表示：「我們因為對伊朗不再有明顯影響力而制裁了我們自己，」「如今我們對伊朗人已經沒有太大的影響力了。」[6] 的確，歷經幾十年的制裁，美國和伊朗之間的貿易往來已徹底斷絕，美國企業也沒有投資伊朗。所以說，繼續加碼制裁將徒勞無功。

不過，李維想要翻轉這種聽天由命的感受，並把這件事視為他個人的挑戰。布希和凱瑞在邁阿密展開總統辯論前幾個月，李維擔任財政部首任反恐暨金融情報部次長的提名案才剛獲得確認。在冷靜律師風範的表象底下，李維骨子裡其實是個爭強好勝的年輕人。他同意接下這個新部門首長的決定，其實承擔了某種專業上的風險。不過，他聽到布希的評論後，隨即發現他嶄露頭角的機會來了。他把「為美國創造對伊朗的影響力」視為使命（當時布希說美國缺乏這種影響力）。

隔年，這個任務變得愈來愈急迫。2005 年 6 月時，伊朗民眾選出一位強硬派民粹主義者擔任他們的新總統，他就是穆罕默德・哈馬迪內賈德。哈馬迪內賈德一向恪遵什葉派（Shiite）[7] 教旨主義信條，他預期隱世伊瑪目（Hidden Imam，一位救世主般的人物，信徒預期他將在末日戰爭裡對抗邪惡勢力，最終為地球帶來和平）即將復臨。他也頻繁否認納粹大屠殺（Holocaust）曾經發生，並威脅要毀滅以色列，這樣的言論當然讓西方國家相當不安。

哈馬迪內賈德上任不久後，德黑蘭當局無視歐洲提出的外交提議，重新展開鈾濃縮作業[8]（鈾濃縮作業在哈馬迪內賈德前任的改革派總統執

政期間暫時擱置）。種種跡象顯示，伊朗似乎打算加速發展核武的腳步。接著，哈馬迪內賈德在紐約的聯合國大會裡首度登上世界舞台，並發表演說，他在演說終了時祈禱隱世伊瑪目復臨的一段話，讓在場人士極度不安。他說：「全能的主啊！我祈求祢加速以最後智者的姿態復臨[9]，祈求祢以先前應允的那個完美純潔人設，為這個世界帶來徹底的正義與和平。」

與李維關係密切且備受他倚重的顧問蘇賓，曾在哈佛大學求學期間研究過幾個世紀末日邪教，而哈馬迪內賈德在聯合國大會上的那一席演說，自然讓他聯想到那類邪教。當年對這個領域頗有涉獵的他注意到，很多那類教派完全活在當下[10]，幾乎不關心未來。由於那些教派的追隨者預期自己將在有生之年遭逢世界末日，所以甚至認為沒必要送小孩去上學。我們無從得知哈馬迪內賈德的世界末日信念是否根深蒂固到那樣的程度，但光是想到這個擁有核武的國家正被那樣一個人領導著，就足夠令人毛骨悚然了。以核威懾（nuclear deterrence）來對付一個熱切等待世界末日來臨的領袖有用嗎？不管是美國或是深刻感受到生存威脅的以色列，都不願去尋找這個問題的答案。

想對伊朗施加實質的經濟壓力，最顯而易見的方法就是切斷它的石油出口，因為石油出口能帶來豐厚的利潤。不過，美國並未購買任何伊朗石油，而且華盛頓當局幾乎沒有能力說服其他國家停止向伊朗採購石油。李維解釋：「你當然可以到全世界走透透，要求其他國家停止購買伊朗的石油，但這麼做只會引來對方的訕笑。」[11] 由於此時全球油價持續上漲，所以連白宮都戒慎恐懼，不敢對伊朗石油發動正面攻擊。所以此時

此刻需要採用較間接的方法。

2006年1月,李維到隔著波斯灣與伊朗遙望的巴林(Bahrain)出差時,突然靈光一閃,發現一個潛在的解方。當時他一邊吃早餐、一邊翻閱一份當地報紙,突然看到一篇報導指稱,某大型瑞士銀行自願切斷與伊朗的聯繫。他事後回顧這件事時說:「那篇報導讓我頓時豁然開朗,當我們說我們反而『全被自己制裁了』,意思是指和伊朗做生意的美國企業是違法的(譯注:故美國企業都已斷絕和伊朗的業務往來,並導致美國無從制裁起),但那並不代表全世界都已停止和伊朗做生意。」[12]

這個單純的見解和10年前促使國會通過《伊朗與利比亞制裁法案》的那個見解並無不同。當然,《伊朗與利比亞制裁法案》的例子已經顯示,以「實施次級制裁」的威脅來將這個見解轉化為行動,形同一腳踩進外交地雷區,而李維深知,布希政府並未做好踩進這個外交地雷區的準備。然而,李維讀到那篇和瑞士某銀行有關的報導時,突然領悟到,他根本無須爭取外國政府的支持,也無須明確威脅將實施次級制裁。取而代之的,他可以直接找外國企業磋商——其中最主要的企業,就是將伊朗和世界經濟體系連結在一起的銀行業者。李維早年在民間法律領域執業時,就熟知大企業高階主管非常重視監理與聲望風險。所以他相信,無論那些大型企業的本國政府是否同意加入美國制裁伊朗的行列,他也一定能說服那些大企業的高階主管自願切斷和伊朗的聯繫。

李維回到華盛頓後,找了蘇賓和團隊的其他成員一起想辦法。他們知道美國政府可以善加利用金融業的風險趨避(risk aversion)習性來為自己創造優勢:美國財政部在幾個月前宣布把澳門的匯業財經集團列為「主要洗錢機構」後,世界各地的銀行業者都已終止和北韓之間的往來關係。當然,北韓無法跟伊朗相提並論;伊朗是個能源巨擘,所以它的商

業關係遍佈全世界。不過，李維和蘇賓相信，他們還是可以運用相同的邏輯，削弱伊朗和國際金融體系之間的連結。

不過，他們必須先取得白宮方面對這個想法的認可。畢竟布希已經認定進一步制裁伊朗是沒意義的。所以，2006 年 2 月時，李維爭取到陪同國務卿康朵莉莎・萊斯（Condoleezza Rice，她是小布希總統最信賴的外交政策顧問）前往中東出差的機會。不過，萊斯的行程非常緊湊，根本沒有空檔聽取李維的簡報。這讓李維感覺自己很累贅。直到飛回華盛頓途中，他才被邀請到她的座艙。

李維把握機會提出說帖：伊朗和歐洲、亞洲之間未曾中斷過的商業關係看起來好像是一種優勢，但美國可以把那些優勢轉化為弱點。根據美國官員已取得的詳盡事證，伊朗長期利用詐欺性的金融手法，為國內的核子計畫與海外的恐怖組織提供資金。其中一個戰術是所謂的「切割」（stripping，譯注：隱瞞非法資金實際來源與去向的欺詐性手段）：伊朗的銀行業者指示它們的交易對手篡改金融交易數據，將伊朗人曾參與那些金融交易的所有蛛絲馬跡一概抹除。由於所謂「切割」在美國是違法行為，而幾乎所有全球性銀行都在美國設有營業單位，所以只要是從事「切割」戰術的銀行，都有違反美國法律並因此面臨嚴重罰則的風險。幾個星期前，荷蘭銀行（ABN AMRO）才剛因篡改了幾份對伊朗最大銀行——伊朗國家銀行（Bank Melli）——的付款指示，而被美國監理機關裁處了 8,000 萬美元的罰款[13]。以當時來說，那是有史以來因違反制裁政策而被裁處的最高罰款金額[14]。因被裁罰而產生的成本，遠遠超過和伊朗做生意的利益。因此，李維主張，美國官員只需要向銀行業高階主管通報伊朗人的不當行為有多麼嚴重，並警告他們別甘冒成為下一個荷蘭銀行的風險就好。

李維告訴萊斯，若美國能對伊朗的大型銀行業者祭出一波接一波的制裁，這項作戰行動將如虎添翼，因為相關的罰款將導致它們和全球金融體系之間的聯繫更全面斷絕。從 1990 年代中期開始實施禁運後，伊朗銀行業者本就被禁止直接在美國境內做生意，不過，這些禁令有個重要的漏洞：伊朗的銀行業者還是可以使用美國的金融基礎建設來完成它們和非美國實體之間的交易。舉個例子，當伊朗的銀行業者付款給歐洲或亞洲的交易對手，它們之間的交易通常會通過美國的金融體系，在紐約的某個通匯帳戶（correspondent account）裡短暫停留，然後才「迴轉」到最終目的地。鮮少銀行業人士會對這種迴轉交易多做他想，因為它雖然奇特，卻是跨國金融隱形基礎建設裡的一個慣例，不過，美國財政部卻可以把這個奇特慣例轉化為一個鎖喉點。

為達到這個目的，李維建議採用美國財政部手上威力最強大的武器——「凍結制裁」（blocking sanctions），這種懲罰措施包括資產凍結和交易禁令，華盛頓當局通常只有在對付恐怖份子及毒梟時才會採用這些手段。凍結制裁可收到雙重利益。就實務層次來說，這種制裁將徹底切斷被鎖定的伊朗銀行業者和美國金融體系之間的聯繫——包括無法進行迴轉交易。然而，透過這項制裁傳達到全球其他角落的訊息也同樣非常珍貴。新的制裁將以**行為為基礎**（conduct-based），意思就是，制裁那些銀行的舉措形同明確點出，伊朗銀行業者和伊朗核子計畫或伊朗支持恐怖份子的行為脫不了關係。將這種關聯性凸顯出來後，李維就更能輕易說服外國金融機構相信和伊朗打交道的風險太高，最好是完全避免這種業務。

只要逐一說服每一家銀行，華盛頓當局最終一定能促使整個國際金融體系斷絕和伊朗之間的所有生意往來——不是因為各國政府的規定促

使金融機構這麼做，而是因為銀行業者本身將認定，就風險考量，不和伊朗打交道才是正確的商業決策。總之，李維認為「大企業的自利心」將會是美國最關鍵的盟友。

李維告訴萊斯，唯一的難處是布希政府必須不畏懼當「獨行俠」，換言之，它不能指望聯合國支持（在當時，一般仍認為聯合國的支持是有效制裁的金律）。儘管如此，只要能將情報解密，並公開說明美國採取這種單方面對策的理論基礎，華盛頓當局應該無須擔心會有違反國際法之虞。布希政府當然還是應該鍥而不捨，繼續敦促聯合國採取行動，不過，如果美國一味被動地由聯合國設定制裁的步調，最後勢必還是傾向於無所作為，並注定失敗。

萊斯聽完後覺得李維的說帖很有說服力，所以她問李維需要什麼協助才能啟動這件工作。李維說：「我需要你的直接支持，[15] 而且我需要與國務院通力合作，才能完成這件任務。」萊斯同意了李維的要求，還跟他握了手。最後，李維興高采烈地回到機位。

2-4 金融制裁教父——李維

2006 年夏天,漢克‧鮑爾森（Hank Paulson）為了接任下一任財政部長而辭去高盛公司董事長職務,並搬到華盛頓。歷任財政部首長當中本就不乏華爾街巨頭,不過,此時財政部的員工卻對光頭鮑爾森的到來充滿期待,因為曾是大學橄欖球明星的他不僅和藹可親、積極樂觀,更深受全球金融市場敬重。從他的部長提名案一經揭露就促使美元急速升值[1],便可見一斑。

李維與蘇賓雖是律師出身,但他們投入職場後,多半是在公務體系效勞,所以自然不清楚該對這位新長官懷抱什麼期待。何況前一位領導財政部的高盛公司高階主管是羅伯‧魯賓（Robert Rubin）,極度審慎看待將美國在國際金融體系的核心地位化為武器的作法。從李維在幾個月前隨同萊斯出差以來,反恐暨金融情報部的團隊進行了更深入的調查,並已摸清伊朗用以支持其核子計畫與飛彈計畫的複雜採購網路。李維的辦公室裡有幾幅巨大的圖表,上面描繪了銀行業者、船運公司以及伊斯蘭革命衛隊（它除了在軍事方面的角色,還統治了一個龐大的商業帝國）的掛名公司等令人眼花撩亂的網路。這個網路縱橫交錯,遍布全世界:很多節點位於伊朗,但其他地方的節點數量也不遑多讓。李維第一次到財政部三樓富麗堂皇且明亮的部長辦公室去見鮑爾森時,就隨身帶著那些圖表。

鮑爾森在李維做完簡報後問：「你打算做些什麼？你打算制裁剛剛跟我確認過的**所有人事物**嗎？」

這個問題讓李維緊張了一下。

他回答：「不是的，我只是想和他們所有人聊聊。」

鮑爾森用沙啞的聲音說：「好主意！我相信如果你向那些人說明他們在不知情的情況下捲入了什麼事，他們一定會知所進退的。」

有了萊斯和鮑爾森的背書，李維感覺自己已有了繼續進攻的充分後盾。隨著華盛頓燠熱的夏天終於結束，李維在時序進入秋天之際發表了一場演說[2]，詳述這個新策略，同時宣布薩德拉特銀行（Bank Saderat，德黑蘭當局利用這家銀行將資金輸送給真主黨）這家大型伊朗銀行發射凍結制裁的第一炮。接著，一批財政部官員分頭出發前往全球各地，和當地銀行業的執行長及其法遵主管會面，向他們簡報伊朗的核子及飛彈網路現況。

連鮑爾森本人都在某種程度上參與了這場作戰行動：有一次他到新加坡出差時，便把握機會向媒體說明：「掛名公司的網路非常廣泛[3]，而且這些掛名公司並不是使用諸如『核子採購公司』或『武器製造公司』之類顯而易見的名稱。這些公司的名稱聽起來很像從事各種合法活動的尋常企業，但它們除了從事合法的業務，也從事某些這類惡性與非法的活動。」

鮑爾森在金融產業的人脈，為李維和他的團隊開啟了一道又一道的大門，讓他們順利和歐洲、亞洲與中東地區所有大型銀行的執行長見上面。歷經100多場對話的洗禮，李維的說帖也變得愈來愈有說服力。有一次他到某處宣揚這份說帖，無意間在翻報紙時，看見一則伊朗政府的公開招標廣告，招標內容和在伊朗布什爾省（Bushehr Province）興建核

電廠與輕水式反應爐（light-water reactor）的專案有關。這份廣告指示投標人支付 1 萬 5,000 歐元的無退款申請費到奧地利聯合信貸銀行（Creditanstalt）的某個帳戶。李維隨即打電話給聯合信貸銀行的執行長，結果發現對方渾然不知他的銀行已被用來作為輸送伊朗核子基金的管道。這個帳戶最初是為了讓派駐維也納的伊朗外交官得以使用最基本的銀行業務服務而開設，孰知伊朗政府竟接著利用這個帳戶來協助處理它的核子採購事宜。

接著，李維要求幕僚將這則廣告複印數千份，並在簡報會裡把這些影本發送給在場的銀行業人士。這是伊朗涉及詐欺性金融作業的完美個案研究──銀行業者可以從這個個案，瞭解到和這個國家進行表面看似無害的業務往來的風險。

奧地利聯合信貸銀行對於無意中參與了伊朗邪惡活動一事一無所悉，而它並不是唯一被蒙在鼓裡的公司。李維和另一家大型歐洲銀行的執行長見面時，向對方詳述了伊朗以「切割」的作法來隱匿伊朗資金的實際來源與去向等不法行徑，那位高階主管聽完說明後表示，他認為任何一家信譽良好的歐洲金融機構，都不可能成為這類詐欺行為的同謀，並對李維的說法嗤之以鼻。他解釋：「我們永遠也不可能做那種事。」

當時坐在李維身旁的美國財政部同事聽見這位執行長的話後侷促地挪了挪身子，並盯著他們的上司李維看。那場會議結束後，李維要求私下和這位執行長見面。剩下他們兩人獨處時，他向那位執行長表示：「其實你們銀行自己就在做這種事，我只是不想讓你的任何同事難堪罷了。」接著李維拿出一份解密情報給那位執行長看，這份情報顯示，那一家銀行確實曾同意修改付款指示，以掩蓋伊朗參與其中的事實。

那位執行長看過那份情報後，嚇得臉都白了，並堅稱他事前毫不知

> **投標公告**
> 敬邀於伊朗興建兩座大型核電廠
>
> 業主伊朗核子電力生產與開發公司（The Nuclear Power Production and Development Company of Iran，伊朗原子能組織〔Atomic Energy Organization of Iran〕關係企業）敬邀承包商／企業對位於伊朗布什爾省之兩座大型（1000-1600 兆瓦）附加壓輕水反應爐第三代核電廠之設計、設備供應、施工與勘驗進行密封投標。
>
> 對此類廠房之興建與勘驗經驗豐富之合格投標者，需將 1 萬 5000 歐元（一萬五千歐元）的無退款申請費，匯入以下帳戶，以取得各項文件：
>
> 帳號：01754283800
> 銀行名稱：奧地利聯合信貸銀行
> 銀行代碼：12000
> 國際銀行帳戶號碼：AT881100001754283800
> BIC：BKAUATWW
> 分行：Jacquingasse 1/ Rennweg20 A1030, 奧地利
>
> 自 2007 年 4 月 25 日起 15 日內，透過《自動交換財務帳戶資料》（AEIO）位於奧地利維也納 Heinestr, 19/1/1, A1020 的代表處，或本公司位於伊朗伊斯蘭共和國德黑蘭非洲大道坦迪斯街 7 號的總部辦公室投標。
>
> 所有標單必須附帶 2,000 萬歐元之投標保證金，且須在 2007 年 8 月 2 日當天將保證金交予《自動交換財務帳戶資料》的維也納代表處，或在 2007 年 8 月 8 日前，交予本公司總部。本招標案將於 2007 年 8 月 8 日上午 10:00 假本公司德黑蘭總部辦公室開標，期待參與投標者派遣代表出席。
>
> 若欲瞭解更多資訊，請聯繫：
> 電話：（+431）2140971，（+431）2140972
> 傳真：（+431）2140973
> 聯絡人：艾斯梅伊利（Esmaeili）先生
> 電子郵件：esmaeili@teleweb.at

說服用的道具：李維用來證明伊朗從事詐欺性金融作業的一則報紙廣告

情。李維也順勢安撫他：「我百分之百相信你。」

　　李維向來冷靜且圓融的處事風格正好在這些場合派上用場。幾個星期之後，這家銀行就主動停止和伊朗之間的所有生意往來。儘管如此，美國的強制執行機關最終還是以違反制裁令為由，對這家銀行裁處了鉅額罰金──儘管財政部可以制定制裁政策，但這些政策最終卻是由司法

部與其他檢察機關負責強制執行。接下來幾年，隨著許多外國銀行業者漸漸從那類痛苦的經驗中熟悉了美國政府機關之間的這種責任分工，它們對違反美國制裁規定的憂慮也急遽上升。

到處進行巡迴簡報的李維並非所到之處都受到溫暖的歡迎。想當然爾，很多國家的政府對於外國官員繞過官方管道，直接和它們本國最大型金融機構交涉的狀況非常惱怒。而且，雖然李維努力想要表現出技術官僚顧問的姿態，而非上門興師問罪的審問者，某些銀行業人士還是認為他的簡報帶有威脅或耍官威的意味。英國渣打銀行（Standard Chartered）紐約分行的某位高階主管和李維開過會後，驚慌失措地發了一封電子郵件給位於倫敦的總部。這位銀行業人士警告，若繼續和伊朗做生意，可能會造成「非常嚴重或甚至災難性的聲譽損害」。

渣打銀行的「二當家」回覆那位高階主管的內容，反映出當時歐洲各地對這件事的共同情緒：「你他X的美國人[4]。你們以為自己算哪根蔥？你們憑什麼告誡世界上其他所有國家不能和伊朗人打交道？」幾年後，美國的法律強制執行機關以違反伊朗制裁令為由，對渣打銀行裁處了數億美元的罰款[5]。

正當李維忙著在世界各地走透透之際，蘇賓及外國資產管制辦公室團隊也沒閒著，他們為了阻止伊朗最大型銀行業者與企業在世界市場上進行交易，而實施了一輪接一輪的凍結制裁措施。舉例來說，美國財政部與國務院協力[6]對伊朗國家銀行與戈爾博集團（Khatam al-Anbiya，伊斯蘭革命衛隊控制的工程公司，受雇於德黑蘭當局，為政府興建建築專案）祭出罰則。到小布希總統第二個任期即將屆滿之際，財政部已禁止所有伊朗銀行[7]進出美國金融體系，並關閉它們取得美元的管道，連瞬間就能完成的迴轉交易都被禁止。在同一段時間裡，聯合國安理會又通過

了額外幾項決議[8]，要求伊朗停止核子濃縮活動。

儘管華盛頓當局對這些決議還不夠滿意，因為那些決議對伊朗施加的實際貿易限制，只聚焦在武器和核子技術等領域，但那些決議至少讓李維的作戰行動顯得更師出有名。或許各國政府對李維使用的方法有所戒備，但聯合國的決議至少顯示，整個國際社會也認同他想要達成的目標。

這場作戰行動進行了18個月後，世界各地幾乎所有大型銀行都已停止為牽涉到伊朗的交易提供服務——即使它們本國的政府或聯合國都沒有這麼要求。李維的努力證明了一件事：即使世界上其他國家都不願聲援，美國一樣有能力發動強硬的經濟戰，他還證明，華盛頓當局幾十年來所秉持的信念——唯有爭取到聯合國的正式支持，否則任何制裁都將無效——是錯誤的。

德黑蘭當局當然也注意到這個發展。哈馬迪內賈德的財政部長在2008年4月因通貨膨脹高漲而被罷黜時，就經由離職演說表達了對李維的不滿。他說：「我們和美國財政部之間展開了一場嚴肅且驚心動魄的對弈[9]，他們指派了一名擁護猶太復國主義的次長，讓伊朗經濟體系陷入停擺。這個人隻身走遍世界各地的許多國家，並以各種誘因和鼓勵措施要求各方合作對抗伊朗，一旦無法取得任何成果，就改用威脅的方式來達到目的。」

美國國家安全顧問史蒂芬・海利（Stephen Hadley）將李維對付伊朗的行動取名為「耳語行動」，而這場行動讓李維成了美國外交政策圈無人不曉的名人。2008年10月，曾獲獎的媒體工作者羅賓・萊特（Robin

Wright）在《紐約時報雜誌》（*The New York Times Magazine*）上，為李維寫了一篇名為「史都華・李維的戰爭」[10]的人物簡介，內容多達 5,000 字。布希政府的某位官員在這篇文章裡，將李維的工作成果，以及美國當年支持阿富汗伊斯蘭教游擊隊對抗蘇聯的優異成果（那些戰役被拍成電影《蓋世奇才》〔*Charlie Wilson's War*〕）做了一番比較，他說：「這是我們截至目前為止最直接且最激進的舉措，而這個作法成果斐然。」

不過，那樣的評價並不全然正確。李維雖透過這場作戰行動說服了大型銀行業者對伊朗敬而遠之，卻沒有說服伊朗人停止核子計畫。事實上，伊朗經濟並不像美國官員所預期的陷入嚴重困境，通貨膨脹和失業率固然上升[11]，諸如稻米、小黃瓜和洗衣粉等民生物資的價格也持續上漲，但伊朗的整體經濟還是維持相當強的成長。以 2007 年來說，伊朗的經濟成長率還是高達 8％以上[12]。最重要的是，這個國家的油元還是多到「淹腳目」[13]。從李維自 2006 年 9 月展開作戰行動後，油價從每桶大約 60 美元飆漲到 2008 年的 100 美元以上，而伊朗每天出售大約 250 萬桶石油。換算下來，伊朗每年石油收入超過 600 億美元，而這些資金讓它的菁英份子乃至核子計畫，都過得非常舒爽，絲毫沒有因制裁而受到影響。

這個問題的癥結之一是，李維的方法並非無懈可擊。儘管諸如瑞銀集團（UBS）和德意志銀行等超大型銀行業者，切斷和伊朗之間的關係，積極進取的伊朗銀行業人士卻隨即透過小型的銀行業者，找到了通往全球經濟體系的新管道[14]，因為世界各地有很多小型銀行急著搶食那些超大型銀行剛放棄的業務。

另一個癥結更大且更棘手，那就是當一個產油國持續出口大量石油，並透過這個過程取得無數資金，要真正把它隔離在世界經濟體系之外是有困難的，甚至根本不可能。而且，希望伊朗石油能繼續流通的不

只是其他國家——小布希領導下的白宮本身也害怕採取任何可能進一步大幅推高油價的措施。美國的一位資深制裁官員說：「2006年至2008年間的情況讓我們清楚瞭解到，我們不會對石油下手。」這正是負責收受伊朗石油銷售款項的伊朗中央銀行，未被外國資產管制辦公室列入凍結制裁目標的理由。

美國的國會議員（其中很多議員還自詡為伊朗強硬派與以色列的密友）對於此事缺乏進展心知肚明。眼看著伊朗的核子計畫加速向前推進，哈馬迪內賈爾也繼續不斷高調發表惡毒言論，美國國會裡主張強硬對付伊朗的鷹派人士也愈來愈驚恐。其中一人是民主黨籍的眾議院外交委員會（House Foreign Affairs Committee）主席湯姆·蘭托斯（Tom Lantos）。身為匈牙利裔猶太人的蘭托斯，是唯一在美國國會任職的大屠殺倖存者，他相信只要伊朗繼續坐享鉅額的石油利潤，就會繼續推動核子計畫。而且他認為此時此刻是對每一個支持伊朗能源產業的人——包括美國在歐洲的盟友——發出次級制裁威脅的適當時機。更具體來說，強制執行《伊朗制裁法案》（Iran Sanctions Act，簡稱 ISA，原本稱為《伊朗與利比亞制裁法案》，1996 年通過。在利比亞領袖穆安瑪爾·格達費〔Muammar Gaddafi〕於 2003 年同意[15]停止利比亞的核武計畫後，這項法項法案已經過修訂、更名）的時候到了。因為儘管《伊朗制裁法案》條文當中依舊保留了對投資伊朗能源產業的外國企業實施次級制裁的法律義務，但在歐洲強烈反彈並促使柯林頓政府做出讓步之後，外界普遍早認定美國已放棄強制執行這項法案了。

蘭托斯在 2007 年發起立法加強《伊朗制裁法案》的提案。他宣稱：「經營大型石油公司的企業大亨們（他們一向膽小如鼠地對伊朗發展核武的行為視為不見）[16]已假設《伊朗制裁法案》永遠不會施行。這場虛與

委蛇的鬧劇早該結束了。」

這個提案順利在眾議院通過，儘管參議院並未就這項提案進行投票，但從該案擁有一大群共同提案人的情況看來，美國國會即將以更積極的行動來對付伊朗。其中一名共同發起人是首次當選伊利諾州參議員的歐巴馬（Barack Obama），不久之後，史都華・李維之戰的未竟任務就變成了他的燙手山芋。

2-5 橄欖枝背後的盤算

2008 年 12 月，當即將卸任的小布希政府官員正忙著清理辦公室之際，李維接到了一通意想不到的電話。

電話那一頭是歐巴馬總統提名的財政部長[1]——紐約聯邦準備銀行總裁提姆・蓋特納（Tim Geithner）。在金融危機持續升高的此刻，他肯定是美國境內最忙碌的人。蓋特納開門見山就對李維說：歐巴馬總統希望你留在財政部。

蓋特納的訊息讓李維措手不及。在過去，新政府鮮少留任敵對政黨聘任的高階政務官。更重要的是，歐巴馬在選戰期間還曾信誓旦旦地表示，他將向伊朗的領導人遞出橄欖枝[2]。哈馬迪內賈德甚至還發了一封祝賀信給總統當選人歐巴馬。歐巴馬真心想把德黑蘭當局視為眼中釘的李維安插在他的行政團隊嗎？或者說，歐巴馬只是打算拿李維當擋箭牌，以免外界指控他對伊朗太過軟弱？

蓋特納再三向李維保證，歐巴馬總統計畫以他過去的工作為基礎，繼續向前推進，於是，李維欣然接受慰留。除了國防部長羅伯・蓋茲（Robert Gates），布希政府高層官員中獲得歐巴馬留任的只有李維。對反恐暨金融情報部的團隊成員——包括蘇賓和葛拉瑟（行事向來積極進取且作風強硬的副手，他曾經帶頭「修理」匯業財經集團），李維的留任意味反恐暨金融情報部已從一個初生之犢般的新創文官機構，進化成國安

生態體系裡不容忽視的要角。當然,李維的留任也意味著這個團隊的成員能保住飯碗,並因而得以把他們在這個專門機構所累積的經濟作戰知識與技能帶進新政府。

後來,李維的老朋友大衛‧柯恩(David Cohen)加入他們的行列,擔任反恐暨金融情報部的新副座。1990年代初期,他們兩人從法學院畢業後,雙雙在華盛頓一家「精品式」法律事務所展開職涯。他們在那間事務所的第一個任務,是一同出差到亞特蘭大,代表哈巴德－路巴維茨(Chabad-Lubavitch,猶太教正統派哈西迪〔Hasidic Jewish〕運動)出庭處理一樁案件,那件訴訟案的起因是,該團體請求在喬治亞州議會大廈的圓形大廳裡立一座15英尺高的燭台[3],但喬治亞州長柴爾‧米勒〔Zell Miller〕反對哈巴德提出的申請,最後雙方為此對簿公堂。該案最終是哈巴德勝訴。)李維和柯恩的關係非常密切,這一點對他們在財政部的工作頗有助益。

正當這群制裁政策技術官僚蓄勢待發,準備在新總統麾下大展拳腳之際,國會山莊裡的鷹派議員也忙著草擬自己的伊朗經濟攻擊計畫。此時的伊朗已擁有足夠生產核子武器的低濃縮鈾[4],所以,能阻止這個國家走向那條不歸路的時間已經不多了。整個華盛頓當局都預期歐巴馬會以外交途徑來應對德黑蘭當局,但美國國會裡的兩黨議員卻一致認定,如果沒有附加可信威脅(credible threat),外交途徑不可能成功——問題是,這個新政府似乎提不出什麼可信威脅。

歐巴馬就職典禮前幾個星期,共和黨籍的裘恩‧凱爾(Jon Kyl)參議員與無黨籍參議員喬‧李伯曼(Joe Lieberman,原為民主黨黨員)的助理到美國華盛頓聯合車站裡的某家餐廳,和實力強大的美國以色列公共事務委員會(American Israel Public Affairs Committee,簡稱 AIPAC)的領

Chokepoints

導人開會，希望能和這個親以色列遊說團體一同打造更積極制裁伊朗的政治策略。從柯林頓政府時期的《伊朗與利比亞制裁法案》災難發生迄今，除了蘭托斯在此前一年發起的法案，國會一直在迴避這個問題，問題是，蘭托斯的提案看起來雖大有可為，卻因缺乏強有力的立法支持而在參議院胎死腹中。那場午餐會的共識是，溫和派且頗具影響力的印第安納州民主黨參議員伊凡・貝伊（Evan Bayh，曾被視為歐巴馬的可能競選搭檔）應該是理想的先鋒人選。會議結束後，貝伊、凱爾和李伯曼就組成了支持更嚴厲制裁伊朗的鐵三角，而他們的幕僚也開始如火如荼地草擬全新的立法提案。

另一方面，歐巴馬本人還是真心希望試著外交途徑來和伊朗政權斡旋。儘管前任總統小布希認定，和外敵對話就已經算是一種讓步，但歐巴馬並不以為然，他更向美國的敵手承諾：「如果你們願意鬆開拳頭[5]，我們就願意伸出友誼的手。」歐巴馬還認為，如果華盛頓當局在外交上真心努力過後還是遭到德黑蘭當局斷然回絕，美國將更有機會拉攏其他世界強國一起加入制裁的行列。

歐巴馬上任後那幾個月寄了一系列祕密信函[6]給伊朗的最高領袖與最終政策制定者阿亞托拉・阿里・哈米尼（Ayatollah Ali Khamene）。歐巴馬寄那些信的初衷是希望釋出善意，讓哈米尼瞭解，他所領導的美國政府並不尋求改變伊朗的政權——改變政權是小布希政府麾下許多新保守主義者偏好（甚至公然聲明）的選項。歐巴馬希望哈米尼知道，如果伊朗伊斯蘭共和國能從停止核子計畫開始，克制它的破壞行為，他就能容忍它的存在。

2009年3月19日當天，歐巴馬透過一段紀念諾魯孜節（Nowruz，伊朗的新年）的視訊訊息強調了這個立場。歐巴馬說：「我想和伊朗伊斯蘭

共和國的民眾與領袖直接對話，」這是有史以來首位現任美國總統在演說中將伊朗稱為「伊斯蘭共和國」。他接著說：「我的政府目前正致力於尋找能解決眼前所有問題的外交途徑，並努力設法在美國、伊朗以及國際社會之間打造具建設性的關係[7]。這個進展將不是以威脅來促成，取而代之的，我們希望能爭取到各方以互相尊重為基礎的真誠參與。」

為了給予白宮外交團隊一點喘息的空間，一向頗受歐巴馬核心小組竭誠歡迎的李維，決定暫停每週提出新制裁措施以及積極警告國際銀行業者的慣例。不過，這個財政部團隊心知肚明，歐巴馬對德黑蘭當局示好的態度，很可能會削弱他們截至目前為止對伊朗施加的經濟壓力。為了不讓這股壓力消退，必須讓民間部門相信美國懲罰伊朗的立場只會增強，沒有軟化的可能。問題是，那個設想和歐巴馬所展現出來的懷柔立場似乎彼此矛盾。美國的某些盟國甚至擔心（儘管那是多慮），歐巴馬政府正為了恢復友好關係、做好準備讓美國企業重新進入伊朗市場，打算放寬制裁。如果那樣的說法成立，世界各地的企業可能會為了把握它們原本認為風險過高的商業機會，急速湧向伊朗。

為了防止那種可能性發生，美國官員煞費苦心地明確表示，儘管歐巴馬有興趣協商，卻不代表制裁將會結束，事實正好相反。3月時，葛拉瑟到布魯塞爾出差[8]，向來自不同歐洲國家政府的數十位中東專家進行機密簡報。他呼籲，此時此刻並不是在經濟層面上重新參與伊朗的好時機──必須讓德黑蘭當局真正感受到嚴重的經濟壓力，歐美各國的外交努力才能收到良好的成效。葛拉瑟暗示，如果談判的進度延宕不前，歐巴馬隨時準備大幅升高這場經濟戰的等級。

畫面轉回華盛頓，國務院與財政部的官員已經著手研擬一份可能的制裁項目表，一旦歐巴馬釋出的善意未能收到伊朗的積極回應，就隨時

能實施那些制裁。這個準備工作小組的領導人是理查・奈菲（Richard Nephew），他原本是核子領域的專家，後來成了制裁專家。奈菲最初投入政府職涯時是在能源部工作，他在能源部的執掌之一，是向美國的盟國說明伊朗核子計畫的現況。那是一件吃力不討好的工作：他的簡報對象總是對美國的研究結果抱持懷疑的態度，因為美國在入侵伊拉克前指稱海珊掌握大規模毀滅性武器的假情報讓他們耿耿於懷。不過，那個職務讓奈菲學會如何駕馭晦澀難解的細節以及應對難搞的聽眾，而這些正好是他接下來幾年所需要的技能。

轉到國務院任職時的奈菲還未滿 30 歲，他和蘇賓協力制定一系列備忘錄，並列出幾個可鎖定伊朗能源、金融與運輸產業乃至核子採購網路與軍火業的新方法。到 2009 年夏末時分，歐巴馬政府的官員已備妥隨時可在必要時啟用的新一輪制裁行動藍圖[9]。

重新啟動制裁的情境顯然還是很可能發生。伊朗在 6 月舉行總統大選，但選舉過程充斥違規情事。投票結束後不久，伊朗的國營電視台就宣布哈馬迪內賈德以 62％ 的選票[10]獲得連任，這麼優異的表現，讓很多獨立分析師乃至很多伊朗選民懷疑有舞弊的可能。於是，伊朗國內各地旋即爆發抗議活動，示威者身穿代表改革派人士米爾－荷珊・穆薩維（Mir-Hossein Mousavi，哈馬迪內賈德的挑戰者）競選標誌的綠色制服走上街頭。到第 3 天，這場事後被稱為「綠色革命」的活動，就號召了超過 100 萬名民眾走上德黑蘭街頭，大聲呼喊「我的選票去哪裡了？」[11]的口號。不久後，伊朗政府關閉網路，並放任伊斯蘭革命衛隊最令人聞之喪膽的巴基斯民兵（Basij militia）出面鎮壓群眾，最終將數千甚至上萬名示威者逮捕入獄、殺害了數十人，並永久軟禁穆薩維和他太太。

歐巴馬對這一系列事件的反應很平淡，但他遲遲未對那些示威者提

供口頭或物質援助是有理由的：他擔心那麼做會導致示威者被抹黑為美國勢力的特工。事實上，他也不確定若換成穆薩維掌權，情況又會有多大不同。至少就核子議題來說，掌權的人依舊是哈米尼。但歐巴馬的克制卻在美國國內引來激烈的批評。這整個局面凸顯出企圖以外交手段應對伊朗這種高壓型政府的難處。很顯然地，伊朗政權根本不可能改變，所以意圖以外交途徑來應對它的歐巴馬，勢必得付出相當的政治代價。不過，歐巴馬政府並未因此退卻。

那年夏天，伊朗致函作為聯合國核子監督機構的國際原子能總署（International Atomic Energy Agency，簡稱 IAEA），向該署解釋德黑蘭研究反應爐（美國在 1967 年歸還給伊朗的 5 兆瓦核子反應爐）的燃料即將消耗殆盡，並要求國際原子能總署協助它取得新的燃料補給。這個反應爐主要是用來生產醫療級同位素，本來就不具威脅性。不過，伊朗的這個要求還隱含一個盡在不言中的不祥寓意：如果國際原子能總署無法協助伊朗從海外取得這項燃料，伊朗只好自行生產所需。而為了生產那些燃料，伊朗必須在國內展開大規模的濃縮鈾作業，而這麼一來，它就能輕易將那些濃縮鈾轉為核武用途。

在國際原子能總署署長穆罕默德・艾爾巴拉迪（Mohamed ElBaradei）的私下敦促下，美國官員想出了一個既能滿足伊朗要求，又能解決伊朗現有濃縮鈾庫存問題的創意提案。根據這個提案，伊朗必須把它的多數低濃縮鈾運送到俄羅斯，接著俄羅斯再運回足夠供應德黑蘭研究反應爐 10 多年需求的反應爐燃料給伊朗。（伊朗現有的鈾庫存可以濃縮為製造核子武器的材料，但俄羅斯運回伊朗的反應爐燃料不行。）這麼一來，伊朗

伊朗與其核子設施所在地

葉里溫　亞塞拜然
亞美尼亞　巴庫
土耳其　　裡海　　土庫曼
　　大布里士　　　　阿什哈巴德
　　　　　　　　馬什哈德
　　　德黑蘭
　　福爾多 ☢ 帕爾欽
巴格達　阿拉克 ☢ 庫姆　　　N
　　　　　　　☢ 納坦茲
伊拉克　　伊斯法罕 ☢
底格里斯河　　　　　　伊朗　　　阿富汗
幼發拉底河
　　　　　哈爾克島
科威特　　　　設拉子
★科威特市
　　　　☢ 布什爾
　　　　　　　　　　巴基斯坦
☢ 核子設施所在地
0 Miles 100　200　300　　波斯灣　　阿巴斯港
0 Kilometers 200　300　　　　　　　荷姆茲海峽
　　　　　　巴林
　　　　　卡達　　　　　阿曼灣　　恰巴哈爾
★利雅德　★杜哈　杜拜
　　　　　阿布達比　　　　　　馬斯喀特
沙烏地阿拉伯　阿拉伯聯合　阿曼　　阿拉伯海
© 2024 Jeffrey L. Ward　　大公國

2-5 ｜ 橄欖枝背後的盤算

就得放棄絕大多數可裂變材料（fissile material），剩餘的材料連生產一項核子武器都不夠[12]。根據一位資深白宮官員的說法，這個燃料交換提案將逼迫伊朗遵守它一再對外宣稱的說詞（伊朗號稱它純粹是基於和平用途才進行核能相關作業），從而「拆穿伊朗愚弄外界的伎倆[13]」。艾爾巴拉迪和伊朗官員一同預先檢閱這份提案後，那些官員同意考慮這個提案。

9月的新發展導致這個燃料交換提案變得更加緊迫。美國、英國和法國的情報單位發現，伊朗正在離聖城庫姆（Qom）不遠的福爾多村（Fordow）深山裡，興建一座祕密核子濃縮設施。這座設施的地點非常隱密且規模很不尋常——就生產核電廠所需之易裂變材料來說，它顯得太小，但如果是要每年為少量核子炸彈供應材料，它又顯得綽綽有餘，所以這個設施看起來簡直就是確鑿的證據。伊朗似乎就是在福爾多村生產它計畫用來製造核武所需的高濃縮鈾，看起來就算伊朗還沒下定決心打造核彈，也無疑想在短期內取得製造核彈的能力。

歐巴馬總統在匹茲堡召開的二十大工業國集團高峰會裡，偕同法國總統尼古拉斯・薩科吉（Nicolas Sarkozy）以及英國首相戈登・布朗（Gordon Brown），將這個祕密濃縮設施公諸於世。歐巴馬宣布：「伊朗有權為了滿足該國人民的能源需求而和平使用核能，但這個設施的規模與構造卻與和平計畫不符。」[14] 薩科吉的說法甚至更直白。這位法國總統堅稱：「馬達正在運轉，我們不能讓伊朗的領導人有時間為所欲為。如果伊朗領導人到12月還沒有做出重大改變，我們將不得不採取制裁措施。」

在場多數看官們有所不知的是，歐巴馬、薩科吉以及布朗已先得知，伊朗剛在幾天前悄悄向巴拉迪與國際原子能總署和盤托出[15] 福爾多村的真實情況——伊朗人可能察覺到美國情報機關早已掌握真相，所以不希望讓華盛頓當局有機會搶先擺出一副「看吧，你被我逮到了！」的

姿態。不過，西方領袖因搶先將福爾多村的真實情況公諸於世，而在公關戰裡占了上風。福爾多村濃縮設施遭到揭露後，不僅伊朗陷入了不利的處境，世界列強更有史以來首度在這個議題上團結一致。俄羅斯人尤其惱怒，或許是因為伊朗人對俄羅斯隱瞞這個設施的存在，也或許是因為他們向來引以為傲的俄羅斯情報單位居然未能搶先偵查到這個設施。

這時所有人的目光都盯著日內瓦。10月1日當天，美國、中國、法國、德國、俄羅斯和英國──也就是所謂伊朗核問題六國（P5+1）的陣營──在當地與伊朗的外交官會面，商討先前討論過的燃料交換提案。美國國務院的第三把交椅比爾・伯恩斯（Bill Burns）在會議空檔時，坐到了伊朗主要談判人員薩伊德・賈利利（Saeed Jalili，他是個頑強的外交官，也是參與過兩伊戰爭的老將）身邊。這是美國和伊朗之間首度就核議題展開的雙邊討論[16]。伯恩斯鉅細靡遺地向賈利利說明燃料交換提案的細節，最後，這位伊朗外交官暗示他能接受這個提案。

不過，賈利利的承諾很快就化為泡影。接下來幾個星期，即使期限已過，伊朗的官員還是繼續拖延[17]，遲遲不願敲定協議的條款。情勢顯示，這個協議似乎因伊朗國內的政治情勢而胎死腹中：此時哈馬迪內賈德的地位已遭到綠色革命（Green Revolution）重創[18]，他的政敵當然不希望他因搞定這樁協議而就此扭轉頹勢。總之，歐巴馬的外交努力最終還是失敗了，他雖伸出了友誼的手，德黑蘭當局卻還是緊握著拳頭。

2-6 不是盟友就是目標

隨著燃料交換協議最終破裂，美國的官員又回頭訴諸經濟戰的路線。歐巴馬總統終於同意實施國務院與財政部在那年夏天草擬的制裁計畫，不過，他附加了一個條件：美國自行制裁伊朗前，必須努力敦促聯合國安理會通過一項新決議。

福爾多村祕密核子設施被公諸於世，且德黑蘭當局搞砸燃料交換協議後，各國採取多方行動的機會之窗終於開啟。由於伊朗的行為讓世界列強同仇敵愾，所以似乎真的有機會促成聯合國對伊朗的新一輪制裁。雖然聯合國的制裁稱不上解決這些複雜問題的靈丹妙藥，但至少有幾個好處。要想對伊朗經濟體系造成扎實的重創，企業與各國就不得不做出慘痛的犧牲。所以，這件事最好不要由華盛頓當局發號施令。此外，如果聯合國安理會採取強硬的立場，國際社會將更認同美國現有制裁措施的正當性，甚至會促使其他國家加入美國制裁的行列。另外，由於聯合國安理會決議具有國際法的效力，所以嚴格來說，所有聯合國會員都有義務遵守那些決議。

於是，美國官員再一次展開鋪天蓋地的宣傳，這一次是為了推廣奈菲與蘇賓研擬的那一系列制裁內容。他們希望和美國的親密盟友分享這些想法，藉此進一步敦促聯合國做出符合歐巴馬期待的新決議。可喜的是，此時歐洲和美國之間在核子事務上的立場已更趨於一致。首先，歐

洲人比較喜歡歐巴馬，因為在小布希執政 8 年期間，美國政府對這個議題一貫展現「順我者昌，逆我者亡」[1]的姿態，讓歐洲人很感冒，所以歐巴馬對外交的尊重，自然為歐美之間的互動注入一股新氣象，挪威人還因此頒給他一座諾貝爾和平獎（歐巴馬才擔任總統幾個月就獲得這個獎項）。當然，歐洲當地的政治變化也幫了一點忙。對伊朗核子威脅向來嗤之以鼻的法國總統賈給‧席哈克（Jacques Chirac）在 2 年前卸任，繼任的是較鷹派且更願意協助美國孤立德黑蘭當局的薩科吉[2]。柏林的政局變化也和法國很類似，德國總理格哈德‧施羅德（Gerhard Schröder）在 2005 年被安格拉‧梅克爾（Angela Merkel）取代。另外，在布魯塞爾的歐盟總部裡，偏好較嚴苛制裁的聲浪也漸漸蔚為主流，特別是在奈菲為首的美國官員再次鉅細靡遺地向歐洲各國外交官解釋美國的建議案之後。

過去的聯合國安理會決議已表明伊朗的核子活動違反國際法，但聯合國卻總是不願意對它實施廣泛的制裁：現有的聯合國決議除了限制對伊朗銷售核子技術，幾乎沒有採取其他任何措施。那些決議文的真正目的只是要阻撓伊朗的核子相關採購活動，並不打算破壞伊朗經濟體系。所以，歐巴馬政府尋求改變現況。2009 年年底至 2010 年年初時，美國率先採取行動，力促聯合國更積極就全面制裁伊朗的銀行業者、石油公司和航運企業等做出一份決議。

作為聯合國安理會歐洲常任理事國的英國和法國，當然支持美國的計畫。連俄羅斯也大致表示支持，因為它迄今仍對福爾多設施的曝光感到憤恨不平。不過，向來不插手聯合國會議討論的中國外交官，這一次卻出言激烈反對。中國是伊朗石油的主要買家[3]之一，而且當時世界經濟體系才剛從全球金融危機中漸漸復甦，所以他們不希望中國國內經濟成長因此受創。在談判的過程中，一名歐洲外交官怒氣沖沖地脫口抱怨，

如果毛澤東聽到他的繼任者大力讚揚不受約束的世界石油市場的優點，想必九泉之下也不得安寧。北京當局的疑慮導致整個談判進度嚴重落後，但美國及其盟國最終還是設法草擬出一份較溫和的決議文，並爭取到中國的支持。2010年6月9日當天，聯合國安理會終於通過並採納了第1929號決議[4]。

中國反對使聯合國無法對伊朗實施全面制裁，但美國官員還是成功將兩個關鍵要素納入這份決議的最終文本[5]。第一個要素是，這份決議呼籲各國要求其本國企業「與在伊朗設立登記的實體進行業務往來時須提高警覺」，特別是在「有合理理由相信那項業務往來可能有助於伊朗擴大敏感的核子活動時」。至此，李維先前的所有努力—直接聯絡外國銀行業者，敦促那些業者切斷與伊朗的聯繫——都獲得了聯合國的明確批准。

第二個要素是，這份決議文還開啟了未來更強力懲罰伊朗能源業的可能性。為了給北京當局面子，這份決議承認「取得分散且可靠的能源來源，是維繫永續成長與發展的關鍵」。但這份決議也指出，伊朗的石油收入與資金運用，和該國「擴大敏感核子活動」之間存在「潛在關聯性」[6]——這些措辭旨在為歐盟提供法律上的支援，讓它得以明令禁止歐洲企業投資伊朗能源專案（歐盟原本擔心若無聯合國的明確授權，實施那類禁令將引來非議）。從道達爾公司在1995年接手康納石油公司被迫在伊朗留下的投資缺口後，歐洲人對伊朗能源業的投資活動就一直讓華盛頓當局相當惱火。如今，隨著聯合國做出這個新決議，再加上美國國會山莊在那段時間的新發展，外國人對伊朗能源產業的投資潮看起來終於可能明顯放緩，甚至接近枯竭。

正當歐巴馬的團隊在紐約設法敲定聯合國決議文的內容之際，身處華盛頓的國會成員也馬不停蹄地相繼提出他們自己的制裁版本。貝伊參議員在參議院提出了一套新的伊朗制裁法案，而柏曼眾議員也在眾議院提出了類似的法案。不過，國會山莊裡還是有某些人懷疑，光靠制裁根本無法對伊朗構成足夠的壓力。布雷德・謝爾曼（Brad Sherman）眾議員說：「我們對他們的要求，猶如要他們放棄第一個心肝寶貝孩子[7]（他指的是德黑蘭的核子計畫），但我們對他們的威脅，卻像是準備對他們提高提款機手續費的那種小懲罰。」多數人根本不相信歐巴馬政府已準備好要對跟伊朗做生意的外國企業實施次級制裁，畢竟事實證明，連小布希都不願意這麼做。儘管如此，美國國會似乎正準備通過一項瞄準伊朗經濟體系的新法律，這是1990年代中期以來首見的狀況。

這項法律就是《對伊朗全面制裁、究責與撤資法案》。先前在白宮的力勸之下，這個法案的發起人同意暫時擱置這項法案，等到聯合國安理會採納其新決議以後再說。既然此時這項新決議已通過，國會成員當然就著手確定該法案的最終版本。《對伊朗全面制裁、究責與撤資法案》包括一項禁止向伊朗運輸汽油的禁令，這項措施頗受國會議員支持，因為他們推測，汽油價格上漲對伊朗民眾造成的打擊，將不亞於汽油價格上漲對美國民眾的打擊。（不過事實很快就證明他們的推測是錯的。[8]）這套法案還包含一些較理智且影響更深遠的條款，包括強力制裁外界對伊朗能源業的投資活動，其主要目的是希望賦予《對伊朗全面制裁、究責與撤資法案》真正的殺傷力，不要再被視為《伊朗制裁法案》那樣的紙老虎。根據《對伊朗全面制裁、究責與撤資法案》，外國人對伊朗境內能源業的所有投資活動，幾乎都可能引來美國的次級制裁[9]。這項法案還巧妙地把這些制裁措施和鼓勵外國石油公司撤離伊朗的激勵措施配套在一

起。這是國務院第二把交椅吉姆‧史坦伯格（Jim Steinberg，他是李維的重要盟友之一）想出來的對策。根據這項激勵條款，與美國國務院協商後，切實擬定逐步退出伊朗的計畫[10]的石油公司將得以豁免制裁，這些公司將透過協調，定出有序撤出伊朗的計畫，同時在退出伊朗的過程中收回被積欠的款項。這項所謂「特殊規定」搭配歐盟本身的投資禁令，可望促使歐洲最大的石油與天然氣公司「收拾包袱」，永遠離開伊朗。

然而最重要的是，這份法案有一個條款威脅，所有外國銀行業者只要和在美國黑名單上的伊朗金融機構進行商務往來，都將遭到次級制裁。（這份黑名單幾乎涵蓋了伊朗整個金融業，只有伊朗中央銀行例外。）在這之前，李維的作戰行動早已促使全球最大型的銀行業者避免和伊朗往來，不過，還是有一些較小型的銀行業者繼續和伊朗合作。由於其中很多小型銀行對美國的依賴僅限於迴轉交易，所以它們研判，儘管和伊朗打交道可能會踩到美國法律強制執行的紅線，但因此獲得的利益還是值得鋌而走險。只要稍稍瀏覽一下《銀行家年鑑》（*Bankers Almanac*，金融產業的資源出版品）就會發現，伊朗仍繼續和阿拉伯大公國、土耳其、亞美尼亞乃至斯里蘭卡等地的數十家機構維持通匯銀行業務關係，換言之，伊朗仍然可以利用那些連結存取歐元乃至美元。

蘇賓在外國資產管制辦公室團隊裡的某成員回憶，國際金融交易領域裡「沒有小蝦米這種東西。說到底，這只是 0 或 1 的問題，只要有存取美元的管道，一切就好辦，因為一旦如此，你就要多少美元就有多少美元了。」李維和蘇賓私下努力運作，最後終於說服了《對伊朗全面制裁、究責與撤資法案》的起草人：只要明確威脅將對小型銀行實施次級制裁，可能就足以改變它們的風險效益算計。於是，這項條款被加入這個法案，李維與蘇賓的施壓作戰活動也多了一項強大的新武器。

2010 年 6 月 24 日,《對伊朗全面制裁、究責與撤資法案》在兩黨的壓倒性支持下於國會通過。(在眾議院以 408 比 8 票通過[11],在參議院更以 99 比 0 通過。) 歐巴馬在白宮的東廳(East Room)將這項法案簽署為法律[12]。他在演說中特別提到布希政府的留任官員李維「非常傑出」。他強調,這項法律將促進國際社會的意願——包括最近剛採納的聯合國安理會第 1929 號決議,這項決議對「伊朗政府實施有史以來最嚴厲也最全面的多邊制裁」[13]。聯合國新決議與《對伊朗全面制裁、究責與撤資法案》接連出擊,為展開全面經濟戰奠定了堅實的基礎。而出乎眾人意料的是,啟動這場經濟戰的竟是歐巴馬本人。

不過,歐巴馬的東廳演說漏掉一個重點:他沒有提及《對伊朗全面制裁、究責與撤資法案》在實務上將完成的核心任務。誠如歐巴馬的前競選對手約翰·馬侃(John McCain)參議員所言:「我們將透過這項法案,敦促世界各地的企業做出選擇[14]:你們是想和伊朗做生意,還是想和美國做生意?」簡單說,雖然白宮已經換了主人,華盛頓方面要傳達的訊息依舊是「順我者昌,逆我者亡」。

2-7 資本大逃亡

阿拉伯聯合大公國（簡稱阿聯）的金融首都杜拜是座金碧輝煌的城市，其北側邊緣有一條蜿蜒流入波斯灣的鹹水河，河的兩岸停泊了一艘艘古老的木製單桅帆船，當地的商人定期利用這些單桅帆船穿越荷姆茲海峽，前往伊朗最繁華的港口阿巴斯港（Bandar Abbas），儘管一趟航程動輒耗時 17 個小時[1]，那些商人卻總忙得不亦樂乎。從美國領事館的窗戶向外望去，可以清楚看到許多裝卸工人正忙著把各式各樣外國商品搬到那些單桅帆船上，再進一步運到伊朗伊斯蘭共和國。不過，這個看似日常的熙攘景象，卻是規避制裁行為的實況轉播。

阿聯和伊朗在人民、文化與地理等方面的關係非常密切。在 1979 年革命期間，有非常多伊朗人逃離家園，來到僅有一水之隔的杜拜定居；有些人雖仍繼續住在伊朗，卻把事業遷到杜拜，所以，阿拉伯聯合大公國是當今世界上最大的伊朗僑民社區所在地之一。當地有一句俗話說得非常好：當阿聯祈雨[2]，伊朗就會下起傾盆大雨。

伊朗和歐洲主要商業中心之間的連結中斷後，杜拜成了當然的受益者。隨著世界上其他國家愈來愈難直接將商品運送到伊朗，杜拜漸漸成了一個大型轉出口中心，商人將貨物進口到杜拜，再進一步將之轉運至伊朗。2010 年透過這條路線運送的商品共價值近 100 億美元[3]。一名杜拜水手說：「自從其他國家停止直接和伊朗打交道，我們其實變得更加忙

碌。所有東西都得經過杜拜。」[4] 不僅貿易如此，金融也一樣。杜拜是伊朗通往全球金融體系的最後一條主要生命線。歐巴馬在 2010 年 7 月將《對伊朗全面制裁、究責與撤資法案》簽署為法律時，伊朗的多數大型銀行業者全都受制於美國的制裁令，紛紛到杜拜設辦事處[5]，並和這個城市維持非常密切的關係。

儘管杜拜與伊朗的關係如此密切，位於阿布達比的阿聯政府卻把伊朗伊斯蘭共和國視為最嚴峻的外來威脅，原因是，德黑蘭當局長久以來都把阿聯視為自己的勢力範圍。為了避免遭到伊朗染指，阿聯政府購買了數百億美元的軍事設備，並尋求和五角大廈建立緊密的關係。不過，為了不要破壞阿聯兩個最強大的公國阿布達比（政治首都）與杜拜（商業首都）之間的微妙平衡，阿布達比也避免強迫杜拜切斷和伊朗之間的商業關係。然而，2009 年年底，因金融危機而遭受嚴重打擊的杜拜差點債務違約，因而接受阿布達比的紓困[6]。這件事決定了誰才是主子。誠如一位西方外交官在當時的觀察，阿布達比王儲穆罕默德·賓札耶德（Mohamed bin Zayed）「是杜拜目前的實質管理人」。[7]

從李維自 2006 年開始發動對伊朗的經濟戰以來，他到阿聯出差不下 12 次。透過這些行程，他和王儲及其弟弟——外交部長阿布杜拉·賓札耶德長老（Sheikh Abdullah bin Zayed）建立了融洽的關係。不過，在杜拜營業的銀行業者卻不太把他的勸說當一回事，不願積極迴避與伊朗往來。如今隨著阿布達比的地位持續上升，加上李維多了《對伊朗全面制裁、究責與撤資法案》這項利器，他又開始躍躍欲試。

李維和團隊在 2010 年 9 月抵達阿聯。當時正值穆斯林的齋戒月，酷熱的天氣加上飲食短缺，讓這群美國人的體力幾乎消耗殆盡。不過，他們的鬥志並未因此而萎靡，因為此刻正是切斷阿聯與伊朗之間羈絆的大

好時機。

他們的第一站就是杜拜。李維及其團隊和這個城市裡最重要的幾家金融機構舉行圓桌會議，他們在會中不斷向那些業者強調，由於伊朗銀行業者多半已被美國列入黑名單，如果繼續和伊朗銀行業者做生意，遭到次級制裁的風險將顯著提高。在《對伊朗全面制裁、究責與撤資法案》的規範下，不僅歐洲的石油公司有可能被美國制裁，阿聯的銀行業者同樣也是。

接下來，這個代表團預定和外交部長阿布杜拉長老見面。不過，儘管他們反覆嘗試與對方確認會議時間，卻始終未能得到明確的回應。倍感挫折的團隊只好作罷，啟程前往位於杜拜的機場，打算就此返回華盛頓。但就在他們進入航站後，卻接到這位長老的助理來電，對方請他們稍候片刻。幾分鐘後，一架直升機抵達，迅速載著他們飛越沙漠，來到阿布達比，最後降落在阿布杜拉私人宮殿的翠綠草皮上。

阿布杜拉長老在許多隨從的簇擁下，帶領李維等一行人來到擺著各式豪華家具的露台，其中幾位隨從穿著傳統的白袍，並戴著阿聯王室向來偏好的**全白阿拉伯頭巾**，但也有些人只簡單穿著運動服。長老本人只穿著白袍，沒有戴全白阿拉伯頭巾。他那時不巧生病了，暫時無須遵守齋戒月的禁食規定，所以他啃了些椰棗，還喝了點茶。寒暄了好一陣子後，他才終於言歸正傳。

他告訴李維：「你在杜拜做的簡報很精彩。」

李維聞言後有點訝異，問道：「哦？有人跟你做過簡報了嗎？」他沒想到阿聯的政治領袖竟會那麼關注他和銀行業者之間的圓桌會議。

阿布杜拉回答：「沒有，我看了那場會議。」

這時，這群美國人才終於恍然大悟，原來阿布杜拉的幕僚在他們開

圓桌會議的那間杜拜會議室裡安裝了攝影機，好讓長老能夠即時透過視訊收看這場會議的進展。這件事清楚顯示，阿聯政府非常重視《對伊朗全面制裁、究責與撤資法案》。李維過去和阿布杜拉開過很多次會，這位長老雖經常談到他信不過伊朗，卻也總是不願把話說死。因為一旦阿聯切斷和伊朗之間的生意往來，不僅自身經濟會因此受創，也幾乎肯定會引來德黑蘭的報復。所以，除非美國能再三向阿聯保證其他所有大型金融中心全都斬斷和伊朗之間的聯繫，否則它不會貿然出手。

談了一陣子之後，阿布杜拉要求和李維私下聊聊，於是他倆走到附近一個房間。

李維說：「聽著，老實說，我不敢說全世界都已和伊朗一刀兩斷。但我已經非常坦白地向你報告了我們目前為止的進度。」當時全球所有最大型的銀行業者都已終止和伊朗之間的生意往來，而且在《對伊朗全面制裁、究責與撤資法案》祭出的次級制裁威脅之下，原本心存僥倖的業者也開始爭先恐後地搶著出場。「我認為阿拉伯聯合大公國採取行動的時候已經到了。」

其實阿布杜拉早就做好準備，他知道李維一定會提出這個要求。他提出幾個疑問，還說他看到幾篇報導指稱數家土耳其銀行還繼續和伊朗做生意。

李維承認：「我並沒有說你們是最後一批，但我們將繼續和其他國家合作，而且世界上多數人都贊同跟我們站在同一陣線。」

最後，阿布杜拉終於讓步。短短幾天後，阿聯的中央銀行就切斷了和所有被美國制裁的伊朗金融機構之間的聯繫[8]，更發出公告，向阿聯各地的所有銀行解釋美國最近通過的法令內容、指示那些銀行業者將它們的伊朗交易對手列為高風險往來對象，同時通知它們，中央銀行將開始

2-7｜資本大逃亡

詳細審查與伊朗之間的所有交易。不久後，這兩國之間的金融關係徹底破滅。

阿聯意外迅速倒戈，讓李維與同事士氣大振。看起來他們對《對伊朗全面制裁、究責與撤資法案》的期待很可能成真，也有望把伊朗變成徹底金融孤立的國家。儘管如此，要促使外界嚴肅看待這項法律，以免它重蹈《伊朗與利比亞制裁法案》在 1990 年代被當成紙老虎的覆轍，他們就必須徹底落實相關的規定。只要某個地方的任何一家銀行不遵守，可能就足以幫助伊朗重新進入全球金融體系，讓他們團隊的所有努力前功盡棄。所以，李維的團隊必須引導所有相關的各方恪遵這項法律──從波斯灣的王子，到高加索地區乃至中亞的小型銀行經理人等。此外，歐巴馬政府希望外界認同它發動的這場經濟戰是符合國際法的合理行為，也是聯合國安理會那份新決議通過後的自然發展；他們期許外界不要把美國當成霸凌者，而是一個協助其他國家克盡其聯合國義務的誠信夥伴。而要使這個觀感深植人心，必須採用一種對小咖和大咖一視同仁且前後一貫的施行方法。

所以，接下來幾個月，美國財政部的官員每週召開一次會議，以釐清有哪些外國銀行還繼續和伊朗保持聯繫。這項資訊雖局部來自情報，但主要還是來自公開資訊來源，也就是《銀行家年鑑》中人人皆可取得的資訊。確認哪些銀行還繼續和伊朗往來後，財政部官員就會出差去和那些銀行「直球對決」：要求它們根據國際法的規定停止和伊朗做生意，否則就可能遭受次級制裁，並失去存取美元的能力。

財政部官員甚至冒險前往遙遠的杜尚貝（Dushanbe，塔吉克共和國〔Tajikistan〕首都）執行這項任務──儘管塔吉克共和國的語言、文化與經濟和伊朗之間存在著剪不斷的關係，哈馬迪內賈德甚至以「棲息在兩

個軀體的同一個靈魂」⁹來形容這兩個國家。這個代表團從杜尚貝返國後，接到了位於杜尚貝的美國駐塔吉克大使館的緊急來電。原來塔吉克共和國的某位銀行家透過來訪的美國財政部官員瞭解到《對伊朗全面制裁、究責與撤資法案》的風險後，打電話向花旗銀行坦白說明他的銀行和伊朗金融機構之間的所有聯繫。沒想到花旗銀行竟直接關閉了它對**所有塔吉克銀行業者的通匯帳戶**。結果，美國財政部不得不和花旗銀行展開後台外交斡旋，以說服花旗銀行重建和塔吉克人的業務往來。

美國的經濟戰導致全球金融體系的緊張局勢一觸即發。各地銀行業高階主管不敢再對美國的制裁令不屑一顧，也不敢繼續悠哉地從事一些藐視美國政策的業務，因為那種麻木不仁的態度將會衍生他們無法承受的代價。美國執法機關針對違反制裁令而裁處的罰款先前就已暴增──早在2009年和2010年，駿懋銀行（Lloyds）、瑞士信貸（Credit Suisse）以及巴克萊銀行（Barclays）就已接連被重罰¹⁰了數億美元的罰款。如今隨著《對伊朗全面制裁、究責與撤資法案》通過，銀行業者不只要承擔巨額罰款的風險：從此以後，和伊朗做生意都有遭到制裁與全面停業的風險，那意味無法存取美元，最終很可能落得破產的下場。

《對伊朗全面制裁、究責與撤資法案》的另一個關鍵條款—史坦伯格的「特殊規定」，對已交出撤離伊朗的明確藍圖的外國石油公司給予制裁豁免──也比預期更快收到成效。在短短幾個月內，還在伊朗進行投資活動的最大型外國石油公司，包括義大利的埃尼能源公司（Eni）、英國的殼牌公司（Shell）、挪威的挪威國家石油公司（Statoil）以及法國的道達爾公司等，他們的資深高階主管不斷到美國國務院拜會，希望能消除雙方對其撤離策略的歧見。

埃尼能源公司的政府事務部部長李奧納多・貝洛迪（Leonardo

Bellodi）第一次前往霧谷（Foggy Bottom）開會討論這項新法律時，就帶著一整份鉅細靡遺的計畫。貝洛迪是個溫文儒雅的義大利人，身穿一套無可挑剔的西裝赴會，他打從一開始就認定跟美國的新制裁令作對猶如螳臂擋車。首先，不管是華盛頓或布魯塞爾當局，都完全不打算對伊朗手下留情。同樣重要的是，埃尼能源公司過去和伊朗國家石油公司（National Iranian Oil Company）合作的經驗，簡直可說是惡夢一場。貝洛迪認為，只要埃尼能源公司能收回伊朗欠下的款項——他估計大約是 30 億美元——並平安退出，埃尼公司就算打勝仗了。

貝洛迪的方法頗得美國國務院的歡心，該公司打算繼續接受從伊朗運來的石油，直到它順利回收所有投資為止。如果一切能順利依照計畫進行，作為伊朗能源業最大外國投資者之一的埃尼能源公司終將離開這個國家，並在離開的那一刻從伊朗的國庫搬走大量的資金。（最後，貝洛迪的努力並非完全沒有遭遇阻力，有一次他到伊朗出差時遭受到多重威脅，他的護照還神祕「失蹤」，但他最終還是成功為埃尼公司回收了大約 90% 的資金。）由於華盛頓當局和某些石油業巨擘之間的協商並沒那麼順利，所以埃尼公司的計畫被國務院當成一個宣傳樣版。歐巴馬簽署《對伊朗全面制裁、究責與撤資法案》不到 3 個月後，所有歐洲大型能源公司都已同意撤出伊朗[11]。不久後，日本石油公司國際石油開發帝石株式會社（Inpex）[12]也加入歐洲能源企業的行列，放棄了在伊朗阿扎德根（Azadegan）油田的超大型開發計畫[13]。

在《對伊朗全面制裁、究責與撤資法案》立法後不久，全球銀行業者與能源企業便以極快的速度出走伊朗，而且是在華盛頓尚未正式做出次級制裁威脅的情況下出走，這個結果令人不得不刮目相看。對任何一家全球導向的企業來說，無法存取美元就形同被關進死牢，所以，美國

光是威脅要對不從者進行次級制裁，就已順利達到了威懾的目的。

《對伊朗全面制裁、究責與撤資法案》所激起的劇變，在美國的經濟作戰史上留下了一個巨大的印記。華盛頓當局上一次試圖進行次級制裁是1990年代根據《伊朗與利比亞制裁法案》時，道達爾公司與法國政府幾乎立即就做出了考驗美國決心的行徑，並逼得柯林頓政府打退堂鼓。這導致接下來15年間，全球各地幾乎完全不計後果地繼續投資伊朗能源產業。那段期間，在眾多跨國石油公司眼中，美國的制裁令其實只不過是「紙老虎」，最多只會惹人心煩，實際上幾乎不構成影響其商業決策的重要考量因素。不過，從小布希總統任期最後2年開始，到歐巴馬總統任期展開後2年，那短短4年裡，美國已把制裁政策轉化為一股強大的全球力量。因此，當美國官員開始根據《對伊朗全面制裁、究責與撤資法案》落實次級制裁時，其他國家都乖乖配合。

至少世界上多數國家都遵守綱紀。在國際石油開發帝石株式會社宣布將撤離伊朗後，隨即有報導指稱，中國國家石油天然氣集團（China National Petroleum Corporation，中國政府旗下的大型石油企業之一）將接手開發阿扎德根油田。顯然中國企業依舊在這波出走潮中缺席；事實上，愈來愈多證據顯示，中國正趁虛而入，接手歐洲、日本與其他國家留下來的商機。到2011年上半年時，伊朗和全球經濟體系之間殘存的聯繫已屈指可數，但尚未中斷的聯繫——即和中國之間的關係，尤其是源源不斷流入伊朗的油元——卻極端難以破解，甚至可能無法在那些聯繫失去影響力以前將之切斷。

2-8　最後的金融堡壘

　　2011 年 2 月，李維在擔任美國財政部反恐暨金融情報部次長近 7 年後辭去這個職務。李維在橫跨共和黨、民主黨的兩任政府的任期內，將反恐暨金融情報部打造成大權在握的機關，進一步來說，他也壯大了美國的經濟彈藥庫。李維卸任當天的作為令人再次見識到他過人的影響力：那一天，他和蘇賓共同說服了歐巴馬的國家安全顧問湯姆・唐尼隆（Tom Donilon），緊急搞定凍結利比亞獨裁者格達費名下 370 億美元的龐大資產[1]的行政命令。

　　李維說：「我剛接下這份職務時，作夢都沒想到有一天國家安全顧問會接我的電話。到我離職時，我讓總統在判斷這個計畫可行後的 4 個小時內簽署[2]行政命令。」拜李維的個人努力與其他因素所賜，此時國際金融體系已適應了對伊朗敬而遠之的立場。若以這個標準來衡量，他在 2006 年為萊斯與鮑爾森制定的策略可說是大獲全勝。

　　然而，在李維的任期內，伊朗核子計畫的發展卻也突飛猛進，德黑蘭政府似乎仍專心致志持續發展這個計畫。從伊朗新核子事務長官費雷敦・阿巴西（Fereydoon Abbasi）在 2011 年 6 月發表的聲明就可看出，後續還有更多棘手的問題有待解決。此前 1 年才差點被暗殺[3]的阿巴西（德黑蘭當局把暗殺行動歸咎於以色列的情報及特殊使命局摩薩德〔Mossad〕公布了將伊朗高濃縮鈾庫存提高為原本 3 倍[4]的計畫。他還表示，伊朗將

在福爾多村的地下設施安裝更先進的離心機，而這種設備適合生產核武用燃料。

據說班傑明・納坦雅胡（Benjamin Netanyahu）總理領導的以色列政府為了破壞伊朗的核子計畫，除了攻擊伊朗的科學家，還從事了很多其他作為。當時以色列人正嚴肅擬定對伊朗濃縮鈾設施展開軍事突襲的計畫。[5] 由於納坦雅胡認為制裁可能不足以促使德黑蘭當局放棄發展核武的大夢，所以，他想採取更激烈的行動。雖然歐巴馬信誓旦旦保證「不排除以任何選項」[6] 來對付伊朗，但白宮方面其實對以色列隨時可能發動突襲一事憂心忡忡，因為那樣的攻擊行動很容易會升高為更全面的戰爭，最終把美國也拖下水。歐巴馬政府的國家安全助理班・羅茲（Ben Rhodes）表示：「我們真心認為這有可能變成一場災難，」[7]「我們認為這會摧毀我們苦心打造但仍相當脆弱的國際關係。」

李維號召的那一群經濟戰士（李維離職之後，這個早已根基穩固的團隊繼續留任，其成員包括柯恩、蘇賓以及另外幾十個人）決心證明納坦雅胡是錯的。他們打算證明，經濟壓力**可能就足以**讓伊朗的核子大夢畫下休止符。但要成功達到目的，必須攻擊伊朗的最後一個堡壘：石油出口。

美國當初能順利在金融上孤立伊朗的主要原因之一是，金融業的成本效益算計對美國比較有利：對位於倫敦、法蘭克福甚或杜拜的大型銀行業者來說，被美國列入黑名單的成本，絕對超過繼續和伊朗維持往來所能獲得的利益。但石油就不同了。石油是現代工業經濟體系的命脈，也是一種稀缺資源。多數國家都**必須**進口石油。

在伊朗經濟體系的其他行業因制裁而萎靡不振之際，能源業對伊朗的重要性自是與日俱增。伊朗有 65％ 的國家預算[8] 及 70％ 的進口收入仰

賴石油與天然氣（它對天然氣的依賴程度略低）。儘管油價在金融危機初期曾短暫重挫，但到 2011 年時，油價再度飆漲到每桶 100 美元以上[9]，而那主要是拜中國貪得無厭的需求與中東情勢動盪所賜（當時的中東還處於「阿拉伯之春」〔Arab Spring〕的陣痛期）。在李維離開財政部不久後，IMF 預估德黑蘭當局將在 2011 年取得超過 1,000 億美元的石油收入[10]，較前一年的 800 億美元顯著增加。而儘管《對伊朗全面制裁、究責與撤資法案》的影響範圍相當廣泛，卻還是無法阻止這一股現金洪流進入伊朗。個中原因是，還有一家大型伊朗金融機構尚未遭到美國制裁，而那一家金融機構正好又是伊朗石油貿易的核心要角。

德黑蘭當局向全球各地銷售石油後，因此獲得的收入就存在伊朗中央銀行。回顧李維剛展開經濟戰規劃的那段時間，美國官員就曾權衡是否要制裁伊朗央行，不過他們一次又一次因制裁伊朗央行的潛在後果而打退堂鼓──當時某些財政部官員擔心，一旦美國真的出手攻擊一個主權國家的中央銀行，就等於跨越了美國絕對不該碰觸的底線：那會讓全世界感覺到華盛頓當局並不排斥把美元作為全球準備貨幣的地位加以政治化，而一旦這麼做了，有可能反過來對美元作為國際準備貨幣的地位造成傷害，同時損及美國作為國際金融體系「管家」的聲望。

更直接的衝擊是，一旦美國出手制裁伊朗中央銀行，可能會導致各個石油進口國難以（甚至無法）支付伊朗石油的採購費用，從而使大量石油供給從世界市場上消失，導致全球油價暴漲，最後回過頭來傷害到美國的企業及消費者。諸如此類的憂慮也說明了為何美國更早之前以伊朗能源業為目標的制裁（包括 1996 年的《伊朗與利比亞制裁法案》與 2010 年的《對伊朗全面制裁、究責與撤資法案》），都只瞄準上游的投資（在伊朗領土內的石油探勘與開採活動），而非日常的石油銷售活動（購

買一桶桶的伊朗石油）。「削弱伊朗長期以後生產石油的能力」和「此時此刻阻止伊朗出口石油」是非常不同的兩回事。誠如奈菲解釋的：「我們實在找不到一個既能鎖定石油或伊朗中央銀行，又不致損害國際石油市場的可行方法[11]，畢竟全球經濟體系才剛要從 2008 年至 2009 年的大衰退（Great Recession）中復甦，不管採用什麼方法，前提是不能阻礙經濟復甦的腳步。」

除此之外還有另一個風險——那個風險甚至一度使李維暫停腳步。如果某些企業決定放棄與美國合作，繼續購買伊朗的石油並付錢給伊朗央行，該怎麼辦？李維說：「如果真的打算制裁伊朗中央銀行，就必須認真思考這個政策是否真的有落實的可能，一旦開始制裁伊朗央行，萬一中國和印度不配合，美國的強權與威望勢必會面臨嚴峻的挑戰。」[12] 一旦情況發展到那種地步，華盛頓當局將不得不選擇是否要落實它的威脅，即對中國及印度企業展開次級制裁，問題是，那種次級制裁行動勢必會導致美國和北京、新德里當局的關係趨於緊張，而且還無法保證能逼迫那些企業停止採購伊朗的石油。萬一這個窘境真的發生，李維上任之後透過美國制裁令對各國政府與企業累積的心理影響力就會被摧毀。

不過，美國國會當中主張強硬對付伊朗的鷹派人士並沒有被這些考量嚇倒。很多國會成員聽取過美國以色列公共事務委員會、智庫以及以色列官員一次又一次的簡報後，判斷必須即刻採取行動來實踐對伊朗的制裁，否則乾脆就此罷手，放棄制裁這個選項。他們主張，美國應該不惜一切代價設法擊潰伊朗經濟體系，並逼迫德黑蘭當局放棄核子計畫，而如果這些努力都沒有達到成效，就該直接轟炸伊朗的核子設施。最直言不諱的強硬派議員之一是共和黨的馬克・柯克（Mark Kirk）參議員，他過去曾遊說對伊朗實施海上隔離[13]，那個主張和甘迺迪（John F.

Kennedy）總統在古巴飛彈危機期間所頒佈的命令（目的是要使古巴無法繼續進口汽油）很類似。儘管這種極端制裁可能對伊朗造成極大的連帶損害，柯克卻絲毫沒有感到良心不安。

柯恩在 2011 年春天前往柯克位於國會山莊的辦公室去和他見面。柯恩此行的目的是要敦請柯克參議員支持他接任李維擔任反恐暨金融情報部次長的任命案，因為依規定，這個職位必須獲得參議院確認。柯克打開天窗說亮話地對柯恩表示，除非柯恩承諾對伊朗中央銀行實施制裁，否則他不會投票支持柯恩。柯恩當場同意評估這個想法。儘管如此，柯克在參議員同僚鮑伯・梅南德茲（Bob Menendez，後來成了民主黨中在伊朗制裁議題上最具影響力的參議員）的支持下，暫時保留柯恩任命案的確認。經過長時間的僵持，柯克在柯恩私下誓言將在歐巴馬政府內部積極倡議制裁行動後，終於不再反對柯恩的任命案。由於制裁伊朗央行一案牽涉的利害關係太大（德黑蘭方面的官員暗示，他們將把對伊朗中央銀行的制裁視同戰爭行動，而全球市場[14]也抱持那樣的觀點），所以，最終的決策還是必須等歐巴馬拍板才能定案。

柯恩的任命案獲得確認後，柯克就開始催促他履行承諾。接著，2011 年 8 月時，柯克和民主黨的查克・舒莫（Chuck Schumer）參議員共同發出一封公開信，呼籲歐巴馬[15]制裁伊朗中央銀行。100 名參議員中共有 92 人為這封信聯署，這顯示柯克和舒莫的主張獲得了兩黨參議員的壓倒性支持。

由於來自國會山莊的壓力急遽上升，歐巴馬政府只好開始分析制裁伊朗中央銀行對世界市場的潛在衝擊。這件事是由財政部的國際事務部（簡稱 IA）次長主導。國際事務部在聯邦政府的文官體系中素有威望，因為它的幕僚不乏美國最精明的全球總體經濟學（macroeconomics）專

家。國際事務部的主要任務是促進國際貿易與投資活動，而非遏制國際貿易與投資，所以在過去，這個部門的經濟學家鮮少參與制裁政策。無論如何，美國過去的制裁政策鮮少構成衝擊全球市場的風險，遑論引發總體經濟震盪。然而，這一次卻有很多人非常擔心華盛頓當局的作為可能會導致油價失控，甚至使美國本身陷入經濟衰退。

國際事務部的分析結論絲毫無法緩和這些憂慮：該部門的專家預估，若對伊朗中央銀行實施制裁，將使全球油價飆漲到每桶 200 美元以上甚或更高。屆時美國將面臨通貨膨脹、失業和 GDP 大幅滑落的窘境。一位聽取過國際事務部分析簡報的高階財政部官員回憶，就算制裁措施只導致伊朗每日的石油出口減少一半，都足以造成「基本上堪稱核子冬天（nuclear winter）式衰退」的惡果。何況根本沒有人知道這項制裁行動究竟能對伊朗造成多大的傷害，因為它至少將受益於飆漲的油價；如果油價飆得夠高，德黑蘭當局甚至可能在石油銷量減少的情況下賺更多錢。

白宮方面得知國際事務部的評估結果後，決定強力反對國會力推的伊朗央行制裁建議。不過，還有一個問題得解決。萬一「美國政府認為制裁伊朗中央銀行可能會導致美國國內陷入令人痛苦的經濟衰退」的耳語傳出，美國不啻對伊朗自揭瘡疤，讓德黑蘭當局知道華盛頓當局在忌憚些什麼。另外，這個耳語也可能導致以色列斷定美國不願意訴諸高衝擊力的制裁，並促使納坦雅胡直接下令以國軍隊轟炸伊朗的核子設施。

如實公開國際事務部的分析結果可能引發嚴重的後果。所以，白宮方面指示國務院與財政部以外交而非經濟考量為由，反對國會的作為。具體來說，他們將主張，若美國出手打擊伊朗中央銀行，可能會瓦解美國和最親密盟友之間的團結，因為當時還有幾個歐盟國家以及日本、韓國仍繼續大量採購伊朗石油——這些國家的採購量共占伊朗石油銷貨收

入的 40%[16] 以上。一旦美國制裁伊朗中央銀行，將會導致這些採購行為複雜化，並危及那些盟國的能源安全。白宮判斷，從外交的角度來向國會解釋為何不制裁伊朗央行，殺傷力明顯小於公開坦承國際事務部那個惡夢般的預測。

　　這個決定的分寸不好拿捏。歐巴馬政府雖認為有必要對經濟戰設限，又不願坦承為何要設下那些限制。然而隨著國會的成員不斷叫囂著要採取行動，眼下似乎又沒有更好的可行選項。

2-9 一百比零的外交勝負

　　2011 年秋天時，伊朗展開了一系列令人髮指的挑釁行動，看起來歐巴馬政府已愈來愈沒有立場抗拒新制裁了，因為任何反對制裁的理由似乎都已站不住腳。那年 10 月，司法部長艾瑞克・霍爾德（Eric Holder）與聯邦調查局局長羅伯・穆勒（Robert Mueller）宣布，美國執法機關成功阻止了伊朗在喬治城（Georgetown）米蘭咖啡館（Cafe Milano，很多華盛頓特區菁英份子常光顧的店）暗殺沙烏地阿拉伯駐美大使阿德爾・朱貝爾（Adel al-Jubeir）的陰謀。他們的指控聽起來簡直像是間諜驚悚片才有的情節：一名伊朗革命衛隊聖城軍（Quds Force）成員，指派他在德州從事二手車銷售員的表弟統籌這次襲擊行動。這位表弟再付錢給一個墨西哥販毒集團的成員，要求他們在那家餐廳引爆爆裂物。雖然其中一名墨西哥人向那名伊朗裔美國二手車銷售員反映，這麼做可能會導致許多無辜旁觀者傷亡慘重，但他卻表明他背後的勢力不在乎傷及無辜。據說他表示：「他們要幹掉那個人。」[1] 就算有 100 個人跟著被幹掉，又他 X 的如何？」那個伊朗裔美國人有所不知的是，那個販毒集團派出與他接洽的主要接頭者，恰巧是為美國緝毒局（Drug Enforcement Administration）工作的祕密線民。

　　這個陰謀失敗的消息傳出後，華盛頓當局既欣慰又驚恐[2]。驚恐的

是，伊朗居然敢在太歲頭上動土，在美國首都的核心地段策劃那麼一場厚顏無恥的攻擊行動。這個計畫光想就令人不寒而慄。也使人更加相信伊朗政權根本已經無法無天，如果繼續任由它發展核能力，它隨時可能會動用核子武器，也或許會把可製造「髒彈」的放射性成分，移轉給真主黨或其他類似其代理人的激進軍事組織。有關「髒彈」的那個可能情境——也就是德黑蘭當局可能祕密協助恐怖份子，利用粗製濫造的核子裝置發動災難性攻擊——尤其讓蘇賓輾轉難眠。他擔心真主黨，可能根本就不會把諸如「保證互相毀滅」之類，阻止民族國家使用核武器的概念當一回事，因為那種組織不發動攻擊則已，一發動攻擊就抱著必死的決心。[3]

11月初，國際原子能總署在米蘭咖啡館謀殺計畫失敗的消息曝光後，針對伊朗的核子計畫，發布了有史以來最不留情的報告。這份報告證實，伊朗已在進行祕密囤積高濃縮鈾的計畫[4]；這份報告也發現許多證據，顯示伊朗為了蓄積生產核武的能量，已花了數年的時間制定計畫、取得零件以及進行試驗。總之，這份報告明確指出，伊朗的核子計畫絕對不僅僅是用於和平目的，這形同打臉伊朗政府一直以來的對外聲明。

儘管美國、以色列對這個消息的反應很淡定，但這篇報告的發佈，猶如對伊朗的危險活動投射了一道強光，讓所有國家都無法再對它令人髮指的行徑視而不見。於是，全球各地掀起了支持強力制裁伊朗的聲浪，這是過去未曾見過的盛況。英國外相威廉・哈格（William Hague）順勢公開呼籲約束[5]伊朗的中央銀行，法國總統薩科吉也建議歐洲對伊朗石油實施全面禁運[6]。

1個多星期後，數百名伊斯蘭革命衛隊巴斯基民兵對英國在德黑蘭的大使館發動襲擊[7]。他們擊碎窗戶、偷走電腦和手機，並扯下英國國旗。

7名英國職員被短暫挾持，倫敦也迅速從德黑蘭撤回外交官、關閉已遭破壞的大使館，並將所有伊朗外交官逐出英國[8]。歐盟在布魯塞爾舉辦的27國外長會議因這場暴力行為而躁動不安，歐盟的制裁團隊也開始起草多項徹底禁止採購伊朗石油的提案。

隨著歐洲列強正準備實施石油禁運，並警告隨時將開始制裁伊朗中央銀行，歐巴馬政府先前對國會提出的論點變得更沒有說服力了。（歐巴馬政府原本指稱，制裁伊朗央行的行動可能會破壞美國和親密盟國之間的團結，因為那會導致他們難以支付採購伊朗石油的款項。）國會山莊最強力主張強硬對付伊朗的鷹派人士柯克以及梅南德茲，也敏銳地察覺到有機可乘。於是，這兩位參議員針對那一年的年度國防政策法案提出了一份修正案，要求歐巴馬對伊朗央行實施制裁。儘管白宮方面還是堅定反對制裁伊朗央行，政府團隊裡的制裁官員卻愈來愈緊張，情勢看來，歐巴馬似乎快擋不住國會的壓力了，因為國會輕易就能開出通過新制裁措施與推翻總統否決權的票數。

於是，國務院與財政部的首席專家們共同埋首草擬更可行的制裁計畫。直接對伊朗央行實施凍結制裁的風險相當高，因為那形同下令全球立即停止購買伊朗石油。如此一來，中國、印度、土耳其甚至某些歐洲國家等伊朗的最大石油買家，第一個就會拒絕配合演出。這些國家每天向伊朗採購的石油高達數十萬桶，那樣的採購量不可能在一夜之間找到替代來源。即使這些國家可能願意以某種方式採取那麼激烈的措施，這個作法還是可能讓國際事務部那個夢魘般的預測成真，即油價可能飆漲到每桶200美元以上，並導致美國經濟陷入衰退。

於是，蘇賓以及外國資產管制辦公室的技術官僚和國務院裡的能源專家合作，想出了一個折衷辦法：美國可以對伊朗央行實施制裁，但同

時可以同意豁免制裁自願在 6 個月內大幅減少伊朗石油採購量的國家。如果這個政策成功了，將可望在幾個月或甚至幾年內逐步促使伊朗石油的出口量減少，而不是一夜之間劇烈縮水；一旦如此，世界市場受到的經濟打擊就會減輕。長期下來，這個政策也會對德黑蘭當局構成日益沉重的壓力。如果伊朗持續拒絕壓抑核武的野心，它的經濟體系就將承受一天比一天更大的痛苦。不過，儘管這個想法在理論上看似合理，實際上要獲得良好的執行成果，卻需要使用某種外交手段，而這種手段非常容易弄巧成拙。儘管如此，既然國會已決心對伊朗央行採取某種行動，這個想法可能還是最可接受的選項。

11 月底時，柯恩在梅南德茲參議員位於國會山莊的藏身處——參議院會場附近一間不起眼的祕密辦公室——和他分享了這個想法。他解釋，白宮方面依舊反對制裁伊朗中央銀行，但如果真的別無選擇，採取漸進式的制裁法會比快刀斬亂麻式的作法好一些。梅南德茲接受了柯恩的建議。不久後，梅南德茲和柯克共同提交他們的國防法案折衷修正案，其內容確實融入了漸進式降低伊朗石油採購的想法。他們也為歐巴馬總統留下一個迴旋空間：一旦總統研判全球石油市場真的承受不了伊朗石油出口折損所造成的壓力，他就能下令完全豁免制裁。不過，雖然這兩位參議員採納了財政部的提案，但誠如柯恩警告的，即使是這樣的讓步，都不足以讓憂心石油市場發生動盪的白宮改變反對態度。

事件的發展在 12 月 1 日當天進一步惡化。那天早上，財政部長蓋特納為了阻止國會支持梅南德茲與柯克聯手提出的修正案，打算致函參議院表達強烈反對的立場。這封信上寫著：「我寫這封信是為了表達行政部門對這項修正案的強烈反對立場[9]，因為以這項修正案目前的形式來說，我們截至目前為止為了對伊朗施加強烈國際壓力而使用的方法，其成效

Chokepoints

大衛・柯恩與溫蒂・雪曼嚴肅的面孔：
歐巴馬政府和國會之間的關係因伊朗制裁議題而陷入緊張

極可能遭到破壞——這個方法雖是審慎地分階段施行，卻可有效實現永續的成果。」白宮將這封信視為國務院與財政部的共同訊息，不過，國務卿希拉蕊・柯林頓（Hillary Clinton）卻遲遲沒有現身。財政部的幕僚幾度嘗試聯繫她，卻都無功而返——有些人猜測，她不願現身是因為她認為在這封信上連署是不智的。所以說，蓋特納只能孤軍奮鬥了。

正當蓋特納提筆準備在這封信函上簽名時，突然和正在附近緊張徘徊的葛拉瑟對上了眼。蓋特納部長問他：「你認為我不該在這封信上簽名，對吧？」

葛拉瑟告訴他：「是的，我認為不該。」他認為《梅南德茲－柯克修正案》肯定會通過。若行政單位持續反對這項法案，只會傷害政府的信譽，絲毫無法達成任何目的，所以與其落得那樣的下場，倒不如此刻卯足全力去落實那些新制裁，看看結果如何再做打算。葛拉瑟事後回想當

時的狀況說：「有一句俗話說，與其等著被亂槍打死，不如衝到最前方，帶頭衝鋒陷陣。」[10]

不論如何，蓋特納還是在那封信上簽名了。

大約 1 個小時後，柯恩和國務院的對等官員——溫蒂・雪曼（Wendy Sherman）——前往國會山莊，出席在參議院海外關係委員會（Senate Foreign Relations Committee）舉行的聽證會。蓋特納的那封信已經開始在國會傳閱，梅南德茲看過信後簡直氣瘋了。他費了九牛二虎之力爭取，才把柯恩漸進式縮減伊朗石油採購量的提案融入這份修正案，結果柯恩的頂頭上司蓋特納，最終卻還是冥頑不靈，打算封殺這個修正案，而且此刻柯恩和雪曼還在國會為蓋特納作保。

梅南德茲怒視著柯恩說：「應你的要求，我們好不容易才達成我認為公平且周全的兩黨協議，現在你卻來這裡破壞那份協議。」[11] 他繼續說，沒有任何證據顯示制裁將會傷害美國的經濟體系。（白宮方面繼續對國際事務部那份「天將會塌下來」的分析守口如瓶。）梅南德茲推斷，如果真有那樣的證據存在，蓋特納一定會在信裡引用。梅南德茲指出：「有趣的是，他的信裡從頭到尾都沒有提到我們會受到什麼經濟損害，我認為如果真的會發生那樣的損害，他理應會把它當成（行政團隊反對此案的）理由。」

民主黨參議員如此不留情面地批判同黨官員的情況真的非常罕見。最後，梅南德茲為了讓他的說法引起更大波瀾，還大力抨擊歐巴馬政府對伊朗的整場經濟戰。他主張，截至那時為止，如果美國在對付伊朗方面有實現任何成就，都不是白宮或財政部的功勞，而應該歸功於促成《對伊朗全面制裁、究責與撤資法案》的國會。梅南德茲不吐不快地說：「如果不是國會 [12]，你們根本就不會有這些制裁措施，我一輩子都沒見過

這種狀況，有史以來，沒有任何行政單位曾到國會來說『拜託，請給我一個制裁計畫』。雖然你們靠著我們給你們的制裁法律實現了一丁點進展，但你們一路上卻又不斷排拒它。究竟道理何在？」

柯恩一回到他在財政部的辦公室，就聽到了這項修正案以 100 票對 0 票通過[13]的消息。

那天下午，柯恩去找財政部的二當家尼爾・伍林（Neal Wolin）次長，他坐在辦公室裡的沙發上向伍林吐苦水時，蓋特納突然無預警地走進來。

蓋特納面無表情地對柯恩說：「你剛剛完成了一件我認為沒有人辦得到的事。」

柯恩問：「什麼事？」

這位財政部長說：「你剛剛把國會兩黨緊緊地團結在一起，全體無異議支持某個議案。恭喜！」接著甩頭離開那間辦公室。

2-10 冷熱交替的談判術

2011年即將進入尾聲時，這場對抗伊朗的經濟戰即將進入更凶險的新階段。

哈馬迪內賈德的副總統警告，如果美國和歐洲真的敢制裁伊朗中央銀行，屆時保證「一滴石油也過不了[1]荷姆茲海峽」。不過，國會對制裁伊朗央行的一面倒支持，讓歐巴馬完全沒有選擇的餘地，只能對那個威脅不理不睬。元旦前一天，歐巴馬將《梅南德茲－柯克修正案》簽署成法律，這份修正案雖包括對伊朗央行的制裁措施[2]，但也將對逐漸減少採購伊朗石油的國家豁免制裁。幾天後，華盛頓方面的幾項發展，促使歐盟加速同意對伊朗石油實施禁運[3]，並禁止歐洲保險公司[4]為伊朗石油的運輸提供保險，不管這些石油運往何處。

在以色列方面，納坦雅胡以及國防部長埃胡德・巴拉克（Ehud Barak）經由各種跡象認定，伊朗已漸漸靠近某種「免疫區」（zone of immunity）[5]，意思就是，一旦伊朗進入這個免疫區，它的核子計畫將會變得刀槍不入，再也不怕被攻擊。所以，以色列政府不顧歐巴馬的堅決反對，繼續加緊整備的腳步，隨時準備對伊朗的核子設施發動軍事攻擊，因為納坦雅胡不信任歐巴馬，就像歐巴馬也不信任納坦雅胡。以色列甚至開始進行攻擊演習[6]，它的軍機更趁著幾次演習，悄悄侵入伊朗的領空。

歐巴馬政府內部的制裁團隊成員在元旦當天就趕回辦公室，想要釐清如何使用剛成新法的《梅南德茲－柯克修正案》來擠壓伊朗央行，乃至壓縮伊朗的石油銷售量。透過以往的經驗，他們深知就算通過新的制裁法律，也不保證能影響企業的決策，而如果一項制裁令影響不了企業的決策，就無法對它想要瞄準的目標帶來經濟痛楚。所以，要成功達到目的，就必須從影響銀行業者、企業以及各國政府的心理面著手，讓它們認定違反最新制裁令的代價，將高於繼續購買伊朗石油的利益。

當然，美國老早以前就已停止購買伊朗的石油，歐盟也準備採取相同的行動。不過，中國、印度、日本、南韓與土耳其等伊朗的其他大客戶，都還不打算實施禁運。因此若希望美國的新政策奏效，這些購油大國也必須配合加入禁運的行列才行。

由於石油在世界經濟體系占有舉足輕重的核心地位，因此石油制裁政策向來不容易落實。回顧 1990 年代期間，若不是聯合國全面支持，加上以美國為首的陣營連續實施海面封鎖，對伊拉克實施的全面石油禁運根本不可能成功。根據《梅南德茲－柯克修正案》，美國希望藉由監管伊朗中央銀行的收付款管道（而不是透過阻止船隻進入伊朗港口的方式），來強制執行全球性的石油制裁。實質上來說，美國等於是試圖利用它對金融鎖喉點的控制力量，逼迫全世界減輕對伊朗石油的依賴。這是歷來未曾有人嘗試過的作法。

幸好在柯恩的努力下，《梅南德茲－柯克修正案》並未要求外國突然徹底停止採購伊朗石油，因為那麼做絕對會引起市場動盪，最終導致政策失靈。取而代之的，這項修正案要求，只要各國每 6 個月「顯著減少」對伊朗的石油採購量，那些國家的煉油公司與其他石油進口企業就可以繼續購買伊朗石油。而且這項法律並沒有具體定義「顯著減少」的意

思，歐巴馬的團隊也因此有了定義這個詞語的迴旋空間。

梅南德茲和柯克對這個疏漏心知肚明，所以他們迅速對白宮設限。1月12日當天，他們致函蓋特納，主張「顯著減少」的意思，應該是指支付給伊朗的「具體金額」[7]，而非伊朗銷售的石油數量。歐巴馬團隊應該敦促石油進口商要求伊朗降價至少18%。以伊朗收到的價格為目標，而非鎖定銷售量，就能使伊朗的收入降低，又不導致原本已相當吃緊的全球石油市場少掉了關鍵的供應來源。梅南德茲和柯克提出這個建議的目的，是要防止歐巴馬主張有必要為了避免油價飆漲傷害到美國經濟體系而徹底豁免制裁。

後來，政府的制裁政策技術官僚與能源專家們終於說服行政團隊另闢蹊徑。降價有道理，但可能難以落實，因為政府根本不可能逐一核實進口商為任何一批貨物支付的實際價格。數量的減少程度就容易監控得多，只要計算進出伊朗港口的油輪數就可以了。而且，只要伊朗石油的銷售量是逐漸降低，而非驟然降低，其他石油生產國就有時間逐步提高其本國產量，慢慢填補伊朗留下的供給空缺，屆時供給與需求就可望重新恢復平衡，價格也將趨於穩定。

儘管如此，要實現這個計畫，必須結合外交斡旋、能源市場分析與聯繫，乃至選擇性實施次級制裁等錯綜複雜的要素，另外。它還需要一批新兵來推動。從李維時代開始對伊朗金融業展開的那場針對性突襲，如今已演變成一場包含多條戰線且聯合各方戰力的作戰行動，整個作戰隊伍因此大幅擴編。能源專家的參與說明了這個趨勢──他們當中沒有人曾在公職領域服務，也從未想過要參與經濟作戰，但《梅南德茲－柯克修正案》的通過，促使政府徵召他們加入這場戰鬥。

國務院剛成立的能源資源局（Bureau of Energy Resources）局長卡洛

斯‧帕斯庫爾（Carlos Pascual）[8]是政府最近雇用的經濟作戰新兵之一。帕斯庫爾出生於古巴，3歲時移民到美國。他從史丹佛大學與哈佛大學畢業後，在美國的國際開發署（Agency for International Development，簡稱USAID）工作了10幾年，期間陸續在蘇丹、南非與莫三比克等地擔任巡迴性海外公職。最後他在柯林頓執政時期的白宮任職並步步高升，最後還成了美國駐烏克蘭大使。

如今，帕斯庫爾和他的副手阿莫斯‧霍赫斯坦（Amos Hochstein，一位精明的以色列裔美國人）通力合作，帶頭進行和伊朗的最大石油購買國之間的外交工作。帕斯庫爾和霍赫斯坦陸續取得日本乃至南韓（伊朗石油五大顧客之二）縮減20%採購量[9]的承諾。日本與韓國的縮減採購承諾加上歐盟的禁運（預計在6個月內使歐洲的伊朗石油進口量降至零），將對伊朗的石油銷售造成嚴重打擊。

伊朗的最大石油顧客——中國和印度——就沒那麼好搞定。北京或新德里當局除了遵守聯合國對所有會員國的規定以外，都未曾對伊朗實施其他任何制裁，而且這兩國都對華盛頓方面獨斷決定它們該向誰或不該向誰買石油的作法感到憤怒。所以帕斯庫爾感覺，若想說服中國和印度，最可能成功的方法是謹慎地以它們的利益[10]為訴求：考量到歐巴馬政府的制裁、美國國會伊朗鷹派議員的激烈反應，還有以色列的軍事行動威脅等，過度依賴伊朗石油來獲取經濟成長的作法，可能會成為中國和印度本身的弱點；何況，華盛頓當局可以協助北京及新德里當局分散石油供給來源，以進而提升它們的能源安全。

這個策略令人想起老羅斯福總統「溫言在口，大棒在手」的名言。到2012年時，世界各地都已明顯感受到美國經濟武器的威脅。1月的第二個星期，國務院對3家企業發出制裁令[11]，因為這3家公司供應煉油

產品給伊朗，其中一家就是稱為珠海振戎（Zhuhai Zhenrong）的中國貿易公司。華盛頓當局明顯為了在它的伊朗政策上取得進展而準備實施次級制裁，包括對中國企業的制裁。儘管《梅南德茲──柯克修正法案》違背白宮明確表達的期許，但這項法案以跨黨派絕對多數通過的事實，反而讓歐巴馬政府的外交推力如虎添翼，具體來說，這個事件諷刺地產生了強化歐巴馬團隊談判地位的效果，讓他們在面對外國列強時更有底氣，因為他們可以把國會塑造成逼他們就範的「黑臉」。

在2012年春天拜訪新德里的國務卿希拉蕊同意帕斯庫爾的觀點，她也認為美國應避免讓人留下咄咄逼人或猛下指導棋的印象。希拉蕊說：「我們愈大聲催促他們改弦易轍，他們反而愈可能一意孤行。」[12] 希拉蕊離開印度後幾天，帕斯庫爾也接著到印度出差。國務卿希拉蕊的來訪使印度媒體高度關注帕斯庫爾原本低調的行程。帕斯庫爾的車子抵達印度外交部時，已經有一群記者在等著他，並爭先恐後地拋出一連串問題，他見狀只好加快腳步，大喊著：「我們今天不接受媒體採訪。」

過了一會兒，帕斯庫爾和印度的同級官員賈維德・厄什勒夫（Jawed Ashraf）入座時，帕斯庫爾的助理用手肘推了推他，並把她的黑莓機遞給他看。原來路透社誤把他說的「我們不接受媒體採訪」（We're not doing press）誤植為「我們**不怎麼滿意**」（We're *not too impressed*）[13]，這搞得很多人一頭霧水，大家都在問為什麼華盛頓當局不怎麼滿意。為此而心煩意亂的帕斯庫爾向厄什勒夫描述了這個情況，厄什勒夫聽完後哈哈大笑。原本看似失言的出糗行為，最後卻始料未及地成了有用的破冰工具。厄什勒夫雖拒絕做出任何承諾，卻鼓勵帕斯庫爾直接向印度的煉油公司表達他對伊朗石油的論點。

接下來幾天，帕斯庫爾不斷往返新德里與孟買，忙著和印度幾家最

大型煉油公司的老闆見面，包括印度石油有限公司（Indian Oil）與印度石油天然氣公司（ONGC）。帕斯庫爾告訴這些業者，如果他們同意降低大約 20％的伊朗石油採購量，美國一定會幫助他們找到替代的供應來源，例如伊拉克。但如果業者不削減採購量，就有可能失去進出美國金融體系的管道。

帕斯庫爾回去和厄什勒夫開會時交給他一份名單，名單上列出了曾與他見面的企業高階主管，而且還註明了那些高階主管的意見。總之，雙方總算達成協議：印度政府永遠也無須公開承認它服從美國的制裁政策；就算印度減少向伊朗採購石油，也是基於印度的能源安全考量。不過，不管是什麼名義，只要最後的結果一樣就好。

後來，帕斯庫爾和霍赫斯坦也以相同的策略和中國交涉，而包括唐尼隆和雪曼等國務院及其他單位高階政府官員的積極參與，再次為這件工作奠定了堅實的基礎。納坦雅胡的國家安全顧問雅各夫・阿米德羅（Yaakov Amidror）也幫了帕斯庫爾一把──阿米德羅警告北京，如果伊朗不以和平手段遏制它的核子計畫，以色列已做好採取軍事行動的準備。中國不僅仰賴伊朗的石油，也非常需要沙烏地阿拉伯及其他波斯灣國家的石油，所以對中國來說，一旦中東發生另一場戰爭，它的石油供給來源就會變得岌岌可危，因此，這個威脅確實很有份量。

儘管如此，中國人和帕斯庫爾與其他美國官員商談時，卻仍堅定表示他們的能源決策他們自會決定，不會受美國的制裁令影響。這符合中國官員一貫的態度：他們向來反對華盛頓當局對中國企業實施他們所謂的「域外管轄」。然而，經過數回合的商討，中國的外交官突然暗示歐巴馬政府的官員去找一份默默無聞的中文能源雜誌。這份雜誌的大量文字裡藏著中國政府的一份宣示──中國政府表示它決定分散其能源的來

源。這份聲明列出了中國石油進口的新組合,而伊朗在當中的排名已經降低。這份聲明對帕斯庫爾以及他的團隊來說已經足夠。借用歐巴馬政府某前高階官員的說法,華盛頓當局接受了那份雜誌裡的隱晦說法,並指出那代表著「中國正在用它特有的方式遵守美國的制裁令」。

在此前一年,柯恩到梅南德茲那間隱密的辦公室去拜訪他,並向他提出逐漸減少伊朗石油採購量的策略說帖時,不管是柯恩本人或歐巴馬政府裡的任何一個人,都不敢說這個策略一定會奏效。他們之所以提出這個想法,是因為《梅南德茲-柯克修正案》看起來很可能在白宮反對之下通過,但儘管如此,這個策略的實際成效卻遠比表面上看起來好。這項法律不僅讓伊朗石油的最大顧客有6個月的時間可逐步減少採購量,也為歐巴馬政府爭取到一些時間,得以展開密集的能源外交,並促成它的真正目標。到2012年夏天之際,伊朗的石油出口量已重挫到每天100萬桶以內,降幅達40% [14]。

不過,美國官員在說服其他石油生產國提高產出(以彌補折損的伊朗供給量)方面就沒那麼成功了。原本華盛頓當局對沙烏地阿拉伯寄予厚望,以為它會願意填補這個供給量缺口。沙烏地人的確非常支持美國遏制伊朗的核武野心,沙國領導人阿布杜拉國王(King Abdullah)甚至還敦促美國官員「砍掉那條蛇的頭」[15],也不反對轟炸伊朗的核子設施。但即使油價在2012年春天飆漲到每桶120美元,沙烏地人卻還是只願意少量增產。

沙烏地阿拉伯的無為令人更加憂心美國國際事務部那個災難般的預測有可能成為現實。不過,到最後,這個問題的解方並非來自沙烏地的油井,而是來自遍布美國腹地的頁岩油——當時的頁岩油革命正以出乎多數人意料的速度向前推進。光是在2012年,水力壓裂和水平鑽井等進

伊朗石油出口與美國頁岩油產量（2006年至2015年）

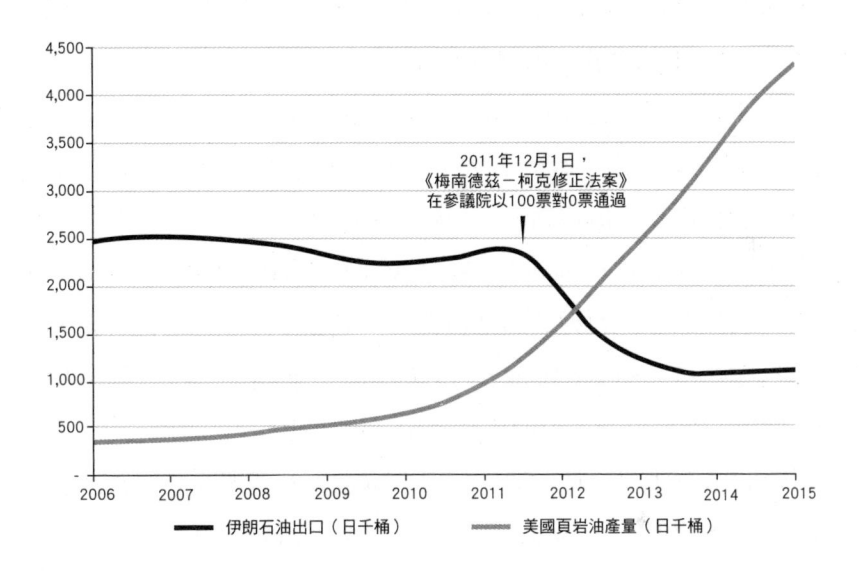

```
4,500
4,000
3,500
                    2011年12月1日，
3,000               《梅南德茲－柯克修正法案》
                    在參議院以100票對0票通過
2,500
2,000
1,500
1,000
500
     2006  2007  2008  2009  2010  2011  2012  2013  2014  2015
        ━━ 伊朗石油出口（日千桶）    ━━ 美國頁岩油產量（日千桶）
```

資料來源：美國能源資訊管理局

展，就使美國國內每日石油產量[16]激增了近100萬桶——大約跟伊朗折損的供給量一樣多。油價也因此趨於穩定。

《梅南德茲－柯克修正案》在違背總統期望的情況下無異議通過一事，普遍被視為國會對歐巴馬的伊朗政策的不信任投票[17]。國會裡主張強硬對付伊朗的鷹派人士在該修正案通過後士氣大振，更積極向前推進。2012年年初開始，柯克就倡議對所有為伊朗銀行業者提供金融訊息服務的組織實施制裁。當時伊朗的所有大型銀行都還繼續使用位於布魯塞爾的訊息服務機構SWIFT。鑑於伊朗的國際銀行業務關係薄弱，這種制裁是否重要其實有待商榷。不過，柯克的這項倡議隱含重大寓意：如果SWIFT拒絕切斷對伊朗的訊息服務，美國可能真的會制裁SWIFT以

及它的董事會成員。

表面上看起來，這個威脅挺荒謬的。世界上所有最大型的金融機構都很倚重 SWIFT 的服務。所以制裁 SWIFT，就等於禁止美國的銀行業者使用這項服務，而這將會對美國自身的金融業造成極大的傷害。這麼做也會傷害到打擊恐怖主義的努力，因為打擊恐怖主義的行動非常倚重 SWIFT 提供的關鍵金融情報。儘管如此，柯克在 1 月 21 日中風後，梅南德茲和羅傑・威克爾（Roger Wicker）參議員就夥同美國以色列公共事務委員會，滿腔熱血地致力於這個目標。他們在 2 個星期之內，透過參議院的銀行委員會（Senate Banking Committee）通過一項威脅制裁 SWIFT 的修正案[18]，希望逼迫 SWIFT 切斷和伊朗最大型銀行的聯繫。

從歐盟迅速採取行動，就可看出整個世界有多麼重視美國國會針對伊朗提出的幾項倡議。歐洲人斷定最好是參與國會山莊的計畫，不要冒險跟華盛頓方面主張強硬對付伊朗的鷹派人士對槓，因為對槓的結果恐對歐洲不利。到 3 月時，歐盟 27 國的領袖就已全體同意制定一項法規，禁止 SWIFT 為受制裁的伊朗銀行業者提供服務。SWIFT 的執行長得知後表示，那個決定對他的組織來說「是不尋常且前所未見的措施」[19]，畢竟 SWIFT 一向謹守它作為全球金融體系中立機構的分際，只提供電匯訊息服務，從不牽扯其他的紛紛擾擾。無論如何，在短短 2 個月不到的時間內，美國國會山莊一項看似不太可能實現的提案，居然就這麼成功跨越大西洋，重塑了歐洲的法律。

儘管如此，國會裡主張強硬對付伊朗的鷹派人士，還是不滿意歐巴馬政府在削減伊朗石油銷售量上的進展。他們真正想要的是讓伊朗的石油銷售量一路降到零。於是，國會開始起草一份法案，打算強迫白宮放棄先前通過的逐步削減方案，接受一項全球禁令；國會的動作讓帕斯庫

爾與其他能源專家愈來愈憂心,因為全面禁令可能行不通。

別的不提,中國和印度幾乎肯定不會把美國的威脅當一回事,並繼續進口伊朗石油。2012 年遭到制裁的中國貿易公司珠海振戎公司,並未因為遭到美國制裁而停止向伊朗購買石油。它的例子甚至可能成為一個樣板:中國和其他國家可能會推出幾隻代罪羔羊來吸收美國懲罰的成本,接著繼續和伊朗做生意。相同地,美國財政部在 2012 年 7 月以中國的崑崙銀行[20]代伊朗轉移了數億美元的資金為由,對該銀行實施制裁,但這家銀行事後還是繼續和伊朗打交道。美國國會為了讓伊朗石油出口一路降到零而投注的努力最終肯定會失敗,更糟的是,歷經數個月的密集能源外交,歐巴馬政府擔心國會那種極端主義要求,可能會惹毛中國和印度的官員,導致他們放棄先前的減少採購承諾。

幸好到這時,歐巴馬團隊已經更懂得和國會交手的訣竅——與其和國會徹底槓上,不如使用其他更好的辦法。他們或許阻止不了國會,卻可以試著把他們覺得不可行的立法行動引導到更有效率的方向,就像他們先前針對《梅南德茲－柯克修正案》採取的行動,以及漸進式減少伊朗石油採購的策略。

於是,財政部的制裁團隊為了因應國會山莊重新力求「消滅」伊朗石油出口的作為而聚在一起腦力激盪。這一次,柯恩和蘇賓認為可以把戰場轉回金融領域。他們提出一個創意提案:外國銀行業者可以繼續處理伊朗石油相關資金的付款,但前提是,銀行業者必須同意將那些資金扣留在它們本國境內的限制用途帳戶裡。伊朗還是可以利用這些石油收入向帳戶所在地的國家購買未受制裁的進口品,或是購買人道救助用的產品,如糧食與藥品——但不能把這些資金匯回伊朗。舉例來說,假定中國的石油企業中國石油化工集團有限公司(Sinopec)購買了一批伊朗

石油，它必須把相關款項匯入伊朗中央銀行**在中國**本地開立的帳戶。德黑蘭當局可以利用那些資金向中國購買冰箱或吸塵器──或是向世界上的任何地方購買糧食或藥品──但不能把那筆錢匯回伊朗。這麼一來，德黑蘭當局就無法利用這筆錢來促進核子計畫、壯大軍隊、資助真主黨，更別說進入伊朗政權內部人士的口袋了。

實質上來說，這個計畫就是要強迫開立海外託管帳戶[21]，把伊朗的石油財富累積在這些帳戶裡，而不是流回到伊朗政權手上。根據這個策略，華盛頓當局的目標不是要把伊朗的石油銷售量歸零，而是要讓德黑蘭當局幾乎無法存取它的石油收入。

柯恩將這個想法祕密轉達給美國以色列公共事務委員會處長布萊德・戈登（Brad Gordon），而蘇賓則負責和國會山莊的主要幕僚人員分享這個點子。不久後，建立託管帳戶的規定就被融入了一項名為《伊朗威脅及保障敘利亞人權法案》（Iran Threat Reduction and Syria Human Rights Act）的新法案，並順利[22]通過國會審查與投票，在 2012 年 8 月由歐巴馬總統簽署成法律。這個措施最快要到次年年初才生效，這樣的設定是為了讓柯恩與蘇賓有時間展開金融外交，以提高這個措施的成功機率。

到 2012 年夏天結束時，已經有一個模式漸漸興起。國會不惜以任何制裁──不管多嚴厲──來對付伊朗，而且，國會有絕對足夠的力量以不容否決的多數，強行通過這些制裁措施。這股壓力逼得歐巴馬政府最終不得不採納超乎他們原本想像或原本認為不可行的激烈手段。柯恩、蘇賓和制裁小組的其他人並沒有被國會的瘋狂想法激怒，也未曾斷言那些想法不可行，而是不斷忙著提出一些微調意見，將國會天馬行空的想法，微調到可真正落實的狀態。被納入《梅南德茲－柯克修正案》的漸進式減少採購伊朗石油的策略，的確已使伊朗的石油銷售量顯著降低；

《伊朗威脅及保障敘利亞人權法案》裡的新計畫，最終更把伊朗的石油收入幾乎全部扣留在海外的託管帳戶裡。需要果然是發明之母。

幾個月後，副總統喬·拜登（Joe Biden）在 2012 年的美國總統大選競選期間，到肯塔基州和共和黨代表保羅·萊恩（Paul Ryan，米特·羅姆尼〔Mitt Romney〕的競選搭檔）進行辯論。當主題轉向伊朗時，萊恩步步進逼地表示，國會才是伊朗的施壓作戰行動的大功臣，如果不是國會的施壓和逼迫，歐巴馬根本不願出手。他說：「行政團隊對我們一路掣肘，如果不是兩黨議員共同強力支持這些強硬的制裁手段，我們根本推翻不了行政團隊的反對意見[23]，更別說將這些制裁手段正式納入法案了。」

但萊恩只說對一半。其實國會只完成高空傳球的動作，真正突破防線、在行進間跳到空中接住球並成功完成精彩灌籃的人，是行政團隊裡的制裁政策技術官僚。

2-11 壓倒性的經濟勝利

為了讓外界理解華盛頓當局持續並規律推出的諸多制裁令，柯恩、蘇賓以及財政部的其他官員不得不經常四處奔走，與各地的大企業高階主管以及外國官員開會，期盼能幫助他們瞭解和伊朗做生意將可能面臨一系列令人眼花繚亂的禁令。

有一次在布魯塞爾，柯恩趁著難得的休息時間到飯店附設的健身房去運動。跑步機上方的電視螢幕正播放著美國有線電視新聞網（CNN）的一則新聞，那則報導指出，伊朗的貨幣里爾正急速貶值。柯恩對此驚嘆不已，**太好了，這次肯定管用！**

2012年夏天時，隨著伊朗的石油銷售量迅速衰竭，當地爆發經濟危機的訊號也開始浮現。長久以來，伊朗中央銀行都把里爾的匯價維持在一個固定的區間內：如果里爾的匯價跌破這個區間的下限，中央銀行就會介入干預，以它的強勢貨幣準備，把里爾的匯價推升到那個區間內。不過，從《梅南德茲－柯克修正案》與歐盟石油禁運令生效後，伊朗的油元流入開始受到限制，並使伊朗中央銀行陷入外匯準備短缺的窘境。在2012年的前8個月裡，里爾兌美元的匯價已經貶值一半[1]，而里爾兌美元匯率是最接近這場經濟戰的記分板的東西，它的升與貶分別代表著德黑蘭與華盛頓當局的成績。

里爾的急遽貶值在伊朗全國各地引起極大的震撼。雞肉這種伊朗餐

點的基本食材，價格[2]因此飆漲到原來的 3 倍，因為進口的雞飼料變得極度昂貴，導致伊朗一半的養雞場被迫停止生產。更糟的是，這個情況是發生在齋戒月期間[3]，很多在白天禁食的伊朗家庭會在晚間聚在一起吃開齋飯，而以番紅花、李子或石榴烹煮的雞肉，是這類節日餐點幾乎必備的特有菜色。

上述發展導致多數勞工家庭與中產階級家庭愈來愈難以負擔雞肉的開銷，市場外長長的排隊人龍，勾起了伊朗民眾對 1980 年代初期的回憶：當時的兩伊戰爭期間也曾引發類似的不愉快匱乏經驗。一個住在設拉子市（Shiraz）的伊朗人在推特上推文：「這裡的人民分成兩個階級，一個是低於雞肉線[4]的階級，另一個是高於雞肉線的階級。」伊朗的警察總長伊斯梅爾－艾哈邁迪・穆哈達姆（Esmail Ahmadi-Moghaddam，他也是哈馬迪內賈德的連襟）告誡電視台，不要再播放家人一起享用雞肉的影片。艾哈邁迪－穆哈達姆說：「電影裡的人在享用雞肉[5]，但現實世界裡卻有某些人買不到雞。一旦民眾觀察到這種階級落差，某些人可能就會想拿刀子從有錢人手上奪回他們吃雞的權利。」

他說得確實有理。到 2012 年 9 月時，通貨膨脹已在伊朗的各個角落造成嚴重浩劫[6]，價格飆漲的不再僅限於家禽。官方的通貨膨脹率接近 25％——儘管這個數字已經夠嚇人，但很多經濟學家還是認為那個數字低估了實際的物價上漲幅度。另一方面，青年失業率也達到 30％左右。總之，整個情勢顯示，伊朗即將陷入社會動盪。

悲慘的是，受創最嚴重的還是最脆弱的伊朗民眾族群。過去美國在實施制裁時，向來都會對糧食、藥品與醫療設備等人道物資給予豁免，歐巴馬政府的官員也竭盡所能確保這些產品能暢通無阻地輸入伊朗。不過，隨著里爾匯價大幅貶值，包括藥品與藥品公司使用的原物料，也愈

來愈稀缺、愈來愈昂貴。雪上加霜的是，此時多數銀行業者拒絕接受來自伊朗的付款——無論是什麼用途。就這樣，美國的制裁政策對伊朗的一般民眾造成了始料未及的傷害[7]，即使那些傷害是無意的，民眾感受到的痛苦並沒有比較輕微。

美國的制裁甚至也影響到較富裕的民眾。一位32歲的伊朗工程師哀嘆，他的所得也跟著貶值了。他說：「以前我每個月的薪水相當於2,000美元，幾個星期前，我的月薪貶到剩下1,000美元，現在我的所得更僅僅價值500美元[8]。」里爾的崩盤導致某個鞋廠老闆的資本縮水了三分之二，逼得他不得不裁減長期的人力。他解釋：「這意味我必須驅逐70名工人，[9]接下來，一連串跟這70名工人有關係的人將會跟著一個接一個倒下。」

為了平息日益沸騰的不滿，哈米尼終於坦承制裁是這一切的原因。他那一番坦白看似平淡，卻代表著一個重大轉變：在過去，伊朗官員通常是以恥笑與蔑視的態度來應對制裁，特別是在公開場合。如今，哈米尼竟公開承認制裁對伊朗造成了毀滅性影響，並指控那是美國意圖推動伊朗政權更迭的手段之一。為此，他誓言建立一個能使伊朗減少依賴石油銷售，並提高自給自足能力的「抗壓經濟體系」。[10]

保守派政治人物及伊朗伊斯蘭革命衛隊指揮官穆赫森・雷扎伊（Mohsen Rezaee）臨危受命，負責帶領伊朗實現哈米尼口中的「抗壓經濟體系」。根據雷扎伊的說法，這種經濟體系的目的是要「解決被制裁情境下的各種狀況」。[11]他還補充，如果不是為了因應制裁，德黑蘭當局「永遠也不會思考是否」要降低對石油出口的依賴。「制裁硬是把我們拖到那個方向。」

不久之前，伊朗在公開場合還是一如往常地徹底淡化制裁的影響，

這曾促使前伊朗總統阿克巴爾・哈什米・拉夫桑雅尼（Akbar Hashemi Rafsanjani）語重心長地懇求位高權重的同儕們「認真看待制裁[12]，而不是把制裁當成笑話。」如今連最高領袖本人都開始把調適與應對制裁列為伊朗經濟政策行動計畫的首要任務了。

不過，德黑蘭當局意圖穩定經濟的初期作為卻反而導致情況雪上加霜。9月底，伊朗中央銀行以伊朗當年在兩伊戰爭最熾之際成立的一個實體為雛型，成立了全新的「貨幣交易中心」[13]。這個中心把伊朗經濟體系劃分為三個層次，每個層次都能以一個不同的匯率取得美元。被列入第一個層次的企業——肉類、穀物和藥品等必需品的進口商——可以用1萬2,260里爾的固定匯率兌換1美元，這個兌換率比當時公開市場上的匯率低一半以上。該中心對這個層次採用固定匯率的目的，是為了避免再次發生雞肉危機之類的重大政策挫敗。被列入第二個層次的企業——包括經營家畜、金屬和礦物業的企業——可用比公開市場匯率些微折扣的兌換率取得美元。至於其他所有人——如購買汽車、服裝和廚房家電的消費者——就得自求多福了。

但在該貨幣交易中心啟用後那個星期，它就實現了適得其反的目標——擔心自身儲蓄將日益縮水的伊朗民眾爭相把手上的里爾兌換成美元和歐元，隨即引爆一場恐慌。10月1日星期一當天，伊朗的貨幣繼續重貶，在公開市場上，3萬3,500里爾[14]才能換到1美元，隔天又貶到3萬7,000里爾[15]才能兌換1美元。到星期三當天，里爾兌美元的匯價進一步貶值到大約4萬里爾[16]。就這樣，在短短7天之內，里爾貶值了超過三分之一，這還不包括貨幣交易中心成立之前的貶幅。

隨著里爾重貶到新低價，伊朗首都德黑蘭的商業中心——大巴剎（Grand Bazaar，譯注：即大市集）——爆發了抗議潮。巴剎的商人向來

是眾所周知的堅定保守派,而且,這些商人不僅在促成伊朗伊斯蘭共和國建國的 1979 年革命中發揮了核心影響力,更是從那時開始就堅定不移地支持這個政府。不過,10 月 3 日當天,整個巴剎多半關閉,因為那裡的商人決定罷工;他們成群結隊走上街頭,高喊著反政府口號,並呼籲哈馬迪內賈德辭職。在嘈雜的聲浪之中,有一句口號喊得特別響亮:「我們不要核能!」[17] 任何人都不可能假裝不知道伊朗的經濟困頓和它遭到制裁的根本原因之間的關聯性。伊朗民眾或許認為他們的國家有權發展核子計畫,但他們願意以多大的代價來發展呢?

即使是哈馬迪內賈德(他的好戰言論與絲毫不妥協的強硬派政策,也是導致國際間愈來愈廣泛支持制裁伊朗的原因之一)都無法否認局勢的嚴重性。哈馬迪內賈德在一場記者會中提到,美國和它的盟國正對伊朗發動一場「涵蓋面廣大且遍及全球的隱形戰爭」。[18] 這場戰爭已「成功使我們的石油銷售量漸漸減少」,目的是要「防止伊朗花用或轉移它的石油收入,即使伊朗還是能銷售石油,也動用不了那些收入。」

德黑蘭當局意圖透過經濟政策來阻止里爾貶值的作法,嚴重適得其反,於是,它只好轉而訴諸最在行的事:武力。伊朗政府派出警察突擊檢查外匯兌換店[19],沒收它們的鈔票,逮捕大批交易員和員工,同時勒令那些兌換店停業。這場鎮壓行動過後,匯率終於穩定下來,但伊朗貨幣的匯率還是維持在 3 萬 1,000 里爾[20] 兌 1 美元的水準,比這場災難剛發生時貶值了 20%,而且已經造成的損害也無從修復。

隨著伊朗經濟大幅衰退,全球各地的其他國家又多了更多理由對它敬而遠之。12 月,美國的執法機關對總部位於倫敦的歐洲最大銀行匯豐

集團裁處 19 億美元的罰款 [21]，理由是其違反制裁令，包括和伊朗進行一系列瞞天過海的交易。這筆罰款是截至當時為止因違反美國制裁令而被裁處的最高罰款。事後匯豐集團為求和解，同意進行徹底的法遵改革 [22]，並允許美國司法部派駐第三方監督人員到該銀行，以期密切關注並遵守最新的政策。

匯豐集團為了確保今後嚴格遵守法規，還禮聘李維擔任該集團的法務長。在李維的領導之下，匯豐集團又花了超過 10 億美元、投入數千名職員，徹底翻修它的法遵系統。它打造了一系列可應用到世界各地所有事業單位的統一控制措施，李維稱之為「最大公約數法」[23]——誠如他對此所做的結論：「在任何地方都能使用的最佳作法，就是我們要在所有地方採用的作法。」

李維在匯豐集團推動的改革，象徵著整體金融業一個更廣泛轉型的起點。早在多年前，全球的銀行業者就曾被徵召參與美國的經濟戰。不過，它們過去的表現並不理想，也因此嚐到了苦果，所以這些銀行業者現正加緊施行美國財政部編定的最新政策，而且是在經濟戰的忠實信徒——如經濟戰老兵李維——等人的指揮下配合這些政策。

對繼續留在聯邦政府的經濟戰戰士來說，匯豐集團的罰款來得正是時候：因為當時他們正努力試著把伊朗的石油收入封鎖在海外託管帳戶內，而匯豐集團的鉅額罰款嚇壞了各地的銀行業者，並終於願意以高度戒備的態度來回應美國的要求。蘇賓為了確保各國政府與金融機構理解美國的期待而頻頻到全球各地出差。他在東京和日本大藏省的官員會面時，在紙上潦草地畫了一個圖表，說明伊朗在什麼情況下可動用託管的石油基金、什麼情況下又不能使用。在場的日本官員隨即瞭解他的意思，並保證將遵守那些措施。蘇賓抵達首爾時，則是和代表伊朗中央銀

行管理石油帳戶的友利銀行（Woori Bank）以及韓國中小企業銀行（Industrial Bank of Korea）高階主管見面。他們也都同意遵守美國的新限制。

蘇賓抵達北京時，和中國人民銀行負責監督外匯業務的易綱開會，這場會議拘謹且正式，蘇賓尷尬地坐在一張超大型豪華座椅上，向對方說明美國的新政策。易綱一路點頭，但並沒有透露中國將會做些什麼。當下的狀況讓蘇賓感覺自己好像在唱獨角戲，不敢確定對方是否瞭解他的意思，歷來美國人和中國人討論制裁時，幾乎都會出現這樣的狀況。不過，他至少可以確定一點：中國有強大的誘因遵守這些新政策：強迫德黑蘭當局把它的石油收入留在中國，幾乎肯定會使中國對伊朗的出口增加。

事實證明，結合傳統制裁大棒（無法進出美國金融體系）和經濟胡蘿蔔（出口可能增加）的新穎作法果然有效。從這項政策自 2013 年年初開始生效後，世界各地（包括中國）的銀行業者紛紛遵守相關的規範。他們設置託管帳戶，將伊朗的油元留在伊朗境外。各國嚴格且一致遵守規定的狀況，讓德黑蘭當局措手不及。當時剛結束國家安全委員會伊朗制裁臨時協調員任務的奈菲回憶：「他們完全出乎意料，[24]他們沒想到外國銀行業者會真的履行這些條款。」

事後的發展顯示，伊朗並不願意用它的油元向中國購買玩具或向日本購買電視。取而代之的，它只能無奈地看著數十甚至數百億的伊朗油元，就這麼囤積在海外的託管帳戶裡，無法用來購買它真正想要進口的東西。伊朗各地的工廠因極端難以買到海外的零組件而紛紛減產，並大規模裁員。伊朗一家屋頂隔熱板製造商的經理人說：「從老闆到生產線員工，沒有人是安全的[25]，我們國家正面臨一場經濟災難。」此時的他已被

迫裁掉一半的職員。官方公布的通貨膨脹率飆升到30%以上[26]，但很多經濟學家認為實際上的通貨膨脹高達40%。

唯一撐得下去的是可優先取用稀缺資源的人，例如伊朗政權的內部人士，以及伊朗伊斯蘭革命衛隊的成員。一位想盡辦法也難以將海外糧食和藥品輸入伊朗的伊朗貿易商抱怨：「有足夠的強勢貨幣可供最受偏愛的商人[27]進口鳳梨和保時捷（Porsch）汽車，卻沒有強勢貨幣可供民間商人進口小麥使用。」

德黑蘭當局除了不斷找藉口跟耍花招，並沒有提出任何解決方案。伊朗國家油輪公司（National Iranian Tanker Company）為了掩飾它的石油運輸活動[28]，重新粉刷旗下的油輪船隊、改掉船隊的名稱，並以新旗幟和新船籍港來註冊那些船隊。另外，腐敗的船運業巨頭們則是同意趁著半夜在公海上和伊朗油輪會合，進行所謂的「船對船轉運作業」[29]，祕密地把伊朗油輪上的石油輸送到另一艘船。不過，諸如此類詭詐的作業只不過是地緣政治版的小奸小惡型犯罪，華盛頓當局輕易就能偵察到這些情事，並以鐵腕阻止這類犯行。

當然，伊朗也用過一些較精心策劃的計謀[30]，舉例來說，伊朗政權和黃金交易員雷薩・查拉布（Reza Zarrab）、土耳其銀行家梅赫梅特・哈肯・阿蒂拉（Mehmet Hakan Atilla）以及一群形形色色的同謀，找出了土耳其的伊朗石油託管帳戶的破口。具體來說，查拉布和阿蒂拉賄賂土耳其官員，藉此取得伊朗被封鎖的部分石油財富，再將這些資金轉換成金條，偷渡到杜拜。接著，他們在杜拜把那些金條變現，為伊朗取得不少可自由使用的強勢貨幣。不過，這個誇張的計謀也被美國官員揭穿[31]。查拉布和阿蒂拉在試圖飛往美國時雙雙遭到逮捕，而他們在等待通關護照檢查的那段時間，成了他們最後的自由時刻。

哈桑・羅哈尼：為民眾的不滿發聲，並因此讓伊朗選民動員起來的政治人物。

2013年3月的伊朗總統大選是在經濟一片混亂的背景下進行。雖然伊朗人可以選總統，但這個國家實際上並非民主國家，因為非民選最高領袖哈米尼依舊大權在握，而且選民只能在這位最高領袖與他最親密的顧問所欽點的一小組候選人裡，選出他們想要的總統。這一次，哈米尼為了避免重蹈2009年選舉的覆轍而特別謹慎——那年選舉的紛紛擾擾最終引爆了綠色革命，但那場革命最終還是功敗垂成。哈米尼政權批准了8位保守派候選人[32]，他們每個人都是最高領袖的親密盟友。其中的領先者是賽義德・賈利利（Saeed Jalili），身為保守派大咖的他，曾在哈馬迪內賈德底

下管理核能外交事務。少數幾位改革派競爭者被取消參選資格，包括一名曾公開倡議改善伊朗與華盛頓的關係以尋求紓解制裁壓力的人。

安排上述候選人陣容的目的是為了平安度過競選期。有很長一段時間，這項安排確實一度達到那個目的：每個候選人都照本宣科地否定所有向美國妥協的想法，且絕口不提[33]每個人最念茲在茲的議題——制裁。聖城庫姆的某汽車修理廠老闆向一位西方記者表示：「我熱愛伊斯蘭教，但請告訴我要怎麼矯正100％的通貨膨脹[34]放眼望去，沒有任何一位候選人對未來提出明確的想法。」

後來，一名突然竄起的黑馬候選人哈桑‧羅哈尼——吹皺了這一池春水，並促使整批候選人的基調驟然改變。在選舉日的一個星期前，羅哈尼在一場全國電視辯論會上，攻擊賈利利未能善加管理核議題。羅哈尼說：「這是我們所有問題的源頭——也就是說，我們並沒有竭盡全力阻止核檔案[35]被送進聯合國安理會。讓離心機維持運轉固然很好，但得先顧好民眾的生活和生計才行。」

羅哈尼一發難，其他候選人也開始一窩蜂地猛攻這個主題。第二個發難的是哈米尼的首席外交政策助理阿里‧阿克巴爾‧維拉亞提（Ali Akbar Velayati）。他責備他的對手說：「賈利利先生，民眾看到的是你（在核談判上）毫無進展，而且國際制裁壓力迄今未曾稍減。能在不增加制裁的情況下維護我們發展核子的權利[36]，才叫外交藝術。」這些發展讓伊朗全國各地的電視觀眾看得目瞪口呆。

羅哈尼無所顧忌地點出伊朗的真正問題後，他的聲勢迅速領先群倫。接下來幾天，他繼續乘勝追擊。他在伊朗西北部的一場造勢大會上宣布：「我不贊成目前的外交政策，我們應該試著建立良好的國際互動關係，如此才有可能逐漸減輕制裁[37]，並最終解除制裁。」他的立場很快就

獲得兩位伊朗前總統的背書。

6月14日當天，選民們不約而同地將票投給了羅哈尼，他最終獲得了51%的選票[38]，而得票數第二高的候選人只獲得17%的選票。在幾個星期前，任誰都想不到他會獲得如此壓倒性的勝利。德黑蘭很快就會有一位不僅公開承認制裁造成傷害，還公開在競選時呼籲設法解除制裁的總統。

美國的經濟戰雖已促使伊朗的政局發生變化。但即使是華盛頓的樂觀主義者都心知肚明，伊朗核子計畫相關的所有關鍵決策，終究只取決於一個人的想法，他就是哈米尼。儘管伊朗民眾已明確展現他們的決心，但這位最高領袖的意向卻依舊成謎。

2-12 凍結令：資產瞬間消失

克里斯・巴克邁爾（Chris Backemeyer）是在白宮附近的梅西百貨購物時，聽說了伊朗的選舉結果。頂著一頭淺棕色頭髮的巴克邁爾曾是銀行業的從業人員，也擔任過國務院的制裁專家，他在幾個月前剛接任奈菲在國家安全委員會的職位，而伊朗選舉結果的消息就是他同事伯娜黛特・米漢（Bernadette Meehan）打電話來告訴他的。米漢說，羅哈尼大獲全勝。巴克邁爾長年密切關注伊朗的政局，然而對於羅哈尼的勝出，他和其他華盛頓人士還有把德黑蘭街頭擠得水泄不通的慶祝人群同等訝異。

米漢告訴巴克邁爾，他們需要草擬一份公開聲明來回應伊朗的選舉結果，不過，電話這頭的他卻心不在焉。他默默想著，**這個選舉結果會對美國政府與德黑蘭當局之間的祕密談判產生什麼影響？**

這個高度機密的祕密管道是在 2011 年啟用。當時的美國國務卿希拉蕊與時任參議院外交關係委員會主席的凱瑞參議員，分別去了阿曼（Oman）首都馬斯喀特（Muscat）幾趟[1]，他們前往這個固若磐石的海岸城市，是為了會見從尼克森總統時期就已開始統治阿曼的領導人卡布斯蘇丹（Sultan Qaboos）。他是世界上少數既和白宮維持友好關係，又和哈米尼頗為親密的領袖之一。當初他為了化解美伊雙方在核子議題上的僵局，主動提出願意為美國和伊朗安排一個祕密磋商管道。

凱瑞個人對這個提案特別樂見其成。2012 年夏天時，白宮方面為了

試水溫，派遣傑克・蘇利文（Jake Sullivan）與普尼特・托爾瓦（Puneet Talwar）等兩名官員到阿曼，和幾位中階伊朗外交官會面。這場會談的內容既無實質內容也沒有效率，但光是伊朗官員能在最高領袖的明確支持下現身，就足夠讓歐巴馬政府吃下定心丸，並相信卡布斯真的能實現他化解美伊僵局的目標。

隔年年初，歐巴馬任命凱瑞取代希拉蕊擔任國務卿後，這位新官上任的國務卿就努力不懈地嘗試透過阿曼的管道取得進展。他這麼著急是有原因的：此時德黑蘭當局已囤積了足夠生產 8 至 10 枚核彈所需的濃縮鈾[2]，而且專家評估，如果伊朗決定生產這些核彈，它有能力在 1 至 2 個月內完工。何況當時納坦雅胡迫不及待想展開軍事攻擊——事實上，他在 2012 年美國總統選舉投票前一晚就已經準備開戰[3]，後來，他的國防部長巴拉克回絕了這個想法。在此同時，由於伊朗經濟正急速崩壞，德黑蘭當局確實有強烈誘因探討簽訂某種協議的可能性。[4]

凱瑞宣誓就職 1 個月後，便派遣副國務卿暨備受敬重的外交事務官比爾・伯恩斯（Bill Burns）去馬斯喀特，參加另一場祕密會議。伯恩斯根據白宮的指示，向伊朗人轉達一個訊息：美國願意研究一項協議，允許伊朗保留和平用途且規模受限的核子濃縮計畫。歐巴馬認為，要促使伊朗人真心展開協商，就必須事先開誠布公地表態。儘管後來這個決定備受爭議，但它無疑奠定了一個良性的基礎，使後續更實質性的談判得以順利進行。

2013 年伊朗總統大選前，這個祕密管道沉寂了數個月之久。不過，當羅哈尼的民望在他承諾要改善伊朗對外關係並爭取減輕制裁之後大幅上升，華盛頓方面又燃起了無窮希望，因為伊朗的政治環境正在轉變。

如今，羅哈尼真的獲得了壓倒性勝利。巴克邁爾結束和米漢通話後

便陷入了長考。如果羅哈尼真的說服了哈米尼達成某種協議，美國有可能減輕哪些制裁來作為回報？

選舉結果出爐後不久，羅哈尼就為了透徹評估伊朗經濟體系的現況與診斷問題癥結，而組成一個經濟學家團隊。這些經濟學家的研究結果當然令人憂心。伊朗政府的國庫短缺大約 2,000 億美元[5]，幾乎付不出公務員薪水，整個國家的小麥等日常必需品的庫存，更是降到危險的低水位[6]。由於此前 18 個月，伊朗的石油收入嚴重減少，加上哈馬迪內賈德領導的政府長年貪腐與治國無方，都對伊朗造成了經濟災難[7]，只不過，在哈馬迪內賈德的蓄意掩飾下，多數人並不清楚問題的嚴重性。

在羅哈尼眼中，解決這個爛攤子的唯一管道就是設法爭取減輕制裁。這個國家迫切需要能重新取用它的石油財富——有 1,000 億美元的石油財富被活生生地凍結在海外的託管帳戶。羅哈尼說服哈米尼[8]接受這個殘酷的現實，並告訴他，如果繼續無所作為，很快就會爆發更大規模的社會與政治動亂。就在羅哈尼於 8 月初上任後短短幾天內，他就公開宣示有意儘速啟動和伊朗核問題六國之間的談判。同一時間，參與祕密談判的伊朗人和美國人也排定時程，預訂 9 月初在阿曼展開新一輪協商。

羅哈尼任內最重要的決定就是任命天才外交事務官賈瓦德・扎里夫（Javad Zarif）[9]擔任伊朗的外交部長。1979 年革命前，年僅 10 幾歲的扎里夫就離開伊朗到美國去。接下來近 20 年，扎里夫在舊金山先後完成了高中與大學學業、取得了丹佛大學（University of Denver）國際關係博士學位，最後還在美國結婚，並生了兩個孩子。他也擔任過伊朗駐聯合國大使，並在紐約市住了 5 年。這些經歷讓扎里夫深諳美國文化，能說一

口流利的美式英語，而且在美國外交政策機構有非常多人脈。總之，他是協助伊朗和華盛頓當局簽署協議的完美特使。

對歐巴馬政府來說，羅哈尼與扎里夫的崛起堪稱一個大好機會，這些發展讓美國政府感覺先前的制裁好像終於產生了理應達成的目標：即和平解決伊朗的核子計畫問題。不過，這幾名較友善的伊朗領袖也帶來了新風險。華盛頓當局是在多年制裁未果後，才決定拿伊朗的石油財富開刀，這個決定雖導致伊朗經濟陷入 1990 年代初期以來的首度衰退[10]，通貨膨脹高達 40％以上，且公共債務暴增，但如此巨大的壓力是靠諸如中國、德國、印度以及日本等地的政治人物與企業高階主管配合美國的制裁才得以實現，問題是，那些人通常並非心甘情願配合制裁。如果羅哈尼和扎里夫繼續發動魅力攻勢，全球各地支持以強硬政策對付德黑蘭的意願，很可能在美國還沒來得及逼迫伊朗做出重大核讓步之前就已先瓦解。

除此之外還有另一個問題：美國能對伊朗經濟體系造成的痛苦，最多大約也不過如此了，從《梅南德茲－柯克修正案》成法後，伊朗的石油銷售量已遽減了 60％[11]，每日銷售量僅剩區區 100 萬桶，而向伊朗採購石油的國家，也從 21 國減少到 6 國。不僅如此，在伊朗僅剩的石油顧客裡，只有中國和印度還維持可觀的採購量──而且那些石油收入都直接流入海外的託管帳戶。

儘管如此，在國會持續施壓之下，白宮還是不斷催促專家就新制裁方案提出想法。國務院的官員還曾因為受不了這股壓力，送了一份鬧著玩的便箋到國家安全委員會，建議美國乾脆打造一台時光機，回到 1979 年去阻止伊朗革命發生。事實上，少數尚未動用的額外制裁措施隱含弊多於利的風險。舉例來說，就在羅哈尼當選前後那段時間，歐巴馬政府

才以廣泛的禁令重創了伊朗的汽車業[12]，即使當時這個產業的產量已大幅減少80%，且裁員了數十萬人。也因如此，這一波新的汽車業制裁措施並未產生太多新效益，還惹毛了法國政府，因為法國汽車製造商雷諾汽車公司（Renault）將因此無法回收伊朗積欠的數億歐元[13]債務。總之，對伊朗經濟作戰的邊際報酬正逐漸遞減。

負責制裁政策的技術官僚一致認為，華盛頓當局在制裁方面已經無計可施（或即將無計可施）。於是，奈菲在離開國家安全委員會並回鍋國務院之前，寫了一張便箋給唐尼隆，主張美國應該展開籌碼交換了。

所謂「籌碼」就是指美國放鬆導致伊朗經濟體系幾乎窒息的層層制裁的能力。所以，2013年夏天，巴克邁爾和奈菲鴨子划水般地開始草擬一份詳盡的減輕制裁選項清單。他們身為國家安全委員會現任與前任伊朗制裁處長，都知曉美伊祕密交涉管道的內情，知道這個管道的人並不多，而他們更是這一小群人裡的唯二制裁專家。美國財政部的所有官員都對這些談判毫不知情——蘇賓不知道，柯恩也不知情。因此，巴克邁爾和奈菲的立場相當艱難，因為他們必須在無法取得制裁罰則的主要設計者的協助下，提出初步的減輕制裁想法。

巴克邁爾在白宮戰情室召集了一系列小組討論會，檢討這份減輕制裁清單。白宮戰情室是一間沒有窗戶且高規格維安的會議室，平日那裡經常擠滿了來自許多機關的官員以及忙著作筆記的低階官員，不過，此時的它卻冷清得有點怪異：沒有事前發送的報告，甚至沒有事先宣布會議的主題。曾在美國外交政策領域任職數十年的伯恩斯回想，和伊朗人進行的那幾場祕密談判，是他一生職涯當中「最需要守口如瓶的作為」[14]，這包括2011年擊斃奧薩瑪・賓拉登（Osama bin Laden）的那場突襲行動。

限縮祕密管道談判的範圍是歐巴馬的決定，因為他並不打算和德黑蘭當局做什麼大買賣，只想達成一份技術性軍備管制協定。因此，美國只會提出以**有限度**暫緩制裁，來換取伊朗對其核子計畫的嚴格管制。當初美國官員在設計制裁政策時就已言明，一旦伊朗人從事哪些具體行為[15]，就會啟動制裁（舉例來說，伊朗的伊朗國家銀行是因為支持核子計畫而成為被制裁的目標，而薩德拉銀行〔Bank Saderat〕則是因為幫助德黑蘭當局將資金輸送給真主黨與伊朗的恐怖份子代理人而被制裁）；相同地，巴克邁爾和奈菲在草擬減輕制裁選項清單時，也限縮了減輕制裁的範圍，只有因伊朗核活動而起的依法制裁措施，才有放寬的可能。

　　此外，伯恩斯和白宮判斷，採用兩階段協議[16]，談判成功的機率將是最高的。第一階段是旨在凍結伊朗核子計畫的臨時協議，如果這個協議達成後一切順利，接下來再進行更全面的和解。因此，巴克邁爾和奈菲決定堅守另一個大原則：第一階段正式提出的所有減輕制裁計畫都必須是**可撤銷的**，以防雙方的破冰行動在第二階段協議達成前告吹。

　　戰情室那種神祕兮兮的氛圍也延伸到華盛頓以外的地方。8月底，奈菲帶領由國務院與財政部官員所組成的代表團，到阿聯與阿曼參加和制裁的強制執行有關的例行討論會。那個團隊的多數成員都以為那是典型的公差行程：他們整天和當地官員與企業高階主管開會、品嚐美食，甚至還排出時間到杜拜的某個水上樂園去玩。不過，只有奈菲知道這個代表團待在馬斯喀特的時間，和伯恩斯與其他幾位美國官員來訪的時間重疊—當時伯恩斯等人是在附近的一個海邊設施和伊朗人舉行祕密會談。有一天晚上，奈菲和同事一同外出用餐時，他的手機突然響了，那是伯恩斯那個代表團的某位成員打來的。

　　對方告訴奈菲：「你得在 2 個小時內抵達你下榻的飯店入口，有一位

女性會到那裡接你去某個地方。」

奈菲掛斷電話後告訴同事，他突然覺得不太舒服，必須立刻回飯店。回到房間後，他隨即換裝並抓起筆記型電腦，從側門溜出去和司機會合。

伯恩斯的團隊在馬斯喀特的進展相當順利。伊朗人在第一天的討論會上，就同意為達成兩階段協議共同努力。所以伯恩斯現在需要問內普夫的意見：該向對方提出哪些減輕制裁的選項才好？不過，奈菲的看法是，如果美方人員還沒搞清楚德黑蘭當局準備放棄核子計畫的哪些環節，就先提出具體的減輕制裁項目，會顯得不夠謹慎。伯恩斯認為他言之有物，於是要求奈菲留下來參加後續的所有談判。

接著，奈菲火速發了一封電子郵件給同事。他在信裡表示，他擔心的事成真了——他確定食物中毒，而且是最嚴重的那類食物中毒；他不得不缺席他們後續的所有會議，不僅如此，他也無法一同搭機返回華盛頓（他的所有同事都沒有起疑）。接下來幾天，伯恩斯向伊朗提出了他的「要求」：美國希望伊朗停止濃縮鈾作業，並將已有的全部高濃縮鈾加以稀釋，同時暫停針對納坦茲（Natanz）、阿拉克（Arak）與福爾多的設施進行升級。接著，伯恩斯請伊朗人就制裁的層面提出他們對美國的「要求」。然而，那些伊朗的官員卻含糊其詞，原因很簡單，他們希望全面撤銷制裁。他們表示，既然美國人已經提出對伊朗的「要求」，應該也要說明一下打算「給予」伊朗什麼。

奈菲懷疑那些伊朗人根本不知道他們究竟想要美國放寬什麼具體的制裁。那倒不是因為他們無知或沒事先作準備；而是因為德黑蘭當局的任何一個人，都難以預測出哪個精準的減輕制裁組合能讓伊朗獲得它迫切需要的「經濟緩刑」（就那個問題來說，華盛頓當局也一樣沒把握）。

除此之外，不管是暫停哪些制裁，華盛頓當局也不具備神奇的魔力可逼迫銀行業者與企業重新進入伊朗市場。

不過，美國可以提供一項實實在在的減輕制裁方案：允許伊朗局部取用被困在海外託管帳戶裡的石油收入。只要能將其中部分資金匯回伊朗，羅哈尼政府就能取得伊朗迫切需要的強勢貨幣而如果能嚴格限縮這批現金挹注的金額，伊朗就只能獲得短暫的解脫，屆時它的領導人將會為了獲得更大的解脫，更願意遵守他們在第一階段做出的核承諾，並更為了達成更全面的協議而認真協商。

馬斯喀特祕密會談結束後 1 個月，凱瑞和扎里夫在位於紐約的聯合國總部見面[17]。現場湧進大批媒體，閃光燈此起彼落：畢竟這是美伊之間自 1979 年伊朗革命以來的最高層官員會面。在此同時，另一輪祕密談判也在聯合國總部西側幾個街區外的華爾道夫飯店（Waldorf Astoria）進行著。一如規劃，伯恩斯提議以「限額現金挹注」作為減輕制裁方案的核心條件。奈菲插嘴說，這筆資金是「免費的資金」，伊朗可以把這些錢轉移到它選擇的任何地方。他的說法讓伊朗人感覺很受用。從那時開始，相關的討論就圍繞著美國將同意解凍多少伊朗資金的話題打轉。

10 月中時，伊朗核問題六國終於在日內瓦重新和伊朗集會，進行一輪正式的談判。不過，照例還是有檯面下的祕密談判在附近進行。美國參與正式談判的代表團是由國務院的三當家雪曼領軍，蘇賓也首度參與。同時參與這兩組談判的奈菲，則選在正式談判的某一次休息時間，私下和蘇賓在一個旅館房間裡見面，向他透露另外還有祕密談判正同步進行著。蘇賓聞言後並不訝異。身為專業人士的蘇賓雖在對伊朗製造經濟壓力方面居功厥偉（如果不是那些經濟壓力，當前這些外交活動根本不可能展開），但他也深知保密的重要性，所以他並沒有表現出沮喪的樣

Chokepoints

子。接著他們兩人旋即開始深入討論減輕制裁方案的細節。

蘇賓認同現金挹注是未來該走的路。事實上，對美國來說，以有限額度的油元來換取伊朗核子計畫的凍結，算是相當划算的交易。未來只要伊朗的經濟狀況還需要靠「維生機制」來支持，它在核子方面的進展就會暫時停滯。由於伊朗人和美國人對減輕制裁（伊朗以凍結核子計畫作交換）的型態意見一致，所以接下來幾個星期的談判進展神速，祕密會談的實質內容也和伊朗核問題六國的正式談判程序漸漸趨於一致。

那年感恩節前的 11 月 24 日星期天，雙方敲定了一份臨時協議[18]。伊朗同意凍結核子計畫 6 個月，並處理它的高濃縮鈾庫存。為了投桃報李，美國同意解凍 42 億美元[19]的伊朗石油收入，這筆錢價值還不到伊朗 2 個月的石油收入。華盛頓當局也將暫停對汽車業的制裁，並發出一份許可證，允許美國與歐洲企業維修已經七零八落的伊朗船隊與客機機隊，因為伊朗的很多船和飛機都已年久失修，隨時可能演變成嚴重的災難。

奈菲投入職涯後，一直致力於遏制伊朗的核子計畫，在這個過程中，他經常擔心這個議題最終可能引爆戰爭。在這個協議——也就是後來所謂的「聯合全面行動計畫」（Joint Comprehensive Plan of Action，JPOA）——定案後不久，奈菲獨自在那家日內瓦飯店的房間裡打包衣物，準備搭飛機返回華盛頓。突然間，累積了長達 10 年的壓力、一股想要宣洩的感覺，還有終於獲得平反的感受等瞬間向他襲來，讓他不由得淚流滿面。

不過，也有些人並不那麼興高采烈。以色列總理納坦雅胡在「聯合全面行動計畫」簽署後幾個小時，對他的內閣說：「昨晚在日內瓦達成的協議並不是一份歷史性的共同協議，而是一個歷史性的錯誤。[20] 如今這個世界已變得比過去危險許多，因為世界上最危險的政權已經在取得世

上最危險武器的道路上,向前邁進了非常大一步。」

納坦雅胡的話理應幫了羅哈尼一點忙,讓他得以更輕鬆說服伊朗人接受這份協議。不過,這一席話卻在美國產生了相反的影響——美國政治圈對歐巴馬政府外交政策的支持度,因納坦雅胡的這一番說法而進一步減弱(歐巴馬的外交政策原本就已快站不住腳)。然而,一段時間之後,以色列人也和蘇賓與奈菲等制裁政策技術官僚一樣,因相同的理由而愛上「聯合全面行動計畫」:伊朗的核計畫凍結了,但它的經濟體系依舊處在一種被凍僵的狀態。

2-13 「世界又避開一場戰爭」的代價

　　對美國財政部的技術官僚來說,「聯合全面行動計畫」既是個終點,也是個開端。這項協議堪稱對伊朗經濟戰的最高潮。7 年來,這些技術官僚以前所未見且難以想像的方法,將美國的經濟實力化為武器,因此而產生的經濟壓力,策動了伊朗內部的重大政治變遷。如今,美國更是未費一槍一彈就成功凍結了德黑蘭當局的核子計畫。

　　不過,「聯合全面行動計畫」也代表著一段未知旅程的起點:減輕制裁。一如實際戰爭過後的戰後重建工作,漫長制裁作戰行動過後的重建工作也一樣緩慢且艱辛。

　　在 2013 年的假期期間,正當華盛頓當局的政治人物忙著為「聯合全面行動計畫」歡呼或咒罵之際,財政部官員還是努力加班,希望釐清要如何依據這項協議,允許伊朗取用被凍結的 42 億美元石油基金。美國已承諾一旦伊朗根據議定的步驟來暫停核子計畫,美國就會依照分期付款的方式,每次釋出約 5 億美元的資金。[1]

　　制裁政策技術官僚個個都是伊朗經濟的專家,但就外交來說,這些專家都只稱得上相對初出茅廬的新手。隨著這些技術官僚開始就「聯合全面行動計畫」的執行狀況定期和伊朗人集會,原本讓人有點感覺像是

紙上談兵的制裁作戰行動，瞬間變得真實起來，而伊朗人迫切想重新取回其油元的渴望更是真實到一覽無遺。在「聯合全面行動計畫」簽署後不久，某歐洲外交官在維也納舉辦的一輪技術性談判中，質疑伊朗對這項協議的承諾不夠堅定。這時向來彬彬有禮的伊朗談判代表巴艾迪內賈德聞言後，憤怒地站起身來，厲聲說道：「我們有 1,000 億美元資金在你們手上！我們當然不可能兒戲。」

但海外託管帳戶並不是水龍頭，就算美國政府打開它，水也不會源源不絕地自動從那裡流出來，換言之，伊朗想從海外託管帳戶取用資金並沒那麼容易——必須有一家民營銀行同意代表伊朗央行接受這些資金，接著再允許德黑蘭當局以它選擇的方式使用這些資金。美國的官員四處尋找能即刻充當這個管道的銀行。問題是，全球金融體系歷經美國政府多年來的鉅額罰款與警告，早已學到一個教訓：不值得為了獲得和伊朗維持商務往來的利益而甘冒被鉅額罰款的風險。對全球最大規模的銀行業者來說，這個教訓猶如鐵律，所以，事實證明，即使華盛頓當局已經明文批准放行，這些業者還是不肯輕易改變主意。

蘇賓和同事碰了好幾次釘子之後，才終於找到一家願意合作的金融機構，它是瑞士一家鮮為人知的銀行，名為商業及存放款銀行（Banque de Commerce et de Placements，簡稱 BCP）[2]。蘇賓致函這家銀行，以書面文件向它確認該交易不會違反美國制裁令，接著又取得瑞士政府的支持，商業及存放款銀行才同意協助伊朗取得它的資金。

2014 年 2 月 3 日當天，日本的某銀行把第一批伊朗託管石油基金[3]，轉匯到伊朗央行在瑞士商業及存放款銀行開立的一個帳戶。不過，這筆資金抵達瑞士後，德黑蘭當局卻還是難以領出。原因是，伊朗並未提出這筆資金的用途證明，所以商業及存放款銀行不敢輕易放行，其他銀行

業者當然也不敢隨便接受，總之，無論是付款行或收款行都非常緊張。畢竟德黑蘭當局雖已同意凍結核子計畫，卻尚未承諾將停止向真主黨或伊朗的其他軍事代理人輸送現金。萬一伊朗把這些資金交給某個恐怖集團，該怎麼辦？諸如此類的考量導致沒有一家銀行願意涉入那種匯款業務。

取用這筆資金的過程中所遭遇的重重困難，讓伊朗的官員極度沮喪。伊朗的首席談判官阿拉格齊在維也納舉行的第一輪全面核子協議談判中，酸溜溜地抱怨美國未能履行它那一端的協議條件。奈菲向阿拉格齊概述了技術層面上的難度後，他顯然更生氣了。他瞪著奈菲，大吼說：「你們之前承諾這是『可以自由動用的錢』！」此舉意在提醒奈菲別忘了雙方當初在華爾道夫飯店談好的條件。

這個有點「卡」的開始猶如惡兆般，預告著未來進展的不順利。2014年夏天時，美國司法部對法國巴黎銀行開鍘，以該銀行違反美國對伊朗與其他幾個國家的制裁令為由，裁處了 90 億美元的天價罰款[4]。這個天文數字般的罰款導法國巴黎銀行當年度的盈餘一筆勾銷，法國總統法蘭索瓦・歐蘭德（François Hollande）還因此寫了一封嚴厲的指責信，向歐巴馬表達抗議[5]。這筆罰款凸顯出銀行業者不急於和伊朗恢復業務往來的理由：美國財政部雖拍胸脯向銀行業者保證不會有事，卻無法保證美國眾多獨立超然的執法機關一樣會保護那些銀行業者。

政治上的紛紛擾擾導致情況更雪上加霜。就在納坦雅胡公開討伐歐巴馬的核外交（包括在國會的某個聯席會議上發表一席極具爭議性的演說）[6]之際，國會山莊裡主張強硬對付伊朗的鷹派人士，也進一步加強對白宮的施壓力度。多年來，國會共和黨人與民主黨人在對伊朗的政策上，原本大致都維持團結一致的立場：雙方都力促對伊朗實施積極的制

裁。不過，到了這時，黨派間的意見開始分歧，共和黨人依舊團結一致，對核談判表達一致的譴責立場，但民主黨內卻有一組核心份子倒戈，開始支持核談判。

2015 年 3 月時，年輕有為的阿肯色州激進保守派參議員湯姆・柯頓（Tom Cotton）聯合了 46 位共和黨同僚，在一封致伊朗領袖的信函中連署，這封信的目的是要幫那些伊朗領袖們上一堂美國憲法制度的課。這幾位共和黨參議員在信中強調，歐巴馬的核協議不盡然具約束力，並指出共和黨議員將把「任何未經國會批准的伊朗核武計畫協議，視為歐巴馬總統和哈米尼之間的行政協定」。為避免伊朗領袖誤解他們的意思，他們還具體補充說明：「那類行政協定只要下一任總統大筆一揮，就可能撤銷，[7]而且，未來的國會也可能隨時修訂這份協議的條款。」這些參議員打的如意算盤是，既然共和黨人無法說服歐巴馬與其他民主黨人相信簽訂核協議愚蠢至極，那麼，或許他們能說服德黑蘭當局相信那是個愚行。

共和黨人的激烈反對讓世界各地對與伊朗恢復商務往來一事更加戒慎恐懼。歐巴馬政府的官員大可以承諾那類交易不會違反美國的制裁令，但眼看著歐巴馬總統本人的第二個任期即將屆滿，誰知道他的繼任者會如何對待謹慎重新進入伊朗市場的公司呢？

另外，由於這份協議還處於談判階段，共和黨人的反對也嚴重限縮了行政團隊可納入最終協議的減輕制裁選項。因此，歐巴馬政府的官員被迫採取守勢，只能不斷強調他們將只會考慮解除「核子相關的次級制裁」，而且會繼續強制執行對伊朗的其他所有禁令。因為任何更進一步的減輕制裁措施，都可能導致這項協議遭到政治人物扼殺。不過，就實務上的寓意來說，這樣的立場是有缺陷的：實際上，這個立場意味最終協議將使時光倒轉，讓世界上的其他國家恢復適用 2006 年之前的制裁規

格，而美國則得繼續沿用目前的制裁規格。具體來說，最終協議簽訂後，法國的道達爾公司或義大利的埃尼公司都大可以恢復投資伊朗的油田；中國與印度或甚至德國與西班牙，也大可以提高向伊朗進口的石油數量。但相反地，美國企業還是不能購買伊朗的石油，也不能投資伊朗的能源行業。問題是，美國投注了那麼多時間和資源，費了九牛二虎之力才開發出創新的經濟武器，並藉此促成某種核協議；如果這項協議要求美國國內繼續維持禁運，但撤銷次級制裁，那麼，隨著伊朗重啟經濟體系而產生的所有利益，將悉數落入歐洲和亞洲企業的口袋，美國企業卻因錯失良機而一點好處也得不到。這樣的協議對美國有任何意義嗎？

美國繼續維持全面禁運也會造成戰略上的代價。想想看，如果伊朗的經濟體系高度依賴美國企業的資本、關鍵原物料和技術專長等，那麼，一旦伊朗作弊或背棄核承諾，美國就更容易用更多方式打擊伊朗；但如果美國維持全面禁運，就無法取得這樣的影響力。美國政府可以明令美國企業能做哪些事，或明令禁止美國企業不能做哪些事，但它不能對海外的企業行使這種強硬的權力。此外，長遠來看，放寬美國禁運說不定能動搖鷹派人士的堅定立場：想想看，如果美國企業重回伊朗並找到了賺錢的管道，那麼長期以後，那些企業就會成為這個協議的利害關係人，到時候，國會成員可能就無法那麼輕易拒絕這個協議了，因為那麼做有可能傷害到他們選區內的就業機會和生計。

不過，考量再多也無濟於事：當時華盛頓的政治情勢讓歐巴馬政府難以盡情發揮創意，遑論大展拳腳。唯一獲得例外對待的是民航業，美國同意就這個領域撤銷部分國內禁運，允許波音公司與歐洲競爭對手空中巴士（Airbus）搶奪伊朗客機機隊的訂單，因為伊朗的機隊日益老舊，亟待除舊佈新。除了民航業，美國的談判立場幾乎毫無彈性可言。這意

味其餘的多數談判都流於情緒化，鮮少能就實質內涵達成共識。歐巴馬政府深知它只能輕微減少對伊朗的制裁，但伊朗人卻一心希望盡可能取消制裁，不僅如此，他們還指望著透過繼續協商，爭取到足以大幅提振伊朗經濟所需的減輕制裁方案。

2015年7月，上述動態在伊朗核問題六國即將與伊朗達成全面核協議之際變得一覽無遺。減輕制裁相關的談判變得有點類似籌組夢幻運動聯盟的選秀會。外交官們坐在會議室裡，盯著投射在螢幕上的投影片，投影片上條列了數十個遭到制裁的個人與企業名稱。場中的外交官不斷討價還價，彼此爭辯著應該把哪些人或哪些公司從制裁名單裡剔除，又該把哪些人或哪些公司保留在清單上，但說真的，他們幾乎不知道清單上的很多人和公司是何方神聖，當然更不清楚將那些人或企業剔除或保留，又會產生什麼影響。伊朗談判人員甚至一度催促美國的首席制裁談判官巴克邁爾，隨機從名單選出任何一名伊朗人來解除制裁，巴克邁爾聞言後也喊出條件：「可以，但稍後再公布這名人士的名字。」

7月14日凌晨，凱瑞、扎里夫和伊朗核問題六國其他國家的特使，在維也納一家由十九世紀皇宮改建而成的五星級柯堡宮飯店（Palais Coburg）裡起了激烈的爭執，因為他們對核協議的最後細節還有歧見。貝克邁爾和某些同僚就坐在談判室外，活像一群在梵諦岡等待白煙（white smoke，譯注：教廷用來宣示已確定教宗人選的古老宗教儀式）的民眾。他們其實都聽得到門內的討論。突然間，凱瑞衝了出來，當時他雖因骨折而拄著枴杖，行進速度卻幾乎不受影響。他一出來就急著找貝克邁爾。

凱瑞要求道：「克里斯！我需要再給扎里夫一個甜頭來說服他接受這樁協議。我們一起想想看有沒有什麼方法既能幫他跨過這個難關[8]，又無

約翰・凱瑞與賈瓦德・扎里夫：正在協商伊朗核協議的夥伴兼對手。

須我們付出代價。」

說巧不巧，貝克邁爾手上正好有一份名單，名單上是 10 幾個不算知名的人士，他們全都曾因幫助伊朗逃避制裁而遭到懲罰，而且當中沒有任何伊朗人。這份名單只是為了不時之需而準備，因為伊朗的談判人員從未在他們的投影片會議裡提到這份名單裡任何人。貝克邁爾向凱瑞說出了他的想法，並快步衝上樓去印出這份名單，不過，等到他回來時，凱瑞已經走了，談判室裡也空無一人。

原來凱瑞在不知道那份名單上有誰的情況下，就向扎里夫表示願意解除其中某些人的制裁，而因為凱瑞不清楚名單上有誰，當然也就無法指名道姓地說出要對哪個人解除制裁，但扎里夫竟也在沒有看過名單的情況下，就接受了凱瑞開出的條件。總之，協議就這麼敲定了。[9] 接下來

不到 1 個小時，凱瑞、扎里夫和伊朗核問題六國的其他成員就宣布，「聯合全面行動計畫」（多數人稱之為「伊朗核協議」）[10] 圓滿完成。

根據這項協議，美國將解除所有核子相關的次級制裁，聯合國、歐盟和其他國家實施的其他所有制裁也幾乎一併解除。為了投桃報李，伊朗同意採取重大的措施來裁減核子計畫。具體來說，它將處置 98% 的濃縮鈾——剩餘的 2% 濃縮鈾連生產一枚核彈都不夠。另外，它將摧毀當初裝設在阿拉克的重水反應爐核心、拆除多數離心機、允許外界進行深入查驗，並全天候監控其核子基礎建設的關鍵環節。在這份協議敲定之前，伊朗只需要幾個月的時間就能造出一顆核彈，但如今，它生產的時間延長到至少一整年[11]——這麼一來，一旦伊朗又做出製造核彈的決策，美國就有非常充足的時間可提早發現，並迅速採取預防行動。

但納坦雅胡與美國國會中要求強硬對付伊朗的鷹派人士還是堅決主張，不該允許伊朗從事任何核子相關的活動——無論那些活動的規模或本質如何，都不該允許。他們還就這個協議附加時限[12]一事提出異議：這項協議對伊朗施加的很多約束措施，將在 10 或 15 年內失效。

撇開外界的批評不談，這項協議其實已屬難能可貴，它充分展現了各方卓越的外交「磨功」和耐力。臨時協議曾兩度延長；敲定最終協議前的馬拉松式談判更耗時 18 個月之久。美國談判團隊的很多成員——包括蘇賓與貝克邁爾——都和家人分隔兩地好幾個月，也因此錯過了家人的生日、婚禮和結婚紀念日等。至於在國內，政府律師展開了大規模的作為，以確保華盛頓當局能落實它所承諾的減輕制裁計畫，這其實是個嚴峻的挑戰，因為立法機構對伊朗強加的禁令簡直可謂多如牛毛。儘管凱瑞摔斷了一條腿，他還是為了搞定這個協議，連續 2 個多星期待在柯堡宮主持談判，這是 40 多年來歷任美國國務卿基於海外談判需要而連續

在國外滯留最久的一次[13]。

即使到這時，這場馬拉松還是沒有結束。「聯合全面行動計畫」公布之際，美國團隊的焦點隨即從維也納轉回華盛頓——此時歐巴馬政府正為了爭取國會山莊對該協議的支持而繼續努力。國會在那年稍早剛通過一項明訂 60 天審查期的法律，國會議員可以在這個審查期間內研究該協議，接下來才進行表決。如果三分之二的參議員投票反對「聯合全面行動計畫」，他們就能以防否決（veto-proof）的多數票封殺這項協議。

在瑞士和奧地利住了好幾個星期旅館的蘇賓、貝克邁爾和同一批團體的許多專家們，現在又回到美國，開始向尚未做出決定的參議員展開一場接一場的簡報，除了向他們解釋這份協議的詳細文字內容，更嘗試說服他們投下同意票。芭芭拉・米庫斯基（Barbara Mikulski）去了一趟維也納，和即將負責監督伊朗遵守協議的國際原子能總署官員會面後，終於成了第 34 位公開宣布[14]支持「聯合全面行動計畫」的參議員。由於此時參議院已不再擁有防否決的多數票，無法封殺這項協議，因此這項協議將可順利向前推進。到最後，只有 42 位參議員投票[15]支持這項核協議，這個結果只算差強人意，雖足以讓這項協定存活下來，卻也凸顯出該協議的政治基礎有多麼不穩固。

幾個月後的 2016 年 1 月，國際原子能總署確認[16]伊朗確實有遵守和核子計畫有關的承諾，於是，凱瑞也著手簽署一批開始撤銷制裁的文書。歐巴馬在他任內最後一次國情咨文裡向國會吹噓：「誠如我們所說的，伊朗已裁減核子計畫，運出鈾庫存，並使世界避免了另一場戰爭。」[17]

究竟伊朗核協議是個「歷史性的外交突破」[18]（這是歐巴馬的說法）還是「歷史性的錯誤」（納坦雅胡的說法）？答案見仁見智。不過，毫無爭議的是：美國確實打贏了經濟戰。

2-14 當世界金融成為黑魔法

歐巴馬和他的盟友把制裁吹捧為促成伊朗核協議的關鍵要素,而反對這項協議的人則主張,制裁的效果奇佳,美國不該太早放棄制裁的手段,應該繼續透過制裁施壓,逼迫伊朗永久放棄全部的核子計畫,或甚至藉由制裁來策動伊朗政權的垮台。儘管這兩派人馬彼此都不認同對方的觀點,但他們之間的看法倒是有一個共同點:制裁奏效了。

這個觀點顛覆了長久以來約定成俗之見。政治科學家羅伯特・佩普(Robert Pape)曾在1997年發表一篇名為「為何經濟制裁無效」的文章,他在這份經典著作裡提到,他發現制裁的成功率不到5%[1]。到了小布希政府執政初期,國務卿柯林・鮑爾(Colin Powell)更發動了一場對伊拉克的「聰明制裁」[2]公開作戰行動。這場行動明顯是在反駁1990年代初期對伊拉克實施的那種粗糙制裁措施一般認為,那時美國對伊拉克實施的高強度嚴厲制裁幾乎未能遏制海珊的野心,只無端剝奪了無辜伊拉克人民的食物與藥品罷了。不過,儘管鮑爾發動的制裁更具針對性,但一般人還是認為他的制裁失敗了,而這次失敗是促使小布希入侵伊拉克並造成災難性後果的因素之一。

華盛頓圈子裡的多數外交政策官員普遍只把制裁當成一種象徵性的

姿態，而非足以替代戰爭的嚴肅方案。他們認為制裁是展現不滿的方法之一，也是發表強硬聲明之後的一種小手段。制裁手段的存在讓各地的領袖得以在不費一兵一卒或財政預算的情況下，阻止他們認為不好的事情繼續發展。碰上棘手的危機時，各國總統和國會成員能利用制裁，來應對外界要求他們「必須有所作為」的呼聲，但實際上又不用真的做很多事。布希曾在2004年12月時抱怨：「我們因對伊朗不再有影響力而制裁了我們自己。」他的說法貼切表達出一個普遍的觀點：只有傻子或盲目樂觀的樂天派，才會相信能透過制裁，成功哄騙伊朗的最高領袖遏制他們發展核武的野心。

不過，約定成俗之見時不時會被顛覆，而且啟動這個顛覆過程的人，通常是引進新視角與不受老舊偏頗思維左右的局外人。2006年就曾發生一次這種顛覆過程：當時李維在其助手亞當‧蘇賓的協助下，對伊朗發動經濟戰。他們兩人都曾是律師，也都從司法部被挖角到財政部。他們在外交政策上毫無經驗可言，遑論制裁。然而，他們十分熟稔監理事務，也深知企業應對風險的態度。

但這些未來的制裁政策技術官僚受過不少委屈，也難免因此心懷怨懟。他們加入財政部時，根本沒有人把這個部會當成國安領域的要角，小布希甚至在公開場合表示，制裁並非對付伊朗的有效工具。不過，這些狀況讓他們兩人更強烈想創造一番新局面。到伊朗核協議簽署之際，他們的影響力已大到無可否認。當時李維已跳槽到匯豐集團，在那裡，他帶頭展開法遵改革，並推動最終讓整個銀行業更有能力落實美國制裁令的產業轉型。蘇賓則是獲得兩次升遷，第一次是升任外國資產管制辦公室主任，第二次是在柯恩於2015年年初離開財政部轉任中情局副局長時，銜命接下李維原本的職位，掌管整個反恐暨金融情報部。在此同

時，還有非常多人加入了他們的行業，補強諸如能源、金融和運輸等領域的專業知識。

他們的努力為政策制定者多年來未能實現的外交突破打下了堅實的基礎。當然，並非所有成果都是拜制裁所賜。據報導，美國與以色列聯手對伊朗核子基礎建設發動的網路攻擊——包括震網（Stuxnet）電腦病毒[3]——同樣功不可沒。另外，多位伊朗核子科學家在據稱是以色列摩薩德所為的暗殺行動中身亡[4]或受傷，也起了一些作用。當然，在經濟戰持續進行的同時，美國和以色列繼續公開威脅（他們威脅若德黑蘭當局加速打造核彈，將對伊朗的核子設施展開軍事攻擊），此舉也影響了伊朗的盤算。

不過，這些都只是拖延戰術，這些戰術雖能爭取到時間，卻無法阻止伊朗的核武開發活動。直到制裁對伊朗經濟體系造成大浩劫，並促使伊朗政局發生變化後，才真正改變了伊朗菁英份子的心理。換言之，只有制裁才真正促使德黑蘭當局改變其核子政策。

小布希總統和他那個時代的人懷疑制裁對伊朗無效的主要原因之一是，他們和多數人一樣，認為單邊制裁無效，也不相信聯合國安理會真的會對伊朗採取嚴厲的行動——因為伊朗的經濟影響力太大，世界列強之間的看法又太過分歧，難以就聯合國全面制裁伊朗一事達成共識。事實上，到這場制裁作戰運動進入最後幾個階段時，美國都還難以說服從中國、法國到巴西等其他主要國家同意和伊朗劃清界線。

不過，李維、蘇賓和他們的團隊成員以一個獨到的中心見解，顛覆了「制裁無效」的共識：全球化讓美國掌握了幾個重要經濟鎖喉點的控制力量，進而可以利用這些鎖喉點，逼迫國際金融體系順從美國的要求。聯合國決議可能還是有幫助，因為那些決議能賦予華盛頓當局行使

這些駭人權力的某種正當性。不過,聯合國決議並非絕對必要。

雖然國會的批准也非絕對必要,但國會還是能發揮攸關重大的作用力——它可以扮「黑臉」。舉例來說,國會在2010年通過對伊朗全面制裁、究責與撤資法案,威脅對所有與伊朗進行商務往來的銀行實施次級制裁時,就為李維和他同事提供了火力強大的彈藥,最終敦促幾乎所有外國銀行業者切斷和伊朗之間的聯繫。後來,隨著國會增強對伊朗央行的施壓力度,諸如蘇賓、柯恩和帕斯庫爾不得不加緊設計創新的應對策略,最終順利架空了伊朗的石油業務。沒有官員會喜歡隨著國會議員的要求起舞,畢竟那不是件輕而易舉的事,更不會令人感到愉快,但也沒有人能否認,來自國會山莊的壓力確實讓這場經濟戰的效率提升很多。

然而說到底,國會的參與還是像一把雙面刃。拜國會議員之賜,制裁趨於強硬,並終於把伊朗逼上了談判桌,但國會議員也導致談判人員難以放手探索有創意的減輕制裁選項,也難以在適當時機撤銷懲處。

美國官員為了精心打造對付伊朗的經濟武器而深入追溯金融互聯網路的源頭,但他們最後發現,這個網路實在太過錯綜複雜,根本沒有人有十足把握能描繪出全貌。不過,他們倒是有幾個意外發現。舉例來說,很少人想得到可以在剝奪伊朗石油收入的情況下,讓它的部分石油繼續進入全球市場。不過,美國官員克服萬難做到了,而且還把超過1,000億美元的伊朗石油收入導入海外託管帳戶。諸如此類的創新政策,一開始都是一些天馬行空的想法,但當這些政策真正奏效後,又讓人感覺它們有點像黑魔法——就像是美國官員們無意中發現且不知道是否可行的煉金術。無論如何,那些政策的成功使官員們更有勇氣進行進一步的實驗。

最關鍵的突破之一,就是讓全世界嚴肅看待美國的次級制裁威脅。

先前國會曾意圖利用次級制裁來逼迫其他國家遵守1996年的《伊朗與利比亞制裁法案》，最後卻因那些國家強烈反彈而以失敗收場：歐洲人看穿了華盛頓當局的虛張聲勢，導致美國官員不得不讓步，不再強制執行這項法律。但到歐巴馬政府時期，情況出現變化。華盛頓的官員把次級制裁歸結為一個簡單的選擇：外國公司只能選擇和美國或伊朗做生意，不能妄想魚與熊掌兼得。然而，還是有一些企業無懼於美國的懲罰，試圖同時和這兩個國家做生意。有違常理的是，一旦那些企業遭到懲罰後，對它們來說就像最糟的時刻已過，從此再也沒有誘因能阻止它們和伊朗做生意了。

次級制裁發揮了類似隱形藩籬的效果。當你跨越這些藩籬，實際上並不會碰上任何有形的障礙，不過，你在跨越那道藩籬時，卻會感受到極大的痛苦，因為你將失去存取美元的管道。儘管這麼說，一旦你跨到藩籬的另一端，就能開始為所欲為。中國和伊朗之間的商務往來就是最貼切的例子之一。美國以中國企業珠海振戎及崑崙銀行（Bank of Kunlun）與伊朗交易為由而制裁它們，然而，在美國實施制裁後，這兩家企業很快就吸收了相關的成本，還擴大它們與伊朗的業務往來。對美國政策制定者來說，這個發展意味著制裁行動必須要有足夠的威信才能產生嚇阻效果，讓多數人連想都不敢想跨越這個隱形的藩籬。

隨著對伊朗的經濟戰終於出現進展，制裁政策的威信也漸漸上升。在外界強力要求當局實施更多制裁的沉重壓力下，歐巴馬政府被迫展開鋪天蓋地的制裁行動，再加上違反制裁規定後所面臨的法律後果非常嚴重（而且愈來愈嚴重），種種因素的結合，終於產生了決定性的效果。外界與伊朗的商務往來大幅縮減，伊朗也就此成了金融賤民。這次制裁奏效的關鍵是相關政策改成以民間部門的風險盤算為重心。不過，諷刺的

消除疑慮的談話：凱瑞在外國資產管制辦公室主任約翰・史密斯（右側）陪同下，於 2016 年 5 月和銀行業人士會面。

是，等到美國及其盟國打算對伊朗減輕制裁時，那個優點卻變成了弱點——先前的嚴厲制裁導致銀行業者和企業變得極度投鼠忌器，擔心隨時可能因和伊朗往來而承擔嚴重的後果，因此即使是在核協議敲定之後，銀行業者與企業界還是猶豫不決，遲遲不肯和伊朗恢復商務往來。換言之，儘管先前華盛頓當局有效說服了銀行業者與企業斷絕和伊朗之間的商務往來，但如今要想說服那些公司行號重新投資伊朗，卻得更煞費苦心。

伊朗人原本指望核協議一簽訂，各地企業就會為了搶得先機、打敗競爭者，而爭先恐後地重新進入伊朗，以便搶先奪下所有可利用的最新商機。但蘇賓警告和他交手的那些伊朗人，不該懷抱過高的期待，因為

他深知金融機構對美國的制裁政策有多麼戒慎恐懼。不過那些伊朗人根本不相信他。

2016年開年後幾個月（此時核協議早已生效），扎里夫不斷向凱瑞抱怨，伊朗並沒有因核協議生效而得到它想要的經濟利益。凱瑞也認為這個問題很嚴重——如果核協議無法紓解伊朗的經濟困境，伊朗國內對這項協議的支持度將可能會逐漸減弱，讓向來主張不宜和美國談判的強硬派伊朗人變得更有底氣。伊朗甚至可能因此報復性地加碼追求核子大夢。由於這個問題太過棘手，所以國務院和財政部共同展開一系列尷尬異常的巡迴說明會[5]，這些說明會令人尷尬的原因是，會中傳播的消息正好和李維多年前宣揚的訊息完全相反：伊朗已重新開啟商務大門。

5月時，凱瑞開始親自出手處理這些問題。他在約翰・史密斯（John Smith，剛取代蘇賓接掌外國資產管制辦公室主任）的陪同下，前往倫敦和銀行業執行長會面[6]，試圖紓解他們對與伊朗恢復商務往來的憂慮。德意志銀行（Deutsche Bank）執行長約翰・克萊恩（John Cryan）及匯豐集團執行長安東尼奧・西莫斯（António Simões）都出席了這場會議，瑞士信貸、渣打銀行和其他超大型銀行的高階主管也都是座上賓。幾乎所有出席這場會議的銀行業者，都曾在幾年前因違反美國的制裁令而遭到嚴厲懲罰。

不過，在場的銀行業人士對凱瑞的安撫充耳不聞。理由很簡單：美國國務卿根本無力確保這些銀行業者不被進一步處罰，所以他根本說服不了那些銀行重新進入伊朗，何況當匯豐集團的西莫斯問他：「萬一川普當選下一任總統，將有什麼狀況發生？」凱瑞根本無法給出令他們滿意的答案。

《華爾街日報》（*Wall Street Journal*）在同一天刊登了一篇特稿，那文

章的撰稿人不是別人，正是匯豐銀行法務長李維，[7] 他不僅是當年對伊朗發動經濟戰的那個男人，更是出席凱瑞那場倫敦會議的許多專家的良師益友。李維公開反對凱瑞請求業者重返伊朗的作法。

李維寫道：「目前為止，沒有人敢公開聲明伊朗已停止從事當初導致它被制裁的多數行為，包括積極支持恐怖主義以及生產與測試彈道飛彈，但如今，華盛頓當局卻力促非美國銀行業者去從事迄今為止對美國銀行業者而言仍屬非法的業務。美國政府的這個立場實在太詭異了。」

李維的結論是：「基於這些理由，匯豐集團無意從事任何涉及伊朗的新業務。政府自可解除制裁，但民間部門依舊得對自家的風險管理負責，若未能善盡這個責任，民間部門無疑將被究責。」結果，那一天和凱瑞開會的所有銀行業者都沒有重啟和伊朗的商業往來。

美國對伊朗的經濟戰確實成功了，而且成功得超乎想像。不過，在這個過程中，美國並不只是創造了一種全新的作戰形式——更重塑了全球金融體系的佈局。而等到新佈局一切就緒，連華盛頓當局都無法將它恢復原狀。

第 3 部

俄羅斯的帝國擴張

3-1 外交官的舞台

丹·弗瑞德（Dan Fried）是個急驚風。[1] 61歲的他在美國國務院外交事務領域服務近40年，這段期間，他一步步為自己贏得「孜孜不倦的樂天戰士」的聲望。不過2014年2月24日星期一早上，他一反常態，匆忙趕到國務院位於霧谷的總部。弗瑞德的地緣政治敏銳度非常高，上週末的某個事件讓他繃緊神經——第六感告訴他，某個地緣政治火藥桶即將爆炸。

他加快步伐走進位於3樓的辦公室，辦公室門口上方的牌子刻著他頭銜：制裁政策協調員。他雖然有點不良於行，卻熱愛跑步，且總是充滿活力且堅定地大步前進。第一天認識弗瑞德的助理偶爾會伸手想扶他一把，但他們很快就會發現，自己的膝蓋竟沒有弗瑞德的管用——他走起路來比他們都更健步如飛。

那天早上，弗瑞德的一顆心都懸在烏克蘭上；歷經數個月的國內示威與動亂，四面楚歌的烏克蘭總統維克托·亞努柯維奇（Viktor Yanukovych）終於遁逃到俄羅斯。弗瑞德是俄羅斯事務的老手，早在1980年代初期，他就已在列寧格勒（Leningrad，即當今的聖彼得堡）服務，並在戈巴契夫執政早期，任職於美國國務院的蘇維埃辦公室。後來，他轉任美國駐波蘭大使，見證了波蘭在1990年代脫離共產主義的整個歷程；到了小布希政府時代，他又擔任國家安全委員會與國務院的歐

洲事務高階官員。亞努柯維奇垮台的消息讓弗瑞德很不安，但他的憂慮主要並不在於這件事對烏克蘭的意義，而在於它有可能預示著俄羅斯的未來動向。

亞努柯維奇是俄羅斯總統普丁的盟友，而普丁很可能把亞努柯維奇的突然退位與逃亡，視為對俄羅斯利益的直接威脅。在此之前3個月，亞努柯維奇放棄和歐盟進行貿易談判，轉而接受莫斯科當局提供的150億美元貸款[2]，這個結果對普丁來說堪稱一次大勝。但如今，隨著基輔中央廣場——獨立廣場（Maidan）——上的親歐派示威者把亞努柯維奇轟出烏克蘭，俄羅斯先前的大勝瞬間變成了令人震驚的挫折。

弗瑞德的腦海突然閃過令人不安的回憶：2008年，普丁在一場北約高峰會上發表演說，對克里米亞隸屬烏克蘭領土一事提出質疑。如同其他所有位於破碎帝國交界處的土地，克里米亞也是有著複雜政治歷史[3]的熔爐——它曾被韃靼可汗、鄂圖曼帝國（Ottoman）的蘇丹以及俄羅斯沙皇統治過，接著在成為蘇聯的一部份之後，又成為現代烏克蘭的領土。普丁在那場北約高峰會裡質疑[4]蘇維埃領袖尼基塔‧赫魯雪夫（Nikita Khrushchev）在1954年把克里米亞留給烏克蘭蘇維埃社會主義共和國（Ukrainian Soviet Socialist Republic）的決策。事實上，這個決策原本無傷大雅，直到烏克蘭在幾十年後宣布獨立，才變得茲事體大。即使在蘇聯解體之後，克里米亞依舊對莫斯科當局具有關鍵的戰略重要性：俄羅斯海軍在這個半島上的某個基地（向烏克蘭政府租用而來）操練黑海艦隊（Black Sea Fleet）。因此，一旦俄羅斯在克里米亞的存在遭到威脅（正如普丁此時可能擔心的，因為基輔當地的親歐民族主義革命正如火如荼進行著），普丁很可能會訴諸激烈的措施。

那個星期一早晨，弗瑞德在國務卿凱瑞主持的高階參謀會議裡提出

了他的憂慮。他警告:「普丁一定會對這個發展做出回應,他一定會採取行動。」弗瑞德暗示,普丁將會為了得到克里米亞而想方設法反擊獨立廣場上的革命派人士。國務院內負責歐洲與俄羅斯事務的重要人物維多利亞・盧嵐(Victoria Nuland)也認同他的看法。盧嵐也親耳聽過普丁在 2008 年發表的那場演說,所以她和弗瑞德一樣,都擔心緊張情勢可能繼續惡化。

但弗瑞德和盧嵐有所不知的是,俄羅斯總統普丁其實早已下定決心要採取行動。早在星期六,普丁就已召集國安高層,制定協助這位名聲掃地的烏克蘭總統遁逃[5]的計畫。根據他們的策劃,亞努柯維奇將搭車迂迴前進克里米亞,到當地和俄羅斯特勤人員會合,接著再搭機前往俄羅斯。這場在克里姆林宮召開的會議一直開到星期天早上 7 點才結束,散會之前,普丁又追加了一條指示:「我們是被迫展開將克里米亞重新收歸[6]俄羅斯的行動。」

莫斯科當局老早就已針對這類作戰行動擬好應變計畫[7]。所以,普丁一下令啟動,軍隊和情報人員隨即依照先前的沙盤推演採取行動。2 月 27 日星期四清晨那幾個小時,大批穿著綠色制服(但獨缺徽章)的武裝男子,占領了位於辛菲洛普(Simferopol)的克里米亞區議會[8],並升起一面俄羅斯國旗。在這批突襲隊封鎖區議會大樓入口並沒收議員的手機後,該議會「投票」選出當地親俄羅斯且涉及組織犯罪的政治人物謝爾蓋・阿克斯尤諾夫(Sergei Aksyonov)擔任的新領導人。

隔天,更多「綠衣男子」出現,這一次,他們控制了克里米亞分別位於賽瓦斯托波爾(Sevastopol)和辛菲洛普的兩個主要機場。普丁信誓旦旦表示,這些「綠衣男子」隸屬「當地的自衛單位」,換言之,他們只是擔心半島上多數俄語人口可能遭到威脅的一般克里米亞民眾。不過,

這些男子的真實身份幾乎毫無疑問,因為其中一人就大喇喇地向媒體工作者表示:「我們是俄羅斯人。」[9] 3月1日星期六那天,新上任的克里米亞「領導人」阿克斯尤諾夫,正式請求俄羅斯介入。他說:「我打電話給俄羅斯聯邦的總統[10]弗拉基米爾‧普丁,請他提供協助,以確保這片領土的和平與安定。」

由於烏克蘭政府依舊處於混亂狀態,美國也因未預料到這個發展而措手不及,於是,俄羅斯迅速控制了整個克里米亞半島。克里姆林宮在短短幾天內完成一場假公投,投票結果顯示,克里米亞人以壓倒性「票數」支持加入俄羅斯。接著,普丁忙不迭地簽署一份正式併吞這片領土的詔令,將克里米亞重新命名為俄羅斯聯邦的第二十二共和國。俄羅斯海軍基地所在的賽瓦斯托波爾,則正式獲選為「聯邦重要城市」—當時只有莫斯科與聖彼得堡享有這樣的地位。

這是第二次世界大戰以來首次在歐洲領土上發生的領土征服行為。弗瑞德職涯中最大的亮點之一,是他曾協助東歐擺脫蘇聯的箝制,而此時克里米亞的發展自然讓他憂心忡忡——他擔心普丁的戰略可能會把歐洲甚至全世界推向更黑暗的時期。不過,面對這個局勢,華盛頓當局其實進退兩難。一方面,美國不可能毫無作為,坐視俄羅斯併吞某個鄰國的領土,畢竟俄羅斯此舉不僅是侵犯烏克蘭,更侵犯了好幾代美國人辛苦建立起來的全球秩序。但另一方面,俄羅斯是個核武強國,美國不可能直接以軍事來對抗俄羅斯。

一般人在面臨意外的危機時,往往會訴諸自己熟知的方法來應對。幾個月前,就在數十萬名親歐派示威者[11]湧進烏克蘭獨立廣場的那一天,美國和伊朗簽署了臨時核協議。當時美國官員因打贏了對伊朗的經濟作戰而鬥志高昂,所以,當普丁的「綠衣男子」在克里米亞現身時,

那些官員就開始權衡是否要對俄羅斯採取類似的作戰行動。

不過,俄羅斯是遠比伊朗更重量級的經濟體,它和全球市場與國際金融體系的關聯性,更是遠比伊朗更加盤根錯節。中國與其他新興經濟體的崛起,已促使大宗原物料商品價格大幅上漲,克里姆林宮也因此得以坐享滾滾而來的財富——當時俄羅斯光是出售龐大的石油與天然氣蘊藏,每年就能賺進數千億美元。不僅如此,俄羅斯的經濟規模排名世界第 8 大,不僅比伊朗龐大許多,也大於當時受美國制裁的所有其他經濟體的**總經濟規模**。

更加錯綜複雜的是,美國某些最親密的盟友在經濟上高度與俄羅斯互相依賴[12]。舉例來說,歐盟有三分之一的進口石油及天然氣[13]仰賴俄羅斯供應,甚至有幾個歐洲國家的天然氣全部是從俄羅斯進口。如果沒了俄羅斯的能源,德國的工廠有可能被迫停工,斯洛伐克的家庭則可能沒有熱能可用。俄羅斯和歐盟之間的總貿易量,比俄羅斯和美國的貿易量高 10 倍。所以,如果對俄羅斯實施和伊朗類似的制裁,有可能在歐陸引發一場經濟地震,並讓普丁如願獲得他最心心念念的大獎——即美國與歐洲的長期聯盟關係破裂。

不過,這也是弗瑞德最熱烈想參與的那種外交困境。他在歐巴馬總統的第一個任期內,擔任關閉關達那摩灣(Guantanamo Bay)監獄的特使,那明顯是件吃力不討好的工作(《新共和雜誌》〔 The New Republic 〕甚至形容他是「必須設法移交關達那摩監獄所有被拘留者的可憐蠢蛋」)[14]。最後,弗瑞德在幾乎了無希望的情境下,成功爭取到讓近 70 名被拘留者[15]獲釋,並因這個工作成果而贏得了廣泛的讚譽。此刻他在國務院擔任的職務——有史以來第一任制裁政策協調員——原本是能讓他暫時喘口氣的職務。

丹・弗瑞德：國務院第一任制裁政策協調員。

　　國務院當初設置這個職位的理由有兩個。第一，美國和盟國之間因制裁伊朗而發生的齟齬，凸顯出美國有必要就經濟作戰相關的事務進行目標明確且一貫的外交斡旋。第二個原因則和不同政府機關之間的策略運用有關。過去幾年，李維、蘇賓和柯恩等活力充沛的技術官僚，已將財政部改造為制裁政策方面的狠角色，制裁相關的主題也愈來愈頻繁出現在白宮戰情室的討論。有鑑於此，作為美國主要外交事務機關的國務院，需要一股力量來平衡那些財政部技術官僚的聲音。

　　擔任制裁協調員的弗瑞德並沒有太多經濟作戰相關的經驗。不過，豐富的必要外交歷練、敏銳的文官直覺，以及橫跨歐洲政治圈的絕佳人脈等，為他加了不少分。弗瑞德從投入職涯的早期階段，就和1989年的多位革命份子培養了親密的個人友誼，當中很多人此時都已成了大權在握的歐洲政治人物。他和波蘭國父萊赫・華勒沙（Lech Wałęsa）以及匈牙利強人維克多・奧班（Viktor Orbán）等人的關係，親密到能直呼對方

3-1 | 外交官的舞台

的名諱。他還能輕鬆說好幾種斯拉夫語，更對這個區域的悠久歷史如數家珍。所以說，他應該是最有能力說服歐洲加入對付普丁的經濟戰的那個人。弗瑞德回想他在烏克蘭危機剛爆發時的想法時說：「我是以蘇聯問題專家[16]的身分進入外交領域的。」如今，這最後一份公職（他自知這很可能是他的最後一站）又轉了一圈，把他帶回原點。

3-2 巨熊的傷口與復仇

　　普丁侵略克里米亞一事讓華盛頓措手不及，不過，那倒也稱不上是個晴天霹靂。弗瑞德說：「弗瑞德和維多利亞・盧嵐的預感「聽起來好像是很了不起的遠見，但其實並非如此。我們只不過是關注眼前發生的事情罷了。」[1]

　　1991 年耶誕節當天，戈巴契夫在克里姆林宮裡透過一席電視轉播的演說，辭去蘇聯領導人的職務[2]，並將權力移交給葉爾欽（Boris Yeltsin），也就是俄羅斯聯邦的第一任總統。不久之後，政府人員降下了印有金色鐮刀和搥頭的紅色旗幟，並帶離這棟建築。走過 70 個年頭的蘇聯從此正式走入歷史。

　　俄羅斯在隔天早上誕生，但它的實際影響力已大不如前：人口減少一半，領土也縮小了近四分之一。從彼得大帝（Peter the Great）到史達林，這個帝國幾個世紀以來搜刮到的帝國利益就這麼一筆勾銷。然而，俄羅斯依舊自詡是個強國。葉爾欽和戈巴契夫不同，他積極鼓勵蘇聯解體，不過，他們兩人都沒料到俄羅斯會失去它在鄰近區域──也就是所謂的「近鄰」（near abroad）──的支配地位。

　　從蘇聯獨立出來的非俄羅斯新國家有 14 個，但對莫斯科當局來說，最重要的一國非烏克蘭莫屬。烏克蘭擁有超過 4,000 萬居民、坐擁黑海的戰略位置、擁有全世界最肥沃的農田，它的軍工複合產業更和俄羅斯本

身的軍工複合產業密不可分,深深交融在一起,所以,從很多方面來說,烏克蘭原本可說是蘇聯皇冠上最大的那顆寶石。不僅如此,烏克蘭還擁有俄羅斯最重要的海軍不凍港——賽瓦斯托波爾。波蘭裔的美國前國安顧問茲比格涅夫・布里辛斯基(Zbigniew Brzezinski)在 1994 年寫道:「沒有了烏克蘭,俄羅斯就不再是個王國[3],烏克蘭對它至關重要。」一位牛津劍橋的教授用更白話的方式來形容烏克蘭對俄羅斯的重要性:「有了烏克蘭,俄羅斯是另一個美國[4];沒了烏克蘭,它就成了另一個加拿大——而且是被冰天雪地覆蓋了多數領土的加拿大。」

早在 1993 年,俄羅斯的議會就通過一份決議,堅稱賽瓦斯托波爾屬於俄羅斯領土,葉爾欽還呼籲全世界賦予俄羅斯成為包括烏克蘭在內的前蘇聯國家的正牌警察「特殊權力」[5]。據報導,俄羅斯的外交官還警告他們在歐洲的同行,「不要自討沒趣地在基輔建造大型大使館,因為這些大使館將在 18 個月內被降格為領事館。」[6] 俄羅斯境內的所有政治派系都普遍堅信,莫斯科當局應在烏克蘭享有特權地位,更該在克里米亞享有指揮地位。

基於文化上的連結,烏克蘭向來和東方鄰國俄羅斯有著密不可分的關係。30%烏克蘭人的母語並非烏克蘭語——其中的多數人聲稱俄羅斯語才是他們的母語[7]。這個國家的很多流行音樂與電視節目都是以俄語放送,當地也同時提供這兩種語言的教育。[8] 然而,從蘇聯解體後,烏克蘭人在國家歸屬的問題上卻從未有過動搖——92%的烏克蘭公民在 1991 年舉辦的一場公投裡支持獨立,[9] 克里米亞、賽瓦斯托波爾、頓內茨克(Donetsk)以及盧甘斯克(Luhansk)等俄語區也不例外:那些地區的公民也以明顯過半數的票數支持獨立。即使是烏克蘭最熱情支持俄羅斯的政黨(這些政黨一直努力和莫斯科當局建立更密切的關係)都堅決捍衛

Chokepoints

本國的獨立性[10]。烏克蘭之所以在蘇聯垮台後同意放棄原蘇聯滯留在其境內的大型核武彈藥庫，目的是為了換取俄羅斯正式承諾尊重其領土完整性，而且俄烏之間的這項協議被嚴謹地記載於 1994 年的《布達佩斯備忘錄》（Budapest Memorandum，美國和英國也共同簽署了這項協議）[11]。

烏克蘭和俄羅斯之間，一個是「過去種種譬如昨日死」並繼續向前邁進的前蘇聯共和國，一個則是被拋棄的前霸權國家，所以俄烏兩國之間的根本緊張情勢從未徹底緩解。俄羅斯堅信它應在烏克蘭主權的問題上擁有最後話語權，這個立場從 1991 年一直到 2014 年都沒有太大改變，而且莫斯科當局有意願也有能力針對這個信念採取行動。

儘管弗瑞德和盧嵐憂心忡忡，華盛頓當局卻遲遲未能察覺到這個轉變。美國的外交政策有時很類似航空母艦，一旦選定方向，就能發揮強大的威力，但也很難轉向。從雷根總統時代開始，華盛頓當局就不再把俄羅斯視為需要壓制的威脅，而是把它當成即將到手的大獎（對民主、對資本主義、對美國企業與美國地緣政治利益而言的大獎），而這樣的觀點在冷戰結束後變得更加堅定。美國甚至認為莫斯科當局可以在反恐戰爭與其他全球事務方面，充當美國的有用跟班。總之，俄羅斯對美國來說是個令人垂涎不已的機會，所以連續幾任美國總統都積極尋求與俄羅斯建立更密切的關係，並對反覆出現的警訊視而不見。

舉例來說，即使是在葉爾欽派兵進入車臣後，柯林頓總統依舊抱持那樣的懷柔觀點：當時雖然俄羅斯軍隊將車臣的許多城鎮夷為平地，對平民百姓所受的傷害絲毫不以為意，但柯林頓被幾經追問後，竟還把葉爾欽的行為比為林肯（Abraham Lincoln）在美國南北戰爭中的行為[12]。小布希總統則是向記者表示，他直視普丁的眼睛後，能從中「感受到他的靈魂。」[13] 7 年之後，俄羅斯入侵鄰國喬治亞，並承認 2 個從喬治亞分

裂出來的共和國,但小布希和當時的歐洲領袖們,卻還是只對俄羅斯提出輕微的警告[14]。另外,歐巴馬總統入主白宮前不到 6 個月,俄羅斯坦克車才剛入侵距離喬治亞首都不到 1 小時車程之處,但歐巴馬還是認為,為了爭取克里姆林宮在軍備控制、阿富汗議題與伊朗核子檔案等方面的合作,有必要和俄羅斯「重修舊好」[15]。總之,盲目的期待一次又一次戰勝了血淋淋的經驗。而且,無論如何,在華盛頓當局眼中,「平息暴力極端主義」與「散播民主與資本主義」才是後冷戰時代的核心地緣政治議題,而就這些議題來說,莫斯科當局充其量只是配角。

2007 年,普丁有史以來首度出席慕尼黑安全會議(Munich Security Conference)——每年西方國家的重要外交官與國安高層都會出席這場會議。他利用這個機會宣洩他對美國強權的不滿。他說:「一個國家——當然,以美國為首與為重——已在方方面面逾越它的國界。[16] 從它強加於其他國家的經濟、政治、文化與教育政策,便明顯可見一斑。你們倒是說說,誰喜歡這樣?誰會為此感到歡欣?」

時任美國駐聯合國大使的盧嵐,就坐在幾乎快被普丁的口水噴到[17]的第 4 排座位上。當時這位俄羅斯領導人愈說愈激昂。他咆哮著:「這樣的現象當然極端危險。」整個會場內頓時瀰漫著一股不安的氣氛。「事實上,這導致沒有人感到安全。我要再強調一次:沒有人感到安全!」[18] 在普丁自己一手編寫的偉大故事裡,美國依舊是故事的主角,不過,它是代表反派大哥的惡棍,而這個故事未來幾年的主要劇情發展,將是削弱這個惡棍的勢力。

普丁對美國單邊主義的鄙夷,讓觀眾席裡的很多歐洲人士感到心有戚戚焉,特別是在小布希入侵伊拉克的背景之下。但普丁那一段冗長的演說也讓那些聽眾深感焦慮[19]。對不久前才剛擺脫莫斯科魔掌的國家的

Chokepoints

宣洩不滿：2007 年 2 月，普丁在慕尼黑安全會議裡演講。

代表來說，這篇演說證明[20]，他們尋求加入北約組織和歐盟的決定是正確的。

　　普丁的性格形成經歷（在柏林圍牆倒塌時，他是派駐在東德的蘇聯國家安全委員會官員）可能使他先入為主地對美國和西方國家懷有敵意——他曾以「本世紀最大的地緣政治災難」[21]的名言來形容蘇聯解體。不過，他也是個謎樣的人——葉爾欽是在 1999 年最後一天任命當時還相對沒沒無聞的他擔任總統，因為葉爾欽相信他的門生普丁[22]將在自己退休後保護他和家人。

　　身為總統的普丁一開始也一度有意和美國建立更親密的關係。但不出多久，美國就成為他眼中的威脅，包括對俄羅斯利益以及對他本人的威脅。普丁激烈反對小布希不顧聯合國安理會意願而恣意入侵伊拉克並推翻海珊的決策。在普丁看來，美國入侵伊拉克一事證明，號稱「國際秩序一切依照規則行事」的說法，全都只是用來掩飾美國霸權的幌子。

3-2 | 巨熊的傷口與復仇

伊拉克戰爭也讓他對以武力促進俄羅斯利益的行為不再有任何保留[23]——既然美國可以利用軍事實力為所欲為,俄羅斯又何嘗不可?

就在美國入侵伊拉克不久後,一波所謂「顏色革命」(color revolutions)的民主運動浪潮席捲了俄羅斯近鄰的幾個國家,其中,烏克蘭2004年的橘色革命(Orange Revolution)對莫斯科當局造成了特別深的烙印。普丁在那一年的烏克蘭總統選舉中,傾全力支持亞努柯維奇,因為他是來自俄語區頓內茨克的候選人,且支持和莫斯科建立更親密的關係。普丁積極為亞努柯維奇排除存在於基輔的障礙[24],並派遣他本人的政治顧問格列布‧巴夫洛斯基(Gleb Pavlovsky)協助管理亞努柯維奇的競選活動。總計莫斯科當局共投入了數千萬美元[25]到這場選戰。雖然亞努柯維奇最初被宣布當選,但出口民調卻顯示不是那麼一回事,這引發了大規模示威活動,選舉舞弊的指控也甚囂塵上。1個月後,烏克蘭在國際社會的監督下重新舉辦選舉。經過一場公認自由且公平的競爭,親西方國家的維克托‧尤申科(Viktor Yushchenko)最終以高於對手7個百分點以上的得票率勝出[26]。

這個情勢顯示,烏克蘭似乎即將加入西方陣營,從此永遠退出俄羅斯的影響力範圍。這個觀點形同對普丁本人的現實觀(conception of reality)提出質疑。他斷定,一切必然是華盛頓當局在背後操弄,烏克蘭人才會做出那樣的選擇。他堅信顏色革命不可能是有機的民主運動,而是美國某個祕密影響力作戰運動的產物。這個想法一出,普丁頓時感覺備受威脅,因為俄羅斯龐大的核武彈藥庫或許可以保護他不重蹈海珊的悲慘命運,但這個彈藥庫卻幾乎無法用來對付受美國撐腰的那些街頭示威活動。

最後一根稻草在2011年年底壓了下來。普丁在結束4年的俄羅斯總

理任期後（這段時間他持續從幕後統治這個國家），決定回鍋選總統，倒楣的德米特里‧梅德傑維夫（Dmitri Medvedev）再次被他貶到無足輕重的地位。不過，大眾並未以歡欣鼓舞的熱情迎接普丁回歸。11月，普丁在莫斯科一場綜合格鬥賽裡，被成千上萬名粉絲報以輕蔑的噓聲[27]，這個狀況很不尋常，因為那類比賽的觀眾通常都高度支持練過柔道且向來愛逞兇鬥狠的普丁。還有一份民調發現，只有31%的俄羅斯人[28]計畫在預訂於2012年年初舉行的總統選舉裡投票給他。

普丁的統一俄羅斯黨（United Russia）在2011年11月舉行的國會選舉中表現不佳——儘管該黨享有許多不公平的優勢，卻還是只獲得大約49%的選票（較此前4年的64%大幅降低），而此時距離總統大選只有幾個月的時間。1個星期之後，十幾個俄羅斯大城市[29]的大街小巷開始傳出「普丁是個竊賊」和「沒有普丁的俄羅斯」[30]等口號，還有數萬民眾參加了蘇聯解體以來最大規模的反克里姆林宮示威活動。普丁最害怕的事情似乎成真了：美國主導的顏色革命已經延燒到他的國家，而這場革命很可能就此終結普丁對俄羅斯的統治，就像那年稍早在中東地區發生的一系列大規模示威活動，最終促使當地幾位獨裁者下台。麥坎參議員彷彿為了強調普丁的窘境而在推特上寫道：「親愛的弗拉基米爾，阿拉伯之春[31]即將蒞臨你家附近。」

不過，幾個月後，普丁還是安然度過了這場風暴，再次執掌總統大權；在他的積極推動下，俄羅斯通過一系列防範那類示威活動再次發生的鎮壓法律，而普丁為了報復西方國家使在他身上的陰謀（據說這些計謀是針對他而來），還自創了一套混合戰法[32]。接下來，俄羅斯將善用假訊息、媒體操縱以及外國情報工作等，讓獨裁統治體制得以繼續在這個世界上長治久安。

接下來幾年，普丁除了加強克里姆林宮對俄羅斯經濟權力中心的控制力量，還進一步鞏固他在國內的政治控制力。普丁在 1999 年年底升任為總統後，就陸續將葉爾欽時代的寡頭統治集團成員邊緣化，那些人的寶貴資產多數遭到沒收，其中某些人甚至淪落到被流放或鋃鐺入獄的下場。接著，俄羅斯石油、天然氣、國防、建築、運輸和金融產業的控制權，悉數落入一群親近普丁的新貴手中──有些人是他在聖彼得堡時代的兒時玩伴，有些人則是他在蘇聯國家安全委員會時代的老同事。到頭來，俄羅斯的統治體制骨子裡依舊充斥著盜賊統治（kleptocracy，譯注：統治階級利用政治權力侵占人民的財產與權利，以增加自身的財產與權利，通常存在於威權主義國家）色彩，但當權者並不在乎外界觀感。在一波前所未見的大宗原物料商品榮景提振之下（包括石油，從 1998 年到 2008 年，油價飆漲了 10 倍），普丁順利修復了俄羅斯的政府財政 [33]、提高民眾生活水準，同時完成了俄羅斯軍隊的現代化。

在這個過程中，美國違反常理地成了普丁的幫手。不管是俄羅斯入侵喬治亞，或是普丁在國內使用各種鎮壓手段，都未曾引來美國的任何制裁。相反地，美國企業還大舉增加對俄羅斯的海外投資 [34]，其對俄投資金額遠高於對其他所有國家的投資。其中，在 2011 年時，總部位於德州的艾克森美孚公司（ExxonMobil）和俄羅斯國營石油巨擘俄羅斯石油公司（Rosneft）簽署了一份影響深遠的結盟契約 [35]，雙方協議將共同在北極海開發下一代俄羅斯石油資源，這項協議至少價值數百億美元，甚至可能達到數千億美元；在聖彼得堡郊區擁有一座大型工廠的通用汽車公司（General Motors），則將俄羅斯視為不亞於中國的成長型市場，所以，它在 2012 年承諾將加碼在當地投資 10 億美元 [36]。不僅如此，波音公司、開拓重工、奇異公司和其他美國大型績優企業，也紛紛在俄羅斯

展開大手筆投資[37]。另外，由於俄羅斯企業能完全不受限制地進出美國金融體系，最終使俄羅斯累積了超過 7,000 億美元的外債[38]。在此同時，歐巴馬政府還努力完成俄羅斯加入世界貿易組織（World Trade Organization）的程序[39]，這個耗時長達 19 年的流程，在普丁於 2012 年回鍋擔任總統後不久就結案。

即使此時普丁的反美觀點愈來愈昭然若揭，和西方國家來一場對決的欲望也愈來愈強烈，俄羅斯的經濟與軍事力量卻還是飛奔向上，而這局部是拜美國相助所賜。不過，融入世界經濟體系也有不利的一面。讓俄羅斯得以致富並變得強大的那些動力也使它變得脆弱，而拜當時正如火如荼進行中的伊朗經濟戰所賜，美國也漸漸學會如何以更有效的方式利用那種弱點。顏色革命的威脅讓普丁耿耿於懷，而他對美國這種新型態作戰方式心懷畏懼也是正確的，只不過，他搞錯戰場了。

3-3 烏克蘭廣場革命引爆點

普丁從 2012 年回鍋擔任總統開始，就急於實現他長期以來從未放棄的夢想：重建俄羅斯在其國境之外曾經擁有的權力（最初它是透過沙皇帝國擁有這項權力，後來是透過蘇聯）。不過，至少一開始，他並不打算透過武力來實現這個夢想，而是希望以金錢來達到目的。

要實現這個夢想，第一要務就是先建立歐亞經濟聯盟（Eurasian Economic Union，簡稱 EEU）[1]。歐亞經濟聯盟是以歐盟為雛形，但俄羅斯將從中享受特別高權重的利益[2]：本質上來說，想加入這個聯盟的國家，必須把本國經濟政策的控制權拱手讓給莫斯科。白俄羅斯和哈薩克共和國稍早之前就已同意參加這個聯盟，不過，這兩個國家的規模都太小了，烏克蘭才是普丁夢寐以求的至寶。由於當時親俄羅斯的亞努柯維奇執掌了基輔當局的統治權（雖然他因 2004 年選舉舞弊事件而被迫下台，但又在 2010 年透過公平公正的選舉，贏得總統大位），普丁自然認為烏克蘭天經地義將加入這個聯盟。

然而，亞努柯維奇是個貪腐又工於心計的投機者，他樂於把烏克蘭人對他的忠誠出賣給開價最高的任何一個人。就在普丁不斷拉攏亞努柯維奇之際，他卻一邊和歐盟進行談判，希望能達成一項聯合協定（這個

協定是包含自由貿易協議的合作框架,被視為烏克蘭成為歐盟正式會員的墊腳石)。這場俄羅斯對上歐洲的競標大戰,在 2013 年下半年達到最緊要的關頭。普丁為此還親自拜訪基輔,並談到了「烏克蘭的文明選擇」,暗指他認為亞努柯維奇的決定不會只是考慮金錢因素。在此同時,歐盟也希望預定於 11 月底在立陶宛首都維爾紐斯(Vilnius)舉辦的高峰會上,敲定和烏克蘭之間的聯合協定。不過,莫斯科和布魯塞爾當局雙雙明確表示,基輔當局只能二選一:要嘛加入歐亞經濟聯盟,要嘛加入歐盟,不能魚與熊掌兼得。

隨著時間趨於緊迫且先發制人的欲望愈來愈強,普丁開始採取強硬戰術。首先,烏克蘭與俄羅斯邊境的貨物流通速度大幅減緩,最後成為一股涓涓細流。接著,普丁的首席經濟顧問謝爾蓋・格拉季耶夫(Sergei Glazyev)出面解釋,莫斯科當局加強海關檢查,是為了防止烏克蘭做出「自殺行為」[3],也就是和歐盟簽署協議。言行向來誇大且極度反歐的格拉季耶夫還補充道,烏克蘭「早在 1,000 多年前就已做出了文明的選擇」,且「以宗教的說法而言」,布魯塞爾當局正將「烏克蘭拉進反對基督(antichrist)的王國」。[4]

長遠來看,對烏克蘭經濟體系而言,與歐盟整合[5]幾乎肯定比加入俄羅斯經濟俱樂部更有利。不過,普丁手上握了一張王牌。亞努柯維奇的嚴重貪污腐敗與經濟管理失當,已使烏克蘭的外匯準備大幅縮減,連 3 個月的進口[6]都支付不起。如果烏克蘭無法從某處取得新貸款,很快就會走向債務違約。另外,烏克蘭也難以接受國際貨幣基金的援助,因為它一定會要求烏克蘭進行許多嚴苛的改革,而那些改革將使亞努柯維奇無法維繫他的政治分贓制度,並導致社會支出大幅削減。歐盟雖願意提供 6.1 億歐元的貸款[7],但這筆貸款和烏克蘭急需的 100 億美元比起來,簡

直是杯水車薪。

另一方面，普丁對亞努柯維奇開出優渥的條件：他將提供 150 億美元的貸款，還願意以大幅折價[8]的方式，向烏克蘭供應俄羅斯的天然氣。於是，11 月 21 日當天，亞努柯維奇正式退出和歐盟之間的談判。

普丁獲勝了，但他的勝利並沒有維持太久。在亞努柯維奇宣布退出歐盟談判後幾個小時，就有眾多示威者在基輔的獨立廣場上集結，一邊揮舞著歐盟的旗幟，一邊高喊著「我要住在歐洲！」以及「烏克蘭是歐洲的一部份！」[9] 示威者人數很快就大幅增加到 10 萬人。亞努柯維奇派鎮暴警力前往廣場，以警棍毆打示威者，並投擲閃光彈。當局的鎮壓引爆了嚴重的暴力衝突，衝突結束後，示威群眾更加碼他們的訴求，這一次是要求亞努柯維奇辭職下台。

時任美國國務院歐洲與歐亞事務助卿的盧嵐迅速搭機趕往基輔。盧嵐是她那個世代中最受敬重的美國外交官員之一，才華洋溢的她獲得迪克・錢尼（Dick Cheney）和希拉蕊這兩位精明能幹的國務卿賞識，他們都把她安插在非常重要的工作崗位，並在職涯上給予大力提攜。盧嵐還能說一口流利的俄語。（實際上，盧嵐到 20 幾歲時才學會俄語，而她說得如此流利的原因，是她曾在一艘蘇聯拖網漁船上待了好幾個月。）[10]

盧嵐除了擁有一雙能看穿談話對象的清澈藍眼，還對自由的普世吸引力以及美國改變世界的潛力等懷抱著堅定不移的信心。她在 2013 年 12 月抵達基輔時，決心趁著這次造訪做一點有意義的事。所以，她的第一站就是獨立廣場。她在美國駐烏克蘭大使喬夫・派亞特（Geoff Pyatt）的陪同下，到示威者的營地去巡視[11]，儘管當時天寒地凍，鎮暴警察也反覆試圖以暴力驅逐，那些示威者還是頑強地留在街頭抗爭。她的第二站是去拜訪亞努柯維奇，並對他提出警告，她向亞努柯維奇表示，「任何一

2013 年 12 月,維多利亞・盧嵐發餅乾給基輔獨立廣場上的示威民眾。

個歐洲國家都無法容許」他對示威活動所做出的激進回應。要終結獨立廣場的僵局,除了必須還給烏克蘭人民「正義與尊嚴」,還得恢復和歐洲與 IMF 的接觸。她告訴亞努柯維奇:「全世界都在看著烏克蘭。」[12]

其中一名看官是弗瑞德,當時他才剛轉任制裁協調員職務幾個月。他和盧嵐曾是非常親密的同僚,而且他們兩人在美國對歐政策上,一向懷抱著共同的目標。弗瑞德是在會議的空檔接到盧嵐的電話。盧嵐問他:「你們能研擬幾個足以搞垮亞努柯維奇及其團隊的制裁方案嗎?」如果亞努柯維奇堅持試圖鎮壓示威活動,美國勢必得做出某種回應。

在正常的情況下,這件工作應該是由財政部的制裁團隊負責,但這個團隊總是高度警戒地守護著他們的地盤,而且在某種程度上不太信任

國務院。不過,蘇賓和他同事此時也為了執行伊朗臨時核協議而忙得焦頭爛額,所以他們很樂意讓弗瑞德接手烏克蘭的檔案。弗瑞德說:「我就這麼拿到了檔案。制裁令到哪裡,我們人就在哪裡。」

這時,弗瑞德因一直以來的謙遜領導風格而得到回報。儘管他這個職位的設置,局部是為了平衡財政部的聲量,但他從未想過要和財政部抗衡。他直言不諱地表示自己缺乏經濟作戰的經驗,而且滿懷學習的熱忱。弗瑞德總會邀請財政部的技術官僚來參加外交官員的會議,並在具體的制裁問題上,欣然聽從財政部技術官僚的意見。一名資深財政部制裁官員說,弗瑞德「常讚賞財政部,他對待財政部的方式和其他國務院官員不太一樣」。弗瑞德回憶,由於他和財政部官員相處融洽,所以當烏克蘭危機爆發時,「外國資產管制辦公室認為我是個好人選。」[13]

弗瑞德必須設法從國務院和財政部官員中,遴選出一批能合作無間的專家團隊,再鉅細靡遺地研擬一套對付亞努柯維奇及其黨羽的制裁方案。那類制裁措施已有一些老套,對劇本可以參考,相關的制裁通常不外乎資產凍結,以及政治人物與國安官員的旅遊禁令等,但這些措施比較像是外交排擠行動,而非真正的經濟作戰術。近幾年,美國曾對敘利亞的巴夏爾・阿塞德(Bashar al-Assad)和利比亞的格達費實施過那類懲罰。這一次的目標則是要威脅將把亞努柯維奇「貶為賤民」,藉此為盧嵐建立堅實的後盾,協助她促成以和平方式解決獨立廣場上的僵局。

截至當時為止,亞努柯維奇的態度看似不太有興趣妥協。1月中時,他推動通過一系列法律,將當時仍在進行中的示威活動定調為犯罪行為。這套所謂的「獨裁法」[14],是亞努柯維奇在議會裡的忠誠支持者以舉

手示意的方式倉促通過，對言論與集會自由設下了嚴厲的限制。不過，數十萬民眾還是無視於這些新規定，湧入獨立廣場。於是，群眾再次和鎮暴警察發生嚴重衝突，導致超過 100 個人受傷，還有數人不幸喪命。

亞努柯維奇是在普丁及其顧問的慫恿下才採取鎮壓行動的。舉例來說，有人問普丁的經濟助理格拉季耶夫，亞努柯維奇是否應該用武力來鎮壓示威者，向來喜歡搬弄烏克蘭是非的他，把當時的情況形容為「意圖政變」[15]，所以基輔政府除了還擊以外，「別無選擇。」

在此同時，盧嵐則積極在外交上來回奔走，調解亞努柯維奇和反對黨之間的關係。但 2 月初時，她與美國駐烏克蘭大使派亞特的一段電話錄音檔被披露在 YouTube 上，使她的作為公諸於世。俄羅斯情報單位解譯了這通電話，並將它洩漏出去，目的是為了說明盧嵐高度涉入這場危機。對克里姆林宮來說，這是鐵一般的證據，證明後來所謂的廣場起義的確是美國的傑作。

但事實上，華盛頓當局正努力設法以和平的方式來化解這場危機，美國的主要目的是要避免天安門慘案再次發生，而非意在驅逐亞努柯維奇。然而，這通電話令人難忘的並不是盧嵐親自插手外交事務的鐵證，而是她對歐盟的失望。當時，德、法這兩個歐盟最強大的會員國，都因為怕惹惱普丁而不願意在那些外交作為上為她提供協助，惹得她以一句「X 你的歐盟」[16] 來駁斥這兩國的憂慮，但她的那句咒罵卻登上了世界各地無數的新聞廣播節目。

這不是美國最後一次因歐洲在烏克蘭危機上的拖延態度而感到厭倦，也不是俄羅斯最後一次竊取美國機密，並以那些機密來作為武器。歐巴馬的貼身助理班・羅德斯（Ben Rhodes）曾評論：「盧比孔河（Rubicon）已被跨越[17]，這是一條不歸路。俄羅斯人不再只滿足於以駭客

3-3｜烏克蘭廣場革命引爆點

手段竊取資訊；如今，在烏克蘭可能脫離其勢力範圍的威脅下，俄羅斯人不僅非常樂意竊取資訊，更樂意將那些資訊公開在公共領域。」後來，那種戰術成了俄羅斯混合戰法的標誌。

2月18日當天，亞努柯維奇的鎮暴警察再次加強攻擊力道。接下來2天，狙擊手爬上獨立廣場周遭住宅屋頂的制高點，開槍掃射示威者，此舉殺害了大約100人[18]，並導致更多人受傷。另一方面，在華盛頓，弗瑞德的團隊已擬妥一系列懲罰措施，只等歐巴馬總統批准。

但直到那個星期稍晚，歐巴馬都沒有簽署這項行政命令，因為烏克蘭似乎出現一個能化解危機的管道。2月21日星期五早上，亞努柯維奇和反對黨達成一個協議[19]，雙方同意共組聯合政府，並約定以提早選舉來換取獨立廣場的清空。但幾個小時後，亞努柯維奇卻突然失蹤。經過幾乎一整天，議會在等不到總統隻字片語的情況下，全體投票通過解除他的總統職務。[20]

這個結果讓示威者歡欣雷動，這是他們10年來第二度為了追求更民主與更親歐的未來，成功藉由動員的方式反抗亞努柯維奇以及他最大的後盾普丁。成千上萬人為了慶祝這一刻而趕到被總統拋棄的莊園[21]遊行，這座華麗到荒謬的院落位於基輔郊區，裡頭竟有私人動物園、十八洞高爾夫球場，還有人工湖。一艘西班牙大帆船的全幅複製品永久停泊在河邊的碼頭，整個畫面貼切體現出這位前總統的財富掠奪本領和貧乏的心靈。

不過，危機並未就此落幕，只是結束第一幕而已。2月28日星期五當天，亞努柯維奇重新在烏克蘭邊境附近的俄羅斯省級城市頓河畔羅斯托夫（Rosto-von-Don）現身。亞努柯維奇被記者團團包圍，他信誓旦旦地表示：「俄羅斯一定、也必須採取行動。」[22] 他還想以總統的身份返回

烏克蘭。不過，面容憔悴的他卻也說，他「堅決反對任何干預烏克蘭國家主權完整性的作為」。

　　獨立廣場上的火爆對峙場面是遠在克里姆林宮逍遙的俄羅斯領導人一手搧動的，但從頭到尾，亞努柯維奇卻只接到那位領導人的一通簡短電話。當亞努柯維奇在頓河畔羅斯托夫卑躬屈膝之際，普丁麾下的「綠衣男子」正忙著拿下克里米亞的控制權。烏克蘭的這位逃亡總統已經失去了利用價值，同樣地，弗瑞德及其團隊準備對亞努柯維奇實施的制裁也不再有價值可言，因為被罷黜的暴君亞努柯維奇即將從舞台上淡出。這場危機不再只是烏克蘭危機，而是俄羅斯危機。

3-4 先瞄準，再開火

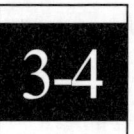

俄羅斯軍隊占領克里米亞後，烏克蘭幾乎無計可施，更遑論美國。基輔當局的軍隊無論是兵力或軍備都不足以和俄羅斯軍隊抗衡。早在普丁增派補強兵力以前，俄羅斯就已派駐1,000多人在它位於賽瓦斯托波爾的海軍基地。莫斯科當局也早就在烏克蘭的武裝部隊裡培養了一批效忠俄羅斯的份子，因為那些部隊的多數領導人都是在蘇聯時期的軍隊展開軍旅生涯。其中某些人在「綠衣男子」出現後立即叛逃，像是烏克蘭的高階海軍上將之一謝爾蓋・葉里謝耶夫（Sergei Yeliseyev，他畢業於蘇聯時代的海軍學校）。[1]

此時的戰場一面倒地對俄羅斯有利，所以美國官員建議烏克蘭臨時政府暫且不要還擊。[2] 盧嵐回憶當時的情況，直指烏克蘭缺乏軍事設備，並說：「白宮方面認為（一旦還擊）他們必會陷入任人宰割的窘境。[3] 他們沒有足夠的軍備可用來打贏這場戰爭。」更糟的是，如果在未考慮周全的情況下貿然出兵保衛克里米亞，將讓普丁有藉口進一步擴大戰事，更深入侵略烏克蘭。

3月1日星期六當天，歐巴馬花了1個半小時和普丁通話，企圖以他的三寸不爛之舌，說服作為現代沙皇的普丁不要輕易祭出最後一搏。歐巴馬在通話中訴諸國際法，他引用了《布達佩斯備忘錄》與《聯合國憲章》（UN Charter），同時表達「對俄羅斯明顯侵犯烏克蘭主權與領土完

整的深刻關切」。總之，他依舊試圖尋找彼此之間的共同基礎。不過，他也警告，除非普丁改弦易轍，否則莫斯科當局的行動將「對俄羅斯在國際社會的聲譽造成負面衝擊」。[4]

但普丁根本不把歐巴馬的威脅當一回事，他還反嗆：「如果暴力事件進一步蔓延到烏克蘭東部和克里米亞，俄羅斯將保留保護其本國利益與該地區俄語人口的權利。」[5] 就算你不太懂外交語言，一定也能聽出他大概的意思：奉勸你們最好停手，否則我會併吞更多烏克蘭領土。

美國要解決的挑戰是：一旦衝突擴大，如何確保俄羅斯付出的代價高於它得到的利益？不過，所謂的代價究竟都**是些什麼**？本質上來說，那不可能是軍事上的代價，因為烏克蘭幾乎沒有做好戰鬥整備，美國也還沒準備好要跟一個勢均力敵的核武超級強國開戰。普丁並不怎麼在乎外界的譴責，也不擔心美俄關係惡化，因為他橫豎早就把美國視為主要敵人。所以，就美國的立場來說，最好是把戰場轉向美國掌握了不對等優勢的領域——也就是經濟體系。

制裁諸如亞努柯維奇那種小獨裁者或許有一套標準的作業程序，但如果是要制裁俄羅斯，就沒有所謂的標準程序可依循。俄羅斯的經濟規模和美國比起來的確微不足道，但和美國以前曾制裁的國家比起來，俄羅斯經濟體系卻儼然是個巨人。外國資產管制辦公室的技術官僚與國會山莊的參謀群，不可能在完全不考慮後果的情況下，斷然躲在華盛頓的斗室之中，對俄羅斯實施一次比一次嚴厲的制裁。如果華盛頓方面打算以攻擊伊朗的那類經濟武器來打擊俄羅斯，歐洲乃至美國本身都不可避免會遭受反作用力衝擊。由於美國商會（U.S. Chamber of Commerce）與全國製造業協會（National Association of Manufacturers）等勢力龐大的產業團體對制裁的後座力深感憂慮，於是他們急忙遊說白宮[6]與國會不要採

取行動。另外,由於全球金融危機剛結束不久,全球經濟復甦腳步依舊蹣跚,這一切的一切導致華盛頓當局對制裁俄羅斯一事抱持嚴肅的保留態度。

歐巴馬政府內部對此的意見相當分歧[7]。弗瑞德、盧嵐和熟悉俄羅事務的多數同僚,都主張採取明快且強烈的回應。但其他人——包括主管經濟政策的官員——則敦促宜保持審慎,他們的想法是,基於經濟展望充滿不確定性,最好暫時不要在這個節骨眼上出手捅馬蜂窩。歐巴馬本人和他最親近的助理也都傾向於克制,當時總統本人正試圖將政策重心轉向亞洲,不過這個計畫已因美國持續捲入中東事務而遭遇阻礙。(伊朗的核子計畫和利比亞的內戰都分散了華盛頓當局的注意力。)在這個情境下選擇和俄羅斯槓上,似乎顯得愚蠢至極——尤其歐巴馬的某些顧問認為,美國非常需要和莫斯科當局合作解決伊朗與利比亞問題。就在弗瑞德提倡對俄羅斯實施嚴苛制裁之際,一名白宮官員還一度對他說:「丹,你知道嗎,烏克蘭對美國並沒有重大的國安利害關係可言。」

即使是財政部的某些官員都認為,美國的制裁彈藥庫可能阻止不了普丁的「帝國進行曲」。3月3日星期一早上,外國資產管制辦公室的第一件工作就是召開小組會議,討論白宮最近提出的要求:制裁俄羅斯的選項。在場幕僚人員對這個主題的反應是集體翻白眼。一位與會人員回想當時的狀況,他當時想著:「我們根本沒有制裁俄羅斯的管道。」他們過去確實經常鎖定鮮為人知的伊朗銀行業者、蓋達組織的恐怖份子,以及拉丁美洲的毒梟。那位官員說,但**制裁俄羅斯**「簡直就像帶一支鉛筆去參加械鬥」。

歷經過去一整年的相處,弗瑞德已和外國資產管制辦公室的人混得相當熟,他能感覺到他們的憂慮。他說:「這是非常嚇人的全新挑戰。[8]

Chokepoints

他們對俄羅斯和烏克蘭的瞭解都極其有限。他們不瞭解俄羅斯經濟體系，那是個全然不同的世界。」

不過，歐巴馬政府內部很快就撇開歧見，並就一個原則達成共識：美國不該獨自採取行動。在對付伊朗的經濟戰中，單邊主義是常態：華盛頓當局一馬當先，拖著不甘不願的歐洲領袖配合前進——有時甚至動用次級制裁來威脅那些領袖，而且，這個「順我者昌，逆我者亡」的方法也得到美國國會超級多數的支持。在過去，美國的這種行為雖讓歐盟義憤填膺，但歐盟基本上也不希望破壞大西洋兩岸的聯盟關係，畢竟美歐關係比歐洲和伊朗之間的關係重要很多。

然而俄羅斯就不同了，它可是歐洲的鄰居。歐洲和俄羅斯之間的文化聯繫更深，經濟依存度更高：歐洲經濟體系以及人民生活品質端賴取得廉價俄羅斯能源來維繫。如果華盛頓當局不由分說地先下手再協商，就可能動搖美國和歐洲之間的互信關係。

美歐團結之所以重要，還有另一個比較戰術性的理由。1990年代時，國會逼迫德州的康納和石油公司離開伊朗，當時康納科公司的歐洲競爭者隨即搶進，取代了它的地位。諸如此類的補位行為堪稱戕害制裁計畫的毒藥，因為那種行為會導致制裁失去效力，並促使美國企業外移到其他國家，從而削弱政治圈對制裁政策的支持。

以俄羅斯的例子來，美國被「補位」的風險極高，畢竟歐洲和俄羅斯之間早已建立了比美俄之間更緊密的關係。如果福特汽車和通用汽車關閉位於俄羅斯的工廠，諸如法國的雷諾汽車和德國的福斯汽車等競爭者，就可能用非常划算的價格，接收美國汽車公司留下的工廠。另外，如果波音公司停止在俄羅斯推銷飛機，該公司的歐洲對手空中巴士可要發大財了。

就在歐巴馬打給普丁的隔天,財政部長路傑克已經開始和英國與法國的財政部長通話,[9]瞭解他們對制裁俄羅斯有多熱衷。唯有跨大西洋團結一致,這場危機才有機會解決,但偏偏危機來得很不是時候。當時歐盟最主要的會員國德國,國內正因美國國家安全局被控竊聽梅克爾的電話[10]而群情激憤。當時只有區區38%的德國人認為美國是個「值得信任的夥伴」[11],這是小布希時代以來最低的數字。在那個情境下,美歐團結並組成統一陣線的展望似乎有點遙不可及。

面對前述諸多不確定性,歐巴馬自然相當謹慎。他指示團隊要「先瞄準,再射擊」。[12]他們將先實施一小組制裁措施,接著再發動大張旗鼓的攻擊。在最好的情境下,這個漸進式方法將讓普丁有更多理由打退堂鼓,因為如果他不認輸,美國還有能力加強施壓力道。

接下來幾個星期,國務院和財政部的制裁團隊實質上等於住進了白宮的西翼辦公室(West Wing),他們每天在那裡的地下室——也就是陽春的白宮戰情室——討論制裁政策。經過幾次激烈的唇槍舌戰,眾人終於達成共識:先鎖定普丁核心圈人士(這些人是普丁身邊的一小群朋友,個個都是俄羅斯經濟體系裡的關鍵要角)的資產。這些人因接近權力核心而獲得了可觀的財富,並用那些財富大肆蒐購地中海度假別墅和超大型遊艇。他們也協助捍衛普丁本人的鉅額財富,很多克里姆林宮問題的專家都認為,只有這一群人能真正得到這位俄羅斯總統的信任。

盧嵐積極力促以普丁的親信為目標。她說:「我的理論是[13],他們一定會去找沃瓦(Vova,她指的是普丁的小名),跟他說那麼做不值得。我們堅信他們是他周遭真正能影響他的人,而在那些人眼中,烏克蘭並不

重要,錢才是重要的。」

一般來說,辨識上述核心圈成員的工作是由中情局與其他情報機關負責。不過,911事件發生後那幾年,位於中東與其他地方的聖戰網路變成了美國情報機關優先追蹤的對象,結果導致那些機關處理俄羅斯問題的能力與經驗漸漸減弱。少了來自情報體系強有力的意見,盧嵐和弗瑞德等國務院俄羅斯專家順理成章地填補了這個空缺。就這樣,弗瑞德在美國駐莫斯科大使館職員的協助下,開始草擬一份普丁親信與潛在目標對象的名單。

在此同時,白宮也一邊草擬它本身的名單,這份名單是美國國家安全委員會的國際經濟學資深處長羅瑞・麥法奎爾(Rory MacFarquhar)負責編撰。頂著一頭俐落花白短髮的麥法奎爾是個頭腦冷靜、喜怒不形於色的經濟學家,但和外表相反的是,他很有幽默感。他曾在高盛公司的莫斯科辦公室工作近10年,所以他跟華盛頓當局的所有人一樣瞭解俄羅斯的商業菁英份子,更曾和其中很多人一起喝過伏特加配俄羅斯小圓餅(blinis)。

白宮戰情室召開一場接一場的會議,麥法奎爾在會中反覆強調,普通的老寡頭統治集團成員和普丁身邊那些頑固的親信之間有一個很大的差異。麥法奎爾認為,寡頭統治集團成員「在普丁上台前就已賺了很多錢」,所以「一有機會,他們都很樂意在普丁背後捅他一刀」。[14] 因此,鎖定這些寡頭統治集團成員並非明智之舉,因為他們對克里姆林宮已經沒有實質的影響力,而且凍結他們的資產與對他們實施旅遊禁令,反而只會逼得他們和普丁站在一起。(他們甚至特別感激普丁併吞克里米亞,因為那裡雖比不上法國沿海地區,但到了夏天,當地的海邊一樣有著溫暖且充足的日照。)相反地,對普丁真正的親信展開手術般的精準攻擊,

不僅將使他們有誘因遊說普丁打消染指烏克蘭的念頭，還會讓寡頭統治集團成員有誘因和克里姆林宮保持距離，以免自身也淪為被美國制裁的目標。

　　普丁的某些親信是克里姆林宮的官員或國有企業的執行長，所以最容易鎖定，只要一紙凍結俄羅斯政府官員資產的行政命令，就能輕易達到目的。不過，很多最親近普丁的人並沒有正式在政府任職；取而代之的，他們是從外圍來執行他的命令。其中一人是從普丁12歲開始就和他一起學桑博（*sambo*，一種類似柔道的武術，是蘇聯紅軍〔Soviet Red Army〕所發明），並因此和他結為好友的阿爾卡迪・羅騰貝格[15]（Arkady Rotenberg）。阿爾卡迪和他弟弟伯里斯（Boris）共同負責為普丁管理建築專案[16]包括2014年索奇（Sochi）冬季奧運合約總價達70億美元的館場興建計畫，以及在黑海海岸幫普丁興建私人巨大豪華宮殿的10億美元案件等。羅騰貝格兄弟並非克里姆林宮的官員，卻是普丁政權最終極的內部人。

　　制裁羅騰貝格兄弟等親信，有一些實用的前例可循，那就是美國財政部為阻止資金流向恐怖份子和毒梟而曾採取的作為。外國資產管制辦公室經常制裁特定恐怖份子領袖或毒梟，接著再制裁為那些人提供「具體支援」的追隨者和出資者。這些作為最終會構成一個約束網路，從上到下涵蓋主其事者以及其他縱容不當行為的人。

　　從技術角度來說，這個方法完全適合用來對付普丁的核心圈人士，但若要使用這個方法，就需要也對普丁本人實施制裁，因為他就像是這類情境裡的恐怖份子頭頭或毒梟。不過，美國還不打算採取那個步驟，不是因為那麼做會導致普丁破產（他不可能破產），而是因為那象徵著美俄關係的徹底決裂。所以，取而代之的，反恐暨金融情報部主任柯恩和

Chokepoints

幾位外國資產管制辦公室的幕僚，最終選定了凍結個人資產的方案，他們鎖定一群為某個匿名「高階俄羅斯政府官員」提供支援的個人，並凍結他們的資產。任何人都猜得出那位匿名官員是誰，不過，美國政府卻因此能在不直接鎖定普丁的情況下，制裁他的親信。

此時克里米亞已被俄羅斯牢牢把持，不過黑暗中還是存有一線希望──說不定普丁會避免正式併吞這片領土。長期和生性粗暴的俄羅斯同級官員拉夫羅夫保持固定聯繫的美國國務卿凱瑞[17]，敦促各方達成一項賦予克里米亞在烏克蘭境內擁有更多自治權的決議，而不是放任俄羅斯直接併吞這片領土。每個人都心知肚明，併吞是條不歸路，一旦普丁選擇了這條路線，就不會有回頭的機會。歐巴馬選擇在普丁做出最後決定之前，暫時不對弗瑞德和麥法奎爾擬定的親信名單出手。

然而，為達警告的目的，歐巴馬也在3月16日──也就是克里姆林宮在克里米亞舉辦假公投的日子──簽署了一份行政命令。歐巴馬根據財政部的建議，在這份行政命令中授權對所有為「某高階俄羅斯政府官員」提供具體支援的俄羅斯政府官員以及個人實施制裁[18]。他也宣布對普丁身邊少數幾位最鷹派的助理以及促成克里米亞作戰行動的推手[19]等，實施第一波資產凍結。其中一人就是強力要求亞努柯維奇對示威者開槍的克里姆林宮顧問格拉季耶夫，另外還有自命「克里米亞總理」且請求俄羅斯介入干預的阿克斯基尤諾夫。隔天，歐盟也跟進發佈了相似的制裁名單[20]。

歐巴馬簽署行政命令後兩天，普丁召集一群政治與經濟權力掮客，在大克里姆林宮（Grand Kremlin Palace，這座華麗的莊園曾是沙皇的住所）集會。普丁在鍍金枝型吊燈以及一排大型俄羅斯三色旗旗海的簇擁下，簽署了俄羅斯正式併吞克里米亞與賽瓦斯托波爾的條約，接著起身

發表一席慷慨激昂的演說。

他展開冗長的歷史長篇論述，宣稱「就人民的情感與理智來說，克里米亞永遠都是俄羅斯不可分離的一部份。」[21] 他辯稱，為了成為偉大的強國，而非西方世界的走狗，被制裁只是小小的代價。「只因為我們堅持並維護獨立的立場，且因為我們總是實話實說而不矯揉造作，他們就不斷試圖把我們逼入絕境。不過凡事都有個限度。在烏克蘭的問題上，我們的西方夥伴已經越界了。」普丁警告，把俄羅斯逼入絕境的人一定得承擔某種後果。「如果你把彈簧一路壓縮到極限，它一定會強力反彈。務必永遠記住這一點。」

就在普丁發表這席慷慨激昂的演說時，柯恩正在紐約參加《冰與火之歌：權力遊戲》(Game of Thrones)影集第四季的首映會[22]，這是他的連襟大衛・班紐夫（David Benioff）創作的 HBO 熱門影集。他知道普丁的併吞行動對柯瑞的外交努力是個致命打擊，而且它將啟動一系列重大的新制裁。所以柯恩急忙趕回華盛頓，以便全程參加由歐巴馬親自主持的國家安全委員會會議。（這意味柯恩錯過了首映，但他事後稍稍彌補了這個遺憾，因為他在幾季之後的影集裡客串了一角，飾演一名排隊領救濟湯的臨冬城〔Winterfell〕貧民。）[23] 那時，柯恩的上司——財政部長路傑克——在正式訪問墨西哥期間因緊急前列腺問題而住院[24]，不過，由於歐巴馬親自主持的這場會議看起來將具決定性意義，所以路傑克還是忍著劇痛返回華盛頓。

歐巴馬在會議上批准了第一輪的資產凍結令，對象是普丁最內圈的人士。羅騰貝格兄弟當然名列其中，俄羅斯鐵路公司董事長弗拉基米爾・亞庫寧（Vladimir Yakunin，他是普丁的親密知己，他倆在 1990 年代的聖彼得堡共事過）同樣「榜上有名」。普丁的另一名好友詹納迪・季姆辰柯

Chokepoints

（Gennady Timchenko）也沒有逃過一劫──季姆辰柯是大宗原物料商品貿易公司貢沃爾公司（Gunvor）的共同創辦人，這家企業透過購買、轉賣俄羅斯石油而獲利豐厚。

為了促使外界將焦點轉向普丁本人獲得的不義之財，歐巴馬還授權財政部公布普丁和貢沃爾公司之間的可疑連結。（一篇事後發佈的新聞稿提到：「普丁投資了貢沃爾公司 25，也可能可取用貢沃爾的資金。」）名單上最後一個大名鼎鼎的人是尤里・科瓦利丘克（Yuri Kovalchuk），美國的官員形容他是普丁的「收銀機」[26]。科瓦利丘克是俄羅斯銀行（Bank Rossiya）的老闆，這家中型銀行長年為普丁的親信提供白手套服務。歐巴馬還同意直接制裁俄羅斯銀行，這麼一來，這家銀行就無法進出美國金融體系。白宮並沒有因為採取這個措施而感到不安，因為這家銀行的規模不大，不足以在俄羅斯以外的金融市場引發任何問題。

這場國家安全委員會會議即將結束時，場上的討論轉向了對俄羅斯經濟體系的所有產業實施更廣泛制裁的問題。

但美國尚未為此做好準備，歐洲更不用說。不過，若能發佈威脅採取那種「特定產業制裁」（sectoral sanctions）的行政命令，或許能嚇阻普丁對烏克蘭採取進一步行動。

歐巴馬認為這個主意不錯，所以柯恩馬上夥同財政部與白宮的一群律師，徹夜草擬這份行政命令。到隔天早上，他們還在用鉛筆增補最後的修訂文字，希望趕在歐巴馬出發前往佛羅里達奧蘭多參加活動前完成這份文稿。那天早上，總統專用的海軍陸戰隊一號（Marine One）[27]直升機已停在白宮南草坪待命。於是，眾人決定把這架耀眼奪目且能充分彰顯美國實力的直升機作為背景，讓歐巴馬公開發言，威脅將對俄羅斯採取廣泛的經濟制裁。歐巴馬的國家安全顧問萊斯在歐巴馬總統預訂啟程

時間的前一刻核准了這份文稿,接著歐巴馬總統及時走向草坪。

他說:「我今天簽署了一份新的行政命令,根據這項命令,我們有權對俄羅斯經濟體系的關鍵行業[28]實施制裁,不再只是制裁個人「這並不是我們偏好的結果,這些制裁不僅會顯著衝擊俄羅斯經濟體系,也可能對全球經濟體系造成破壞。然而,俄羅斯必須知道,它導致緊張局勢進一步惡化的所有作為,都只會讓它在國際社會上更加孤立。」

這份命令威脅將對俄羅斯境內的**所有**企業實施制裁,其中特別指名從事金融服務、能源、金屬、礦業、工程和國防業務的企業——換言之,它涵蓋了俄羅斯經濟體系的所有主要行業。不過,這份命令並沒有詳細說明具體的罰則是什麼。

換言之,歐巴馬雖畫出了一條不容跨越的界線,他還是期待光靠威脅就足以產生作用。

3-5 制裁聯繫小組的祕密行動

我必須上路了。

以前弗瑞德感到沮喪時，總是把心思轉到旅行上。曾身為外交官的他堅信，持續面對面互動——也就是前國務卿喬治・舒茲（George Shultz）所謂「照料花園」——的重要性。特別是在當前華盛頓的政策流程卡關這類關鍵時刻，這個理念顯得更有道理。

2014 年 4 月，也就是普丁利用槍口威脅來重新繪製歐洲地圖之後幾個星期，美國已凍結了普丁幾位親信的資產，但截至那時為止，那些作為都無濟於事。季姆辰柯甚至神奇地在他成為制裁目標前幾個小時，賣掉了他對大宗原物料商品貿易公司貢沃爾的持股[1]。親近普丁總是有好處可拿。

歐巴馬也已威脅將對俄羅斯經濟體系的特定戰略性重要產業實施制裁。不過，歐巴馬政府內部連是否要「說到做到」、落實那些口頭威脅，都還存在極大的歧見，更別說草擬具體的制裁內容了。這個問題很嚴重，因為普丁對烏克蘭的胃口並沒有因為吞併克里米亞而滿足。相反地，他成功拿下克里米亞一事，看起來好像只是讓他更貪得無厭。

那個月稍早，「綠衣男子」突然開始在烏克蘭東部的幾個省分現身，

他們占據了頓內茨克、盧甘斯克，以及哈爾科夫（Kharkiv）等地的政府大樓。這幾個地方都是重要的工業中心，也是烏克蘭的大型都市。烏克蘭軍隊雖迅速奪回了對哈爾科夫的控制權，但統稱頓巴斯地區（Donbas）的頓內茨克與盧甘斯克，只能靠隱匿的民兵來堅守。後來在俄羅斯情報官員的領導下，這兩地宣布獨立，脫離烏克蘭，同時要求舉行公投。

普丁正在重演克里米亞的劇本，而這一次他的目標是烏克蘭的工業腹地。

普丁絲毫沒有掩飾他的巨大野心。他的宣傳人員不斷吹捧成立**新俄羅斯**（*Novorossiya*，涵蓋烏克蘭東部以及其南部黑海沿岸的廣闊領土）的好處。普丁在一場長達4小時的全國電視馬拉松式問答節目裡說：「這就是**新俄羅斯**[2]，在沙皇時代，哈爾科夫、盧甘斯克、頓內茨克以及奧德薩（Odessa）並不屬於烏克蘭；這些地方在1920年被轉移給烏克蘭。理由是什麼？只有天知道。後來，基於種種原因，我們失去了這些地區，但人民還是滯留在那裡。我們需要鼓勵他們找出解決方案。」

由於白宮官員遲遲無法針對普丁公開「鼓勵」烏克蘭東部民眾找出「解決方案」一事的對策達成共識，眾人最終只好提出一個折衷方案。他們的確將尋求實施嚴厲的制裁，但只會以歐洲人願意支持的節奏來進行。對較謹慎的陣營來說，這個方案是可接受的，因為他們假設歐盟不敢故意激怒俄羅斯，換言之，歐洲人充其量只會以非常緩慢的速度採取行動。基於很多實質面的理由，美歐團結確實非常重要，不過這個「和歐洲亦步亦趨採取行動」的要求，某種程度上其實是為了制衡弗瑞德與盧嵐等主張採行更強硬路線的官員。國家安全委員會經濟學家麥法奎爾是極力主張克制的人，他把那個妥協方案稱為「抑制弗瑞德的策略」。[3]

麥法奎爾和其他抱持相同理念的同事擔心過於嚴苛的制裁，會對世

界經濟體系產生意料外的外溢效應，並擔心美俄關係因烏克蘭而徹底決裂。麥法奎爾承認，這個妥協方案旨在發揮某種約束的效果，讓「不斷主張加碼制裁[4]，完全不管那會對全球經濟與金融穩定造成什麼後果」的政府官員無法暢所欲為。至於弗瑞德本人對白宮的真正目的也心知肚明，但他並不在意。他說：「只要不是銅牆鐵壁[5]，就能找得到破口。」

事實上，弗瑞德認為白宮的指示是所有外交官最夢寐以求的事。那些指示形同正式授權他和他的團隊去和歐洲人協商，再把對方的口頭承諾帶回華盛頓，作為後續的行動依據。他解釋：「如果我們得到的指示是『以歐洲人願意接受的節奏前進』，那就代表「只要是我們能說服歐洲人同意的事[6]，我們國家也會同意去做，不管是什麼事。」

弗瑞德非常推崇國家安全委員會的二當家唐尼‧布林肯（Tony Blinken），因為授權他去向歐洲人說明為何要更積極制裁俄羅斯的人正是布林肯。他們兩人早在柯林頓總統執政時期就相識，而且他們的意見往往一致。弗瑞德提到布林肯時說：「他正式授權我去協商，[7]他交給我的任務並不複雜，那是簡單的事情。」

3月底，七大工業國集團（The Group of Seven，簡稱 G7）——包含美國、歐盟、德國、法國、義大利、英國、加拿大與日本的民主國家陣營——領袖在荷蘭的海格市（Hague）集會。[8]（普丁併吞克里米亞前，這個組織稱原為八大工業國集團，但併吞事件之後，俄羅斯被踢出這個團體。）G7 的領袖呼應歐巴馬的行政命令，在一份聯合聲明中警告，「⋯⋯如果俄羅斯繼續一意孤行並導致局勢惡化」，他們將「採取包括協同的特定產業制裁[9]等更強烈的行動」。不過，根本沒有人知道所謂「特定產業制裁」的定義是什麼，只知道會比目前主要鎖定個人的方法更嚴厲。但無論如何，這篇聲明足以證明弗瑞德的確不愧為外交權威。

3-5 ｜ 制裁聯繫小組的祕密行動

不久之後，弗瑞德組建了一個俄羅斯制裁聯繫小組，這個小組是由 G7 會員國和另外幾個利益團體（包括波蘭、挪威與澳洲的團體）的代表組成。制裁聯繫小組的宗旨是要就制裁的想法進行腦力激盪、分憂解勞，並分析各個不同制裁選項的潛在影響。該小組沒有制定決策的權力，但他們將盡可能在事前達成足夠的協定，這麼一來，待 G7 的領袖下定決心要加強制裁俄羅斯時，他們各自的政府就能迅速採取團結的行動。這個聯繫小組將低調進行他們的工作，但也不會刻意保密，換言之，他們的運作將不會受到一般媒體關注，但會刻意讓俄羅斯情報單位有辦法掌握他們的動向，這麼做的目的是希望俄羅斯瞭解該小組的存在，證明西方國家威脅將採取更嚴厲制裁的說法並非只是空口白話。

歐洲人欣然接受了這個想法。過去在伊朗制裁相關的議題上，美方鮮少主動提前和他們諮商；取而代之的，歐洲國家總是被動被告知美方的決定，最終都只剩兩條路可走：要麼配合美國，要麼是冒險跟美國作對，賭賭看歐洲企業究竟會不會真的被擋在美國金融體系門外。如今弗瑞德給了他們主動出擊的機會，不再只能被動回應。無論如何，問題並不在於歐洲人難以說服，而是因為歐盟在制定外交政策決策時需要集會，並取得 28 個會員國[10]的全體支持。也因如此，無法享有磋商和那個過程的歐洲外交官，職業壽命一定不長久。

俄羅斯制裁聯繫小組的第一場會議是在美國駐歐盟大使館的一棟附屬建築內召開，這裡是個精簡的彈性使用空間，裡面有一些小型分組會議室和一間設備簡陋的小廚房。它看起來比較像是某個草創企業的辦公室，完全不像全球超級強國的外交會議廳。不過，這種非正式的環境正合弗瑞德的胃口，因為這裡的環境氛圍讓他的歐洲同僚們得以稍稍放鬆警戒心。

在這場會議開始前,弗瑞德坐到德國代表身旁,和他討論基本規則。一如通常的狀況,德國是關鍵的參與者——如果柏林當局不加入,布魯塞爾也會按兵不動——所以,聯合行動非常重要,何況在制裁俄羅斯的問題上,柏林當局內部的意見分歧程度比華盛頓當局更嚴重。

那位德國外交官問:「你不會堅持簽訂正式的協議或擬定經全體同意的會議記錄吧?」

弗瑞德回答:「當然不會,那太要命了。如果要做那種東西,一定得經過徹底討論。這場會議只是草擬正式文書前的練習。」

那個德國人明顯鬆了一口氣,說:「太好了,感謝上帝。」

弗瑞德向他保證:「不用拘泥於例行公事,保留最大彈性。」

接著,弗瑞德向參加會議的十幾名代表重申了他傳達給德國代表的訊息。一般來說,多方外交往來通常都屬於高度正式的活動,出席代表只會照本宣科地複誦預先準備好的談話要點,其他人則忙著打瞌睡。不過,弗瑞德想打造一種不同的外交形式,他希望創造自由討論的空間——他不希望這個小組的會議變成聯合國的瞌睡大會,他要的是比較類似大學研討會的氛圍。

從那時開始,弗瑞德和同事每隔兩、三個星期就會搭紅眼航班去歐洲。所有人都不准托運行李,而且一下飛機就得馬上進入開會狀態。他們幾乎都在布魯塞爾集會,這也使得那個彈性使用空間成了該聯繫小組的非正式總部,不過,他們也經常在柏林、倫敦和巴黎停留,並因此成了當地不少餐館的常客,到後來,那些餐館的領班還熟到把他們當成鄰居來接待。

他們有時候也會拜訪對制裁存有疑慮的匈牙利和斯洛伐克,當然也會到制裁「主戰派」的立陶宛和波蘭。他們到基輔時,會和烏克蘭的新

總理阿爾謝尼・亞岑紐克（Arseniy Yatsenyuk，一名戴眼鏡的禿頭經濟學家。亞努柯維奇被解除職務後留下了一堆爛攤子，亞岑紐克遂接手監督政治改革）促膝長談。每天忙到深夜後，他們還得帶著昏沉沉的腦袋，回到本地的美國大使館，火速以電子郵件向華盛頓當局回報當天所有討論內容的摘要。這些電子郵件又進而會影響白宮戰情室內的政策辯論。以這種地毯式外交努力來說，弗瑞德擔任的已不僅是美國的制裁協調員，更像是西方國家對普丁制裁作戰運動的四分衛。

在這個過程中，他培養了幾位攸關重大的盟友，其中，他特別珍視和愛沙尼亞人亨利克・霍洛雷（Henrik Hololei）之間的和諧互信關係。性格爽快的霍洛雷是歐盟執行機關——歐盟執委會（European Commission）——的高階官員。歐盟執委會的政策幕僚時被稱為歐盟官員（Eurocrats），據說總是乏味又無趣，但霍洛雷卻截然不同，他是個交通工具迷，他在歐盟執委會布魯塞爾總部裡的辦公室，相當現代化且明亮，裡頭還擺設了許多玩具飛機和火車。不過，他的個人風格恐怕無助於消除外界對「歐盟官員」的刻板印象。霍洛雷是在蘇聯的枷鎖下長大，自然深知俄羅斯帝國主義的威脅有多可怕。最重要的是，他的幕僚非常瞭解俄羅斯經濟體系的內部運作狀況，就像汽車技工瞭解引擎一樣。

弗瑞德很善於辨別像霍洛雷及其團隊夥伴那樣的官員：那類官員就是他所謂負責「撰寫備忘筆記」的人，也就是有能力在決策者做出最後決定之前影響決策的人。這類官員多半都相對默默無聞，但他們擁有巨大的幕後影響力，只是他們的影響力被職等或頭銜掩蓋了。在短短的時間內，弗瑞德就打造了一個遍布布魯塞爾、倫敦、柏林和華沙的「備忘筆記撰寫人網絡」。其中，英國夥伴的幫助特別大──當時英國尚未投票決定脫歐。那些英國夥伴和弗瑞德一樣偏好對俄羅斯進行積極的制裁，

而且他們非常瞭解布魯塞爾的一動一靜，所以能為弗瑞德提供和歐盟案件審查條件有關的建議。

弗瑞德的外交努力為全新的經濟戰規劃模型奠定了堅實的基礎，儘管一開始他的這項貢獻並不那麼顯而易見。隨著俄羅斯和中國、西方國家愈來愈分道揚鑣，仰賴聯合國安理會作為多邊制裁的主要協商論壇的作法已不再可行。美國在對伊朗發動經濟戰時，就已意識到聯合國的腳步太過遲緩，永遠不可能給予核外交真正的機會，所以，美國決定自行解決問題。如今，隨著對俄羅斯發動經濟戰的可能性愈來愈高，美國轉而指望 G7 的盟友（其中最重要的自是歐盟）能建立一個多邊制裁的「合意聯盟」。總之，聯合國安理會的重要性愈來愈低，G7 則慢慢取代安理會的角色。G7 是由民主國家組成，各國之間想法相近，且合計貢獻了近一半的全球經濟產出[11]，所以，如果這些國家能以單一陣營的姿態發動經濟戰，想必會成為一股令人難以漠視的力量。

不過，2014 年春天時，隨著普丁持續朝他的**新俄羅斯**幻想推進，西方國家的領袖卻依舊猶豫不決。一份遭外洩的歐盟報告警告，若對俄羅斯展開類似對伊朗的制裁——包括石油與天然氣禁運——有可能導致德國的 GDP 減少幾乎 1 整個百分點。[12] 由於當時整個歐元區還沒有完全擺脫金融危機的遺毒，所以情況清楚顯示，即使真的對俄羅斯實施「特定產業制裁」，制裁的力道也必然不會像對伊朗的制裁那麼嚴厲。不過，拜弗瑞德的努力所賜（他成功組織了一個願意把各自的文官效忠精神暫時留在國內，並力促跨大西洋統一戰線的美國官員差旅團），美國和歐洲全力支持未來制裁方案的機會也明顯上升。剩下的就看如何發揮創意了。

3-6 外科手術式的經濟打擊

弗瑞德忙著在歐洲四處奔走之際,華盛頓方面的經濟政策團隊也愈來愈憂心忡忡。普丁幾乎沒把西方國家可能實施廣泛經濟制裁的威脅當一回事——這向來是個顯而易見的風險。不過,金融市場似乎也不以為意。俄羅斯侵入克里米亞時,投資人最初基於不安的心理而將資金從俄羅斯抽出,並一度導致俄羅斯的主要股票市場重挫10%。[1] 不過,美國實施第一輪制裁後,市場察覺到相關懲罰的影響有限,於是,俄羅斯經濟體系很快就恢復穩定。[2]

3月底時,歐巴馬總統站在總統專用直升機前警告普丁,若他進一步讓緊張局勢惡化,將導致「俄羅斯經濟體系關鍵產業」遭到制裁。不過,普丁絲毫沒有動搖,甚至隨即繼續挺進,將他的「綠衣男子」送進頓巴斯。歐巴馬雖已經畫出底線,普丁卻絲毫不當一回事地跨過去。儘管如此,華爾街依舊不太相信華盛頓當局已準備好對俄羅斯揮出重拳。

4月,IMF與世界銀行在華盛頓召開各自的春季會議,歷來許多成功的政策制定者、經濟學家與金融家都會參加這些年度論壇。美國國家安全委員會的經濟學家麥法奎爾也參加了那兩場盛會,並在會中和一群投資人討論烏克蘭危機。讓他震驚的是,和他對談的人竟當面揶揄他,其

中一個人尤其直白地說:「你們這些傢伙最終一定什麼事也不會做。」

財政部長路傑克在同一個場合裡和俄羅斯財政部長安東・希盧安諾夫(Anton Siluanov)並肩而坐,他趁機重新威脅將進行更嚴厲的制裁。[3] 不過考量到整個會議廳內普遍「看衰」所謂的制裁行動,希盧安諾夫自然也對路傑克的警告半信半疑。

從2006年鮑爾森協助李維發動對伊朗的經濟戰之後,接下來幾任財政部長多半未參與制裁政策。鮑爾森任內最後兩年都在忙著對抗全球金融危機,而接任他的蓋特納,更是幾乎整個任期都在處理這場危機。然而,路傑克在2013年年初接任財政部長後,就對制裁政策非常感興趣。如今隨著他檢視過財政部的俄羅斯「特定產業制裁」提案,他終於瞭解為何民間部門沒被歐巴馬的威脅嚇到。

財政部提議的攻擊計畫草案出自柯恩和他的反恐暨金融情報部團隊,他們是以伊朗的作戰計畫為藍本,最初是打算先對主要的俄羅斯銀行業者實施凍結制裁。問題是,這些俄羅斯銀行業者和大型歐洲銀行之間的往來關係非常密切,而歐洲大型銀行業者和美國的大型銀行之間的關係更是非比尋常。所以,如果制裁行動導致任何一家主要的俄羅斯銀行業者倒閉,就會對西方國家的銀行造成金融危機傳染,並引發連續倒閉潮。在對伊朗實施制裁時,幾乎沒有人擔憂金融穩定會遭遇到那樣的系統性威脅,因為伊朗的銀行業者缺乏與俄羅斯銀行業者類似的全球關係網。基於前述種種理由,對俄羅斯實施伊朗式制裁的風險實在太高,而且一般認為,生性謹慎的歐巴馬永遠也不可能核准那些制裁計畫。

路傑克是個瘦高的正統猶太人,他總是戴著圓框眼鏡,雖官任要職,卻忠實遵守安息日(Shabbat)習俗[4]。路傑克一向低調樸素,殊不知他是美國歷史上少數曾執掌3個不同內閣職位的人。在擔任財政部長前,

他曾任白宮幕僚長，並兩度擔任美國行政管理及預算局（Office of Management and Budget）局長。他也曾擔任國務院的高階首長，那些職務讓他獲得豐富的政治、經濟與外交閱歷，並因此得以篤定地處理制裁的議題。

路傑克向他的資深幕僚說：「我們這裡有不少真正瞭解美國銀行匯款網路還有歐洲銀行匯款網路的人才。我們必須以團隊的角度，仔細思考個中奧妙。」路傑克對財政部國際事務部尤其寄予厚望。國際事務部參與伊朗制裁活動的程度並不深；它最引人注目的一次「演出」，是該部門的總體經濟專家協助預測一旦制裁伊朗中央銀行，可能會在全球各地引發什麼漣漪效應。但這一次，國際事務部不僅將協助以模型來模擬制裁的影響，還要挽起袖子，親自協助設計相關的罰則。

並非每個國際事務部官員都樂於投入經濟作戰相關的工作。不過，達利普・辛格（Daleep Singh）倒是對這件工作興致勃勃。當時的辛格是國際事務部的歐洲組組長，他加入美國財政部前，曾在高盛公司擔任8年的交易員，其中有一段時間被派駐倫敦，主要負責外匯市場與新興市場交易。他長久以來希望投入公職，卻總是不得其門而入。有一天，高盛公司派駐莫斯科的同事麥法奎爾告訴辛格，說他即將加入歐巴馬政府團隊。辛格當下隨即向麥法奎爾表達他投入公職的願望；一年後，他如願得到機會，協助蓋特納成立財政部「市場室」（Markets Room），這個全新的內部小組將負責為財政部的領導階層準備每天的金融情勢簡報。

辛格不僅精通金融知識，更善於用白話文來解釋相關的事物，這項技能為他在華盛頓圈子裡贏得了很多友誼，因為那裡的人長期缺乏金融常識。亞努柯維奇出逃後，辛格前往基輔，[5] 商討解決IMF貸款期限的難題，他到今天都還無法忘記當地的燒焦輪胎味。幾個星期後，在白宮戰

Chokepoints

路傑克，2013 年至 2017 年擔任美國財政部長

情室針對烏克蘭問題而召開的一場會議開始之前，他突然頓悟了一件事，並和蘇賓分享了這個想法：「我可以把我懂得的市場良性運作知識整個逆向操作，讓市場朝惡性發展。」

那正是路傑克認為財政部所需要的：「將外國資產管制辦公室掌握制裁具體細節的能力，和國際事務部的金融專業知識結合在一起。」於是，辛格和另外幾位國際事務部官員開始計算各種數字。受歐洲與美國影響最大的俄羅斯銀行業者與企業是哪些？那些銀行和企業的外債組合如何？說穿了，辛格和他同事的工作很類似情報分析，但他們並不是仰賴間諜報告與解讀來做這件工作，而是使用彭博社的終端機、企業申報資料以及財務報表。美國的外交政策通常是以優雅的文字備忘錄來擬定；但辛格和他的團隊卻偏好以 Excel 電腦工作表來做這件事。不久後，外國資產管制辦公室的官員就意識到國際事務部的新同事真的能幫上大忙。一位當時參與俄羅斯制裁工作的外國資產管制辦公室官員說：「他們比較

聰明，懂得把數字歸納在一起、繪製圖表、製作報表，而在外國資產管制辦公室的我們並不習慣那麼做。」

俄羅斯經濟體系雖龐大，卻不是那麼複雜[6]。最頂層的是國家，俄羅斯少數具全球競爭力的產業都掌握在國家手中：其中最大且最重要的是天然資源開採業，其次則是武器與核子設備業（這是蘇聯時代連續數十年大量投資軍工複合產業的產物）。這個國家占地遼闊，涵蓋了 11 個時區，廣大的土地底下蘊藏了各式各樣的豐富天然資源，但其中最豐富的莫過於大量的化石燃料。國家透過俄羅斯石油公司與俄羅斯天然氣工業股份公司（Gazprom），分別控制了石油與天然氣產業，這兩個產業正是能為俄羅斯經濟體系帶來滾滾財源的「金牛」——俄羅斯一**半**的聯邦預算[7]就是靠這兩個產業貢獻，而它們的出口收入更占該國出口收入的三**分之二**。截至當時為止，俄羅斯在這兩大產業的貢獻下，已是世界最大的化石燃料出口國。[8]

莫斯科當局將出售石油與天然氣而獲得的鉅額租稅，重新分配給退休老人以及不具全球競爭力但雇用了大量人力的產業，如汽車製造業。它還用這些租稅，為普丁擴張軍事力量的活動提供金援，在「綠衣男子」前進克里米亞之際，軍事支出就占了俄羅斯聯邦總預算的 25%。[9]這一切意味俄羅斯極度仰賴海外貿易[10]——其依賴程度更甚於美國、日本，甚至中國。不過，那種依賴是雙向的，很明顯地，歐洲永遠不會同意實施任何相當於石油或天然氣禁運的制裁措施。

俄羅斯的金融業同樣也只受少數幾個國有巨擘支配，其中，在 19 世紀沙皇尼古拉斯一世（Tsar Nicholas I）統治期間成立的俄羅斯聯邦儲蓄銀行（Sberbank）規模首屈一指。由於俄羅斯國內金融產業的發展還處於非常原始的階段，且其顧客存款基礎微薄，所以俄羅斯的企業不得不到

海外申請信用。到2014年時，俄羅斯企業的外債金額已遠高於7,000億美元[11]，當中主要是積欠美國與歐洲金融機構的美元和歐元計價債務。

這樣的金融曝險也是一種雙面刃。一方面來說，「依賴出口」本身就已使俄羅斯容易受外來壓力所傷，而鉅額的外債讓它更容易因那類壓力而受創。歐巴馬只要大筆一揮，就可以斬斷俄羅斯企業和美國金融體系之間的聯繫，並凍結那些企業的資產。但另一方面來說，路傑克對金融危機傳染的憂慮也非無的放矢：發生在俄羅斯的風暴可能不會只侷限在俄羅斯境內。

如果說俄羅斯石油公司和俄羅斯聯邦儲蓄銀行「大到不能制裁」，那麼，美國還是可以把凍結制裁的大棒，揮向一些較小型的組織。歐巴馬已批准對俄羅斯銀行（為普丁的很多親信提供服務的中型銀行）以及北海航線銀行（SMP Bank，規模更小，是羅騰貝格兄弟的銀行）實施那類懲罰[12]。俄羅斯銀行與北海航線銀行分別有近6億美元[13]與超過6,000萬美元的資產遭到凍結。Visa與萬事達卡（MasterCard）組織還徹底終止對這兩家銀行提供服務[14]。不過，辛格說，打擊這些機構的行為猶如「死星（Death Star，譯注：《星際大戰》電影中的太空要塞）[15]爆破塔圖因（Tatooine）」，他指的是《星際大戰》電影的宇宙中一顆人煙稀少的行星。簡單說，這些行為可能只會惹火普丁和他的麻吉，卻無法重創俄羅斯經濟體系。

凍結制裁是美國對付伊朗的首選武器，這種制裁會導致被制裁的目標完全無法進出美國金融體系。不過，如果用這項武器來對付俄羅斯最大型的企業，對俄羅斯以外的地方造成連帶損害的風險就會高非常多，而如果只用它來對付較小型的目標，造成的損害則將不痛不癢。因此，誠如辛格的看法，最佳解方就是研擬更新、更精準的武器。他的財政部

同儕布雷德・瑟澤（Brad Setser）也同意這個觀點。瑟澤是個聰明過人的經濟學家，如果能找出那樣的方法，「就不需要攻擊俄羅斯經濟體系裡無關緊要的小產業，而是能直攻要害。」[16]——幸運的話，也不會在過程中傷到自己。

辛格希望禁止俄羅斯的最大型銀行和能源企業進出美國資本市場。屆時俄羅斯的企業不會像伊朗銀行業者那樣遭受資產凍結的懲罰，而且可以繼續使用美國金融體系的基本服務，例如付款服務。因此，這些業者將不會因為無法維持基本的正常運作而有倒閉之虞，如此一來，金融傳染的威脅就降低許多。不過，這些公司將不再能透過美國市場募集新債務與股權資金。這意味那些俄羅斯企業將遠比過去更難以為現有的債務進行再融資（refinancing），而由於俄羅斯企業界的海外債務高達數千億美元，所以它們肯定迫切期待能進行債務的再融資。

這種禁令的範圍狹窄，而且簡捷易行。俄羅斯石油公司、俄羅斯聯邦儲蓄銀行等公司都背負了龐大的美元計價債務，且每隔幾個月就必須進行債務展期。一旦資本流入突然停止，它們債務的殖利率就會上升，信用度則將降低，最終逼得那些公司償還現有債務，而不是進行再融資。但基於那些企業的外債規模龐大，它們資產負債表上的現金鐵定不足以償債，這麼一來，俄羅斯政府可能就必須對那些公司提供紓困。最後的結果將是鉅額的資金外流以及盧布貶值。屆時莫斯科當局將只剩少數幾個選擇：它可以動用外匯準備，試圖穩定盧布匯價；它可以實施資本管制，但那會嚇壞外國投資者；它可以提高利率，但這會傷害國內經濟體系。另外，它還可以採取結合上述幾個選項的綜合措施，問題是，一堆不好的方案結合在一起並不會變得更好。

實質上來說，美國是要利用俄羅斯對美國資本市場的依賴來作為一

個鎖喉點，讓美國得以用明顯可讓俄羅斯感受壓力但又不失節制的方式來加大擠壓的力道。這個鎖喉點的奧妙之處甚至可成為一種優勢：它將賦予跨國企業某些迴旋空間，讓它們自行判斷是否能夠承受與俄羅斯進行業務往來的風險，而這又進一步可能會讓普丁有理由自我克制。辛格解釋：「我真的開始愛上這個概念，因為負回饋循環的速度取決於數以百萬甚至千萬計的市場參與者，他們都緊盯著普丁的回應。」如果普丁讓烏克蘭的局勢惡化，負回饋循環就會加速[17]，並對俄羅斯經濟體系造成重創。如果他縮手，壓力就可能會減輕。這是只有交易員才想得出來的點子。

這個概念非常新穎，所以辛格花了很多精力和外國資產管制辦公室以及反恐暨金融情報部的其他人溝通，經過數次漫長的討論，那些同事才終於接受這個點子。到春天即將結束之際，歐巴馬政府終於確立了「特定產業制裁」的定義。

到了5月，盧嵐興起了在國會山莊舉辦公聽會的想法。有人問席嵐，究竟特定產業制裁長得是圓還是扁，她解釋，那類制裁將聚焦在「俄羅斯需要我們遠多於我們需要俄羅斯」的領域，它比較像是「手術刀」，而非「大榔頭」。[18]

接下來就是該如何讓歐洲人接受辛格的點子了。弗瑞德和聯繫小組的團隊成員很快就接受了「手術刀」的概念，因為手術刀的外型以及它所譬喻的精確性，減輕了歐洲人對過度制裁的憂慮。歐盟28個會員國的代表曾多次針對制裁俄羅斯的議題，在布魯塞爾的粗獷派建築——尤斯圖斯・利普休斯大樓（Justus Lipsius building）——的昏暗房間裡召開過無數次會議，會中不斷彼此討價還價的與會者往往只對一件事有共識：不管俄羅斯的制裁在他們本國造成什麼痛苦，那些痛苦都應該由所有國

家共同分攤。具體來說，一項制裁實施後，不能只有法國起司製造商受到打擊，義大利的時裝店與德國的工業工廠也應該遭受打擊。然而，多數會員國都同意實施資本市場制裁，因為一旦實施這種制裁，首當其衝的將是擁有紐約與倫敦等金融中心的美國和英國，歐盟的其他國家相對可以輕鬆度過衝擊。

最重要的是，美國人不打算推動能源銷售禁令（這項禁令曾對伊朗經濟造成致命打擊）一事，讓歐洲人鬆了一口氣。弗瑞德及其團隊強調，制裁政策應該嘗試打壓俄羅斯未來的成長展望，而不是要製造立即的經濟衝擊。歐盟也非常認同那個原則。除了資本市場禁令，弗瑞德和他的歐洲對等官員也開始討論是否能對俄羅斯的石油業實施相似的前瞻性罰則。

俄羅斯是石油生產大國，但它的多數產出來自日益折耗的老舊蘇聯油田，為了守住能源強國地位，俄羅斯需要開發新一代的石油計畫，其中多數新計畫都位於遙遠的離岸油田，而且那裡的石油是蘊藏在北極海海床底下相對可望而不可及的頁岩層結構裡。開採這些石油蘊藏需要世界級的技術與專業知識，在過去，普丁是透過和艾克森石油與殼牌石油等西方企業取得那些技術與專業知識。除此之外，他別無選擇，因為俄羅斯開發離岸油田所需的設備與軟體[19]，至少80%都得仰賴美國與歐洲的公司提供。

弗瑞德在商務部與能源部的專家友人提議，禁止將這類先進技術的設備賣給俄羅斯。說不定西方國家可以把它們在油田技術方面的支配地位用來作為另一個鎖喉點。事實證明，歐盟也很認同這個意見，因為即使真的實施相關的罰則，歐洲還是能繼續盡情地向俄羅斯購買石油及天然氣。這些罰則可能要10年才對俄羅斯的石油產量造成嚴重打擊，而歐

洲人希望到時候所有人都已改開電動車，不會因俄羅斯石油產量遽減而受害。

到6月時，美國已和歐洲就特定產業制裁的性質與規模達成共識並統一步調。美國和歐洲將不會重施華盛頓當局制裁伊朗的故技，一舉斬斷俄羅斯最大型企業進出全球金融體系的管道，而是會小心翼翼，一步步切斷那些企業取用西方資本市場和技術的管道，從而大幅縮減俄羅斯的經濟發展空間，到最後，連原本極端不願意打壓德／俄關係的梅克爾[20]都從善如流。關鍵的是，現有的制裁提案聚焦在資本市場和石油開採活動，而德國既不是銀行業強國，也沒有大型石油企業。德國的工業巨擘如西門子公司（Siemens）和巴斯夫（BASF），以及汽車製造商如福斯汽車與寶馬汽車（BMW）等，都不會受到影響。

這個過程耗時數個月之久，但隨著烏克蘭終於重新站穩腳步，整個過程也達到高潮。當時烏克蘭剛選出家財萬貫的巧克力大亨彼特羅·波洛申科（Petro Poroshenko）擔任新總統，他也是親歐盟獨立運動的支持者。波洛申科在諾曼第登陸（D-Day landings）70週年當天，與歐巴馬、普丁、梅克爾[21]和法國總統歐蘭德，一同參加了在諾曼第舉行的紀念典禮。整場典禮氣氛冷得快結冰，但似乎又隱藏了一線希望。梅克爾和歐蘭德拉著普丁和波洛申科一起在活動場邊短暫交談。（歐巴馬則聽從了梅克爾和歐蘭德的意見，沒有加入他們的談話。）這四位領袖討論了停火的可能性，隨後烏克蘭的新總統宣布，他很快就會發佈一份全面和平計畫。從那一天開始，德國、法國、烏克蘭和俄羅斯就共組了一個名為「諾曼第模式會談」（Normandy Format）[22]的談判小組。

那年春末時分，波洛申科在一個陽光普照烏克蘭經典洋蔥型屋頂都市景觀的日子裡，發佈了十五點和平計畫[23]。這個計畫提議烏俄雙方進

行一項交易：在俄羅斯支持下占領頓巴斯的民兵必須解除武裝，將頓巴斯地區的控制權還給基輔當局；交換條件是：烏克蘭政府將致力於進一步下放國內的權力。當時烏克蘭的軍隊已在頓巴斯交出漂亮的成績單，雖然進展緩慢，卻相當穩定，所以俄羅斯有充分的理由考慮波洛申科的提案，而且就算最後的發展證明外交是條死胡同，西方國家的錦囊裡還有另一個計畫可用。

3-7 制裁俄羅斯的第一炮

一連串緊鑼密鼓的活動揭開了那年夏天的序幕。華盛頓、柏林和巴黎當局之間電話熱線不斷,在此同時,弗瑞德和夥伴們也持續到各個歐洲國家的首都巡迴拜訪,為不久前各方剛達成共識的制裁提案,協商詳細的文字內容。在烏克蘭方面,波洛申科總統已準備就緒,即將和歐盟簽署聯合協議。[1](前任總統亞努柯維奇倒向莫斯科當局的政策就此翻盤,而亞努柯維奇就是因為倒向莫斯科而垮台。)不過,烏克蘭軍隊和占領頓巴斯的民兵(這些民兵的後台是克里姆林宮)之間雖已達成停火協議,但那個協議卻非常脆弱[2],屢屢破局;俄羅斯更在烏克蘭東部邊境集結了大批正規軍,這是個不祥的兆頭,因為俄軍集結地很接近戰火爆發地點。

那是 2014 年 6 月的事。波洛申科發表和平計畫後好幾天,克里姆林宮方面仍未透露隻字片語。原本耐心等待普丁回應的西方國家領袖愈來愈不滿。梅克爾在 6 月 27 日的歐盟高峰會召開前(烏克蘭原訂在那場高峰會裡簽署聯合協議),向媒體表示:「進展不如我原本期望的那麼明朗。」[3] 梅克爾警告,如果整個局面依舊停滯不前,「我們將不得不討論實施進一步制裁的需要與內容。」

奧地利、希臘和匈牙利等幾個較小型的歐盟會員國依舊反對制裁,義大利的新總理馬泰奧・倫齊(Matteo Renzi)[4] 也持反對立場,因為當時義大利正面臨二戰以來最嚴重的經濟危機。倫齊擔心制裁可能衍生的

潛在惡果，會對義大利已經羸弱異常的經濟體系造成進一步傷害，特別是義大利石油業巨擘埃尼石油公司與大型銀行業者裕信銀行（UniCredit）[5]，恐難逃受創的命運。

儘管場上有這些反對聲音，參與這場高峰會的歐洲領袖還是達成共識，同意發出一份公開最後通牒。他們要求俄羅斯把烏克蘭東部邊境幾個檢查哨的控制權返還給基輔當局，並同意根據波洛申科的和平計畫，進行「實質談判」。如果俄羅斯未能在 3 天後的 6 月 30 日前[6]滿足這些條件，就會遭到「嚴厲」制裁。波洛申科也為了配合布魯塞爾設下的最後期限，單方面展延在頓巴斯的停火期。

畫面轉回華盛頓。麥法奎爾和其他白宮官員一整個春天都在擔心民間部門未能嚴肅看待美國官方對俄羅斯的威脅。如今，換成民間部門該擔心了。西方國家的政府在制裁的立場上一天比一天更團結，而且，各國政府也已經刻意把特定產業制裁計畫[7]的某些細節透露給媒體。

於是，產業的遊說者急忙採取行動。美國商會與全國製造商協會聯合在《紐約時報》、《華爾街日報》和《華盛頓郵報》（The Washington Post）上刊登全版廣告，對制裁的風險提出警告[8]。那則廣告上寫著：「透過支持貿易的政策與多方外交[9]，強化我們為全世界提供商品與服務的能力，才是最有效提高美國全球影響力的長期解決方案，而制裁俄羅斯並非『支持貿易』的政策。」

那幾則報紙廣告頗不尋常。這兩個組織是美國最大且最具影響力的遊說團體，但即使是這些團體，過去也幾乎未曾就美國的國安事務公開表達反對立場。從他們的立場便可看出，對俄羅斯的經濟戰和對伊朗的經濟戰之間有多麼不同。在伊朗相關的作戰活動中，所有外部遊說活動都**支持**制裁，而非反對，畢竟對伊朗伊斯蘭共和國採取寬仁立場的人，

絕對無法在政治上討到好處。美國政治人物幾乎不會因為倡議更嚴厲制裁伊朗而付出任何代價，因為美國不會有任何工作機會將因伊朗陷入經濟困頓而流失，也不會有任何退休投資組合可能因伊朗的經濟困頓而受創。嚴格制裁伊朗的法案一旦送到國會，經常都能獲得無異議支持。不過，對俄羅斯的經濟戰就不同了，這場經濟作戰像全新的博弈，美國企業有可能因這場戰爭而損失慘重，所以，國會自有理由對這項事務保持沉默。

6月30日當天，歐盟領袖設定的期限來了又去。於是，波洛申科下令烏克蘭軍隊恢復在頓巴斯的軍事作戰行動。美國和歐洲會兌現威脅嗎？或者它們一如普丁所料，只是在虛張聲勢？

初期訊號顯示情況確實不太妙。歐盟領袖並沒有召開緊急高峰會，而是選擇等到[10]預訂於7月16日召開的會議再做決定。不僅如此，有成百上千名俄羅斯海軍的水兵抵達法國，在兩艘西北風級戰艦（Mistral）上受訓（巴黎當局先前同意以10幾億歐元的價格，將那兩艘戰艦賣給莫斯科當局）。

歐巴馬雖已承諾要和歐洲採取一致的步調，但他的耐心正一點一滴消失。弗瑞德在白宮的要求下，開始向他在歐洲的人脈探口風。如果美國完全不管歐洲高峰會的結論而率先發射制裁行動的第一炮──例如從7月16日起實施初階資本市場制裁──他的歐洲聯繫窗口會作何感想？弗瑞德是主張強硬制裁俄羅斯的鷹派人士，而且他認為，就算此時採取嚴厲的制裁，都為時已晚。不過他也真心相信跨太平洋聯盟的力量，並覺得不值得為了制裁一事而導致美歐團結關係破裂。幸好他和歐洲聯繫窗口的對話讓他有了樂觀的理由。他說：「我認為這個體系願意忍受這種領導方式。」[11]

歐巴馬政府已為了 7 月 16 日當天擬好一份制裁方案，這份方案鎖定的目標是天然氣工業銀行（Gazprombank）以及俄羅斯國家開發集團（VEB）等兩家銀行，還有兩家能源公司——俄羅斯石油公司，以及諾瓦泰克天然氣公司（Novatek）。這些精心挑選的目標不僅涵蓋了正確的產業（金融與化石燃料業），也展現出必要的決心，因為俄羅斯石油公司是全球產量最大的石油公司。關鍵的是，俄羅斯石油公司之所以成為主要目標，原因在於此前一年，它為了收購競爭對手，舉借了 400 億美元的巨額貸款[12]——而且主要是向西方銀行業者舉借。一旦實施資本市場制裁，該公司將無法為這些貸款辦理再融資，而且即使缺乏歐洲的參與，美國也能透過獨自行動來促成這樣的結果。辛格說明：「那是拜美元的支配地位[13]以及美國機構在全球金融市場上的主導力量所賜。即使我們單方面採取行動，一樣可能發揮實質的影響力，甚至和歐洲加入後的影響力不相上下，至少初期會是如此。」

美國是在歐洲高峰會於布魯塞爾召開之際發動這場攻擊[14]。有些人把美國的單方面突襲視為一種施壓戰術，用以催促不情願展開制裁的歐洲人，儘管如此，歐盟依舊停滯不前，令人絕望—各會員國最終還是未能就這項制裁方案達成必要的一致意見。所以，歐盟國家最後還是沒有出手懲罰任何俄羅斯企業，只是核准一系列不痛不癢的制裁措施[15]，其殺傷力遠遠不及美國的制裁行動。

《紐約時報》評估，歐洲這些「迥然不同的行動」，顯示「美國與歐洲的烏克蘭危機應對政策，落差持續擴大」，該報並預測，華盛頓與布魯塞爾當局之間的分歧，可能會「稀釋美國制裁行動的影響」。[16]《美聯社》（Associated Press）還報導，華盛頓當局獨自率先採取行動的決策，標誌著「策略的改變，反映出歐巴馬政府對歐洲不願強硬對付莫斯科當局相

當不滿」。[17]

　　白宮和財政部裡的電話此起彼落響個不停，華爾街的企業高階主管不斷打電話來發洩怒氣。短短幾年前，摩根士丹利（Morgan Stanley）才剛協助[18]俄羅斯石油公司完成股票公開掛牌程序。俄羅斯石油公司還連續從這家極具代表性的紐約銀行業者網羅了三位財務長，另外，摩根士丹利的前執行長約翰‧麥克（John Mack）也曾擔任俄羅斯石油公司的董事。另一家華爾街銀行的知名負責人也打電話到白宮，對行政團隊獨自採取行動，且拿美國金融體系作為武器一事發了一頓火。這位企業高階主管警告，諸如此類的政策將危及美國的金融領導地位，並導致企業遷移到倫敦、法蘭克福等和華爾街競爭的金融中心。

　　不過這些爭議很快就平息。華盛頓當局宣布第一輪特定產業制裁後不到 24 小時，所有媒體的頭條報導焦點紛紛轉向在頓巴斯某一片農田裡發生的一個事件。7 月 17 日下午，有人在當地赫拉伯夫（Hrabove）附近的村莊發現濃濃的黑煙，濃煙底下是一堆雜亂的隨身行李、散落一地的護照、大量的屍體，還有一架還在悶燒的波音 777 客機殘骸。

3-8 空難加劇的國際怒火

作為俄羅斯領導人的普丁，起初為了回應美國的第一輪特定產業制裁，要求和歐巴馬通話，不過，他也在電話中向歐巴馬透露了這個消息：「有人向我通報，剛剛有一架飛機在烏克蘭東部墜機。」不久後，一位白宮幕僚人員打斷了弗瑞德在白宮戰情室的會議，告知他墜機的消息。那位幕僚人員說：「據報導，有很多屍體和行李箱從天上掉下來。」

外界很快就釐清那一架飛機的殘骸屬於馬來西亞航空（Malaysia Airlines）第 17 號班機，這架商用客機是在阿姆斯特丹飛往吉隆坡的途中墜落。災難的現場位於克里姆林宮支持的民兵所占領的土地，那裡正好位於頓內茨克與盧甘斯克這兩個分裂省分的交界上，該地距離俄羅斯邊界的車程僅約 1 個小時。這架飛機看起來應該是被擊落的，機上 298 名乘客與機組員全數罹難。

最先抵達現場的一位記者是《紐約時報》的媒體工作者薩賓娜‧塔佛尼斯（Sabrina Tavernise），在此之前，她曾擔任該報的駐莫斯科通訊員。塔佛尼斯發現，受害者的屍體依舊被安全帶綁住[1]，動也不動地躺在散落一地的撲克牌、童書和停車罰單旁。她回憶當時的狀況說：「那簡直像是世界末日現場。」[2] 說巧不巧，塔佛尼斯是麥法奎爾的太太，所以，白宮當天掌握到的最佳基層資訊來源，就是她私下向麥法奎爾回報的內容。

2014年7月17日當天,馬來西亞航空公司MH17班機在烏克蘭東部的墜機地點。

　　美國的情報圈子判斷,MH17客機是被俄製的山毛櫸(Buk)地對空飛彈擊落。雖然烏克蘭陸軍也擁有山毛櫸飛彈,但在事發當時,烏克蘭並未在其領土東部部署這種飛彈[3]。相反地,在墜機前幾個小時,俄羅斯正陸續將軍事設備跨國走私到赫拉伯韋(Hrabove)附近,交給分離主義者代理人。從被刪除的社群媒體貼文和被攔截的電話便可看出,克里姆林宮支持的民兵最初誤以為自己擊落了一架烏克蘭軍用飛機[4],並因此欣喜若狂,但等到他們發現那是一架商用客機後,又變得震驚不已。影片的片段顯示,那些分離主義者隊伍抵達墜機現場後,最初對他們眼前所見感到震驚(他們的指揮官大喊:「它是民航機!」)[5],接著隨即在那一片破瓦殘礫中搜刮錢包、手機和珠寶等珍貴物品。由於有包山包海的證據,華盛頓當局不久後就已明確掌握了調查人員事後正式歸納出來的結

論：MH17 客機是被俄羅斯支持的分離主義者發射的山毛櫸飛彈[6]打下來的，而且這些分離主義者的武器直接來自他們的幕後大哥。

盧嵐隨即不眠不休地解密這些資訊，以便將之公諸於世。她的努力沒有白費，在 72 小時之內，凱瑞就上了《與媒體見面》（Meet the Press）節目，他解釋，在悲劇發生之前，有人在烏克蘭東部的分離主義者占領區發現一枚山毛櫸飛彈[7]。這下俄羅斯可說是人贓俱獲了。

如果俄羅斯在這場奪走 200 多條歐洲人性命的大屠殺裡，應負的罪責還不足以刺激歐盟採取行動，那就沒有其他因素能做到了。歐巴馬說：「這個事件對歐洲乃至全世界來說，無疑是一記當頭棒喝[8]：烏克蘭東部日益惡化的衝突勢必會帶來嚴重的後果。」

克里姆林宮支持的民兵，不僅連日阻擋救難人員和調查人員進入墜機現場，更在怵目驚心的殘骸中洗劫[9]，搶走屍體上和破爛行李中的貴重物品。死者當中有 196 人是荷蘭籍[10]，其中某些人還和荷蘭外交部長弗蘭斯·蒂莫曼斯（Frans Timmermans）本人熟識。蒂莫曼斯在那一架飛機被擊落後不久，向聯合國安理會表示：「我到死都無法理解為何救難人員得等那麼久以後才獲准執行他們的艱難任務，更無法理解人類的遺體怎會淪為政治遊戲的工具。」[11]

接下來，蒂莫曼斯和歐盟另外 27 個會員國集會——其中某些國家在短短幾天前還堅決反對制裁俄羅斯。他連續發表了 1 個半小時的演說來抒發哀傷和憤怒，他的演說令人動容，聽得觀眾席裡的某些人忍不住開始哭泣。波蘭外交部長拉戴克·西柯爾斯基（Radek Sikorski）談到蒂莫曼斯當天的演講時說：「荷蘭人通常非常冷靜且過度理性，但此時的他卻情緒激昂。整個演講廳裡的人都因他的演說而動容。」[12]

蒂莫曼斯請求其他會員國的同僚們同意對俄羅斯實施特定產業制

裁。另一位歐盟外交官回憶當時的情況說：「沒有人有辦法開口對他說『不』。」[13] 就這樣，水壩終於潰堤。

弗瑞德以及他的歐洲同僚們召開一場聯繫小組緊急會議。柏林代表帶著一份提案出席，這份提案的內容甚至比美國在 7 月 16 日採取的行動更嚴厲——它將禁止俄羅斯的**所有**國有金融機構——包括俄羅斯聯邦儲蓄銀行與俄羅斯外貿銀行（VTB）等巨獸級銀行——在西方國家的資本市場募集新債務或股權資金，且將禁止對俄羅斯出售開採下一代石油資源所需的德國技術。這份提案的內容非常嚴謹，弗瑞德和他的團隊也很滿意，由於他們認為沒有理由挑剔德國的提案，因此，他們並沒有進一步提出自己的想法，而是直接為德國的提案背書。就這樣，華盛頓與布魯塞爾當局終於就聯合打擊俄羅斯經濟體系的計畫達成共識。

接著，他們立刻把詳細說明該提案的一份歐盟備忘錄洩露給媒體。這份文件寫道：「禁止俄羅斯國有金融機構進出各個資本市場[14]，將使它們的集資成本上升，從而使它們為俄羅斯經濟體系提供財源的能力受到侷限，除非俄羅斯公共主管機關能為那些機構提供替代財源。這個作法也將營造出一種可能會影響到俄羅斯商業環境的市場不確定性氛圍，並加速資本外流。」

石油類制裁的衝擊也不容小覷。那份備忘錄解釋：「俄羅斯需要歐盟的技術[15] 才有能力開發其經濟體系中某些最具競爭力的外銷導向產業，包括能源業。鑑於類似的產品可能無法取得，俄羅斯以其他來源的產品或技術來取代歐盟或美國產品或技術的可能性很低。」

白宮方面很支持這項提案，不過，它決定不全面配合歐盟的制裁方案，而是放過俄羅斯聯邦儲蓄銀行一馬。麥法奎爾主張，制裁俄羅斯聯邦儲蓄銀行猶如「制裁俄羅斯人民」。——大約每 2 名俄羅斯人就持有一

個俄羅斯聯邦儲蓄銀行帳戶[16]，而且，即使是在 MH17 悲劇發生後，白宮內部還是有強烈的聲音，主張它尚未做好將俄羅斯列為明確敵手的準備。制裁的初衷是為了改變普丁的算計──說服他相信進一步入侵烏克蘭的代價太大，不值得為此以身試法，同時哄誘他開始跟波洛申科展開和平談判。依照邏輯，如果能實現這些目標，就無須大動干戈，所有人也能回歸正常生活。

美國的第一輪單方面制裁已對被鎖定的企業乃至更廣大的俄羅斯經濟體系造成了不良影響[17]。不過，7 月 29 日的美歐聯合出擊[18]，產生了更立竿見影的破壞性影響──包括對西方銀行業者的衝擊。

在新制裁生效後幾天，外國資產管制辦公室偕同英國的金融產業商會團體英國銀行家協會（British Bankers' Association），在倫敦舉辦了一場問答會議。外國資產管制辦公室的官員之一回憶：「說好聽一點，業者對新的禁令感到困惑。」某些銀行因擔心違反新的監理規定，索性全面停止和俄羅斯之間的所有交易。有些銀行則採取人工審查的非常措施，逐筆審查它們和俄羅斯間的所有交易，換言之，它們要求員工每天檢閱成千上萬筆付款記錄。

考量到違反規定的後果，英國銀行業人士會這麼戒慎恐懼也是可以理解的，畢竟那年夏天稍早時，美國的法律強制執行機關才剛以違反制裁令為由，對法國巴黎銀行裁處了近 90 億美元[19]的天價罰款。不過，過於強烈的寒蟬效應，最終可能反過來傷害西方的經濟與政治利益。舉例來說，加州公務員退休基金（CalPERS）等大型美國退休基金，以及諸如貝萊德公司（BlackRock）等資產管理公司對俄羅斯的曝險都非常高[20]。美國與英國投資人更持有俄羅斯聯邦儲蓄銀行一半的公開交易股份[21]。因此，困惑與過度風險趨避的心態，很可能會傷害大西洋兩岸眾多退休

基金投資組合的價值。

為了避免那樣的結果發生，海外資產辦公室發佈了大量公開指導原則和常見疑問集（FAQs）。該辦公室澄清，相關的禁令只適用於**新債務與股權資金**[22]；在制裁前發行且生效的證券都還是維持可交易狀態。衍生性金融商品（derivatives，這種商品的價值可能連結到俄羅斯石油公司等黑名單企業的債務）則得以豁免禁令。銀行業者在獲得大量協助並雇用大批新員工處理相關事宜後，終於搞清楚要如何遵守規定。被視為財政部怪咖的外國資產管制辦公室（他們的重點放在經濟損害而非成長），甚至誇口說那些新制裁措施，堪稱某種提振銀行業法遵部門業務的方案。

普丁的「綠衣男子」突然出現在克里米亞 5 個月後，西方國家對俄羅斯的經濟戰，才終於在一場難以言喻的慘劇催化下展開。歷經漫長的伊朗制裁作戰活動後，世界上最大型的銀行業者正式蓄勢待發，準備在前線發揮作用。不過，為了讓對俄羅斯的懲罰措施像手術刀而非大榔頭，華盛頓當局反而得設法讓銀行業者學會放輕鬆一點。

3-9 制裁升級

弗瑞德常引用列寧的話來形容普丁的策略:「插入刺刀時,如果是刺到脂肪,就再刺深一點;如果是刺到鐵板,就拔出刺刀。」那是普丁那一年第一次刺到鐵板。西方國家的經濟制裁全面生效,而在頓巴斯,烏克蘭軍隊對抗克里姆林宮支持的民兵,其戰事也有所進展,情況顯示基輔當局甚至有可能收復領土,對普丁的**新俄羅斯**願景造成羞辱的一擊。

8月初,普丁打算藉由禁止進口西方國家食品[1]來反擊西方的制裁。這個禁令確實會傷害到以俄羅斯為主要出口市場的歐洲農民,不過,普丁自己的人民卻會受傷更重,因為俄羅斯是全球第5大食品進口國[2],有著非常龐大的農業貿易逆差。當然,俄羅斯人很快就找到各種管道來走私他們最喜愛的產品,到最後,普丁只好命令扣押或焚燬所有非法進口食品[3]。從俄羅斯電視裡的「大內宣」影片,可以看到推土機把成堆的桃子和番茄壓個稀爛,並在超市門口就地焚毀各種肉類的畫面。[4](連法國肉凍都難逃被拖拉機壓碎。)那些畫面看起來既有趣又戲謔,不過,等到俄羅斯人在餐桌上不得不食用俄羅斯帕馬森起司或布萊恩斯克牌(Bryansk)的莫札瑞拉起司時,他們就一點也笑不出來了。一名在俄羅斯工作的義大利主廚說:「菜單上還是有披薩,但那是截然不同的一種披薩。」[5]

一整個8月,烏克蘭的武裝部隊乘勝追擊,眼看著即將取得戰略勝

利（strategic victory，譯注：指將為勝方帶來長遠利益的勝利）。他們收復了伊洛瓦伊斯克鎮（Ilovaisk）[6]，當地是個關鍵要塞，若俄羅斯無法拿下這個城鎮，後續將非常難以為代它作戰的部隊提供補給。不過，普丁還是不相信擋住去路的鐵板夠堅硬，所以他非但沒有撤退，還命令正規軍越界進入烏克蘭領土。俄羅斯以坦克車與重型武器包圍伊洛瓦伊斯克鎮的烏克蘭軍隊，並以大屠殺的方式將之擊潰，總計有數百名烏克蘭士兵死亡[7]，但也有許多俄羅斯人遭到俘虜。事後普丁囂張地打電話向歐盟執委會主席喬瑟・曼紐爾・巴洛索（José Manuel Barroso）炫耀勝利：他誇口說：「我能在 2 個星期之內拿下基輔，[8] 問題只在於我想不想。」

根據分析師回報，這時已有數千甚至上萬名俄羅斯士兵進駐頓巴斯[9]。但普丁在公開場合依舊否認那些士兵存在，這符合他對俄羅斯人民推銷的一貫說詞：烏克蘭純粹是西方國家為了弱化俄羅斯而創建的人造國家。畢竟烏克蘭人說得一口俄語，吃著和俄羅斯人一樣的食物，而且信奉和俄羅斯人相同的宗教。總之，烏克蘭人就是俄羅斯人，不能把發生在烏克蘭東部的暴力事件解讀為普丁意圖以武力征服並分裂某個鄰國，而應該將之視為一場尋求與祖國重新統一的本土起義行動。

接著焦點又轉回西方國家。冷靜務實的立陶宛總統達莉・格里包斯凱特（Dalia Grybauskaitė）宣布，普丁「正在和歐洲交戰」。英國首相大衛・卡麥隆（David Cameron）也警告，不宜對俄羅斯採取綏靖政策（appeasement，譯注：指對侵略勢力做出讓步以暫時避免軍事衝突的短視外交政策），他呼籲歐洲必須避免「重蹈 1938 年的慕尼黑覆轍」。[10] 根據美國副總統喬・拜登的說法，西方國家只有兩個選擇：「現在付出 1 倍的代價，或稍後付出 2 倍的代價。」[11] 美國許多顯赫的政治人物們也紛紛呼籲歐巴馬開始送武器給烏克蘭[12]。馬侃參議員在《面對國家》（Face the

Nation）電視節目上懇求：「難道我們不能幫助這些人民捍衛他們自己的生命嗎？」[13]

然而，歐巴馬和梅克爾最後還是因擔心會導致衝突進一步惡化，雙雙回絕了提供武器給烏克蘭的想法。他們不反對提供夜視鏡等非致命補給品與毛毯等，但不贊同提供子彈和砲兵。儘管烏克蘭人對於外界提供的一切都心懷感激，但波洛申科還是在幾個星期後提醒美國國會：「沒有人能用毛毯打贏戰爭。」[14]

西方國家沒有運送武器，而是以進一步升級經濟戰的方式來回應俄羅斯的侵略。顯而易見地，這場經濟戰的第一步是緊縮資本市場制裁。華盛頓當局可以配合歐盟的步調，一同打擊俄羅斯聯邦儲蓄銀行，布魯塞爾當局也可以配合美國的步調，聯手打擊俄羅斯石油公司。雙方也都能將禁令的範圍擴大，把俄羅斯國家技術集團（Rostec）等俄羅斯大型國防綜合企業列為新的制裁對象。不過，諸如此類的懲罰雖很有希望達到打擊目的，卻得等好幾個月的時間才能發揮完整的力量，因為那幾家大型俄羅斯企業的鉅額債務要幾個月以後才到期。禍不單行的是，全球高油價將保佑莫斯科當局一切順利。

更糟的是，西方制裁措施的另一個組成要素——離岸石油鑽探與水力壓裂技術的出口管制——似乎失敗了。就在MH17被擊落的短短2天後，艾克森美孚公司經營的一個鑽井平台就從挪威啟航，前往位於俄羅斯北極地區的偏遠水域——喀拉海（Kara Sea）。這個事件代表艾克森美孚公司正式啟動它和俄羅斯石油公司之間的一項合資案（某些人認為這個案件價值數千億美元）。普丁將這個合夥關係視為俄羅斯未來發展石油產業的關鍵。他在「重修舊好」的那段太平日子裡曾向歐巴馬表示，對美俄關係來說，這項協議是幾十年來最顯著的成就[15]。儘管「重修舊好」

Chokepoints

的日子早已遠去，但艾克森美孚公司與俄羅斯石油公司的合夥關係卻依舊不動如山。鑽井平台順利運到北極後，這兩家公司很快就會開始鑽鑿勘探井。

這正是西方出口管制理應阻止的那類計畫。不過，艾克森美孚公司竟繼續勇往直前，還自信滿滿認定，只要使用它在俄羅斯的現成技術就不會有事。艾克森美孚公司——更廣泛來說，各國石油業巨擘——在面對美國制裁問題時，並不像銀行業者那麼戒慎恐懼。堪稱全世界最大權在握的石油企業高階主管之一的艾克森美孚公司執行長雷克斯・提勒森（Rex Tillerson），早就對在地緣政治熱點做生意的風險習以為常，其中，俄羅斯更是他向來熟稔的區域。提勒森在艾克森美孚公司一路升遷的過程中，一度負責監督該公司在俄羅斯的業務[16]，並因管理俄羅斯遠東地區複雜的薩哈林一號（Sakhalin-1，該計畫鑽的油井一路延伸到海底7英里多的深處，工程相當浩大且艱鉅）石油及天然氣計畫而贏得許多讚譽。艾克森美孚公司判斷，如果和其他較審慎的企業一樣，一有危險的跡象就急忙逃離俄羅斯，它必須承擔的聲譽風險，比留下來繼續經營的風險更高。

普丁很喜歡這位濃眉大眼的德州石油大亨，因為他的男子氣概和克里姆林宮氣味相投。普丁占領克里米亞前9個月，他還親自授與提勒森友誼勳章（Order of Friendship）[17]，那可是俄羅斯的最高榮譽之一。如果提勒森支持制裁俄羅斯，數十億美元的投資與一段重要的關係就會岌岌可危，所以他理所當然採取反對制裁俄羅斯的立場[18]，而且無論是在公開或私下的場合，他都直言不諱地向歐巴馬政府的高級官員表達這個立場。

總之在這段時間，艾克森美孚公司持續推進[19]在俄羅斯的大型計畫。

3-9 | 制裁升級

該公司的高階主管甚至還在俄羅斯石油公司執行長伊格爾・謝欽（Igor Sechin）個人遭到制裁之後，和他簽署了多項契約。[20]（事後艾克森美孚公司因這件事被裁處罰款，但它也控告外國資產管制辦公室，[21] 聲稱該辦公室未能公平告知艾克森美孚公司這些簽名是違法的，而且該公司最後勝訴。）正當普丁的坦克在烏克蘭大搞破壞之際，艾克森美孚卻大張旗鼓地在俄羅斯的北極地區鑽採石油，難怪克里姆林宮會無所忌憚。

所以，歐巴馬政府除了擴大資本市場制裁，還決定緊縮俄羅斯新一代石油專案的禁令。具體來說，歐巴馬政府將不僅禁止技術出口，還禁止為那類投資案提供**任何**服務[22]；一旦這個政策開始推動，若艾克森美孚公司還一意孤行，推動它在喀拉海的營運，將明顯違法。這項政策將畫下一條極度清晰的界線，到時候，連石油業界最趾高氣昂的大人物也不敢輕易越線。

就在華盛頓局與布魯塞爾當局敲定最後的制裁方案之際，波洛申科也祭出了獨門法寶。近幾個月來，烏克蘭軍隊從在頓巴斯陣亡或被俘虜的俄羅斯士兵身上，收集到成百上千枚名牌[23]。波洛申科警告普丁，如果不接受停火提議，基輔當局將把狗牌的照片張貼在網路上，再打電話給那些俄羅斯士兵的太太和母親，讓她們知道最愛的家人實際上身在何處。波洛申科的行動將令俄羅斯人對一向堅稱「俄羅斯並未在烏克蘭作戰」的普丁產生懷疑，從而嚴重動搖他在國內的支持度。果然不出幾天，烏克蘭和俄羅斯代表就順利在白俄羅斯首都明斯克簽署了一份停火協議[24]。該協議援引自波洛申科的和平計畫——即打算以提高頓內茨克與盧甘斯克的地方自治權，換取俄羅斯支持的民兵從這兩個省分撤退，後來這份協議就被稱為「明斯克協議」（Minsk agreement）。[25]

1個星期之後，美國與歐洲啟動了新的特定產業制裁措施。到這時，

石油大亨與沙皇：雷克斯・提勒森與普丁在艾克森美孚公司與俄羅斯石油公司
簽署戰略夥伴關係契約的典禮中向對方微笑。

所有俄羅斯國有銀行——包括俄羅斯聯邦儲蓄銀行——都成了美國與歐洲資本市場的拒絕往來戶。俄羅斯石油公司與俄羅斯國家技術集團也遭受相同的制裁。法國宣布將不會把那兩艘西北風級戰艦移交[26]給俄羅斯，就此取消西方國家有史以來對莫斯科當局的最大軍事硬體銷售案。艾克森美孚公司與其他石油企業則必須在2個星期內，關閉在俄羅斯北極地區的計畫。

　　一直以來，提勒森都激烈反對制裁，但他終究是個識時務的人。他飛往華盛頓，和路傑克與白宮的國家經濟委員會（National Economic Council）主任傑夫・齊恩特（Jeff Zients）等高級官員會面[27]。他並未要求他們重新考慮美國的制裁政策，只是請求給予艾克森美孚更多時間來結束俄羅斯北極地區的營運。提勒森解釋，更多時間是必要的，唯有如

此,艾克森美孚公司才能在不對喀拉海造成漏油風險的情況下,停止當地的鑽井活動。

美國政府短暫延長[28]了艾克森美孚公司的結束營運期限,不過,該公司也盡職地遵守新制裁令,就此暫停它和俄羅斯石油公司之間的合資案[29]。但艾克森美孚公司關閉當地的營運時,俄羅斯石油公司卻宣布它們兩家公司在冰凍的海水之下,發現了大約9.3億桶的原油[30],這是多年來發現的最大新油源之一。但只要新制裁令沒有撤銷,那些石油將可能永遠都得埋藏在地底下。

此時此刻,頓巴斯的戰爭暫時凍結,但打擊俄羅斯的經濟戰,效果正逐漸加溫。

3-10 殘破不堪的經濟體系

　　普丁為了將自己塑造為二十一世紀沙皇，在俄羅斯的權力中心安插了眾多效忠者。他把許多親信安插到極具影響力的政府職位與大企業最高管理階層——歸結來說，這些人的資歷通常都和普丁脫不了關係，他們不是和他一起練過柔道、曾在西伯利亞的森林一起打獵，要不就是在他位於聖彼得堡外的湖邊別墅合作社區擁有房地產。

　　不過，普丁的眾多親信當中，有一群人和上述人士明顯不同的，他們是菁英領導體制裡的菁英份子，也就是俄羅斯經濟政策的管理者，包括普丁的紅顏知己，如俄羅斯央行總裁艾爾薇拉・納比烏琳娜（Elvira Nabiullina）[1] 等，這些人都擁有相當顯赫的資歷；以納比烏琳娜來說，她的履歷能輕易通過 IMF 或美國聯準會的要求：她擁有莫斯科國立大學（Moscow State University，俄羅斯最顯赫的高等教育機構）的經濟學博士學位、曾在耶魯大學擔任固定任期的世界研究員、在俄羅斯政府擔任過許多職務，且每個職務都位高權重——包括擔任 5 年的經濟發展部部長，她還曾被《富比世》雜誌列入「政治圈最具影響力女性」的名單（這份名單裡的人還包括梅克爾與蜜雪爾・歐巴馬〔Michelle Obama〕）等。

　　納比烏琳娜接掌俄羅斯央行不到 1 年，「綠衣男子」就在賽瓦斯托波爾插上俄羅斯的國旗。普丁對克里米亞的戰略一度導致緊張的外國投資人爭相將資本匯出。不過，俄羅斯的總體經濟局勢很快就趨於穩定。原

因之一是,當時的油價高達每桶 100 美元以上,且沒有下跌的跡象,而那局部是普丁的侵略戰所引發的地緣政治不確定性所致。另一個原因則是西方國家的制裁腳步太過遲緩,即使實施制裁,也是著眼於對俄羅斯經濟體系的長遠影響──但誠如一位著名經濟學家曾說的,長期以後,我們全都死了。

儘管如此,2014 年的整個春天,俄羅斯的經濟技術官僚還是忙著為將來可能發生的驚濤駭浪擬訂計畫。就在路傑克催促美國財政部專家研擬特定產業制裁的具體方案之際,克里姆林宮方面的專家們也忙著召開他們自己的研究會議,他們在會中檢視美國對伊朗的經濟戰,從中推敲自己的國家可能會面臨什麼情況。那些專家經由和華盛頓專家完全相同的分析流程,很快就發現俄羅斯的核心經濟弱點,包括它對西方資本市場與離岸石油鑽鑿之必要技術等的依賴。他們最後做出的結論是,如果西方國家聯合展開制裁行動,俄羅斯除了誠摯請求中國的奧援以外[2],別無其他選擇。

普丁在那年 5 月到上海參訪,並與中國領導人習近平會面。他們兩人在會中就一份 30 年期的大型協議達成共識,根據這項協議,俄羅斯將透過一條所謂「西伯利亞之力」(Power of Siberia)[3]的新管線為中國供應天然氣。這份協議價值 4,000 億美元,包含每年輸送 380 億立方公尺的天然氣到中國。這是非常大量的天然氣,但和俄羅斯天然氣工業公司每年賣給歐洲的 1,500 億立方公尺的天然氣比起來,還是顯得小巫見大巫。儘管如此,這項協議自有其戰略重要性。被西方國家避之唯恐不及的普丁開始轉向東方取暖。他甚至同意負擔這條管線的全部成本,據估其總造價超過 550 億美元,其中多數價金都將落入他親信的口袋。

另外,同樣在 5 月時,俄羅斯副總理伊格爾・舒瓦洛夫(Igor

艾爾薇拉·納比烏琳娜：俄羅斯央行掌舵人，備受肯定的技術官僚。

Shuvalov）獨自到中國出差[4]，討論中俄兩國減少依賴西方金融體系的可行選項。在短短幾個月內，俄羅斯主動出擊，收到了不錯的成果：納比烏琳娜領導的俄羅斯中央銀行和中國人民銀行敲定一項協議——人民銀行將設置一筆價值 250 億美元的貨幣交換（currency swap）額度[5]，有了這筆貨幣交換額度，俄羅斯和中國就可以直接用盧布和人民幣來結算兩國之間的雙邊貿易，從而減少彼此使用美元和歐元的需要。

總之，為了緩和經濟作戰的傷害，俄羅斯擬定了一份涵蓋多方面的策略，而朝中國靠攏就是這策略的一環。另一個環節是納比烏琳娜成立的金融資訊傳輸系統（SPFS）[6]，也就是俄羅斯版的 SWIFT（SWIFT 是位於布魯塞爾的金融訊息服務）。2012 年時，SWIFT 因華盛頓的巨大壓力而切斷與伊朗銀行業者的聯繫，導致伊朗在全球金融體系裡變得更加孤立。2014 年對俄羅斯的制裁，遠遠不及對伊朗的制裁措施那麼影響深

遠，不過，納比烏琳娜和她的中央銀行同事還是為了防範於未然而成立SPFS。

莫斯科當局還通過一項監理法規，逼迫Visa卡與萬事達卡[7]透過位於俄羅斯的中心處理俄羅斯國內的所有付款。這個措施是為了報復這兩家公司，因為俄羅斯銀行在那年3月遭到制裁後，這兩家公司隨即切斷與該銀行的往來關係。不過，這個決定還有更攸關重大的意義，因為無論西方國家做出什麼樣的制裁決策，它都將確保俄羅斯的信用卡能繼續在俄羅斯境內正常使用。為了進一步支持俄羅斯的金融自給自足能力，納比烏琳娜還加速打造俄羅斯中央銀行旗下的信用卡支付系統──世界系統（Mir），這個系統將為國內的交易提供支付管道，最終還會發行自有品牌信用卡。世界系統在它的廣告中保證：「你的卡片將不受外在因素干擾。」[8]

普丁禁止進口西方國家食品的政策固然粗魯，卻可合理視為保護俄羅斯經濟體系免受制裁所傷的戰術之一。（即使美國的法律要求美國的**所有**制裁計畫都必須豁免糧食、藥品和其他人道商品，他也不在乎。）當然，這項禁令傷害了俄羅斯的平民百姓，讓他們不得不以較高的價格購買雜貨店裡的必需品，而且不再能買到諸如正宗帕馬森乾酪等品項。不過，至少俄羅斯不再依賴從西方國家進口的食品[9]，甚至說不定會有更多俄羅斯人因此能找到製造起司的職缺。

然而，這些防禦性措施都無法解決俄羅斯經濟體系的根本弱點：俄羅斯經濟太容易受世界油價影響了。俄羅斯的經濟可說是「成也油價，敗也油價」，但莫斯科當局影響油價的能力又非常有限。普丁把政府對經濟體系的控制權收歸中央，並強力打壓繁榮的民間部門的政策，已經導致這個國家的經濟主權嚴重受到箝制[10]。這一切導致俄羅斯在陷入危機

時沒有太多可用選項，而且使俄羅斯的經濟命運完全擺脫不了反覆無常的全球石油市場的影響。

危機在 2014 年秋天來臨。明斯克協議簽訂後幾個星期，正當艾克森美孚準備從俄羅斯北極地區撤離之際，油價開始下跌。驅動油價下跌的主要因素是供給量突然激增──當時美國的頁岩油生產商持續擴產，產量頻創新高。到 9 月底時，油價已經跌到大約每桶 90 美元[11]，這是 2012 年以來的最低水準。從那個月月初到月底，油價下跌了 10%，若從 6 月的最高價起算，油價更是下跌了 20%。

這個發展讓俄羅斯的企業泰斗們愈來愈坐立不安。俄羅斯石油公司的老闆伊格爾・謝欽更是一個頭兩個大，他不僅得應付油價下跌的殘酷現實，還得處理該公司和艾克森美孚的大型合資案突然喊停的窘境，更糟的是，接下來幾個月，俄羅斯石油公司還得償還大約 200 億美元的債務[12]。謝欽不僅僅是克里姆林宮的好友，他公司的石油幫浦更代表著俄羅斯經濟體系的命脈。

長久以來，謝欽一直有意收購較小型的競爭對手巴什石油公司（Bashneft）。如今隨著艾克森美孚公司撤離北極地區，俄羅斯石油公司的未來石油產出突然變得岌岌可危，這讓謝欽更迫切希望實現購併巴什石油公司的願望。不過，巴什石油公司的老闆弗拉基米爾・葉夫圖申科夫（Vladimir Yevtushenkov）拒絕把公司賣給他。9 月，俄羅斯的檢調人員把葉夫圖申科夫軟禁起來，政府接著將巴什石油公司國有化，[13] 最終又把該公司的控制股權轉移給俄羅斯石油公司。

這個離奇又充滿陰謀色彩的發展嚇壞了外國投資人，頓時有更多謠

言指稱政府將無償徵用更多企業，甚至有可能實施資本管制。9月底那天，俄羅斯的匯率創下歷史新低，達到近40盧布兌1美元[14]（那年開年之際，1美元還只能兌換大約33盧布）。這逼得普丁設法安撫投資人，他承諾在莫斯科召開的年度金融高峰會上，「將不會提到資本管制之類的話。」[15] 事到如今，普丁還是堅稱他輕輕鬆鬆就能重新吸引外界投資俄羅斯。他說：「我只要露出微笑[16]，讓他們知道我這個惡魔並不像表面上看起來那麼嚇人就好。」

但事實上，俄羅斯的麻煩才剛開始。普丁是在有充足戰爭基金的支持下，展開對烏克蘭的作戰，那些戰爭基金包括5,000多億美元的外匯準備[17]，所以當盧布劇貶，這些外匯準備就成了可任憑納比烏琳娜差遣的充沛彈藥庫。在10月上旬期間，她花了60億美元來支撐盧布的匯價[18]，不過，那些錢猶如石沉大海，絲毫未能扭轉盧布的貶值趨勢。

10月29日當天，美國聯準會主席珍妮特・葉倫（Janet Yellen）宣布結束量化寬鬆[19]（quantitative easing，這是FED在2008年之後採取的政策，經由這項政策，FED每個月購買價值數百億美元的資產，以達到貨幣寬鬆的目的）。葉倫結束量化寬鬆的行動導致全球各地的信用條件趨於緊縮，同時使石油需求減弱，而偏偏此時石油的供給正快速增加，於是，油價進一步遭到壓抑。此外，由於市場預期FED將提高利率，美元因此大幅升值。[20] 進入二十一世紀後，美元兌所有其他主要貨幣一路貶值，直到2014年才首度升值。由於油價是以美元計價，所以對買方來說，美元升值自然使石油變得更加昂貴，這又進一步構成了油價下跌的壓力。

到那年11月初，油價已跌到每桶80美元，盧布也繼續快速貶值[21]。危機的規模已大到令人難以視而不見。俄羅斯石油公司必須在那年年底

償還大約100億美元[22]給西方的放款機構,而其他俄羅斯銀行業者和大型企業也必須在12月償還320億美元的債務[23]。雪上加霜的是,這些債務多半是以美元計價,而非以盧布計價,但隨著日子一天天過去,盧布兌美元的價值也一天比一天「低賤」。

隨著盧布大幅貶值且油元流入減少,沒有人知道要怎麼償還上述所有債務。此時俄羅斯的企業迫切希望取得美元[24]。光是俄羅斯石油公司就向政府請求了500億美元的紓困金[25]。俄羅斯的公司紛紛被迫縮減投資,將現金保留下來償債,而且,隨著俄羅斯平民百姓急著囤積外國貨幣[26],保險箱的需求因而激增。

普丁的人氣在併吞克里米亞後大幅竄升,他的支持率更達到有史以來的88%新高水準[27]。不過,如果俄羅斯的經濟急速衰退,俄羅斯人還會不會那麼支持他就大有疑問了。為了讓教室裡的新俄羅斯地圖上多出克里米亞這片領土,人民得付出生活水準快速崩落的代價,這個代價未免太高。

普丁責成納比烏琳娜[28]帶領國家度過這場風暴。11月5日當天,納比烏琳娜將利率提高到9.5%[29]。她宣布:中央銀行已做好準備,「隨時」[30]將動用更多強勢貨幣準備來支持盧布。而且,她並沒有粉飾整個局勢所代表的風險,直言俄羅斯即將爆發一場全面性金融危機。

儘管如此,風暴並未因此而停止惡化。到11月底時,市場觀察家個個屏息等待石油輸出國家組織(OPEC)——沙烏地阿拉伯領導的石油卡特爾——集會評估減產的可行性。

由於油價持續下跌,很多人預期OPEC將大幅減產,確實也有幾個OPEC會員國嚷嚷著支持減產。不過,沙烏地阿拉伯持反對立場。這個石油王國寧可忍受一段時間的低油價,也不願把它的市場占有率拱手讓給

諸如美國頁岩油生產商等後起之秀。於是，OPEC 決定孤注一擲，將產量維持不變，[31] 指望油價的重挫能扼殺美國頁岩油的商業模式，並迫使其退出市場。

產量維持不變對莫斯科當局是個壞消息。從夏天迄今，油價已經跌掉一半。[32] 此時每桶油價跌到了 60 美元，是 2008 年金融危機期間出現谷底價以來的最低價格。許多俄羅斯民眾因盧布劇貶而取消假期旅遊計畫[33]，納比烏琳娜也因此遭到猛烈抨擊。俄羅斯議會的某個成員甚至將俄羅斯中央銀行指為「國家的敵人」[34]，呼籲對該行展開刑事調查，而且指控納比烏琳娜企圖造成「極大化邪惡」。不過，隨著這場危機進入決定性階段，普丁還是繼續和這位中央銀行掌舵人站在同一陣線。

12 月 11 日星期四當天，納比烏琳娜再次將利率[35] 提高到 10.5％。那天稍晚，她關愛的眼神轉向了俄羅斯石油公司。這家石油巨擘必須在短短 10 天後償還 70 億美元的鉅額貸款，由於俄羅斯石油公司無法在西方國家的資本市場上募到這筆資金，所以它發行了價值 6,250 億盧布的債券[36]，這筆錢相當於 100 億美元。在納比烏琳娜的背書下，俄羅斯石油公司以低於俄羅斯政府公債殖利率的利率水準，順利賣掉了那些債券。接著，俄羅斯央行在 12 月 15 日星期一當天，開放以俄羅斯石油公司的公司債為擔保品來換取盧布。說穿了，這個錯綜複雜方案其實只是俄羅斯央行對俄羅斯石油公司的紓困計畫。[37]

儘管如此，市場並不買單。雖然星期一當天油價沒有下跌，盧布兌美元卻又貶值了 10％──這是 1998 年俄羅斯爆發國內債務違約以來，最嚴重的盧布單日貶值幅度。[38] 當天盧布重貶的原因有點成謎，不過，看起來最合理的解釋是，俄羅斯石油公司為了兌換償債所需的美元而大舉拋售盧布。那天稍晚時，納比烏琳娜動用了中央銀行數十億美元的準備

Chokepoints

金，試圖阻擋盧布的貶勢，不過，最終依舊徒勞無功。

普丁見狀召開緊急會議，那天深夜，他和納比烏琳娜以及一小群顧問，詳細討論接下來的對策。他們到凌晨 1 點時才終於拍板定案。納比烏琳娜宣布，俄羅斯中央銀行將把基準利率（benchmark interest rate）提高到 17%。利率一次提高 650 個基本點的目的，是希望阻止盧布的急速貶值趨勢。不過，外界卻將之解讀為恐慌的訊號。盧布匯價在後來所謂的「黑色星期二」當天繼續劇貶，[39] 一度貶值到 80 盧布兌 1 美元，當天收盤價也僅大約 70 盧布兌 1 美元。總計盧布在短短幾個月內貶值了一半。

俄羅斯民眾眼看著自己的儲蓄不斷隨著匯率報價板上的數字跳動而快速流失，再也按捺不住地蜂擁到銀行，他們大排長龍，希望把手上的盧布兌換成美元和歐元。還有一些人衝到家電行去搶購洗衣機、電視機和電冰箱，因為持有這些商品似乎還比持有盧布安全。富豪汽車（Volvo）停止在俄羅斯的經銷據點銷售汽車，[40] 蘋果公司也暫停在俄羅斯出售 iPhone。

隔天，有 100 萬名俄羅斯聯邦儲蓄銀行的顧客收到一則一模一樣的簡訊[41]，這份簡訊警告，該銀行即將停止接受提款。這其實是一則假訊息，它或許是第三方網路酸民或是外國特務的傑作，不過，在恐慌的氛圍下，這則訊息看起來竟以假亂真。於是，俄羅斯聯邦儲蓄銀行的提款機前開始大排長龍，它的顧客在短短一個星期內共提走了 1.3 兆盧布[42] 的現金，相當於 200 多億美元——那簡直堪稱史詩級的銀行擠兌。

對此，納比烏琳娜採行相似的方針來因應：提高利率與消耗外匯準備。不過，這些手段還是不管用。於是，普丁的安全委員會出手，安插許多克里姆林宮內部人士[43] 去擔任俄羅斯央行的重要職務。納比烏琳娜雖獲准留任，但必須放棄她所主張的正統方法。此時此刻，該改採強硬

戰術了。

接下來，莫斯科當局迅速實施一系列非正式的資本管制措施[44]。這些措施逼得俄羅斯的最大出口商——這是當時俄羅斯經濟體系唯一還能繼續取得強勢貨幣的部門——將他們的美元轉換成盧布。普丁還表示會無條件特赦願意把現金帶回故鄉的俄羅斯有錢人。接著，政府出手拯救作為主要房貸銀行的信託銀行（Trust Bank），還有俄羅斯第三大航空公司烏塔航空（UTair），因為當時這兩家機構都已陷入無力償債的境地。政府也著手重組俄羅斯大型國有銀行業者的資本，挹注了近1.5兆盧布[45]供這些銀行因應這場風暴。

這一系列非常措施終於穩定了盧布的匯率，但付出的代價非常高。到2014年年底，俄羅斯的外匯準備已降到3,900億美元以下，比普丁占領克里米亞前減少了1,200億美元。投資人共從俄羅斯抽走了1,500億美元以上的資本，這使得2014年成了俄羅斯史上到當時為止最糟的資本外逃年。[46] 新的一年剛展開，標準普爾公司（S&P）就把俄羅斯的信用評等[47]降至垃圾等級，這是普丁執政初期以來未曾犯過的缺失。俄羅斯債券的信用違約交換（credit default swaps，一種保障措施）的成本[48]也大漲，甚至高過巴基斯坦和黎巴嫩的債券，總之，俄羅斯經濟正朝嚴重衰退的方向前進。

2014年12月的發展以及後續餘波帶給俄羅斯平民百姓的苦難，遠比2008年的危機嚴重。[49] 在接下來一年的多數時間裡，俄羅斯的實質所得縮水[50]了大約10%，這是1990年代（當時普丁尚未坐上總統大位）以來最深的跌幅。當年普丁是經由油價上漲與生活水準提高來鞏固權力，但如今他的那一項政績正岌岌可危。

西方國家的制裁終於開始奏效。率先建議斬斷俄羅斯進出資本市場

盧布－美元匯率與油價（2014 年至 2015 年）

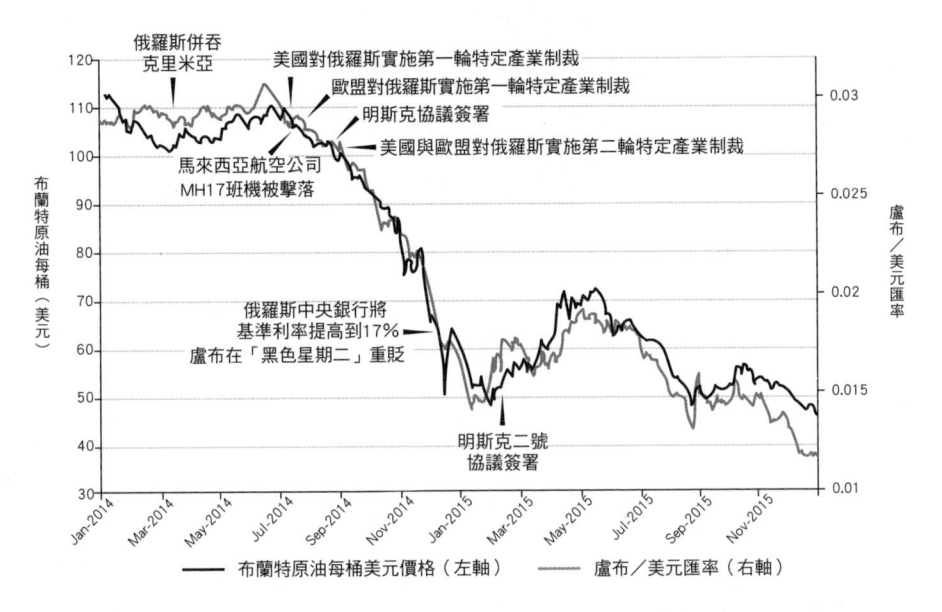

資料來源：國際貨幣基金、路孚特即時資料（Refinitiv Datastream）、俄羅斯中央銀行

管道的辛格是對的：制裁措施啟動了一個負回饋循環——油價確實加速重挫。連普丁本人都承認，盧布的貶值有 25％ 是制裁所造成，而另一個備受敬重的普丁陣營經濟學家阿列謝·庫德林（Alexei Kudrin）更認為，近 40％ [51] 的盧布貶值是制裁造成的。

　1 月 20 日當天，歐巴馬在美國國會山莊座無虛席的議場中發表國情咨文。談到外交政策時，他看起來一如既往地泰然自若。他說：「去年我們和盟友一同努力實施制裁時，有些人跟我說，普丁先生的侵略行為充分展現了他高超的策略和實力。」接著，歐巴馬的臉上露出一抹微笑：「但到今天，屹立不搖的是美國以及和我們團結在一起的盟友，而俄羅斯則被孤立，它的經濟體系已殘破不堪。」[52]

連俄羅斯這麼強大的國家都可能在美國的經濟武器打擊下失去平衡。然而，這些制裁行動並沒能改變烏克蘭國內的現況。俄羅斯的國旗依舊在克里米亞飄揚著，而克里姆林宮支持的民兵也繼續統治著遼闊的頓巴斯土地。就在歐巴馬的那一席演說放送到世界各地的電視螢幕之際，普丁的戰鬥機正準備發動新一波攻擊。

3-11 懸崖邊的俄羅斯

1月的莫斯科向來寒冷、黑暗且冰天雪地。儘管經濟陷入幾乎無法控制的嚴重困境[1]，俄羅斯人還是為了慶祝東正教耶誕節（Orthodox Christmas）而聚集在一起。不過，一股悄然而生的疑慮為民眾的慶典蒙上一層陰影——很多人開始從內心深處懷疑，克里姆林宮當局在烏克蘭進行的活動是否太過火了。

普丁是個賭徒，不過，他也很懂得在命運發生變化時，順應情勢地調整作為。元旦當天，自稱頓內茨克人民共和國（Donetsk People's Republic）第一任總理的那個人承認，**新俄羅斯**計畫是個「錯誤的開始」[2]，也是一個「無法實現的夢想」。不久後，頓巴斯境內兩個在俄羅斯支持下而分裂的小國家，正式暫時中止他們建立**新俄羅斯**[3]的計畫。（這個想像中的民族國家預估將涵蓋大約40%的烏克蘭領土，相較之下，那些分離主義者此時占領的土地，還不到烏克蘭領土的5%。）[4]至此，普丁顏面掃地，他的帝國夢也就此幻滅。克里姆林宮扔掉了**新俄羅斯**的地圖——又或許是把那些地圖收藏在某個文件櫃裡，待日後再重新拿出來回味。

華盛頓方面的情緒則比較樂觀，但一樣摻雜著不確定性。當俄羅斯經濟體系在12月搖搖欲墜之際，辛格發了一則訊息給路傑克。辛格說：「如果我們想的話，絕對有能力在金融端對它揮出毀滅性的一拳。」他是

基於責任感而發這則訊息,而不是因為他認為那是正確的作為。事實上,美國的政策目標明顯是要**防止**俄羅斯的困境持續惡化成為一場失控的金融危機,因為一旦如此,問題蔓延的風險將會過高。

路傑克解釋「尤其是歐洲,承擔了非常高的擔保品風險。[5]而且從 2011 年至 2014 年,我們一直在擔心歐洲經濟一旦崩潰,會不會也導致美國陷入另一輪衰退。」除此之外,沒有人知道摧毀俄羅斯經濟體系是否比現有的制裁方案更能鼓勵俄羅斯自烏克蘭撤軍。俄羅斯人並不好搞。路傑克說:「他們一定會認為『既然我們沒死在列寧格勒,這次一定也能撐過危機』。[6]他們認為自己的忍耐能力遠遠比我們想像的強。」

所以取而代之的,華盛頓與布魯塞爾當局在 12 月底宣布了一系列單純以克里米亞(已遭俄羅斯占領)為目標[7]的新制裁。這些禁令發佈後,投資克里米亞經濟體系任何環節或與克里米亞從事貿易往來的西方企業都會被認定違法。根據弗瑞德的說法,這些禁令的目標是「要把普丁的戰利品變成一個累贅」。克里米亞半島從電力到水利的所有基礎建設還是完全仰賴烏克蘭,克里米亞的土地甚至完全沒有和俄羅斯接壤:兩者之間隔了一條寬幾英里的克赤海峽(Kerch Strait)。因此,如果普丁真的想要永久併吞克里米亞,就得搞定這些難題,他得花幾十億甚至數百億美元,才能把這些領土併入俄羅斯。若沒有西方國家的幫忙,興建必要基礎建設的難度特別高。誠如盧嵐所言,「就算你能咬住另一個國家的部分領土,也不一定吞得下去。」[8]

西方國家應對俄羅斯併吞克里米亞一事的態度,令人想起它們在 1940 年蘇聯占領愛沙尼亞、拉脫維亞和立陶宛後的反應。有長達半個世紀的時間,西方國家的領袖都拒絕承認莫斯科當局對波羅的海三國的主權宣示。所以,等到這三個國家在 1991 年恢復獨立時,它們還是保有其

民族認同，也準備好要以獨立歐洲國家的姿態重新蓬勃發展。對克里米亞實施的制裁是比上述政策更激進的報復措施：簡單說，西方國家將在言行上，竭盡全力阻止這個半島被併入俄羅斯。

此外，美國和歐洲專門針對克里米亞打造的懲罰措施，目的是為了向俄羅斯發出一個訊號：對俄羅斯的其他所有制裁措施都可以端上談判桌平等協商。西方國家的盤算是，儘管普丁絕對不會在併吞克里米亞的事情上改弦易轍，但或許他會願意從頓巴斯撤軍，所以，頓巴斯將是未來的談判重點。對普丁來說，如果他能結束在烏克蘭東部的戰事，俄羅斯就能逃過最嚴厲的制裁。艾克森美孚公司將能回到北極地區鑽油、俄羅斯石油公司和俄羅斯聯邦儲蓄銀行也能再次盡情地向西方銀行業者貸款。總之，制裁克里米亞一事所要傳達的訊號是：俄羅斯和西方國家將能在克里米亞以外的地方重新建立正常的經濟關係。

不過，沒有人知道普丁是否願意接納上述協議。事到如今，先前簽訂的明斯克協議幾乎已形同廢紙一張。波洛申科雖採取了幾項初步措施，賦予頓內茨克與盧甘斯克更多自治權，不過，克里姆林宮支持的民兵並未因此離開這些省分。另外，俄烏雙方的戰鬥雖略微趨緩，卻也未曾真正停戰。接著，到 1 月時，民兵再次向前推進，占領了頓內茨克國際機場，這是幾個月來最嚴重的一次戰爭行為。無情的砲火攻擊把這個地方變成了鬼影幢幢的災區，誰會想到，2013 年時這個機場還服務過 100 多萬名旅客。儘管如此，這個位址還是具有重要的象徵意義，而且在此之前幾個月，這個機場在少數驍勇善戰的烏克蘭傘兵捍衛下，幸未失守。然而，經過一番血戰，普丁的戰士們[9]最終還是在 1 月底拿下這座機場，明斯克協議也因此成了歷史。[10]

美國的官員擔心俄羅斯的下一步將是設法奪取烏克蘭東南海岸的工

業港馬里烏波爾（Mariupol），因為馬里烏波爾就位於克里米亞以及俄羅斯人占領的幾個頓巴斯省分之間。如果普丁能奪下這個港口，就能控制一座通往被併吞領土的陸橋。烏克蘭早就料到俄羅斯可能攻擊這個港口，所以提早加強了防禦，而西方國家的政府也準備實施另一波制裁，包括將適用於幾家大型俄羅斯銀行與企業的所謂「拒止計畫」（reject program）。這個計畫的罰則不僅將涵蓋資本市場禁令，還禁止俄羅斯公司行號以美元及歐元進行任何收付款；如果被鎖定的俄羅斯公司行號試圖付款給西方國家的某家銀行業者，它們的資金就會被直接退回。這個作法能產生類似伊朗的凍結制裁的打擊效果，但又不會造成全面資產凍結的傷害。西方國家威脅將實施這個「拒止計畫」，配合烏克蘭加強馬里烏波爾周圍的防禦，目的都是要同步透過經濟與軍事安全工具來保護這座城市。

然而，俄羅斯支持的那些戰鬥機並沒有攻擊馬里烏波爾，而是發動一波旨在拿下德巴爾切夫（Debaltseve）的攻勢，[11] 德巴爾切夫雖是個鮮為人知的小鎮，卻是重要的高速公路匯流之處與鐵路樞紐，它是頓巴斯地區包括煤、鐵和鋼等豐富工業產出的運輸中心，也連接了頓內茨克和盧甘斯克──也就是俄羅斯處心積慮想從烏克蘭分化出來的兩個頓巴斯省分。

隨著德巴爾切夫附近的戰事益發猛烈，歐巴馬政府內部再次針對是否提供致命性軍事援助一事展開辯論。烏克蘭的陸軍懇求美國提供標槍飛彈，也就是可攜式的美國製反坦克飛彈，這種飛彈有助於抵禦入侵的俄羅斯裝甲車縱隊。參與白宮戰情室討論的多數官員，包括五角大廈與國務院的官員，都支持對烏克蘭提供標槍飛彈，副總統拜登也一樣，[12] 不過，歐巴馬還是有所遲疑。

歐巴馬生性本就謹慎，他還深受梅克爾影響，而梅克爾堅定反對為烏克蘭人提供武器。從明斯克協議失效後，她和歐蘭德就重啟諾曼第模式會談，迫切希望推動新的和平協議。德國與法國的領袖雙雙定期和普丁與波洛申科通話，[13] 也都曾飛到基輔與莫斯科親自與烏、俄領導人會面。俄羅斯經濟體系迅速崩潰，讓他們兩人非常害怕，因為俄羅斯的經濟困境有可能會擴散到他們自己的國家。當初梅克爾和歐蘭德並沒有料到理應像手術刀那麼精準的制裁措施，竟會造成那麼大又那麼深的傷口。

當時的德國是由梅克爾所屬的基督教民主聯盟（Christian Democratic Union）和對莫斯科友善的社會民主黨（Social Democrats）組成的聯合政府執政，所以梅克爾在國內面臨要求寬待俄羅斯的極大政治壓力。她的外交部長是社會民主黨的法蘭克－華特・史坦麥爾（Frank-Walter Steinmeier），他建議不要再進一步「鎖緊螺絲」，而社會民主黨籍的經濟部長席格馬・加布列爾（Sigmar Gabriel）也警告，更多制裁可能「有點燃大火的風險」，[14] 所以主張西方國家不該「強迫俄羅斯屈服」。

至於法國則因巴黎的一場嚴重恐怖攻擊而陷入恐慌——一群伊斯蘭極端主義份子襲擊政治諷刺報紙《查理週刊》（Charlie Hebdo），並槍殺了十幾個人。在歐蘭德心中，恐怖主義的威脅遠比俄羅斯更大，畢竟俄羅斯說不定可能成為全球各地對抗聖戰主義的盟友。這位法國總統公開表示，若諾曼第模式會談有進展，他希望能解除對俄羅斯的制裁，而且他傾向於相信普丁對頓巴斯沒興趣。歐蘭德斷言：「普丁並不想併吞烏克蘭東部，這是他親口告訴我的。」[15]

梅克爾和歐蘭德雙雙希望烏克蘭的衝突能盡快落幕。2月8日當天，他們找了普丁和波洛申科一起召開電話會議，[16] 討論明斯克協議失效後的下一份協議內容。通話結束後，梅克爾隨即飛往華盛頓，在橢圓形辦

公室和歐巴馬見面。她知道白宮方面即將決定把標槍飛彈運到烏克蘭,所以她想親自告訴歐巴馬,那樣的決定將威脅到她和普丁之間外交關係。

美國的多數政治與外交政策單位都偏好武裝烏克蘭。所以,馬侃參議員在梅克爾抵達當天,透過德國公共廣播電台發送了一則訊息給這位總理。馬侃問:「究竟烏克蘭要死多少人,[17]我們才會幫助他們捍衛自己的性命?」

不過,歐巴馬較在乎的是梅克爾的觀點,而非馬侃的看法。此時美德關係正逐漸走出國安局間諜醜聞的低潮,並一步步回溫,這在很大程度上要歸功於華盛頓與柏林當局在烏克蘭危機上的密切合作。此外,梅克爾先前曾力挺歐盟對俄羅斯實施嚴厲制裁,而歐巴馬並沒有把她的這個立場視為理所當然。所以,他決定不把標槍飛彈送到烏克蘭。幾天後。梅克爾和歐蘭德花了16個小時,和普丁與波洛申科在明斯克談判。在這場馬拉松談判結束後,他們提出一個聽起來既不優雅也不怎麼吉利的新協議——它就是「明斯克二號協議」(Minsk II)。[18]

梅克爾和歐蘭德的外交斡旋不僅成功說服華盛頓當局放棄武裝烏克蘭人,也暗地裡削弱了進一步制裁的動能。他們把紅線畫在馬里烏波爾,而不是德巴爾切夫,而且,歐盟內部也未針對加碼壓制俄羅斯經濟一事達成共識。

明斯克二號協議的內容比明斯克協議詳細,不過,基本輪廓並無不同。烏克蘭將賦予諸如頓內茨克與盧甘斯克等俄語區更多自治權,以換回它對這些東部省分的控制。如果普丁願意認真落實這項協議,它很可能成為結束衝突的途徑之一。

不過,初期的幾個訊號實在讓人沒有高興的理由。在德巴爾切夫一帶搞破壞的普丁戰鬥機無視於明斯克二號協議的存在,因為這份協議並

烏克蘭及其被占領的領土

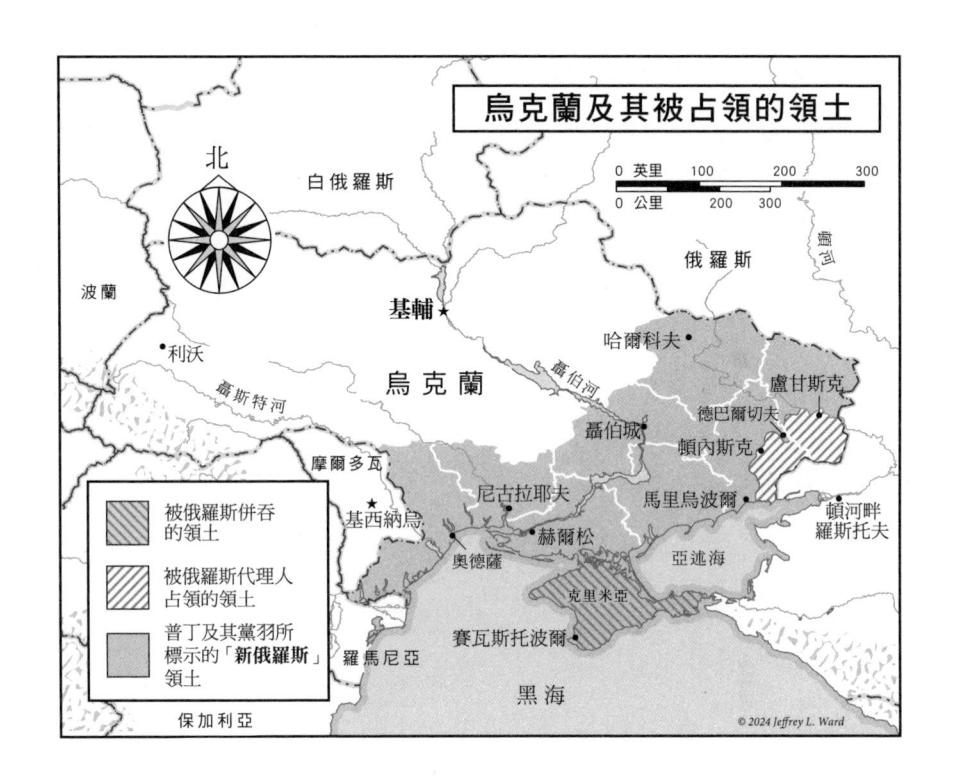

地圖圖例：
- 被俄羅斯併吞的領土
- 被俄羅斯代理人占領的領土
- 普丁及其黨羽所標示的「**新俄羅斯**」領土

地圖標示地點：北、白俄羅斯、波蘭、利沃、聶斯特河、摩爾多瓦、基輔、烏克蘭、基西納烏、羅馬尼亞、保加利亞、俄羅斯、盧甘斯克、哈爾科夫、聶伯河、德巴爾切夫、聶伯城、頓內斯克、頓河畔羅斯托夫、尼古拉耶夫、馬里烏波爾、奧德薩、赫爾松、亞速海、克里米亞、賽瓦斯托波爾、黑海

© 2024 Jeffrey L. Ward

沒有明訂這個城鎮該歸誰控制，所以那些戰鬥機不計後果地瘋狂轟炸德巴爾切夫，造成了成千上百人傷亡，並逼得烏克蘭軍隊在 2 月 18 日撤退。一名烏克蘭士兵在慘敗後療傷時說：「那裡已經沒有城市可言了。」[19]

普丁的**新俄羅斯**幻想雖被迫擱置，烏克蘭人卻也無法將讓他們的國家恢復原狀。既然身為俄羅斯總統的普丁無法將頓巴斯占為己有，他一定會把這個地區化為一個吸乾烏克蘭鮮血和財富[20]的潰爛地獄，以防止烏克蘭朝西方國家靠攏。儘管這個結果並非普丁心中所想要的勝利，它還是某種勝利。

2014 年結束時，普丁的處境還相當不利，但進入 2015 年後不到 2 個月，他又恢復了個人魅力。他向來認為西方國家既迂腐又軟弱，而西方

3-11 | 懸崖邊的俄羅斯

283

國家的制裁政策似乎也證明他的看法正確無誤：美國和歐洲把俄羅斯經濟逼到極限後，自己反而開始退縮。普丁有充分理由感覺事實證明他是正確的。所以，他的下一步是要徹底擺脫外界對俄羅斯的制裁，但他不會透過離開烏克蘭來達成這個目標，而是要在西方國家內部搞破壞，藉此擺脫制裁。

3-12 來自莫斯科的黃金賄賂

　　普丁並沒有懷疑制裁對俄羅斯的影響，只不過，他對西方國家堅持制裁的決心存疑。

　　在俄羅斯，克里姆林宮總是以威逼的方式來箝制大型企業泰斗；這些商人一旦惹毛普丁，就會丟掉飯碗，甚至連性命都不保。不過，普丁相信，西方國家的情況正好相反。美國和歐洲的民間部門不可能眼巴巴看著商業機會從眼前溜走。如果柏林當局過於嚴厲對待德國的工業家，說不定還有失去政權之虞。歐巴馬雖可能不排斥壓縮艾克森美孚公司的利潤，但他幾個月後即將卸下總統職務。除此之外，歐盟有 28 個會員國，它們必須每 6 個月針對維持現有制裁措施達成全體無異議的共識，而在這些會員國當中，匈牙利或賽浦勒斯都是很容易收買的對象。

　　於是，普丁著手尋找西方國家制裁聯盟的破口，希望從中為自己謀取利益。破壞這個制裁聯盟除了能紓解俄羅斯經濟體系所承受的壓力，應該也能種下令西方盟國分裂的種子，這麼一來，俄羅斯就能坐收地緣政治上的利益。如果匈牙利否決繼續制裁的計畫，那麼波蘭和立陶宛政府裡的反俄羅斯強硬派會有什麼反應？他們會笑著忍受這個結果嗎？較可能的發展應該是爆發一場足以讓歐盟分崩離析的內部危機。

2014年年底時，時任歐盟執委會主席的盧森堡政治人物尚－克勞德‧容克（Jean-Claude Juncker），就已在澳洲布里斯本舉辦的一場全球領袖高峰會上警告普丁，試圖分化跨大西洋聯盟的行為終將徒勞無功。不過，普丁自信滿滿地回應容克的警告，他說：「我不會失敗。」[1]

普丁的第一個目標是希臘。2015年1月時，希臘選民透過投票，選出了反建制派（anti- establishment）激進左翼聯盟（Syriza）為首的政府。當時的希臘已因連年的惡性經濟危機而被折磨得苦不堪言，失業率高達27%，[2]更有六分之一的人口每天都處於挨餓狀態。新任首相亞歷克西斯‧齊普拉斯（Alexis Tsipras）誓言將對抗「三頭馬車」（troika，由歐盟執委會、歐洲央行與IMF組成的團體）對希臘實施的撙節措施。由於希臘國內問題叢生，所以當然沒有太大的意願代替烏克蘭犧牲。

希臘的選舉一結束，普丁的黨羽幾乎隨即和雅典新政府的內部人士搭上線，並積極培養關係。[3]他們找到了一群「從善如流」的聽眾。希臘新能源部長在激進左翼聯盟掌權後幾天就表示：「希臘沒興趣對俄羅斯實施制裁。[4]我們和俄羅斯及其人民無冤無仇。」

歐盟的特定產業制裁期限是到那年7月為止。隨著俄羅斯在德巴爾切夫取得勝利，歐洲的領袖開始激辯是否要將這個期限延長到那一年年底。若延長制裁期限，制裁的時間表就會和明斯克二號協議一致，而該協議要求莫斯科當局必須在2015年年底時，把烏克蘭東部邊界的控制權還給基輔當局。

趁著制裁期限延長一案還懸而未決，普丁邀請齊普拉斯在那年4月到莫斯科，兩人促膝長談了一番。當時齊普拉斯正因債務協商問題而和布魯塞爾當局搞得不太愉快，而普丁則是因制裁一事而和布魯塞爾發生齟齬。所以，說不定他們兩人可以組成一個臨時的聯盟——由希臘出面

杯葛制裁，而交換條件是俄羅斯必須協助希臘降低龐大的債務。

普丁說，齊普拉斯的莫斯科之行「時機再好不過了」。[5]齊普拉斯選擇和普丁與克里姆林宮站在同一陣線，等於是表明了他對制裁的反對立場。他斬釘截鐵地說：「我們已反覆公開表達我們的反對意見，[6]我們向來都對歐盟的同儕表達這個一貫觀點。我們並不認為這是個成效良好的決策，實際上它根本就是一種經濟戰爭。」

齊普拉斯帶著承諾離開克里姆林宮，這個承諾包括經由希臘把天然氣輸送到歐洲的一項潛在管線協議，[7]另外還有一筆由莫斯科提供的50億歐元預付金（這筆預付金和該管線未來的利潤掛勾）。齊普拉斯返國後興高采烈地向他的財政部長亞尼斯・瓦魯法基斯（Yanis Varoufakis）表示，他已取得普丁的承諾，[8]俄羅斯將會支付50億歐元。兩個星期後，俄羅斯天然氣工業公司執行長阿列謝克・米勒（Alexey Miller）飛到雅典，[9]繼續就這條管線和齊普拉斯及他的能源部長會談。

到了6月，希臘即將對IMF債務違約，所以，齊普拉斯益發渴望把他和普丁之間一時興起的口頭協議轉化為堅定的承諾關係。於是，他在那個月回到俄羅斯，參加聖彼得堡國際經濟論壇（St. Petersburg International Economic Forum）。[10]當時其他所有西方國家的領袖都為了抗議俄羅斯在烏克蘭發動的戰爭，杯葛這場富麗堂皇的商業研討會，而齊普拉斯的現身清楚顯示他已下定決心要選邊站。孰知普丁卻輕蔑地拒絕幫助他。他在2個月前口頭向齊普拉斯承諾的管線協議或許能為希臘帶來長遠的豐厚利益，但希臘即將違約的債務卻意味**此時此刻**齊普拉斯就需要幾百億歐元的資金，而這時的俄羅斯手上並沒有那麼多錢。只有三頭馬車裡最具影響力的德國能解決齊普拉斯的問題。普丁告訴齊普拉斯：「你必須和德國人達成協議。」[11]

俄羅斯財政部長希盧安諾夫隨後打了一通電話給瓦魯法基斯，向他說明普丁的決定。根據瓦魯法基斯的回憶，希盧安諾夫告訴他，「國際上的制裁正導致莫斯科的財庫日益吃緊，[12] 所以他很遺憾沒有能力幫助我們。」這是極度諷刺的尷尬處境。俄羅斯原本試圖以賄賂的方式來擺脫制裁，但那些制裁卻已導致它捉襟見肘，再沒有資金可用來行賄。

俄羅斯爭取希臘支持的妄想最終失敗了。就在齊普拉斯從聖彼得堡歸來後不久，他和其他歐盟領袖就同意繼續展延，對俄羅斯的特定產業制裁 6 個月[13]。那年夏末，齊普拉斯也欣然接受了來自歐盟的 860 億歐元紓困金。[14]

後來，普丁繼續找其他小型歐盟會員國碰運氣。他以一筆私下的優渥貸款來引誘賽浦勒斯總統尼古斯・阿納斯塔西亞迪斯（Nicos Anastasiades）[15]，並向匈牙利強人奧班提議，他願意提供兩座俄製核子反應爐給匈牙利[16]，外加購買這些反應爐所需的融資。他還用廉價的天然氣，來引誘斯洛伐克總理羅伯・菲喬（Robert Fico）[17]以及其他幾位歐洲領袖。

每次發生那種狀況，弗瑞德與團隊都會到歐洲出差，並提醒那些對制裁抱持懷疑態度的人：美國對其處境的關懷程度絕對不亞於俄羅斯。在那之前，匈牙利和斯洛伐克的執政黨，因不吝於展現反民主傾向而惹毛華盛頓當局，所以弗瑞德是多年來到那些國家的最高層美國政府官員。他解釋：「我們是要談政策，這件事非關貞潔。[18] 為了促成有助於約束普丁及他在烏克蘭發起的戰爭的制裁政策，我不排斥和任何人談談。」弗瑞德在匈牙利時，和奧班的外交部長彼得・西亞爾托（Péter Szijjártó）會面，而到斯洛伐克時，則是和菲喬本人見面。在這兩次訪問行程當中，他不僅特別留意避免指責與他對話的官員，更誠摯地聽取他們的憂

慮。到最後，這兩國的政府都決定堅守歐盟在制裁議題上的共識。

既然普丁買通不了制裁聯盟裡最羸弱的國家，或許他可以試試收買其中最強的國家。俄羅斯天然氣工業公司在普丁斷然拒絕齊普拉斯的那場聖彼得堡研討會上，同意興建一條橫跨波羅的海並通往德國的新管線。這條管線就是所謂的北溪二號（Nord Stream 2）[19]，它每年將為歐洲供應 550 億立方公尺的天然氣，一旦這條管線興建完成，便能大大減輕歐盟對行經烏克蘭的天然氣管線的依賴。在這個過程中，北溪二號也會對烏克蘭造成巨大的戰略性打擊，因為基輔當局將再也收不到對它攸關重大的天然氣過路費，[20] 且俄羅斯不會因關閉對烏克蘭的天然氣供給而影響到它的歐洲顧客。俄羅斯天然氣工業公司將負擔這項專案的一半成本，剩下的則是由歐洲多家能源公司組成的財團負擔，這些公司包括英國的殼牌公司、奧地利的 OMV 集團，以及德國的溫特索公司（Wintershall，它是化學業巨擘巴斯夫公司的子公司）。

梅克爾堅稱北溪二號是一宗純商業合資案，因為除了俄羅斯天然氣工業公司，這條管線的主要股東都不是國有企業，另外，柏林當局並未使用任何納稅人資金來為這項計畫挹注資金，而且這條管線也絲毫沒有違反制裁令。何況美國和歐洲先前已明確達成共識：對俄羅斯的經濟戰將不會波及俄羅斯的天然氣產業。由於美歐雙方對這一點的承諾非常堅定，所以他們並未切斷，俄羅斯天然氣工業公司與西方資本市場之間的聯繫——但同樣是在這個議題上，他們對待俄羅斯石油公司的方式就斷然許多——直接切斷該公司進出西方資本市場的管道。華盛頓當局甚至沒有對俄羅斯天然氣工業公司的老闆米勒實施任何個人制裁，他是普丁最顯赫的親信中唯一有幸逃過一劫的人。

儘管如此，北溪二號一案還是惹毛了梅克爾的很多歐洲同級官員。

既然德國自己都忙著和俄羅斯敲定大型新協議，梅克爾又怎能堅持要求歐盟，必須在制裁的問題上保持團結？這令人感覺梅克爾說一套、做一套。波蘭和立陶宛反對建造這條管線，義大利和斯洛伐克也不贊成。義大利總理馬泰歐·倫齊（Matteo Renzi）被這件事激怒[21]，因為很多義大利小型公司先前為了歐盟號稱的團結，放棄了在俄羅斯的許多大好商機，但如今德國的工業家，卻反過來對俄羅斯伸出友誼的手，這叫那些義大利公司情何以堪？

12月時，烏克蘭依舊未能收復對東部各省的控制權。看來歐盟理所當然必須繼續展延制裁令。不過，倫齊對北溪二號實在太惱火了，所以他為了逼迫各方就這條管線展開辯論，[22] 暫時對展延制裁令的決定按兵不動。儘管歐盟最終還是展延了制裁令，[23] 但普丁似乎達到了離間歐盟的目的。

普丁是對的：德國的領導人尚未做好跟國內大企業對抗的準備：梅克爾政府除了力保北溪二號的興建，還對德國工業巨擘西門子公司出售7部燃氣渦輪引擎給俄羅斯一事睜一隻眼、閉一隻眼。嚴格來說，西門子的這項交易和天然氣管線計畫一樣都沒有違反制裁令，但有強烈的證據顯示，莫斯科當局有意將那些渦輪機用在克里米亞（只不過俄羅斯對外宣稱不是如此）[24]——那些渦輪機其實是普丁用來興建克里米亞新基礎建設的核心工具。總之，光是把那些渦輪機運送到克里米亞，就明顯已違反制裁令。

莫斯科當局的用意可說是司馬昭之心，人盡皆知。西門子的那幾部渦輪機只適用於克里米亞正在興建的兩座新電廠。為此，弗瑞德和其他美國官員警告西門子，這些渦輪機幾乎肯定會送到克里米亞。《路透社》甚至為了揭露俄羅斯的盤算而刊登了一篇新聞特稿[25]。不過，西門子公

司執行長喬・凱薩（Joe Kaeser）在克里米亞被併吞後到莫斯科出差時，就已清楚表明了他的優先考量。他說：「西門子公司早在1853年就已進入俄羅斯，本公司在當地歷經了許許多多的高潮和低潮，且終得以倖存。即使是在當前這種政治艱難時刻，我們依舊希望維持對話。」[26] 西門子的渦輪機交貨後，俄羅斯果然迅速把機器運到克里米亞，但西門子信誓旦旦表示它並不知情。而在這個嚴厲考驗著歐盟團結的事件背後，德國政府一直都和西門子站在同一陣線。

普丁極力拉攏德國產業界的作法雖未使已實施的制裁被撤銷，卻減弱了德國——延伸來說是整個歐盟——實施額外制裁措施的熱情，具體來說，即使克里姆林宮當局遲遲不落實明斯克二號協議，且繼續支持頓巴斯的民兵，歐盟也沒有採取進一步的行動。歐盟的不作為就已經是普丁的勝利，因為那讓俄羅斯經濟體系有時間慢慢休養生息。俄羅斯希望頓巴斯的戰鬥最終變成一場被遺忘的凍結衝突（frozen conflict，譯注：真槍實彈的熱戰結束，但沒有簽訂任何讓戰士滿意且足以解決衝突的和平條約或其他政治框架），屆時西方國家將會繼續走自己的路，時間久了，制裁也將漸漸無疾而終。

3-13 「壞思想」與內部危機

2015年9月30日早上9點鐘，一名俄羅斯三星上將意外現身位於巴格達的美國大使館。他帶來的訊息簡潔有力：俄羅斯戰機很快就要對敘利亞展開空襲，美國應該立即淨空天空。他說：「我們要求你們派駐在這個地區的所有部隊撤離。」[1]

美國官員並沒有答應他的要求，1個小時後，俄羅斯的飛彈摧毀了敘利亞各地的多處目標。[2]

俄羅斯對敘利亞展開新一波空襲行動，使它以軍事行動介入敘利亞的程度大幅提高。根據克里姆林宮的公開說詞，這次空襲行動的目標是恐怖主義團體伊斯蘭國（ISIS，當時它已控制了敘利亞及其鄰國伊拉克的大量領土），不過實際上，這次行動的真正目標，是要打擊反敘利亞獨裁者巴夏爾・阿塞德的多股勢力，[3] 因為阿塞德是普丁的堅定盟友。

在這場空襲行動發生前兩天，普丁才剛在紐約召開的聯合國大會會外與歐巴馬見面，[4] 那是烏克蘭危機爆發後，美俄兩國領袖的首次雙邊會議。歐巴馬是基於俄羅斯在敘利亞的軍事集結行動，才同意和普丁坐下來談談——當時國際間為了剷除伊斯蘭國而組成了一個以美國為首的聯盟，而普丁希望能在這個聯盟爭取到一席之地。

由於當時美國正斷斷續續地試圖將它在地緣政治的重心，轉移到其他地區，因此普丁介入敘利亞的真正目的是要強化阿塞德的統治權，並

藉此鞏固俄羅斯在中東的立足點。不過，這個戰略還希望達成另一個更深層且隱晦的目的。2015 年秋天，隨著敘利亞內戰趨於激烈，加上伊斯蘭國在這個地區崛起，共導致數百萬名難民逃到鄰近國家。其中很多難民最終成功逃到歐洲，光是在 2015 年，就有超過 100 萬人尋求庇護，[5] 達到二戰以來最多尋求庇護的人數。所以，解決這場危機的根本導因──也就是敘利亞內戰──成了美國和幾個歐洲強國最念茲在茲的外交政策考量。有鑑於此，普丁深知，如果他以「願在對抗伊斯蘭國的事務上與西方國家合作」為餌，西方國家的領袖很可能會願意為了在這個問題上和俄羅斯合作，暫時不那麼關切烏克蘭的問題。

俄羅斯過去也曾以這個策略得逞。小布希總統和歐巴馬總統剛上任不久時，分別曾為了爭取俄羅斯在他們認為當下最急迫的議題上與美國合作，而饒恕俄羅斯過去的不當行徑。換言之，當時的美國傾向於把俄羅斯視為從阿富汗到伊朗，乃至對抗恐怖主義等其他政策領域的搖擺國，而不是一個值得特地為了它制定應對政策的國家。而伊斯蘭國崛起，正好為普丁提供一個利用這種思維傾向獲取利益的新機會。

另外，很多歐洲國家的領袖也做好了與俄羅斯重修舊好的準備。2015 年 11 月時，歐盟執委會主席容克致函普丁，希望俄羅斯能與歐盟建立更緊密的關係，「我很遺憾，過去一年我們未能發展出那樣的關係。」[6] 他甚至還建議歐盟，針對普丁念茲在茲的歐亞經濟同盟計畫和俄羅斯簽署貿易協定。[7] 那個月，一場駭人聽聞的伊斯蘭主義恐怖攻擊震撼了巴黎──隸屬伊斯蘭國的襲擊者在巴黎市區內，同步發動多起槍擊及自殺炸彈攻擊，殺害了 130 名民眾。在這場攻擊行動發生後 2 個星期，歐蘭德就飛到莫斯科，呼籲一同建立一個「廣泛同盟」，以便合力打擊在敘利亞的伊斯蘭國。[8]

這時，某些歐洲國家的政府開始力促「局部撤銷」制裁，以換取明斯克二號協議（9個多月前在法國和德國協助下協商出來的和平協議）的「局部落實」。其實此時的情況已清楚顯示，普丁似乎將違背他在明斯克二號協議裡所做的承諾，不允許烏克蘭拿回對烏東邊界的控制權。不過，他心裡或許在盤算，只要釋放一些政治犯，或命令派駐在頓巴斯的民兵停止向烏克蘭的陣地開火，說不定歐盟就會考慮撤銷某些制裁。

這個發展讓波蘭、波羅的海三國以及北歐五國等最能切身感受到俄羅斯威脅的歐盟成員相當緊張。立陶宛外交部長林納斯·林克維丘斯（Linas Linkevičius）表示，他對容克絲毫未在致普丁的信件中提及[9]俄羅斯在烏克蘭的侵略行為、西方國家的制裁等問題感到非常訝異。在他眼中，烏克蘭就像是「評量俄羅斯行為的石蕊試紙」，[10]而莫斯科在那方面的表現看起來並不妙。林克維丘斯說：「就我們所見，政策並沒有明確或具建設性的變化。」[11]儘管如此，還是有跡象顯示，其他西方國家領袖正在權衡與俄羅斯在反恐怖主義的議題上達成某種妥協，而這實質上等於是要讓烏克蘭自生自滅。

弗瑞德在2015年12月初於布魯塞爾召開的一個專題小組會議上，和林克維丘斯共同發表談話，他當時就承認，這位立陶宛外交官「心中會閃過『有人有意做出那種妥協』的暗黑想法」[12]並不為過。但弗瑞德再三向他保證：「我們沒興趣做那種妥協。」

2個星期之後，凱瑞到莫斯科出差，在克里姆林宮和普丁開了3個小時的會，這場會議的主要議題是敘利亞。凱瑞在會後表示，他和普丁找到了一些「共識」。[13]不過，他也斷然否定「局部撤銷」制裁的想法。凱瑞在2016年2月召開的慕尼黑安全會議中宣布：「俄羅斯有一個簡單的選擇：[14]徹底落實明斯克協議，否則就得繼續面臨將對其經濟體否則就

得繼續面臨危害其經濟體系的制裁。簡單說，俄羅斯可以用行動來證明它將尊重烏克蘭的國家主權，一如俄羅斯一直以來堅持尊重它的國家主權。」

儘管凱瑞公開尋求在敘利亞議題上與俄羅斯更密切合作，但身為美國國務卿，他的這一席話自有其份量，這意味除非烏克蘭順利收回對頓巴斯的控制權，否則華盛頓當局將繼續堅定支持制裁——無論要花多久的時間，也不管普丁發射多少枚飛彈。

就這樣，西方國家與俄羅斯之間的經濟衝突漸漸形成一種可預測的平穩節奏。外界對「歐洲將否決制裁」的焦慮趨於平息，美國也否決了在敘利亞議題上再次與普丁重修舊好的可能性。布魯塞爾當局依舊盡職地每6個月展延一次制裁令，而華盛頓當局則持續進行「制裁令維護」，也就是更新制裁名單，目的是為了堵住漏洞與檢查對方是否有規避制裁的計畫。經濟戰的熱度漸漸冷卻，但整個局面演變成令人不安的僵局。前線偶爾還是會發生一些小規模的戰鬥，但造成的動靜都不算太大。

普丁原本力圖用各種花招來終結西方國家對俄羅斯的制裁，包括賄賂希臘和匈牙利、與德國工業家簽訂管道協議，以及把他自己塑造成對抗伊斯蘭國所不可或缺的夥伴等。不過，他的伎倆沒有一個得逞，至少沒有全面得逞。只不過，他還是爭取到讓局面凍結的成果，這倒也稱得上局部的勝利。

他的下一個目標並不是要爭取政治人物或商業大亨的支持，而是要影響美國選民的想法。

3-14 搭黃金電梯找到活路

　　歐巴馬政府執政最後一年，總統本人和他的內閣官員都在思考有什麼政績可留給後人傳承下去。財政部長路傑克是少數一開始就加入歐巴馬執政團隊且從未離職的官員。他處理過無數重大議題，但他個人認為，歐巴馬政府採用的制裁方法既新穎又極具分量，值得在他的告別演說帶上一筆。他預訂在 2016 年 3 月 30 日在華盛頓的智庫卡內基國際和平基金會（Carnegie Endowment for International Peace）發表告別演說。

　　路傑克說：「經濟制裁已成為一種強大的力量，有助於實現明確且協調一致的對外政策目標——碰上難以透過外交斡旋解決且不宜以軍事力量應對的局勢時，便可使用這種巧妙的力量來應對。」他為伊朗經濟戰的戲劇化成就喝采，因為那場經濟戰最終達成了敦促伊朗削減其核子計畫的協議。

　　他也盛讚美國對俄羅斯實施制裁時善加取得各方平衡的表現。路傑克解釋：「儘管某些人呼籲美國應動用制裁彈藥庫裡的所有工具，歐巴馬總統卻指示我們研擬一套和盟國步調一致的協同回應方案，在強力施壓的同時又有所節制，這個作法讓我們得以暫時保留某些制裁選項，以便根據俄羅斯的表現，逐漸加強或減輕施壓的力道。」美國「找出了不對稱的領域——特別是俄羅斯政府高度依賴歐洲與美國的技術和融資，且一旦實施制裁後，只會對我們、盟友和俄羅斯老百姓造成最小外溢效應

（spillover effect）的領域。」

不過，他也繼續在演說的結論裡提出警告。路傑克說：「不該輕易動用制裁。因為制裁可能造成外交關係緊張、使全球經濟陷入不穩定，並對本國與海外企業造成可觀的成本。」他表示，最大的風險是「濫用」，「可能會威脅到美國在全球金融體系的核心地位，遑論未來制裁的效能」。除非華盛頓當局保持謹慎，否則「濫用制裁可能會損害[1]我們在全球經濟體系的領導地位」。

要知道，路傑克可是帶領美國財政部走過伊朗協議的簽訂和烏克蘭危機的首長，所以，他這一番語重心長的警語，自然特別引人注目。但無論如何，他的這一席話還是顯示，經濟作戰已成為美國外交政策不可或缺的環節。路傑克認為，歐巴馬政府以非常明智的方式使用制裁，但這樣的智慧得來不易，下一任總統可能不像歐巴馬那麼明智與審慎。所以，他試圖詳細解釋某些最佳實務運作方式，以防範那樣的風險成真。根據他的敘述，對付伊朗和俄羅斯的制裁作戰運動，都是最佳實務運作範例——儘管對俄羅斯的制裁，並未取得像伊朗制裁政策那麼顯而易見的勝利。

路傑克對伊朗的看法幾乎無可辯駁，但俄羅斯的個案就比較見仁見智了。白宮根本沒料想到普丁會對烏克蘭發動戰爭。這個核子超級強國突然發動的侵略行動，讓歐巴馬政府裡的很多人措手不及，所以他們認為制裁是最不糟糕的選項。不過，由於美國擔心制裁行動會導致俄羅斯經濟體系陷入混亂，所以第一輪懲罰僅限於對普丁的親信實施個人制裁。這些懲罰措施確實顯著壓抑了普丁親信的生活水準，其中，義大利主管機關沒收了普丁的柔道麻吉羅騰貝格名下，位於薩丁尼亞島的幾棟別墅，[2]還有一間位於羅馬的旅館。季姆辰科則出清了，他一手創辦且獲

3-14 ｜ 搭黃金電梯找到活路

利豐厚的石油貿易公司貢沃爾的持股。[3]

但普丁隨即大手筆補貼每一個遭到制裁的親信。羅騰貝格得到了造價數十億美元[4]的橋樑建築合約，這座橋樑將跨越克赤海峽，連接克里米亞和俄羅斯大陸，總長 12 英里，完成後將是歐洲最長的橋樑。另外，季姆辰科和羅騰貝格還在未經招標程序的情況下，獲得了興建通往中國的西伯利亞之力天然氣管線的部份合約。[5] 在地中海舉辦的宴會雖然減少了，但他們依舊保有巨額財富，而且和普丁之間的關係一如往常的密切。總之，沒有證據顯示，這些制裁對俄羅斯的外交政策造成一丁點兒影響。

特定產業制裁的影響就比較大一些。當局花了幾個月的時間，才設計出足夠改變普丁算計但又不會導致跨大西洋聯盟分裂、也不會危及全球經濟體系體質的嚴苛經濟武器。在諸如弗瑞德等外交官不辭辛勞頻繁往返飛行數千英里努力溝通，以及辛格等金融奇才設計出「跟手術刀一樣精準」的制裁措施等相助之下，華盛頓當局終於找到了平衡點。

嚴格從經濟的角度來說，這些制裁的效果遠遠超出所有人的想像。在全球油價崩跌的助長下，這些制裁措施使俄羅斯經濟體系陷入失控狀態。2015 年那一年，俄羅斯是全球表現最差的經濟體之一，[6] 它的表現和被戰火摧殘的利比亞與南蘇丹（South Sudan）並列。盧布兌美元的匯價重貶了一半，且事後未曾回升。通貨膨脹大幅竄升至 15% 以上。[7] 俄羅斯的外匯準備更是遽降至 4,000 億美元以下，[8] 這是 2009 年以來首見，俄羅斯需要很多年的時間才能恢復原來的外匯準備水準。

最重要的是，制裁對俄羅斯經濟體系造成了一股揮之不去的強大阻力。根據 IMF 的統計，「隨著制裁生效以及油價下跌」，俄羅斯的經濟成長「幾乎完全停滯」。[9] 由於無法自由進出西方國家的資本市場，俄羅斯

錯失了數千億美元的[10]投資機會——原本它能利用西方的資金來提振經濟成長，並讓普丁得以將更多錢注入他的軍事佈局。

這一切證明，西方國家其實不僅有能力對伊朗那樣的中型經濟體施加毀滅性的經濟壓力，還能對一個深深融入全球市場的大型經濟體施加那樣的壓力。這些發展也進一步證明，全球化本身也能轉化成一種武器。俄羅斯在溫和制裁的情況下面臨嚴重的經濟衰退，凸顯出一個重要的事實：一個經濟體系的全球化程度愈高，就愈容易受經濟作戰傷害。

值得一提的是，美國和歐洲因制裁而遭遇到的不良影響相當小。在烏克蘭危機爆發初期，路傑克和歐巴馬政府的其他高階官員原本擔心，對俄羅斯發動經濟戰可能會為歐盟帶來災難性的後果。不過，事實顯示，西方國家的制裁以及俄羅斯糧食禁令的綜合影響，幾乎完全沒有影響到歐洲的經濟表現[11]。唯一的例外是波羅的海三國，畢竟在危機爆發前，它們有40％的出口是銷往俄羅斯。[12]不過，儘管這些國家承受的苦難遠大於歐盟的其他所有國家，它們卻是最熱情支持制裁的國家。立陶宛失去俄羅斯市場後，它的乳製品產業[13]一度瀕臨破產。2015年時，美國國務院與財政部官員團隊和一位在維爾紐斯外從事乳製品業的立陶宛農民見面，他們原本預期那位農民會很不滿，並向他們大吐苦水。沒想到對方的確很不滿，但她並不是不滿業務衰退，而是抱怨制裁還不夠到位，她說：「你們應該加強打擊俄羅斯的力道才對。」

弗瑞德和同事打造了一種新型態的經濟作戰術。對付伊朗的制裁活動旨在以快速與大規模的行動，對它造成震撼與威懾，並使它迅速屈服，所以美國傾其經濟彈藥庫來對付伊朗伊斯蘭共和國。在國會的強力催促下，李維和蘇賓等官員，將伊朗逐出全球金融體系、扣留它的石油收入，並威脅全球各地的企業，除非遠離伊朗，否則將失去存取美元的

能力。相反地，對抗俄羅斯的制裁作戰行動則是一系列精準式攻擊：美國和歐盟全面結盟，限縮俄羅斯取得資本和技術的能力。外界和俄羅斯之間的絕大多數業務往來都沒受到影響。儘管制裁對俄羅斯經濟體系造成了重大的損害，但爆炸半徑相對較小。

不過，和伊朗制裁措施一樣，制裁俄羅斯的最終目標並不是造成損害，制裁措施理應只是手段，也就是促使普丁改變其烏克蘭政策的手段。就那方面來說，俄羅斯制裁作戰行動的成果就比較不出色了。

當然，對俄羅斯的制裁可能也發揮了某種威懾的效果。俄羅斯日益深化的經濟危機有可能是促使普丁暫時擱置**新俄羅斯**計畫的原因之一。不過，最終來說，制裁還是失敗的，因為那些制裁行動並未幫助烏克蘭奪回對領土的控制權，而且留給俄羅斯足夠的喘息空間來穩定經濟體系，並繼續增強軍力。

不過，弗瑞德及其團隊和路傑克一樣，都對自己的工作成果引以為傲，畢竟他們既協助改變了美國對俄羅斯的基本政策，又維護了西方世界的團結。儘管如此，他們還是難免納悶，歐巴馬政府在這些問題上是否有錯在過於謹慎之嫌。華盛頓當局的優先考量是避免在對莫斯科當局造成痛苦的同時，衍生意想不到的經濟後果；它也特別重視和歐洲之間的外交團結，儘管那個考量進一步稀釋了懲罰的內容與效果。

這兩個優先考量因素又進一步促使美國朝漸進主義（incrementalism）靠攏。俄羅斯併吞克里米亞後，美國官員並未立即動用全部的經濟武器，而是花了幾個月的時間，詳細計算各種數字，並與盟國協商，最終才敲定制裁俄羅斯的內容，而這些制裁的影響力遠遠比不上他們當初對伊朗實施的制裁。從這些決策便可看出，歐巴馬政府對於向俄羅斯發動經濟戰一事心懷恐懼且三心二意。這倒是無可厚非，畢竟當時全球經濟

Chokepoints

體系才剛漸漸從2008年的金融危機中復原，歐洲的狀況更是特別脆弱。在這些情境之下，一把將俄羅斯推到經濟懸崖底下的風險似乎太大了。另外，制裁俄羅斯也牽涉到政治風險：制裁會傷害到美國企業的利益，所以美國國會並不那麼熱衷於孤立俄羅斯，這和國會議員們當初積極孤立伊朗的態度截然不同。當然，歐洲對制裁的支持始終是個問號，畢竟歐盟高度依賴俄羅斯的能源，如果它和這個東方鄰國之間陷入漫長的經濟齟齬，損失慘重的可能是自己。歐洲雖在MH17慘劇發生後對制裁轉趨熱衷，但那只是個例外狀況，而非常態。

最後的事實證明，西方國家的謹慎是錯的，而且那是個代價不斐的錯誤。西方國家的謹慎讓俄羅斯有時間消化制裁所帶來的初期震撼，並繼續得寸進尺。西方國家的謹慎讓普丁有機會不彌補他對烏克蘭造成的傷害，同時局部修復他的國家，更甚的是，那樣的謹慎態度讓普丁更加認定，西方國家軟弱不堪，且不願承受高強度經濟僵局所帶來的負擔。這一切將造成遠比當前危機更廣泛的漣漪效應。

對伊朗的經濟戰和對俄羅斯的經濟戰之間有一個關鍵的差異。在對伊朗的經濟作戰行動中，光是促使伊朗**凍結**其核子活動——而不是要它徹底扭轉其核子活動——都對美國有利，即使必須局部撤銷制裁才能達到那個結果。未完成的核子計畫當然不能和一堆核子武器相提並論，而且，由於伊朗和全球經濟體系之間幾乎沒有任何連結，所以，就算放寬某些制裁，也幾乎不會讓伊朗的商業有機會蓬勃發展。在核子活動凍結的情況下，伊朗還是無法擁有核子武器，而它的經濟體系也繼續舉步維艱。

但以俄羅斯的經濟作戰運動來說，情況就完全相反了；只要制裁力道沒有進一步增強，凍結烏克蘭的衝突反而對莫斯科比較有利。普丁雖

未徹底占領烏克蘭，他終究實質占領了它的局部領土，而且隨著日子一天天過去，俄羅斯對烏克蘭領土的控制也漸漸變成一種既定事實。此外，西方國家「手術刀般」的精準制裁方案，並未構成足夠的壓制力量，難以讓俄羅斯永久失衡。因此，到 2015 年年底時，俄羅斯經濟體系就已漸漸恢復穩定，《歐洲貨幣》(*Euromoney*) 雜誌甚至因此將納比烏琳娜封為「年度最佳中央銀行總裁」，[14] 因為她的政策成功阻止俄羅斯掉落深淵。

凍結烏克蘭的衝突也讓普丁有更多時間，設法保護俄羅斯經濟體系免於受美國經濟作戰的影響。在制裁實施後那幾年，莫斯科當局就穩步降低對美元的依賴。[15] 它將外匯準備分別投資到美元以外的貨幣；它設立 Mir 信用卡支付系統，以及取代 SWIFT 的 SPFS 金融資訊傳輸系統；並以歐元、人民幣以及其他非美元貨幣來結算更多海外貿易。俄羅斯還利用中國迫切想取得大量俄羅斯天然資源、為俄羅斯能源計畫提供資金（因為西方銀行業者不願為那些計畫提供資金）的心態，趁機深化和中國的聯盟關係。這也是路傑克所擔心的狀況：過度依賴制裁可能反而會傷害美國在全球經濟體系的領導地位。

凍結烏克蘭的衝突對普丁有利的原因還有一個：如果凍結的時間拖得夠長，未來拿下執政大權的美國新政府，說不定會想和俄羅斯建立友好關係。的確，在後冷戰時代，美國對莫斯科的政策就反覆出現過這種蹺蹺板模式，而且當川普在 2015 年 6 月搭著紐約川普大樓（Trump Tower）的黃金電梯下樓，並宣布他將參選總統時，美俄交好的可能性更是變得近在眼前。

川普幾乎方方面面都和他的共和黨黨內主要對手截然不同。就外交政策來說，他和共和黨內主要對手的最大差異，或許就在於對俄羅斯的外交政策。川普經常公開表達他對俄羅斯領袖的欽佩之意，甚至說俄羅斯併吞克里米亞之舉「太精明了」，[16] 還說普丁「完成了一件令人讚嘆的工作」。所以儘管其他共和黨人頻頻批評歐巴馬以及他欽點的接班人希拉蕊對莫斯科太過軟弱，川普卻承諾一旦當選：「我們將和普丁與俄羅斯建立非常棒的關係。」[17]

隨著川普獲得共和黨提名的可能性愈來愈高，他陸續聘請了幾位擁有深厚克里姆林宮人脈的助理。舉例來說，保羅・馬納福特（Paul Manafort）原本是被驅逐的烏克蘭總統兼普丁走狗亞努柯維奇的顧問，[18] 川普卻將他拔擢為會議策士，最終還成了川普的競選總幹事。

難怪普丁會評估川普勝選對他有利。普丁也非常鄙視川普的民主黨對手希拉蕊（她在 2013 年以前都擔任美國國務卿），因為普丁認為，從他在 2011 年決定回鍋擔任俄羅斯總統以來所爆發的一波波抗議潮，都要歸咎於希拉蕊本人。

果不其然，大約就在路傑克在卡內基國際和平基金會發表演說的同時，FBI 幹員就在未事先公布的情況下，出現在希拉蕊位於布魯克林的競選總部。那些幹員表示，希拉蕊的競選活動正遭受非常精密的網路攻擊。他們未說出口但已經在懷疑的是，俄羅斯是這場網路攻擊的幕後主使，[19] 它也是民主黨全國委員會（Democratic National Committee，簡稱 DNC）電腦系統遭駭客入侵的幕後黑手。（這與希拉蕊競選總部網路攻擊是相互獨立的事件。）不過，那些幹員並不知道希拉蕊的競選總幹事約翰・波德斯達（John Podesta）個人在幾天前才剛遭到魚叉式網路釣魚攻擊（spearfishing attack，譯注：鎖定單一機構或個人量身定作的電子郵

件），他的電子郵件因那次攻擊而被轉給了俄羅斯人。[20]

最初歐巴馬政府並不怎麼擔心這件事，因為俄羅斯人的那些網路入侵活動看起來很像一般的間諜行動。[21] 不過，6月15日當天——也就是俄羅斯駭客活動的消息剛被揭露的隔天——一批民主黨全國委員會的電子郵件被張貼在網路上。接下來那個月，也就是民主黨全國大會在費城召開前夕，又有更大批電子郵件被披露。這批外洩的郵件更具爆炸性，郵件的內容顯示，民主黨全國委員會較偏袒希拉蕊，而非她的主要挑戰者伯尼‧桑德斯（Bernie Sanders）。這導致民主黨全國委員會主席黛比‧沃瑟曼‧舒茲（Debbie Wasserman Schultz）被迫在全國大會開幕前幾個小時辭職下台。[22]

蒐集情報是一回事，把那些情報轉化為資訊戰的武器，則是相當不同的另一回事。當時的狀況感覺就像盧嵐「X你的歐盟」通話內容外洩事件的翻版，只不過這一次的規模更大，且不良影響嚴重非常多。

8月時，中情局長約翰‧布瑞南（John Brennan）向歐巴馬表示，普丁本人已下令干擾美國選舉。[23] 這項情報茲事體大。布瑞南打電話給俄羅斯的同級官員聯邦安全局（FSB）局長亞歷山大‧伯特尼科夫（Alexander Bortnikov），要求他就此罷手。當歐巴馬為了為期兩週的假期而啟程前往瑪莎葡萄園島（Martha's Vineyard）時，布瑞南和總統的其他資深國安團隊也開始研擬應對方案。

他們在白宮戰情室召開了一系列祕密討論會，[24] 但這些會議召開前並沒有發送任何備忘錄。官員雖被邀請出席，卻未被告知要討論什麼主題。與會者的結論是，利用網路攻擊來以牙還牙並非明智的應對方案。當時國務院的第二把交椅唐尼‧布林肯解釋，如果美國在「網路領域與俄羅斯你來我往地日益針鋒相對」[25]，美國很可能「最終會淪為輸家」。

Chokepoints

比較好的方式是在美國掌握最大優勢的領域予以還擊，而那個領域就是經濟作戰。於是，財政部彙整了一份制裁選項清單。

隨著這件工作持續向前推進，情報圈卻丟了一顆震撼彈：俄羅斯駭客已徹底滲透到各州的選舉系統，甚至已擁有篡改實際計票結果[26]的能力。這項情報一傳來，駭客入侵與洩密操作的問題頓時顯得微不足道。當時希拉蕊的民調遠遠超出川普，[27]俄羅斯一手操作的電子郵件外洩事件也沒有改變事實。然而。如果俄羅斯有能力偽造計票結果，那麼它就有能力動搖大眾對選舉的信心，甚至會敗壞整個選舉流程。

等到歐巴馬總統從新英格蘭歸來，他和團隊還是決心採取謹慎的方法。他們不會在選舉前用制裁或其他嚴厲的罰則來打擊俄羅斯，因為那麼做可能會讓人感覺有偏袒希拉蕊之嫌；更糟的是，那麼做可能會激怒普丁，促使他在選舉日當天搞破壞。盧嵐解釋，歐巴馬和他最貼身的助理一味擔心俄羅斯在選舉日當天製造混亂。盧嵐回憶，相反地，白宮「完全不重視我們知道在其他地方一向非常有效的方法：改變輿論的影響力作戰行動」。[28]

歐巴馬和普丁在9月初於中國杭州召開的二十大工業國集團高峰會場邊，在僅由口譯員陪同的情況下，會談了1個半小時。歐巴馬事後彙整了他向普丁傳達的訊息，他說他私下向作為俄羅斯領導人的普丁提出警告，告誡他「適可而止」，[29]否則將面臨「嚴重的後果」。一位熟知這次會談內情的美國官員以更加生動的方式，描述歐巴馬威脅普丁的口氣：「如果你們在選舉時惡搞我們，我們一定會搞垮你們的經濟。」[30]

但盧嵐和政府裡的其他俄羅斯專家都很失望，因為他們已經連續幾個月倡議對俄羅斯採取的回應，但都未能達到目的。盧嵐說：「我受過的蘇聯與俄羅斯訓練告訴我，我們必須事前採取一系列強硬的對策來威

懾[31]他們,讓他們盤算一下繼續攻擊我們得付出多少代價,尤其是對普丁這樣的角色。」

不過,由於歐巴馬團隊的任期已所剩無幾,在這個情況下,他們真的能說服歐洲人加入積極制裁俄羅斯嗎?這點實在令人存疑。因此,一旦美國打算採取行動,勢必得孤軍奮戰。但即便如此,弗瑞德還是偏好勇往直前。弗瑞德說:「我們應該對他們出一記重拳。[32]或許德國人和法國人不想這麼做,他們想要落實明斯克協議。但我們理應升高對抗情勢的。」

歐巴馬最終決定採用一個和他應對烏克蘭危機非常相似的政策,來對抗俄羅斯干擾美國 2016 年大選的行為。他將不會為了讓俄羅斯功虧一簣而狠狠責罰它(但克里姆林宮並不領情,他們在選舉日前幾個星期,把從 3 月以來就壓著的波德斯達的電子郵件洩露給外界)。[33]歐巴馬能接受俄羅斯在某種程度上干擾美國大選,就像他能接受俄羅斯局部占領烏克蘭一樣。為了嚇阻俄羅斯進一步的越界行為,不管是在選舉日當天算改選票,或是更深入侵略烏克蘭領土,他都寧可留下手上最難以應付的武器,以備不時之需。

2016 年 11 月 8 日當天,密西根州、賓州和威斯康辛州區區 7 萬 7 千張選票,[34]就把川普送上了總統大位。歐巴馬團隊非常震驚。他們當初選擇暫時不對普丁干擾美國總統選舉的行為做出懲處的主要原因之一是,他們相信希拉蕊一定會贏。但結果正好相反。接下來該怎麼辦?

不過,這一次,謹慎再次占上風。嚴厲的制裁可能引發總統當選人川普難以應對的危機,[35]何況無論如何,等到他上任後,也只要大筆一揮就能撤銷那些制裁。[36]所以歐巴馬在 12 月 29 日當天,宣布對俄羅斯聯邦安全局與俄羅斯聯邦軍隊總參謀部情報總局(GRU)等 2 個情報單

Chokepoints

位、[37] 4 位情報官員以及 3 家為俄羅斯情報局提供協助的不知名企業實施制裁，不過，這些目標都不可能在美國持有任何資產。此外，國務院還驅逐了 35 名俄羅斯外交官，並關閉了克里姆林宮在馬里蘭州和紐約持有的場域。

到頭來，歐巴馬私下威脅普丁的所謂「嚴重後果」，原來只不過是小小的懲戒。不用說也知道，那些懲戒根本不可能「搞垮」俄羅斯經濟體系。

就在歐巴馬宣布這些制裁當天，川普指定的國家安全顧問麥可・佛林（Michael Flynn）打電話給俄羅斯駐美大使謝爾蓋・基斯利亞克（Sergei Kislyak）。佛林敦促莫斯科當局節制它的報復行動。他表示，一旦川普進駐白宮，美俄關係將會改善，所以最好是「保持冷靜為宜」。[38]

普丁收到訊息後決定從善如流，並在隔天宣布俄羅斯將完全不會回應歐巴馬的行動，他將觀望即將上任的川普政府如何處理和莫斯科之間的關係。這一番言論讓川普龍心大悅，他在推特上寫道：「（普丁）延後採取行動，太棒了[39]——我早就知道他非常聰明。」

在烏克蘭危機期間，普丁一直都低估了西方國家。他原本以為他不僅能征服克里米亞，還能在幾乎沒有遭遇阻力的情況下建立**新俄羅斯**。但取而代之的，美國和歐洲最終共同實施了重創俄羅斯經濟體系的制裁。另外，他原本以為能用金錢、天然氣管線協議或承諾結束敘利亞境內的戰爭等手段來促成制裁的解除，但取而代之的，美國和歐洲都不為所動，並誓言除非俄羅斯從頓巴斯撤離，否則將繼續落實懲罰措施。

但如今川普即將入主白宮，而從這個結局看起來，其實是西方國家低估了普丁。

第 4 部
中國的科技稱霸野心

4-1 翻譯官與情報破口

某天,一道消息在白宮引起震耳欲聾的轟動:英國將允許中國科技業巨擘華為公司興建英國下一代電信網路的骨幹。所謂下一代網路就是5G,[1]一般預期它將開創全新的網路連線時代,因為它的速度將比上一代網路快100倍;屆時舉凡冰箱、透析幫浦,乃至工廠機器人與自動化武器等所有事物,都將納入所謂物聯網的網路當中。而川普政府認定,如果這個新網路連線時代是建立在華為的技術所構成的基礎之上,那麼,在日益嚴峻的地緣政治僵局中頻頻與美國對峙的中國,一定會獲得極大的優勢。

那一天是2019年4月24日,正值華盛頓最燦爛的春日時刻。不過,川普國家安全委員會首屈一指的中國專家博明(Matt Pottinger)的心情卻很黑暗。過去2年,在他的苦心策劃下,美國對中國的政策已有了重大轉變——這個變化雖緩慢,卻穩定地在國家安全文官體系裡向下扎根。歷經多年,華盛頓當局終於認同一個事實:北京當局所謂的「和平崛起」[2]一點也不是那麼和平。中國是美國的對手,而且美國也開始重新定位外交政策,以便對抗那個威脅。

英國決定把數位化未來交託給華為的決定,讓那個威脅顯得更加迫在眉睫。華為表面上只是中國的一家民間科技公司[3],但它事實上也是中國政府的側翼機構,負責執行中國在地緣政治方面的宏圖大略。任何通

過華為基地台、天線與交換器等 5G 設備的敏感數據，全數會落入中國龐大監控設備的監視範圍。更糟的是，美國官員擔心總有一天，隨著華為設備在全球各地廣泛採用，北京當局最終可能將擁有在遠端顛覆敵國經濟體系與軍事行動的能力。等到世界上多數國度開始仰賴華為的設備來治理城市、工業廠房甚至軍隊後，中國共產黨更可能有能力為了強迫其他國家順從它的意志而癱瘓整個國際社會。

英國向來是美國最親密的盟友，所以，英國罔顧白宮的強烈反對而擁抱華為，對美國政府來說著實是個壞消息；但其他有意興建 5G 基礎建設的西方國家，此時應該會感到士氣大振並有樣學樣，因為華為的技術專長與相對實惠的價格的確非常吸引人。川普的國家安全顧問約翰・波頓（John Bolton）回憶：「如果我們無法說服英國人，[4]就不可能說服歐洲其他任何國家。」如果華為的設備成了全世界 5G 網路的骨幹，中國共產黨就等於取得了一種只有美元才足以與之抗衡的地緣政治資產——這項資產有如緊急斷電開關，足以影響全球各個角落的經濟與政治。換言之，倫敦的決策對博明精心擘畫的全新對華策略非常不利，因為他的新策略主張增強對抗中國的力道。

留著一頭俐落金髮的博明曾是個媒體工作者，在充斥偏執商人、粗暴將軍和好鬥媒體人的川普政府裡，他可說是個異數。一位同事形容 46 歲的他是個不折不扣的「童子軍」，整個政府裡裡外外，都對他的認真、勤奮以及淵博的知識留下深刻的印象。博明從高中就開始上中文課，他在麻州大學阿莫斯特分校（UMass Amherst）主修中文，且曾到北京與台灣留學。他還曾擔任《路透社》與《華爾街日報》的駐中國記者，在那

段時間，他的普通話說得愈來愈爐火純青。他也親自體驗過中國共產黨統治下的記者生活[5]——他曾被逮捕，並被迫把他的筆記扔到馬桶裡沖掉，還曾在北京星巴克的某家分店，被一名兇暴的中國政府職員毆打。

博明在 2004 年回美國期間，偶然看到聖戰士阿布・穆沙伯・札卡維（Abu Musab al-Zarqawi）在伊拉克斬首一名美國人質的影片。2 天後，他找上海軍陸戰隊的招募人員索取了一份申請表，接著便離開。回到中國後，他遲遲無法決定是否真的要填寫那份申請表。那年稍晚，他到泰國報導當年那場毀滅性的海嘯，美國海軍陸戰隊迅速出現並發送食物、飲水和藥品的畫面，讓他由衷產生敬畏之心。於是，他拿起還躺在桌上的那份申請表，毅然投筆從戎。他通過海軍陸戰隊嚴苛的體能測試並獲得年齡豁免（他當時已經 30 歲出頭了），在 2005 年 12 月被任命為少尉。

博明在海軍陸戰隊服役時，曾被調動到伊拉克與阿富汗，並得過銅星勳章（Bronze Star）。他的表現也引來一位名叫麥可・佛林的陸軍情報官員的注意。他們兩人後來雙雙從軍中退役，多年後，總統當選人川普提名佛林擔任國家安全顧問，這時的博明則在紐約經營一家小型顧問公司，協助美國投資人處理和中國經濟有關的事務。不過，佛林上任 24 天後就黯然辭職，起因是他在總統交接期內，祕密與俄羅斯大使基斯利亞特通聯[6]一事曝光。不過，他至少有一項政績：佛林上任後挑選了博明擔任國家安全委員會的最高中國事務官員。[7]

生性怯懦的人絕對不適合在川普政府裡負責處理中國政策。不僅因為中國是川普競選期間不變的主要目標之一，更因他入主白宮之後，內閣成員在應對中國的問題上，各自抱持極度分歧的立場。諸如生性執拗的美國貿易代表羅伯・萊特希澤，以及白宮常任貿易顧問彼得・納瓦羅（Peter Navarro）等長期主張強硬對付中國的鷹派人士，急於粉碎「與中

Chokepoints

博明：川普國家安全委員會的亞洲事務資深處長

國合作是必要且有利」之說，故積極催促美國悍然在經濟關係上與中國決裂；另一端的主和派則是由諸如財政部長梅努欽和國家經濟委員會主席蓋瑞・柯恩（Gary Cohn）等華爾街主流人士組成。他們兩人都是高盛公司的老兵，依舊信奉自由市場、認定不宜約束全球資本，同時相信美國企業在中國市場具有無窮的發展潛力。而川普助長混亂政策流程的態度，導致他任內這些陣營針鋒相對的狀況多半未有消停的一天。

不過，博明以記者特有的足智多謀以及海軍陸戰隊特有的紀律，遊刃有餘地應對這樣的工作環境。在歷史悠久的華盛頓外交政策機構裡，鮮少人能熟練且不厭其煩地解析習近平的公開談話以及中國共產黨發佈的大量戰略文件的真正意涵，而這樣的人才在川普執政下的白宮更可謂

4-1 | 翻譯官與情報破口

鳳毛麟角；一位著名的漢學家甚至把這件艱難的工作形容為必須「吞下一桶又一桶木屑」[8]的工作。不過，博明是川普政府中的例外，而這讓他得以承擔起解譯員的角色，幫助川普政府及其核心圈子理解北京當局言行的真正意義。

博明也嘗試向白宮外的關鍵選民解譯川普對中國的觀點。川普總統過去針對中國發表的言論，總是不停在敵意和諂媚之間搖擺，連最親近他的顧問都可能因他搖擺不定的言論而頭痛不已。相反地，只要是願意傾聽博明解析的人，都會因為他的巧妙解說，相信美國正以更偏好競爭的姿態來應對中國，而且總統堅定支持與中國競爭的立場。

在英國宣布將採用華為的技術建造 5G 網路前幾個月，博明和其他幾位川普政府的官員，就持續敦促英國的同級官員將華為排除在[9]英國的 5G 網路建設之外，他們甚至警告，若英國執迷不悟，美國可能會停止和英國分享情報。[10] 儘管如此，英國首相泰瑞莎・梅伊（Theresa May）在 4 月 23 日和她的國家安全委員會開會時，還是批准華為參與這項專案。[11] 在倫敦當局的任何人禮貌性提醒[12]華盛頓方面注意這個決定以前，相關消息就已被洩漏給《每日電訊報》（Daily Telegraph）。這完全不符合美英雙方所謂「特殊關係」的常態。

2 天後，英國財政大臣菲利普・哈蒙德（Philip Hammond）發表的一席親中演說，更是讓博明震驚且心情更沉重。哈蒙德在北京參加一帶一路倡議（中國在全球各地開發大型基礎建設專案的劃時代計畫，包括讓華為與其他中國科技公司得以重塑世界網路的一條數位絲路）的一場會議時，發表了那一席演說。在華盛頓當局眼中，一帶一路倡議其實是中國追求經濟帝國主義的遮羞布，但哈蒙德的演說清楚顯示，倫敦當局遠遠不像美國那麼擔憂這個問題。

哈蒙德一邊吹捧一帶一路「非凡且宏大的願景」，[13] 一邊預測中英關係即將進入一個「黃金時代」，他直言對於崛起中的超級強國中國而言，倫敦將成為值得信賴的夥伴。他宣布「我們提議將中國最優秀的製造、工程與建築等專長，和英國最優秀的專案設計以及法律、技術和金融服務等專長結合在一起」。

梅伊針對華為一案所做的決策以及哈蒙德的那一席演說，讓白宮當局隱約感到英國正逐漸倒向中國，而這個傾向相當危險，所以，博明和2名同事在短短幾個小時內急忙搭機前往倫敦，再次懇求英國政府不要採用中國製的5G基礎建設。在美國人看來，英國人實在是自信過了頭，才會以為他們有能力遏制來自華為的所有潛在威脅；但在英國人看來，美國人則是過於頑固且霸道，才會一味阻攔這樁美事。英國訊號情報機關政府通訊總部（GCHQ）的一名官員事後向媒體透露：「博明只會大呼小叫，[14] 完全沒興趣傾聽英國的分析。他要傳達的訊息很簡單，就是：『我們不希望你們這麼做，你們不知道中國是多麼邪惡。』」

博明否認曾大呼小叫。不過，情況清楚顯示，這兩個盟國之間的鴻溝已變得非常深，氣氛也相當緊張。博明的同事喬許・卡爾汀（Josh Cartin）在和英國財政部官員開會時，伸手從一個黑色文件夾裡拿出一張海報，沒想到，那張海報上竟貼滿了他從哈蒙德在北京那一席奉承到極點的演說裡節錄的許多誇張言辭，並說：「我只是要讓你們知道我們很關注你們說了什麼話。」

博明在倫敦參加那幾場會議後認為，英國當局並非基於那些英國官員所宣稱的「技術性風險分析」考量才做出歡迎華為的決策，而是基於一個簡單的政治算計：英國脫歐後需要新夥伴，所以才會決定和中國交好。博明回憶：「英國的心態是：如果你打不贏他們，就加入他們。」[15]

就這樣，他氣餒地離開倫敦。

要扭轉各國倒向華為的潮流，需要的不僅僅是說服的技巧和語意含糊的威脅。美國將需要改造它原本用來對付伊朗與俄羅斯的經濟武器，因為它現在要對抗的是另一個更大的目標。為了達到這個目的，華盛頓當局必須學會如何操縱世界經濟體系的另一個鎖喉點——它不是華爾街，也不是美元，而是矽谷以及最先進的美國技術。

4-2 不負責任的「利益攸關者」

　　川普政府的官員認為，他們對中國發動的經濟戰只是一種防禦性的作戰，目的是為了糾正過往的錯誤，並設法把令人遺憾的不公平競爭環境回復到公平競爭狀態。他們採取那些作為不僅僅是出於對這個快速崛起且敵對的超級強國的恐懼，[1] 還基於一種被背叛和後悔的感覺——對美國政府先前坐視中國獲得那個地位感到被背叛與後悔。事實上，早在川普入主華盛頓前許多年，美國政府的官員就已對此深有所感。以被背叛的感覺來說，美國官員覺得中國欺騙了他們，他們覺得中國雖因融入全球經濟體系而獲得了巨大利益，卻從來都不願遵守這個體系的遊戲規則，說穿了就是作弊。就後悔的部分來說，美國後悔過去曾扶持中國崛起，而且沒有適時採取行動來扭轉中國快速崛起的局面。

　　按照這個敘事，幾十年來，北京當局不斷在經濟上襲擊美國：竊取美國的智慧財產、對美國企業封閉中國國內市場、打壓人民幣匯率，以及給予中國本國企業豐厚的補貼，導致外國企業完全無法與中國企業競爭等。但以前美國從未反擊。擔任中美貿易談判領袖且在川普執政期間策劃過一系列（且愈來愈高的）中國進口商品關稅的萊特希澤解釋：「我們早已處於作戰狀態，[2] 而且我們即將戰敗。」

不過，由於川普總統任內的整體情勢混亂，所以川普政府對中國的經濟施壓行動總是有一搭沒一搭的，而文官體系內持續不斷發生惡意攻擊與友軍誤傷等，更削弱了行動的成效。何況這場作戰行動的目標並不是從頭到尾都很明確。舉例而言，川普本人對技術競爭的興趣，似乎遠遠不如提高美國對中國的大豆與其他農產品銷售量（以藉此縮減美國對中國的貿易逆差），而且他任內一直執著於這個想法。儘管川普重啟關稅（早在1930年代就已退流行的工具）的政策以及因此而爆發的美中貿易戰等議題，不斷攻占媒體頭條版面，但他在對華政策上最影響深遠的部分，還是在於他阻止了中國取得幾項關鍵技術的全球領導地位；其中最引人矚目的關鍵技術是5G電信基礎建設，以及支撐著整個數位化經濟體系的半導體相關技術。在可預見的未來，這種技術對峙仍將是美國對中政策的核心。

華為公司以及它追求成為世界5G網路支配者的野心，成了美國誤判中國野心的重要象徵之一，而它也為華盛頓當局提供了第一個扭轉局面的重大契機。

任正非曾擔任中國人民解放軍軍官，且具有中國共產黨的正式黨員身份，他在1987年創立了華為公司，該公司草創初期的狀況只能用卑微來形容：它的種子資金只有區區5,000美元。[3] 一開始，華為的業務是進口並轉售外國製的電話交換機。但到2010年代初期時，它已成為世界最大的電信設備製造商。促成這個驚人轉型的重大因素有兩個，其一是中國政府的支持，其二是從海外吸收到的專業知識。

1994年時，剛開始生產自家交換機的華為，[4] 爭取到將其產品銷售給人民解放軍的第一份合約，於是，任正非去拜會中國領導人江澤民。任正非向江澤民表示，華為生產的那種電信裝置，是對中國國家安全至關

任正非：華為公司的創辦人暨執行長

重要的技術。⁵ 任正非主張，在這個往來關係愈來愈綿密的世界裡，沒有本國交換設備的國家，就如同沒有軍隊的國家。江澤民認同他的看法，所以接下來幾年，北京當局為華為提供了非常多的補助金、信用工具，以及稅收減免，林林總總加起來共約 750 億美元，⁶ 而該公司也積極利用這些資金，擴大內部製造產能。在此同時，中國政府還實施了多項關稅與其他保護主義措施，讓華為免於承受外來競爭的壓力。⁷

隨著華為在國內的地位愈來愈穩固，它也開始放眼國際，積極向外擴張。拜政府的慷慨補助所賜，華為輕易就在價格上對諸如瑞典的愛立信（Ericsson）與加拿大的北電網路（Nortel）造成殺傷力，因為它的報價經常比競爭者低 30% 以上。然而，為了追上這些全球電信領導者的產品品質，華為需要中國企業所欠缺的專業知識。

於是，任正非成立一個致力於模仿外國技術的團隊⁸——他們通常是透過設立合資案，並要求技術轉移等合法手段來達到這個目的，而且，

在這個過程中，他們還不惜重金禮聘美國的經營管理顧問來提供協助。舉例來說，一組來自 IBM 的顧問大軍，幫助華為在 2005 年爭取到第一份大型海外合約——那是和英國的英國電信集團（BT）簽訂的合約。

不過，華為也訴諸一些不正當的戰術來達到目的：它非法仿造思科公司（Cisco）的程式碼，[9] 並將之用於自家的某一款路由器；另外，它還透過中國政府支持的中國駭客所竊取的大量北電網路機密資訊而獲得許多利益。長期擔任美國國家安全局局長的凱斯・亞歷山大（Keith Alexander）將軍，把中國透過網路竊取智慧財產與商業祕密的行為，稱為「有史以來最大規模的財富轉移」。[10] 而華為是個中最大的受益者之一。

等到英國與其他國家從 2010 年代開始興建它們本國的 5G 網路之際，華為已經是國際上一家令人難以等閒視之的重量級大企業了；當時的電信設備市場上只剩 2 家足以和它競爭的廠商，分別是愛立信和芬蘭公司諾基亞（Nokia）。其他市場參與者不是被收購，就是已淘汰出局。博明哀嘆：「華為透過竊取智財權以及政府補貼，把美國、加拿大以及歐洲的每一家競爭者搞到停業。」[11] 北電網路在 2008 年聲請破產，[12] 在那之後，該公司的許多前員工都被華為網羅。

華為公司也跨入新事業領域，並且朝相關的市場攻城掠地。具體來說，它開始銷售自有品牌的手機，最終取代蘋果公司，成為世界第二大智慧型手機製造商，[13] 而且緊追在南韓的三星之後。它的晶片設計事業部海思半導體公司（HiSilicon），更成了世界最大晶片代工廠台積電的第二大客戶。[14] 北京當局違反國際貿易體系的遊戲規則，[15] 給予華為豐厚的補貼與其他不公平優勢，但在整個過程中，美國和其他國家卻還是避免採取任何懲處措施。既然各國對北京當局或華為的那些作為缺乏回應，又要如何責怪它們愈來愈肆無忌憚？

華為公司蒸蒸日上的發展只是「中國崛起」大局裡的一片拼圖而已。事實上，在中國崛起的過程中，美國其實發揮了關鍵的扶持力量，事後回顧，很多美國人當然也深感後悔莫及。冷戰漸漸落幕後，美國確實享受了幾十年的霸權，但在這個過程中，它卻在中國問題上犯下了幾個自己曾在俄羅斯方面犯過的錯誤，而且這些錯誤甚至更加可議。1989年對歐洲來說是革命與再生的一年，那一年的重大事件是柏林圍牆的倒塌，以及最終成功推翻蘇聯的一場親民主運動。但在中國，1989年卻是血腥殺戮與希望幻滅的一年——天安門廣場上的親民主抗爭遭到殘暴鎮壓。後蘇聯的俄羅斯或許不算真正的民主國家，但至少它表面上是以成為民主國家為目標。相較之下，從天安門屠殺之中興起的中國政府，根本擺明了不要民主。儘管如此，美國的領袖還是對中國寄予厚望，他們滿心期待帶領中國進入全球經濟體系後，它就會自然而然地走上民主的道路；他們認定一旦中國人民嘗過經濟賦權（economic empowerment，譯注：指獲得制定、執行經濟決策的能力，包括對貨幣資源的管理與分配等能力）的滋味，遲早也會開始要求政治自由。

不過，正當華盛頓忙著陶醉於「民主自由乃歷史之終點」的想法之際，北京當局卻對美國掌握霸權的現況愈來愈不耐煩。從1989年到1991年間，中國官員體驗到了學者杜如松（Rush Doshi）所謂的「連續三次難忘的精神創傷」[16]。第一次是天安門廣場上的抗爭，那個事件讓中國共產黨見識到西方自由意識形態是多麼危險，竟然能在他們國內造成如此的動亂。接著是波斯灣戰爭，這個事件彰顯出美國強大且愈來愈所向無敵的軍事實力。最後一次是蘇聯的解體，這個事件消除了足以制衡美國強

權的主要力量，並凸顯出美國對各地共產政權所構成的生存威脅。

對北京當局的領導人來說，這三個事件大大鞏固了作為中國主要對手[17]的美國的地位。不過，那些事件也清楚暴露了和那個強大對手正面交鋒的風險有多麼高。如果中國想取代美國成為世界上最具領導地位的強國，就必須有條不紊地緩慢向前推進，除非累積到足夠的優勢實力，否則不能輕言對抗美國。換言之，中國將以鄧小平的一句名言為馬首是瞻：「隱藏實力，伺機而動。」[18]

不擇手段進行經濟競爭是這個策略的核心：北京當局透過各式各樣的方法——從看似無害的學術合作，到明目張膽的間諜活動——取得外國產業機密[19]來幫助它發展經濟、推動軍事現代化。它利用美國社會的開放，在美國各地的研究實驗室安插中國共產黨的間諜。另外，它還利用美國企業的短期利潤誘因制度，要求有意進軍龐大中國市場的企業與中國企業分享最珍貴的技術與智慧財產，作為准入中國市場的先決條件。另外，中國還利用美國的狂妄自大來獲取利益——它完全無視於國際經濟規則，一味偏袒本國企業，為中國企業提供大量補貼，並保護它們免受外來競爭所傷——絲毫不怕被報復。

事實上，華盛頓當局非但沒有壓制北京方面的野心，還助紂為虐地實現那些野心。在北京當局、奇異公司（General Electric）以及其他美國跨國企業的密集遊說下，柯林頓總統在2000年時與國會共和黨人站在同一陣線，給予中國和美國進行永久正常貿易的特權。[20]他還為中國加入WTO鋪路，隔年中國果然順利進入這個國際組織，從此中國經濟更加速成長。

美國的政策制定者堅信中國將演進為民主國家，官方的這種心態和美國企業渴求進入新市場的欲望彼此相輔相成。美國的政治與企業界人

士都真心相信他們可以在「為善」的同時，創造亮麗的表現。當時國際間存在一個壓倒性的共識：一旦中國融入全球經濟體系，最終將鼓勵它進行民主變革，但事實證明，當時還有另一個蔚為時尚的想法跟這個共識一樣強烈，只不過這個想法只為財力雄厚的菁英份子效勞。

從柯林頓在 2000 年 3 月的一席演講，就能清楚得知那是個什麼樣的想法。當時他宣稱：「中國加入 WTO 代表它不僅同意進口更多我們的產品；也同意輸入民主最珍視的價值觀之一：[21] 經濟自由。」當時柯林頓還嘲弄了北京當局試圖控制人民上網能力（當時上網技術還非常不成熟）的作法，他說：「中國愈解放它的經濟體系，就愈能解放中國人民的潛能。」柯林頓又說：「無庸置疑，中國一直以來不斷試圖打擊網路活動。但我只能說，祝你們好運，因為那跟妄想把果凍黏在牆上有點像。」他說完後，觀眾席爆出一陣笑聲。

中國加入 WTO 後不久，就有某些美國官員對柯林頓的樂觀預測提出質疑。因為儘管中國受益於成為 WTO 的會員國，享有開放貿易的體系，使其出口欣欣向榮，它卻一再違反 WTO 的精神與具體規定，為中國本國企業提供補貼，巧立市場進入障礙，並踐踏智慧財產權。儘管北京當局任意玩弄 WTO 體系，其他會員國卻因迫切需要廉價的中國進口商品而敢怒不敢言。在此同時，事實也證明，WTO 的爭端解決機制完全無法阻止中國在經濟上的不法行為。

至於在美國政府方面，中國經濟快速成長，加上中國經濟體系和美國經濟體系之間愈來愈深的整合，為美國政府提供了「不作為」的強烈誘因。從 1989 年天安門廣場屠殺事件到 2000 年中美經濟關係趨於正常化的那段期間，中美兩國之間的貿易金額，從每年 150 億美元躍升到接近 1,200 億美元。[22] 5 年之後，那個金額又達到 3,000 億美元。[23] 就這樣，

中國快速崛起成為美國的第二大貿易夥伴。殊不知這個演變的背後，是無數美國就業機會的流失以及美國消費者熱烈採購的大量廉價商品。因此，隨著中國經濟快速成長，美國官員的無力感也愈來愈強烈，他們覺得自己對中國的崛起已束手無策。如果中國的政治制度能像美國官員期待的那樣，真正朝自由民主發展，這一切或許還不成問題。但偏偏事與願違，而且那個事實變得愈來愈難以否認。

小布希政府的國務院第二把交椅羅伯·佐立克（Robert Zoellick）在2005年警告，儘管中國從國際體系中獲得了豐富的回報，它卻還是「猖狂地從事竊取智慧財產與偽造等行為，這兩種行為雙雙打中美國知識經濟體系的要害。」[24] 但從佐立克的解決方案看來，他終究還是對中國懷抱不切實際的樂觀期待——他期待總有一天，中國也會一同捍衛二戰後維繫著國際秩序的那些重要規範和制度。佐立克說：「從此刻開始，我們的政策不該只是侷限於對中國開啟國際體系的大門，並讓它成為國際體系的一員。我們需要敦促中國成為國際體系中有責任感的利害關係人。」[25] 誠如佐立克的看法，以前美國過於狹隘地致力於帶領中國進入WTO與其他國際組織，未能同步要求北京當局遵守相關的「交通規則」。

然而，中國政府本來就不太有誘因遵守那些規則，因為它已經享受到融入全球經濟體系的甜美果實，而且絲毫沒有理由擔心它會失去那些果實。原因是，中國經濟體系一天比一天更融入國際體系，漸漸地，國際社會也變得愈來愈無法接受將中國踢出這個體系的代價。所以，就中國的立場來說，最符合邏輯的行動方針就是等待——繼續隱藏實力，再伺機而動。

另外，儘管中國那些臭名遠播的戰術的確傷害到美國經濟體系的某些環節，但美國還有比中國更緊迫的問題要解決。在美國眼中，中國和

俄羅斯很像，它比較不是外交政策本身的問題，而是從制裁擁核自重的伊朗，到限制全球碳排放的時間競賽等其他宏觀全球問題的搖擺參與者。在經濟政策上對付中國，不僅可能會惹毛影響力強大的美國企業，還可能導致中國不願意在這些錯綜複雜的全球挑戰上與其他國家合作。

一如俄羅斯的例子，不切實際的希望戰勝了血淋淋的經驗。美國持續抱持「不管等多久，中國一定會朝民主演進」的信念。但到最後，中國還是沒有改變，唯一改變的只有實力的平衡點，而且那個平衡點不是朝著對美國有利的方向改變。

4-3 醒來的那一刻：美中對撞

　　鮑爾森的職涯發展與他和中國之間的商務往來息息相關。1997年，身為高盛公司總經理的他，協助完成了中國電信公司（China Telecom）的股票首次公開發行，此舉使中國電信成了第一家在紐約證券交易所掛牌交易的大型中國國有企業。2004年時，鮑爾森又協助高盛爭取到北京當局的批准，在中國設立一家合資企業，[1] 這件合資案通過後，高盛公司得以開始對中國大陸的客戶提供投資銀行服務。到鮑爾森在2006年被提名為美國財政部長時，他已經去過中國大約70次。[2]

　　鮑爾森成功的關鍵是他非常有識人之明，總是能和「對」的人結為好友，例如王岐山—他最初擔任銀行業巨擘中國建設銀行的總裁、接著擔任北京市長，最後又成為中國副總理的銀行家兼文官。鮑爾森稱讚王岐山是個「天生的領袖」，[3] 所以當他們兩人在全球金融危機最嚴重的2008年在北京見面時，王岐山的責備聽起來格外傷人。王岐山說：「漢克，以前你是我的老師，[4] 但現在我自己也足以為人師，看看你們的體制幹了什麼好事，我們已經不知道是否應該繼續向你們學習了。」誠如鮑爾森事後回憶的：「這場危機是個令人謙卑的經驗，而那一次見面是最令人謙卑的時刻之一。」[5]

2008年金融危機使外界對美國的觀感大打折扣，美國的地緣政治領導地位也因此備受打擊。就在美國以及它最親密的盟友深陷衰退泥沼之際，中國卻在比美國大3倍[6]的巨大經濟提振方案相助下，繼續向前推進。那個提振方案不僅維繫了中國強勁的經濟成長，也帶動亞洲各地的成長，[7]並幫助穩定了搖搖欲墜的全球經濟體系。

就這樣，中國重拾信心走出危機，並渴望爭取更有利的一席之地。中國領導人胡錦濤在2009年演說時表示，「國際實力平衡點的重大變化」已然發生。這個發展顯示，中國不能再使用長久以來那個隱藏實力並伺機而動的策略。胡錦濤指示，現在中國應該「積極建功立業」，[8]雖然這個指示有點含糊，卻是中國領導人首度針對鄧小平的舊格言——中共的領導人遵守這個格言近20年——做出修訂，畢竟此時的中國已經有足夠的實力來維護它的地位。

1年後的2010年，9月7日早上，一艘中國拖網漁船[9]在爭議不斷的尖閣諸島海域（尖閣諸島目前屬於日本的行政區域，但日本和中國都宣稱擁有此地的主權）衝撞了兩艘日本海岸防衛隊艦艇。日本主管機關拘留了船上的中國籍船長，結果引發中日間的外交爭端，北京當局因此停止對日本出口稀土礦物。[10]在當時，中國的稀土產量約占全球產量的97%，而稀土是日本企業最擅長製造的智慧型手機、風力發電機以及汽車等各種高科技產品的關鍵原料。

北京當局從未公開宣布將禁止對日本銷售稀土，不過，稀土運輸作業卻喊停了。即使是在日本主管機關釋放那位中國籍船長後，稀土禁運仍延續了2個月之久。後來，東京當局只好繼續投資數億美元的資金，向國內來源與中國以外的其他國家取得稀土供給。[11]這個事件讓全世界提高警覺。儘管北京當局或許反對它所謂美國制裁的「域外管轄權」，但

4-3 | 醒來的那一刻：美中對撞

它本身卻幾乎不排斥發動經濟戰——即使在事發當時，它是以非正式的手段來發動經濟戰，且矢口否認它發動了那場戰爭。

習近平在 2012 年接替胡錦濤升任最高領導人時，某些西方觀察家原本還期待北京當局會改變思維，畢竟在許多人眼中，習近平是個政治與經濟改革者。不過，這位新領導人很快就顯露出不折不扣的共產黨員本質：他一心一意努力加強中共在國內的獨裁控制，並設法擴張黨在海外的影響力。

習近平的父親是毛澤東的同志習仲勳，由於父親是中國共產黨內的大人物，更在 1950 年代末期成了中國的副總理，所以習近平從小就是個特權階級。小時候的習近平念的是權貴寄宿學校，也經常到北京的中南海（中共最高級官員居住與工作的領袖級大院，占地非常廣闊）找他父親。不過，到習近平 10 幾歲時，他的生活突然從天堂掉到地獄，因為毛澤東以肅清黨內之名，將他父親逐出中國共產黨。習近平因此被拘留，並被迫聲討自己的父親，[12] 最後還被流放到中國農村地區的一個貧困村莊。他姊姊不久後就過世，[13] 據報導，她是在紅衛兵逼迫下，走上了自殺的絕路。

不過，這些苦難並沒有促使習近平對黨產生不好的感受；相反地，他還熱情擁抱中國共產黨。他在 1974 年正式加入中國共產黨，在黨內的地位也一路穩定提升。根據中國研究學者理查・馬利德（Richard McGregor）的說法，當時習近平就決心要成為「他那一代最『紅』的領導人」。[14]

習近平在 2012 年接班後不久，中國共產黨的領導階層就發佈一項所謂「九號文件」[15] 的內部指令，那份文件後來成了習近平統治時代的標準文本。九號文件鉅細靡遺說明了西方國家對中共控制中國的現況構成

了哪些外部威脅。這份文本敦促黨員必須「看清這個意識形態局面是一場複雜且激烈的鬥爭」，同時將憲政民主、文明社會與媒體自由等原則，否定為「誤謬的意識形態趨勢」。這份文件警告，「西方的反中國」勢力將以自由改革為由，在中國挑起革命，甚至試圖分裂整個國家。

這份文件的內容怎麼看都不像一個改革者該有的語言。而且對中國必須在國際秩序中扮演「有責任感的利害關係人」的目標來說，這份文件也不是個好兆頭。取而代之的，習近平立志建立一個二十一世紀經濟帝國，這個帝國將在全球網路中，與掌握經濟支配地位的美國相抗衡，且這個經濟帝國最終將成為中國實現「民族復興」[16]的跳板——簡單說，他立志建立一個能夠取代美國的卓越強國。

於是，數位科技成了中國最重視的焦點領域。習近平為了強化中共對中國快速崛起的科技業的控制力量，將諸如谷歌 Google 等美國科技公司拒於門外，[17] 並將馬雲等中國創業家邊緣化；他還為了壓制國內的異議，建立了龐大的歐威爾式（Orwellian，譯注：形容政府試圖控制人民生活上的一切）監視裝置，讓人民的所有異議，都沒有機會在社會上產生迴響。

習近平利用這種特有的科技威權主義，來鎮壓維吾爾族（新疆西北部以穆斯林為主的民族），其成效特別令人震驚。從 2010 年代中期開始，新疆的政府主管機關就把超過 100 萬名維吾爾人拘留[18]在集中營，那堪稱二戰以來最大規模的少數民族拘留行動。而華為和其他中國企業因提供臉部辨識技術[19]、地點監控工具以及行動流量分析等，供政府搜捕它的目標，而成了這些惡質人權侵犯行為的幫凶。

中國還靠著這些新技術，繼續朝經濟霸權主義的道路前進。習近平為了討好外國的獨裁者，主動表示願意將一系列科技威權主義工具出口

到那些國家。另外，中共也以低廉的價格，引誘企圖升級本國電信及安全基礎建設的國家，等到這些國家全部採用這些中國本土技術後，中共的耳目就會遍布世界各個角落，從此掌握足以影響外國政府的巨大力量。

習近平在 2013 年啟動一帶一路倡議，[20] 意圖透過由中國提供融資來興建的基礎建設，實現將整個世界連結在一起的鴻鵠願景。斯里蘭卡獲得一座耀眼的新貨櫃碼頭，馬爾地夫得到了連接國內各個島嶼的橋樑，塞爾維亞與尚比亞則安裝了華為的數據中心和監視系統，這一切都是拜中國的資金奧援才得以實現。這些計畫永遠無法賺一毛錢，遑論提供實際的開發利益，但那一點也不重要，重要的是這些計畫讓北京當局掌握了足以影響攸關現代社會正常運作的那類基礎建設的力量。

這些超大型計畫也都有附帶條件：這些計畫必須是由中國企業利用中國材料且雇用中國勞工來建造，北京當局這麼安排的目的，是為了將它經由 2008 年龐大經濟提振方案所製造出來的過剩勞動量能出口到海外。更令人憂慮的是，接受中國「慷慨解囊」的國家，不久後就會發現自己深陷債務[21]和利息支出的泥沼，因為一帶一路倡議的貸款利率，比一般典型基礎建設貸款的利率高好幾倍。[22] 一旦有國家無力償還利息或本金，北京當局就會直接沒收它為那個國家興建的基礎建設。舉例來說，中國經由這個手段，在 2017 年取得了斯里蘭卡漢班托塔港（Hambantota）的 99 年租約。[23] 這個操作手法就是後來所謂的「債務陷阱外交」。

在習近平啟動一帶一路倡議那年，他還發起了亞洲基礎建設投資銀行（Asian Infrastructure Investment Bank，AIIB），[24] 這是一家由中國主導的多邊開發銀行，旨在和位於華盛頓的世界銀行（World Bank）抗衡。雖然亞洲基礎建設投資銀行只為一帶一路計畫提供一小部分融資，它的融

資卻形同為那些計畫的合法性掛保證,而實際上,它只是以無私開發援助的外衣,遮掩中國的經濟帝國主義野心。

海明威(Ernest Hemingway)把破產描述[25]為一種分兩階段發生的過程:第一階段是緩慢露出敗象,第二階段就是突然破產。華盛頓當局對習近平的地緣政治野心(包括那一股野心所涵蓋的範圍以及它的寓意)的覺醒亦是如此。其實早在2015年年初,北京積極遊說世界各國共襄盛舉加入亞洲基礎建設投資銀行之際,華盛頓當局就開始有了這層醒悟。當時中國不僅把魅力攻勢鎖定馬爾地夫、斯里蘭卡等小國,還鎖定了西方大國,[26] 包括美國最親密的盟友。

英國是最先和主要西方盟友分道揚鑣的國家。財政大臣喬治・奧斯本(George Osborne)宣布,英國將成為「第一個尋求加入亞洲基礎建設投資銀行[27]的西方大國」。歐巴馬政府的一位官員在接受《金融時報》訪問時,抱怨倫敦當局「總是給中國方便」,[28] 但他的抱怨並沒有產生任何作用:倫敦當局做出前述宣示後短短幾天,澳洲、法國、德國和義大利紛紛追隨英國的腳步,選擇加入中國發起的這家新銀行。

根據歐巴馬政府的另一位資深官員所言,美國在亞洲基礎建設投資銀行議題上的慘敗,讓華盛頓當局「開始擔憂美國的世界領導地位真的有可能不保」。美國相對於競爭對手的最大優勢,就在於它和其他國家的聯盟關係,而這些聯盟關係也是美國爭取全球領導地位的最強後盾。但如今中國的實力已壯大到足以鬆動美國和盟國之間的聯繫力量。

五角大廈內部也瀰漫了一股不安氣氛。中國的經濟帝國主義——外加它更獨斷的軍事活動,特別是在南海興建人造軍事島的行動——不僅

讓美國與盟友的關係變得岌岌可危，還危及美國的軍事支配地位。中國的人口比美國多4倍，根據預估，中國的經濟規模也將在幾年內躍居世界第一。在軍事競賽中，「以量取勝」本身自有其價值。

美國國防部長艾西・卡特（Ash Carter）及他的副手鮑伯・沃克（Bob Work）聲稱，美國需要爭取某種足以勝過中國的決定性技術優勢，才能抵銷中國以量取勝的優勢。不過，多數攸關未來軍事競爭成敗的基礎技術創新，都是美國民間部門的產品，[29] 而在自由市場的體制下，那意味著中國也能取得那些創新。馬特・特爾平（Matt Turpin）在川普政府的國家安全委員會隸屬博明管轄，他將這個狀況形容為當時中美競爭情勢裡的一個「固有矛盾」：[30] 五角大廈的工作是威懾軍事挑戰者，但它的能力卻取決於「我們的平民經濟體系、全球化的研究與開發基礎建設，還有漸漸以我們的主要競爭者為中心的科技產業」。華盛頓與北京當局之間的技術落差正快速縮小。以人工智慧與量子運算（quantum computing）等尖端技術來說，甚至已分不清哪一方才是領先者。

此時的五角大廈已將中國視為美國最可怕的軍事對手。然而，美國財政部與商務部等財經機關，卻依舊堅信合作而非競爭或公然對抗，才能產生更大的利益，所謂的利益包括促成中國政治與經濟自由化的良性循環等。不過，財經機關殷殷期盼中國推行的自由化，卻遲遲未見具體進展，更糟的是，習近平循序漸進的集權作法，已將他的國家推到了相反的方向。

總之，美國經濟相關官員積極促進的對中政策，和五角大廈官員提倡的對中政策漸行漸遠，個中癥結在於沒有任何明確的方法能讓美中雙方在軍事領域彼此較勁的情況下，有效維繫彼此之間的經濟關係。首先，矽谷成了美國與中國軍工複合產業的兵家必爭之地，而中國政府和

中國民間部門之間剪不斷的關係，讓情況更加複雜：北京當局利用所謂「軍民融合」[31]的政策方法，打破了軍事與商業領域之間的藩籬。智慧財產權剽竊與強迫技術移轉等不當作為讓中國企業得以征服全球各地的市場，相同地，這些不當作為也加速了中國軍隊的現代化。在中國，即使是民間企業都有法律義務為中國共產黨蒐集情報，而國家理所當然期望民間企業和軍方密切合作。

習近平在 2015 年 5 月宣布了名為「中國製造 2025」的新計畫，從這項新計畫可清楚看出中國的經濟實力、軍事力量與地緣政治野心之間已愈來愈不可分割。「中國製造 2025」是[32]中國實現關鍵技術自給自足的宏觀策略。中國企業將設法在 2020 年取得幾項高科技產品的 40% 國內市場占有率，並在 2025 年將市場占有率提高到 70%。[33] 習近平經常公開提及促進中美「合作共贏」[34]的話題，但「中國製造 2025」計畫對市場占有率的追求，卻代表著赤裸裸的零和遊戲，因為唯有犧牲西方國家的企業，這個目標才可能成功實現。

「中國製造 2025」促使美國企業開始改變對中國的看法。從柯林頓力促允許中國加入 WTO 時開始，大型企業就一直是北京當局在華盛頓的關鍵盟友。但如今，中國卻明確宣示它的目標是要削弱這些企業的市占率。

中國計畫停止依賴外國製電腦晶片，是最能體現這個目標的作為。晶片——或稱半導體——是數位經濟體系的基本組成要素。中國採購半導體的資金高於採購石油的資金。2015 年時，中國有大約 85% 的半導體依賴進口[35]，而「中國製造 2025」計畫希望將這個數字降至 30%。為了朝這個目標前進，中國成立了所謂「大基金」[36]的投資工具，預計將投入數百億甚至數千億美元到國內的晶片製造商。

美國的半導體產業堪稱美國經濟體系最有價值的業別之一，它精通

和「矽」這項類金屬（metalloid）相關的技能，並因此造就了名聞遐邇的矽谷。不過，這也是一個激烈競爭的市場，其成敗取決於無情的經濟規模。如果北京當局開始挹注數千億美元到本土扶持的晶片製造商，西方國家的晶片產業可能很快就會走上電信設備業以及華為昔日競爭對手的老路。

中國計畫大手筆投資半導體製造的消息讓美國晶片製造商陷入恐慌。半導體產業協會（Semiconductor Industry Association，該產業的主要遊說團體）的董事會在2015年年底集會時，某位與會者形容主席布萊恩·科再奇（Brian Krzanich）帶著「驚懼的眼神」[37]進入會場。科再奇警告，「中國製造2025」已對美國的科技霸權構成生存威脅。那一天，商務部最高官員之一布魯斯·安德魯斯（Bruce Andrews）也參加了這場會議。科再奇告訴安德魯斯，「如果你們不設法應對，這就會是美國工業的死期。」

安德魯斯認同科再奇的看法，並將他的警告轉達給他上司——商務部長潘妮·普立茲克（Penny Pritzker）。他以美國鋼鐵產業作為類比——近幾十年來，這個產業已幾乎被中國競爭者殲滅，就算美國政府為了止血而做出種種遲來的努力，[38]一樣無濟於事。安德魯斯告訴普立茲克：「我們不會想在10年後，像感嘆鋼鐵業那樣替半導體產業感到唏噓。」

2016年11月2日當天，普立茲克在華盛頓智庫之一的戰略與國際研究中心（Center for Strategic and International Studies），發表一席有關中美晶片製造業競爭的演說。普立茲克宣稱：「我們不能放棄現有的領導地位，[39]我們承擔不起那樣的代價，我們不會允許任何國家透過不公平貿易措施與大規模非市場化的政府干預，支配這個產業並阻礙創新。」不過，白宮在2個月後發表的一篇報告，卻悲觀看待美國政府阻止中國利

Chokepoints

用不公平措施在半導體技術方面迎頭趕上的能力。這份報告斷言:「唯有加速創新,[40] 美國才能成功減輕中國產業政策所帶來的危害,原則上,政策可以減緩技術的擴散(diffusion of technology,譯註:新技術創新在社會體系內傳播並獲得採用的過程),卻無法阻止技術的傳播。」

白宮方面提倡嘗試在創新方面超前中國,而不主張正面迎戰中國共產黨的經濟違法亂紀行為,主要原因是,要成功達到反擊的目的,需要其他國家支持。但這份報告對其他國家的支持表達懷疑的態度,不過,它也認為不值得單獨採取行動。這份報告表明:「半導體產業已然全球化,在這個局勢下,單方面行動的效率愈來愈低。」[41]

然而過去 10 年,美國透過經濟作戰的經驗學到,全球化實際上已讓美國的經濟武器變得**更有威力**,即使是單方面使用也一樣。但可以肯定的是,美國絕對不會想在經濟上和中國起衝突,因為中國和美國過去曾企圖對付的國家完全不同。中國的經濟體系不僅變得非常龐大,更已和全球金融體系與供應鏈盤根錯節地緊密連結在一起,那種連結程度絕非俄羅斯或伊朗可相提並論。不僅如此,中國經濟體系和美國經濟體系的連結更深,且幾乎遍及每個產業。所以一旦美國和中國之間發生任何經濟衝突,中美之間的經濟連結關係將成為重大的風險因子——不過,這些連結關係卻也會讓美國的經濟彈藥庫變得更有威力。

4-4 百花齊放還是戰線混亂？

2017年1月20日中午，川普走上講台，在美國國會山莊的階梯上發表他的就職演說。當時天空一片灰暗，這位美國新總統拿一起麥克風，雨點就飄了下來。

川普瞇眼看著提詞器說：「幾十年來，我們犧牲美國工業，[1]讓外國的工業賺大錢。我們讓其他國家變得富裕，但我國的財富、實力和信心卻變得蕩然無存。工廠一間接一間歇業並離開我們的土地，完全不顧被拋棄的成千上百萬美國勞工的生計。」

儘管這一席話聽起來有點淒涼，但就川普的標準來說，這麼說已經算是溫和的了。他曾在競選活動上咆哮：「我們不能繼續放任中國洗劫我們的國家。[2]他們就是那樣。這是世界史上最大的竊盜行為。」美國確實有很多本土產業因中國的競爭而受創，所以最後川普在據估受中國經濟競爭傷害最深的100郡裡贏了89個郡。[3]

川普在他的就職演說中宣布將以「美國第一」[4]為其治國意識形態的前幾天，習近平才剛出席在瑞士達沃斯（Davos）舉辦的世界經濟論壇（World Economic Forum）。不過，這位中國領導人所描繪的世界以及他認為自己在這個世界所扮演的角色，卻和川普的說法大不相同。川普誓

言將成為現況的破壞者（這個現況讓達沃斯在場許多觀眾獲得巨大財富），而習近平則是擺出一副現況捍衛者的姿態。

習近平在達沃斯的演說中表示：「經濟全球化曾被視為《一千零一夜》（*The Arabian Nights*）故事裡被阿里巴巴尋獲的藏寶山洞，[5]但如今，它卻成為很多人眼中的潘朵拉盒子，」以川普的保護主義傾向為代表的這股趨勢是個錯誤。習近平表白：「我要強調的重點是，目前困擾著整個世界的很多問題並非經濟全球化所致。」但即使那些問題是經濟全球化所致，違背潮流也無異螳臂擋車。習近平說：「無論你是否欣然接受，全球經濟體系是一片無處可逃的大海洋，」在場觀眾個個點頭如搗蒜。北京當局無視於華盛頓當局的不滿，尋求「一個開放且共贏合作的模式」，因為「沒有人能成為貿易戰之下的贏家」。

習近平在達沃斯的言論和川普的就職演說呈現鮮明的對比。崛起中的強國中國似乎比現任的強國美國更能適應這個世界的現況，由此可見中國從2001年加入WTO以後發生了多大的變化。當年中國經濟體系的規模只有美國的10%；但到川普宣誓就職之際，中國的經濟規模已遽增到美國的70%。[6]一個多世紀以來，沒有任何一個挑戰者的經濟實力曾那麼接近美國。[7]

儘管川普渴望成為現況的破壞者，他的外交政策卻因為一開始的幾個錯誤而受挫。在俄羅斯方面，競選時的川普曾承諾要「和普丁維持非常好的關係」。[8]川普的首席策略官佛林和班農（Steve Bannon）都幻想著要「逆轉尼克森」[9]，換言之，他們都想著要和俄羅斯聯合起來一起對抗中國。儘管佛林才當了3個星期的國家安全顧問就捲鋪蓋走路，班農也只在位7個月，但他們在任的時間已足夠促使川普政府的某些白宮官員開始探討是否要無條件解除對俄羅斯的制裁。[10]對此憂心忡忡的弗瑞德

（他到 2017 年 2 月從國務院退休前，都繼續擔任制裁政策協調員）把這些消息轉達給國會議員，[11] 而震驚的國會議員們隨即著手草擬一項法案，好讓他們有權否決總統撤銷制裁的所有決定。這項法律就是《以制裁反制美國敵人法案》（Countering America's Adversaries Through Sanctions Act），[12] 這項法律在眾議院與參議院都獲得了兩黨過半數議員的支持。由於國會擁有推翻總統否決權的票數，川普只好心不甘情不願地簽署這項法案，不過他同時也發表一份聲明，抱怨這項對策隱含「重大缺陷」。[13]

川普也大膽計畫顛覆美國對伊朗的外交政策，首先他打算廢除核協議。（他說那項協議是個「災難性的協議」，非常可能是「有史以來經由談判達成的協議中最糟的一個」。）[14] 不過，連川普自己的國安團隊——此時是由取代佛林的國家安全顧問麥馬斯特（H. R. McMaster）所領導——都認為他的想法很有問題。當時伊朗正乖乖遵守它在核子方面的義務，而且美國的盟友也強烈支持這項協議。若美國恣意退出，反而可能導致它在國際上被孤立。麥馬斯特和離開艾克森美孚公司後不可思議地成了川普政府第一位國務卿的提勒森，好不容易才說服總統暫時信守這項協議，他們主張，與其直接放棄這項協議，不如迫使伊朗[15] 和其他各方強化這項協議。

即使是在中國議題上，川普初期的砲火都不如預期猛烈。一開始，他依循前任政府的作法，將中美關係歸類為次要問題，因為另一個問題「北韓核子計畫」看似更緊迫。歐巴馬即將卸任時就曾警告川普，北韓將是最迫切的國安議題，[16] 而因為北韓的 90％ 外貿活動[17] 牽涉到中國和北韓的貿易活動，所以北京對平壤擁有極大的影響力。提勒森在 2017 年 3 月首度以國務卿的身份到北京出差時，也未暗示美國的對華政策將趨於強硬。取而代之的，他採取懷柔的姿態，請求中國協助遏制北韓發展核

2017 年 4 月，川普與習近平在海湖莊園因巧克力蛋糕而結下善緣。

武的計畫。[18] 那一次和提勒森一同拜訪中國的博明聽到這位美國最高外交首長強調必須找出「共贏解決方案」[19] 時，皺了皺眉頭。因為這句話根本是直接學舌習近平。

　　財政部長梅努欽與國家經濟委員會主席柯恩等川普經濟團隊首長，都完全沒興趣採取強硬路線，而是偏好依循他們在高盛的前主管鮑爾森的途徑，希望能進一步強化美中經濟體系之間的關係。身為川普內閣最有錢的成員之二，梅努欽和柯恩在加入自詡「非常有錢」[20] 的川普所領導的政府後那幾個月，雙雙擁有巨大的影響力與社交聲望。相反地，川普第一次在他的海湖莊園會見習近平時，他麾下最鷹派的中國事務顧問納瓦羅，最初並沒有列入[21] 出席名單，後來是拜班農之賜（他在最後一刻偷偷帶他搭上棕櫚灘的飛機），他才得以參與那場會議。

4-4 | 百花齊放還是戰線混亂？

川普和習近平在海湖莊園的高峰會氣氛相當正面。伊凡卡·川普（Ivanka Trump）和傑瑞德·庫許納（Jared Kushner）的小孩在那場會議裡表演了一首中國民謠，中國政府則是批准了伊凡卡在中國銷售珠寶和手提包的一系列商標，[22] 另外，川普還招待習近平享用了一片「你此生見過最美麗的巧克力蛋糕」。[23] 川普更告訴習近平，如果北京當局能制住平壤，華盛頓當局可能會原諒中國的不當經濟行為，甚至寬待川普最痛恨的事——美國對中國的貿易逆差。川普問他：「你想跟我做筆大買賣嗎？那就搞定北韓的問題。[24] 如果你能搞定北韓，美國就算有逆差也值得。」

儘管這麼說，川普其實還是試圖利用這場高峰會來處理逆差議題，雙方同意在接下來 100 天內，找出提高美國對中國出口的方法。[25] 就這樣，川普開始嘗試促成能一舉消弭美中巨額逆差的貿易協定，因為在美中關係的種種問題當中，他最心心念念的問題就是美國對中國的貿易逆差。川普極度不能接受美國向中國採購的商品多於中國向美國採購的商品，因為他認為這證明美國「輸給了」中國。[26] 然而，他似乎沒有搞懂一個事實：貿易逆差也意味美國一般民眾的消費額高於一般中國民眾，同時因此享受了較高的生活水準。他似乎也不理解，想藉由提高美國對中國的出口來終結逆差，將需要大幅增加出口。川普入主白宮前一年，美國對中國的貿易逆差高達 3,500 億美元，[27] 這是美國對中國出口總值的 3 倍。光是簽署一份承諾提高美國出口的貿易協定，根本就無法填補這麼巨大的缺口，但川普還是一意孤行。

當川普的經濟團隊開始設法實現這個艱難的目標時，他的國安團隊卻在研擬一個完全不同的方法。博明寫了一份內部白皮書，仔細盤點中共用了哪些不同的方法對美國進行「經濟侵略」[28]（這是這份備忘錄的標

爭奪老闆的關愛眼神：羅伯・萊特希澤與史帝夫・梅努欽（右）在橢圓形辦公室坐在川普的對面。

題用語）。這份文件強調，中國計畫透過竊取西方關鍵技術以及慷慨補貼等方法來支持本國企業，從而奪取數位經濟體系的支配地位。該文件還主張，美國應該以牙還牙，動用它的經濟彈藥庫[29]來回應中國的侵略行徑—包括出口管制，以及針對北京企圖掌握的技術實施投資禁令等。博明和麥馬斯特在2017年10月向川普簡報這份備忘錄，總統隨後也簽署了，它因此成了川普政府應對中國的第一個官方戰略，[30]至少是第一個書面上的戰略。

在此同時，美國貿易代表萊特希澤則一邊為貿易戰做準備。川普政府裡有非常多曾經從商的人士，例如梅努欽、柯恩，以及商務部部長威爾伯・羅斯（Wilbur Ross），他們過去的財務成就使他們自詡為貿易專

家，也用盡手段企圖爭奪川普對中政策的控制權。萊特希澤也很有錢，[31]但他的數百萬美元財富來自他的律師生涯——他曾控告中國與其他國家從事不公平貿易行為。他也曾在雷根政府時代擔任過一段時間的美國副貿易代表。但那畢竟是太久遠以前的事了，所以，他對貿易政策的生疏程度[32]自然遠比那幾位曾是金融家的內閣同仁所知道的更嚴重。

高大挺拔的萊特希澤是在即將迎接 70 高齡生日之際加入川普政府。1990 年代時，他曾公開反對讓中國進入 WTO，但在自由貿易觀點盛行的當時，他實在是勢單力孤。他在 1997 年的某篇《紐約時報》社論中警告：「中國是為了爭奪世界貿易的支配地位才想加入 WTO。[33]如果允許中國以它長久以來所要求的寬鬆條件加入 WTO，我國製造業幾乎所有的就業機會將不復安全。」如今，感覺自己終於獲得平反的萊克希澤，開始為了向中國進口商品課徵高額關稅而積極做準備。萊特希澤解釋：「關稅是開始脫勾的唯一管道，[34]且能停止每年將數千億美元送給一個致命的敵人。」誠如他所見，關稅將有助於縮小美國的貿易逆差，但不是經由提高美國的出口來縮小（這是川普所願），而是透過減少向中國**進口**數不清的中國製電子產品、玩具、家具和美國人在沃爾瑪、亞馬遜等地方購買的衣物等來縮小。這是較務實的方法，但這個方法也會導致早已習慣購買那類廉價商品的美國消費者與企業付出相當大的代價。

萊特希澤見多識廣，他深知任何會破壞美中商業關係的政策，都會在法庭上遭受質疑。傳統的關稅尤其如此，因為這種關稅是對進口中國商品的美國企業課稅[35]，這意味著美國企業將面臨巨額資金支出的風險。

為防止關稅政策遭遇到他所預見的未來法律威脅，萊特希澤訴諸 1974 年《貿易法案》的 301 條款。這個條款允許美國政府對從事「不公平」行為，並對美國商務造成負擔或限制[36]的外國，實施關稅和其他貿

易制裁。從 WTO 在 1995 年創立後，華盛頓當局就鮮少使用這些職權，但這些法律還是有效的。萊特希澤推斷，如果美國能清楚舉例說明，中國哪些竊取智慧財產權與強迫技術移轉的行為違反 301 條款所述條件，美國政府就擁有堅實的法律基礎可用報復性關稅來打擊中國。隨著梅努欽和羅斯花了 100 天和中國人進行貿易談判後卻明顯一事無成，萊特希澤遂說服川普核准對中國的貿易措施展開 301 調查。[37]

如果 301 調查能做出決定性的結論，美國實施關稅的政策就不會在法院裡吃鱉，而且這在政治上也是個精明的作法。大企業和勞工對於中國的看法通常不太一致，但每個人都認同中國企業應該停止竊取美國的商業祕密。誠如萊特希澤在 8 月份展開 301 調查時所言，只要集中火力調查「可能對美國智慧財產權、創新或技術發展等有害[38]的中國法律、政策與慣例」，就能打下一個穩固的基礎，讓這個案件在政治上變得無懈可擊。

2017 年 11 月，隨著博明為了反制中國經濟侵略而提出的內部戰略文件獲得批准，萊特希澤的 301 調查也頗有進展，川普飛到北京進行國是訪問。當時中國人為他準備了排場盛大的行程。習近平和太太——著名的民謠歌手彭麗媛——在紫禁城（一座華麗的複合宮殿建築，500 多年來的中國皇帝居所）入口迎接川普和梅蘭妮亞。當他們展開一段旨在向川普介紹中國悠久歷史的行程時，麥馬斯特突然發現[39]博明不見了。原來博明被禁止進入紫禁城的大門，麥馬斯特懷疑那是因為習近平偏好向川普介紹他自己想要傳達的歷史，不希望有任何知識淵博的解譯者在場審查他傳達的內容。

隔天，川普和他的顧問群與習近平的副手總理李克強會面。李克強也為他們上了一堂他自己的歷史課，那堂課的結論是，中國的現代化已

經完成,所以它不再需要美國就能實現技術創新。更進一步來說,未來美國對中國而言,只不過是糧食、石油和其他大宗原物料商品的供應者罷了。

　　川普原本或許也想幫助美國的農民銷售更多大豆,但他著實無法接受李克強把美國描繪為「中國經濟帝國的大後方」那一番話。李克強話一說完,川普就猝然起身,草草結束那場會議。麥馬斯克事後寫道:「如果我們黨內的任何人——包括川普總統——還對中國的美中關係觀點存有任何幻想,李總理那一篇冗長的獨白,[40] 也應該足以抹除那些殘存的幻想。」不過,如果事情真有那麼簡單就好。

4-5 第一個破口：中興通訊

2018年3月22日當天，羅伯・萊特希澤發表了一篇長達215頁的報告，內容詳述了他針對中國的貿易慣例啟動301調查後的發現。[1]他在這份報告中說明，中國正尋求利用從美國竊取的技術與智慧財產來建立一個經濟帝國。

萊特希澤的審查相當透徹，他召開了一系列聽證會，要求企業領袖、工會代表與法律學者到會中作證，說明中國確實有一套竊取美國技術的劇本。[2]他也蒐集了超過70多名請願者──多半是產業協會──的評論。即使是曾積極遊說讓中國取得WTO會員的中美貿易全國委員會（U.S.-China Business Council）都出了一份力。該委員會在一份長達18頁的批判信函中，詳細說明了「要求以技術移轉[3]換取中國市場准入的作法，讓美國重要產業的企業深感憂慮，這些企業經常被迫要在『技術分享』與『准入世界第二大經濟體系』的得與失之間進行艱難的選擇」。

業界對中國經濟政策的抱怨繁多，不勝枚舉。舉凡底特律的汽車製造商、賓州的鋼鐵製造商，乃至喬治亞的雞農和北加州的家具製造商等，無一不受補貼和不公平貿易障礙所威脅，但受害最深的莫過於科技領域。

萊特希澤的301調查報告中提到，中國政府「基於經濟與國家安全考量，尋求取得各種技術的國內支配地位與全球領導地位」。[4] 一旦中國取得科技霸權，就能在經濟、軍事上大幅超前美國，長期下來，中國也將在外交上贏過美國。一旦美國失去它的技術領導地位，其餘的也不值得一顧了。

不過，究竟怎樣的技術反制措施才會有效？這個問題的答案還非常模糊。萊特希澤偏好的工具關稅，將使美國國內市場對中國技術的需求降低，卻無法降低中國商品對其他國家的吸引力，因此，這些關稅幾乎無法阻礙中國企業搶奪美國企業全球市占率的能力。華盛頓當局大可以提高對美國科技公司的補貼，但美國政府再怎麼補貼，也永遠比不上中共對中國國營關係企業輸送的巨額資金。而且就算美國政府對美國企業的補貼超過中國政府對其國有企業的補貼，也無法阻止那些中國企業竊取與仿造美國人的創新。

川普政府執政初期為阻撓華為取得5G支配地位而採取的作為，正好可作為探討這些難題的個案研究。這場作戰行動是以國家安全委員會資深戰略規劃處長羅伯・斯伯丁（Robert Spalding）為首，目的是要防止華為的技術滲透到美國本國的5G網路。但即使是這個出手相對「客氣」的計畫，都幾乎即刻遭遇到障礙。

在當時，美國主要的電信公司如AT&T與威訊通訊（Verizon）等，都正在興建與測試他們的5G網路水準。多年來，這些美國電信業者多半都避免採用中國第一大與第二大電信設備生產商──華為和中興通訊──所生產的設備。2012年時，眾議院情報委員會（House Intelligence Committee）的一篇報告推斷，「不能相信華為與中興通訊[5]不受外國政府影響」，所以「由華為與中興通訊為美國關鍵基礎建設提供設備，可能

涉及危害美國核心國安利益的風險」。雖然就法律來說，美國大型電信業者並沒有義務停止向華為與中興通訊採購，但它們還是注意到這項警告，並停止向那兩家公司採購基地台。[6]（幾家較小型的農村電信業者還是繼續使用華為的設備，因為它的設備遠比替代方案便宜。）

然而，大型電信業者的高階主管還是不能不顧及「股東價值最大化」的受託人責任（fiduciary responsibility）。而且到2017年時，華為的5G設備已普遍被視為同類中最優質的產品，且其訂價比愛立信和諾基亞生產的同類商品低30%，不僅如此，華為還附加非常慷慨的融資條件。各大電信業者其實只是基於和國會之間的君子協定[7]決定抵制中國製造商，而隨著利益當前，這個強迫推銷戰術自然變得愈來愈令人難以接受。如果美國政府未能採取更強力的行動，美國國內的5G網路可能遲早會因廠商基於經濟上的考量而採用華為的設備來興建。

斯伯丁提議的解決方案[8]是請華盛頓當局更積極參與美國5G網路的興建。聯邦政府可以自行採購所有必要的5G網路設備，確認當中沒有任何中國製的零組件後，再把這些設備出租給諸如AT&T、斯普林特（Sprint）、威訊通訊與TMobile等業者。另一個選項是由政府出面，將幾家大型電信業者組成一個能聯合融資與興建全國性網路的財團。

當時斯伯丁的想法其實還處於初期研擬階段，但Axios新聞網站卻在2018年1月28日當天發表一篇名為「獨家新聞：川普團隊考慮將5G網路國有化」[9]的報導。這篇文章根據一張外洩的投影片和一份外洩的備忘錄（雙雙經過斯伯丁簽核），報導「川普的國安官員為了防堵中國，正考慮採取一項前所未見的行動，由聯邦政府接手美國一部份行動網路」。

各電信業者當然害怕川普政府真的計畫將它們的產業國有化，為了讓斯伯丁的想法無疾而終，那些業者迅速動員起來。白宮方面也急忙展

開損害控制，聯邦通訊委員會（Federal Communications Commission）主席也承諾：「最有能力驅動創新的是市場，而非政府。」[10] 在短短 72 小時內，斯伯丁就被下達「捲鋪蓋走路」的指示。斯伯丁事後回憶當時的狀況說：「沒有人對我的努力表達任何謝意，我只聽到『滾吧，[11] 用最快的速度離開！』」

斯伯丁雖離開，博明和他在國家安全委員會的團隊還是沒有停止針對就華為的威脅發出警告。不過，美國政府的其他多數單位都懷疑，可能已經沒有方法可以阻止該公司吃下整個 5G 市場了。當時博明麾下的前海軍陸戰隊戰鬥機飛官簡以榮（Ivan Kanapathy）回憶：「包括情報圈子在內的每個人，都在說『你們這群國家安全委員會的瘋子，這樣做注定失敗』之類的話。他們給我們的感覺就好像『你們已經輸了。你們阻止不了華為』。」[12]

不過到 4 月，一個和中興通訊有關且延續多年的法律糾紛出現了新的發展，這個發展隱約透露出一點點端倪——事實可能將證明那群唱衰者是錯的。這個案子最早可回溯到歐巴馬總統第二個任期內發生的一起事件：中興通訊公司的財務長在波士頓洛根機場（Logan Airport）通關時，他隨身攜帶的一台筆記型電腦遭到美國主管機關沒收，原因是，主管機關發現這部筆記型電腦裡的「大量」[13] 文件證明，中興通訊正密謀購買美國技術，並將之轉售給伊朗，具體來說，中興通訊因違反美國制裁令與出口管制法律而被人贓俱獲。[14]

為回應這個事件，歐巴馬政府的商務部發佈了一份限制美國企業向中興通訊銷售[15] 的命令。由於中興通訊高度仰賴從美國進口的原材料，包括 Google 的軟體和英特爾（Intel）與高通（Qualcomm）的晶片，所以它急忙啟動協商。相關的協商一直拖到新政府上任後還沒有結果，直到

羅斯接掌川普的商務部長後一週，雙方才終於達成和解。中興通訊承認所有刑事犯罪指控，[16] 並同意整頓其管理階層，同時支付12億美元的罰款，這是美國政府歷來透過出口管制案件裁處的最高罰款。過去10年，大型全球性企業一直擔心隨時可能不慎誤觸美國的金融制裁規定，而如今，企業界又多了一個問題要煩惱了，那就是出口管制，這些管制措施不僅阻止特定外國企業進入美國金融體系，還阻止它們購買特定的美國產品。

羅斯本人其實跟這件和解案幾乎沾不上邊，因為這份和解書是他實際到商務部上任前就已簽署，不過，這個案件仍是他上任商務部長後的第一個重大公開作為。所以，當羅斯在2018年年初發現中興通訊違反和解條件時[17]（該公司甚至以非常優渥的紅利，獎勵它原本承諾要嚴加訓誡的那批高階主管），他非常憤怒。4月16日當天，羅斯核准了一份對中興通訊的「拒絕交易命令」（denial order）[18]，這是過去很不常使用的嚴厲出口管制令，它禁止中興通訊購買**所有**美國製的產品。美國制裁令的威力來自美元和美國金融體系的不可或缺性，而對中興通訊的拒絕交易命令的威力，則來自美國技術的不可或缺性。

這份命令立即產生了毀滅性的衝擊。在商務部實施這些懲罰的隔天，中興通訊在香港與深圳股票交易所掛牌的股票就暫停交易，因為該公司評估這個罰則隱含「全方位的寓意」。[19] 3個星期之後，該公司做出了令人震驚的宣示：「拒絕交易命令導致本公司的主要營運活動全數喊停。」[20] 實質上來說，中興通訊堪稱已關門大吉。華盛頓當局以美國在高階技術領域的核心地位作為武器後，中國第二大電信設備製造商已瀕臨毀滅的命運，而且這一切是在短短不到1個月內發生。

習近平當然不可能坐視一家中國大型企業就這麼被毀掉，所以，他

4-5 | 第一個破口：中興通訊

在5月8日當天緊急打了一通電話給川普。[21] 習近平懇求川普看在他的面子上,暫緩執行對中興通訊的罰則。他提到有數萬名中國勞工將因此失業,如果這個訴求是來自一個民主國家的領袖,它會更令人信服,但從一個一黨獨裁且從來都無須對選民負責的領導人口中說出這些訴求,難免令人質疑他的真心。儘管如此,川普還是同意了他的懇求,因為他以為習近平會因此感覺欠了他一個人情。[22]

幾天後,川普公開宣布這個政策大逆轉,他在推特上寫道(有一位總統顧問形容這是最不符合川普總統調性的一則推文):

> 中國的習主席和我正合力設法為中國的大型電話公司中興通訊尋找快速恢復營運的方法。中國太多人失業了。[23] 我已指示商務部搞定這件事!

沒有人知道為何川普會突然關心起中國的就業狀況。隔天,他在另一則推文裡澄清,中興通訊的未來也和美國企業的利益息息相關:

> 中國大型電話公司中興通訊向美國企業採購了極高比重的某些個別零件[24]。我們目前和中國協商中的那個大型貿易協議,以及我和習主席之間的私人關係,也都反映了這個密切連結。

川普這一席話讓中興通訊重獲新生,而他的動機也因此變得愈來愈昭然若揭:只要能和中國達成他垂涎已久的貿易協定,他不介意把國安疑慮擺在一邊,且不惜對自己的商務部長的決策搞破壞。到這時,川普的行政團隊和全世界終於摸清了他的真正意圖,而接下來幾年,習近平

也善加利用外界對川普的這個理解來為他自己創造優勢。

國會雖試圖透過立法來推翻川普對中興通訊的讓步，無奈卻功虧一簣。[25] 商務部緊急和中興通訊恢復談判，到 6 月時，羅斯盡職地宣布了另一個和解協議，根據新的協議，這家中國企業同意額外支付 10 億美元[26] 的罰款，這筆罰款莫名地低於第一份和解協議。對中興通訊來說，支付罰款當然比關門大吉好得多。不久後，該公司果然恢復營運，[27] 其股價也明顯反彈。

中興通訊雖被赦免了，但對中國領導人來說，這個事件猶如當頭棒喝，讓他們瞭解到中國的科技國家隊是多麼脆弱。北京當局不能老是仰賴美國總統的善意來度過難關。所以，就在原始的拒絕交易命令發佈後不久，習近平就懇求他的同胞「準確地抓住歷史機運」，[28] 實現本土技術的突破。他也進而啟動幾項新的倡議，尋求終結中國對外國製硬體與軟體的依賴。[29] 接下來幾個月，中國科學技術部經營的一份報紙發表了一系列以「是什麼卡了我們的脖子？」為題的 35 篇文章。總之，拒絕交易命令對中興通訊祭出的「重拳」讓中國深刻體會到，中國迫切需要擺脫對各式各樣受美國控制的「鎖喉點」[30]（包括高階電腦晶片）的依賴。

對華盛頓當局來說，中興通訊一案的激烈角力也像一記警鐘。一般約定成俗的觀點是，美國非常難以用它對付俄羅斯與伊朗的方式，對中國施展經濟影響力，尤其是在單方面行動的情況下。然而羅斯卻只是大筆一揮，就輕鬆消滅一家中國主要科技公司，接著又大筆一揮，讓它復活。

大約在同一段時間的兩個額外發展進一步證明，即使缺乏其他國家的協助，美國的經濟武器一樣能產生深遠的影響。幾個星期之前，有人

發現一位名叫謝爾蓋・斯克里帕爾（Sergei Skripal）的前蘇聯雙面間諜和他女兒尤里娜，躺在英國索里茲伯里鎮（Salisbury）某公園的一張椅子上，兩人都明顯失去意識。他們被下了一種稱為諾維喬克（Novichok）的致命神經毒，[31]而這種毒劑最早是蘇聯開發出來的。英國政府迅速掌握到這個攻擊事件和莫斯科當局有關[32]的情報，並將這個證據確鑿的情報分享給盟友。

這個事件顯示，俄羅斯竟在北約領土內部署了化學武器。由於這個行動實在太過明目張膽，所以連川普都承認有必要對此做出回應。首先，國務院將60名俄羅斯官員逐出美國，[33]並關閉位於西雅圖的俄羅斯領事館。幾個星期後，財政部發佈了2014年以來第一份對俄羅斯的重大制裁令。被制裁的目標包括寡頭統治集團成員歐柏嘉（Oleg Deripaska）以及他經營的俄羅斯鋁業公司（Rusal）。這一次的制裁和歐巴馬時代那種「手術刀般」精準的制裁措施（只禁止俄羅斯制裁目標進入美國資本市場）不同，俄羅斯鋁業因被徹底禁止進入美國金融體系的阻斷式制裁[34]而受到重創。這次的制裁絕對沒有避重就輕，因為俄羅斯鋁業是世界第二大鋁業公司，其產量占全球鋁產量的7%左右。

一如中興通訊遭遇到的「拒絕交易命令」制裁，俄羅斯鋁業一樣只面臨美國的單方面制裁。川普政府裡沒有任何一個官員願意費心事前諮詢盟國的意見，但這項制裁還是在世界各地的市場造成一系列衝擊。俄羅斯鋁業的股價慘遭腰斬，倫敦金屬交易所（London Metal Exchange）也拒絕接受俄羅斯的鋁交易單，[35]除非買方能證明他們打算購買的鋁不是產自俄羅斯鋁業。鋁價因此飆漲[36]了30%，並對百業造成廣泛的影響，包括波音公司的飛機生產，以及福特汽車的F-150皮卡製造等。在美國企業界高階主管和外國外交官連日馬不停蹄的遊說下，美國財政部才終

於擱置對俄羅斯鋁業公司的制裁，最後到那年稍晚，商務部才透過和歐柏嘉之間的一樁協議，撤銷了對該公司的制裁。[37]

在習近平致電川普代中興通訊求情那一天，川普宣布美國將退出伊朗核協議。[38] 在此之前，他已開除了國務卿提勒森和國家安全顧問麥馬斯特，並分別以麥克・龐佩奧（Mike Pompeo）與波頓取代之，而這兩位上任的新官一點也不介意放一把火燒掉「聯合全面行動計畫」。接著，川普以他所謂的「最大壓力」，恢復對伊朗的制裁，除了把歐巴馬時代的制裁全部恢復原狀，還更積極強制執行相關的罰則。不過，其他大國並不支持這些制裁，因為那些制裁還是會導致伊朗經濟體系陷入一片混亂。

在短短幾個星期內，川普政府就證明，即使是在美國單獨採取行動的情況下，美國的經濟武器依舊能以驚人的速度造成巨大的浩劫。這個新發現不僅讓俄羅斯、伊朗等敵國感到不安（畢竟這些國家是美國的直接目標），也讓德國、日本等盟友如坐針氈。川普也以這個行動說明，他不像上一任美國總統那麼不敢冒險。歐巴馬政府的官員對制裁的潛在後座力憂心忡忡，並因此瞻前顧後，而且他們還花了無數時間和美國的盟友協調；相較之下，川普政府則是在完全沒有預警的情況下斷然出手，完全不惜造成連帶傷害。

不過，川普制裁中興通訊和俄羅斯鋁業時反覆無常又有點窩囊的表現，讓外國對手放下了心中的大石頭。這位美國總統很容易因為他個人偏袒的支持者——美國企業執行長與外國獨裁者——的抱怨而發怒，但也很快就會屈服於那些人。每當這一群人反彈，川普總是會改變路線，即使這麼做並不會讓他得到任何回報，也必然會引來國會山莊與川普政府鷹派人士的批評，他還是一樣我行我素。

然而，在博明看來，儘管川普經常180度大轉彎的表現令人氣餒，

但美國透過打擊中興通訊而得到的教誨卻讓他們士氣大振：華盛頓當局可以像利用美元那樣，把美國的技術當成鎖喉點。事實上，美國的技術太過重要，一旦中國的科技公司無法取得美國的技術（博明已在他的策略白皮書裡推薦這個措施），就有可能陷入死亡螺旋。隨著中國在經濟方面的不法行為案例在接下來幾個月陸續曝光，博明和同事時時刻刻都把那個珍貴的教誨放在心上，並默默研擬對策。

4-6　驗證案例：福建晉華

　　2018 年 9 月 29 日星期六當天，一眾政要與外交官聚集在華盛頓的中國大使館，那是著名的旅美華人建築師貝聿銘設計的一棟石灰岩建築，外形看起來很像樂高積木。那些政要與外交官是為了慶祝中國國慶日（那是為紀念毛澤東在 1949 年創立中華人民共和國而宣布的節日）而前來此地。

　　那天的主人是中國大使崔天凱，他發表了一篇雙語外交演說，內容闡述了「互相尊重與共贏合作」[1] 的必要性。博明也參加了那一天的典禮，不過，他直接略過客套的環節，以一種不尋常的坦承語調向在場來賓發表談話。他說：「在美國，競爭並不代表褻瀆或冒犯，[2] 在川普政府服務的我們已更新了我們的中國政策，把競爭的概念擺在第一位。『競爭』是川普總統的國家安全戰略的重中之重。」

　　博明勸告在場來賓在談論美中關係的現況時無須拐彎抹角，接著突然用普通話背誦了《倫語》裡的一段孔子名言：「名不正，[3] 則言不順；言不順，則事不成。」

　　博明的那一席話道出了當時早已歷歷在目的情況。那年夏天，川普終於展開萊特希澤的 301 調查出爐之後的應有行動，發動了萬眾矚目的貿易戰，[4] 他以一系列關稅制裁中國。白宮經濟顧問委員會設計了一套演算法，藉此選擇較可能使中國出口商受創更甚於美國進口商的商品類別

來課徵關稅。這個演算法建議針對它選出的高科技產品與工業產品課徵關稅。

北京當局旋即採取報復措施,雙方就此啟動了一個日益針鋒相對的循環。到博明前往中國大使館發表談話時,萊特希澤辦公室已對美國每年從中國進口的 5,000 多億美元中的大約一半[5]課徵關稅。隨著雙方的僵局持續白熱化,道瓊工業平均指數下跌了大約 1,000 點。[6]此時住在伊利諾州某個小鎮[7]、已半退休並投身慈善工作的鮑爾森警告,「經濟鐵幕」[8]有導致全球經濟體系解體的風險。

儘管當時的媒體頭條充斥貿易戰的消息,川普政府和國會卻同時推動、通過了許多較不受關注但一樣影響深遠的措施。8月,川普簽署了一項提高美國外資投資委員會(Committee on Foreign Investment in the United States)[9]職權的法律,並責成該委員會阻止可能對美國國安造成疑慮的外國企業收購美國企業。這項新法律規定,任何牽涉到關鍵技術的外資投資案,都必須先取得外資投資委員會的核准,而且,該法律甚至授權這個委員會阻擋少數股權投資案件(minority investments)。

這項法律並未指名針對中國,但誠如該法律的主要支持者之一約翰・柯寧(John Cornyn)參議員的證詞所示:「這項立法行動的脈絡很重要且相對直接,就是要對付中國。」[10]從此以後,北京支持的企業已不能像搶購沙山路(Sand Hill Road,譯注:矽谷西部的主幹道之一)其他所有創投基金那樣,搶購矽谷新創科技公司的股權。

接下來幾個月,川普還簽署了強化出口管制主管機關以及創設美國國際開發金融公司(U.S. International Development Finance Corporation,[11]這家新機構的成立旨在讓美國得以在海外進行和中國一帶一路倡議競爭的投資案)等新法律。而在國會方面,一個由兩黨參議員組成的團體,

則導入一項立法行動，期能禁止所有聯邦機關購買華為、中興通訊產品，[12] 並禁止那些機關和購買華為、中興通訊產品的企業往來。換言之，使用華為與中興通訊套裝產品的企業，將不再能和美國政府做生意，這在實務上幾乎形同徹底禁止購買這兩家公司的設備。這項修正案被納入五角大廈的年度預算法案中，並通過成為法律。總之，華盛頓方面漸漸形成一種「不能讓中國和美國科技業太過親近」的共識，而實現這個政策目標所需的政策工具也陸續出爐。

然而，直到那時，防止中國削弱美國科技霸權的主要支柱──半導體產業──的明確策略，依舊付之闕如。在歐巴馬政府任內的最後一段時間，美國晶片產業的遊說人員就已提出警告，指出北京動作不斷，試圖取代美國企業的市場主導地位，但他們的警告並未能產生任何有意義的影響。

美光科技（Micron）的案例非常發人深省。總部位於愛達荷州博伊西（Boise）的美光科技公司，是美國最大的記憶體晶片製造商，而記憶體晶片是半導體業競爭最激烈的領域之一。全球記憶體晶片市場主要只受 3 家企業支配，[13] 包括美光科技及其南韓對手三星（Samsung）與海力士（SK Hynix）。要大規模生產記憶體晶片，需要非常純熟且精密的技術專業知識，還需要投資數十甚數百億美元的資金。一個剛介入產業的新企業幾乎不可能清除這些競爭障礙──當然，除非這家新介入的企業能獲得中國共產黨的資助。

果不其然，2016 年時，中國中央政府偕同中國東南沿海省分福建省的主管機關，成立了一家本土記憶體晶片公司。[14] 這個獲得 50 多億美元政府資金的新投資案，就是福建晉華集成電路公司，該公司將協助促進「2025 中國製造」的遠大目標：提高中國半導體的自給率。

接下來發生的事端，堪稱中國智慧財產權剽竊行為的教科書級個案。台灣和福建省僅隔著 100 英里的海洋，美光科技公司在那裡擁有好幾家營運中的工廠，並聘用了成千上萬名技術純熟的工程師，生產該公司的自有品牌記憶體晶片。福建晉華集成電路公司成立後，找了台灣做半導體代工的聯華電子公司（以下簡稱聯電）當分身，挖走美光科技台灣子公司的總經理[15]陳正坤，以及該子公司另外幾位高階員工。陳正坤被挖角後的新角色是聯電的資深副總，他談成了一份將記憶體晶片技術轉移給福建晉華[16]的協議，並錄用了幾名美光前同事加入他的行列。其中一個同事正是從美光科技帶走了 900 個機密檔案的王永銘，那些檔案裡包含許多屬於美光科技的珍貴業務機密。[17] 接下來，福建晉華和聯電就利用這些偷來的資訊，在中國申請專利。

2017 年年底，美光科技在加州控告福建晉華，[18] 但隔年福建晉華竟然在它的地盤福建省反告美光。簡單說，美光在福建晉華的算計下，陷入了嚴重的劣勢。福建省政府是福建晉華的股東之一，不僅如此，美光此刻控告的，又是中國為了促進中共最大策略目標之一而成立的企業。因此，福建省的法院當然迅速做出對福建晉華公司有利的裁決，判定美光科技才是侵害對手專利的企業。這個判決離譜到極點，但美光擔心[19]若採取強硬的立場，可能會導致它失去進入中國市場的能力，而它全年 3,000 億美元的營收裡，中國市場就貢獻了一半。面臨這個窘境的美光科技迫切需要華盛頓當局出面為它撐腰。

2018 年夏天時，美光科技的執行長桑賈伊・梅洛特拉（Sanjay Mehrotra）終於向川普政府尋求協助。他先試著請求財政部對福建晉華集成電路公司實施凍結制裁，但這個請求隨即遭到梅努欽反對，[20] 當時梅努欽仍舊不贊同強力施壓北京當局，因為他認為那麼做不見得有成效。

後來，梅洛特拉找上羅斯，這次他就比較幸運了。梅努欽必須捍衛強勢美元，羅斯無須承擔這個重責大任，而且他對中國的立場向來比較強硬，不僅如此，身為商務部長的他，擁有阻擋外國企業購買關鍵美國技術的職權。從羅斯在幾個月前打擊中興通訊的行動可以看出，那樣的懲罰的確可能產生毀滅性的效果。

針對某一家中國半導體公司實施出口管制，造成的殺傷力很可能不亞於對一家中國電信公司實施出口管制，因為製造先進晶片所需的高階機械幾乎全控制在美國企業手中。應用材料公司（Applied Materials）、科林研發公司（Lam Research）以及科磊（KLA）這3家矽谷公司是晶片供應鏈這個重要環節的主導廠商，它們只在日本有幾個表現不錯的競爭者。缺乏這些美國或日本公司的機械，就不可能生產先進晶片。[21] 福建晉華已計畫在幾個月後開始量產記憶體晶片，[22] 但如果它無法再取得運作工廠所需要的機械和備用零件，該公司的所有收穫都將化為烏有。

以前美國商務部只在符合狹義的美國國安利益的情況下，才會動用最嚴苛的出口管制——通常當企業支持流氓政權或恐怖團體的行徑被逮到，商務部才會動用那些嚴苛的出口管制。舉例來說，中興通訊因為將美國製的技術轉出口到伊朗而違反了美國對伊朗的制裁令。然而，羅斯偏好採用更廣義的國安利益來作為懲處的標準，而中國竊取智慧財產的行為，就違反了他所設想的美國國安利益。

10月29日當天，商務部宣布將把福建晉華加入實體清單，[23] 這意味了所有美國企業不得在取得許可證以前，銷售任何東西給這家中國企業。這項懲處並不像拒絕交易命令那麼嚴苛，但因為那種許可證幾乎永遠不會發放，所以，這項懲處的實際效果其實跟拒絕交易命令大同小異。3天後，美國司法部以福建晉華竊取美光的商業祕密為由，對該公司

提起刑事訴訟。[24] 另一方面，國家安全委員會的官員也取得了東京方面的承諾，未來日本企業將停止和福建晉華之間的商務往來。總之，福建晉華在短時間內被迫停止生產。[25]

在短短幾個月內，羅斯第二度對中國科技國家隊祭出重手。一如美國財政部 10 年前的作為，商務部正強力對外展現其經濟彈藥庫被低估的實力。情況似乎顯示，對取得美國技術的管道加以設限的政策，有可能跟阻止取得美元的政策一樣極具殺傷力。就這樣，平日承擔著百百種職責——包括天氣預測以及進行人口普查——的美國商務部，即將在美國國家安全政策的議題上取得發言權。

4-7 華為中箭

　　2018 年 12 月，川普與習近平到布宜諾斯艾利斯[1]參加二十大工業國集團的高峰會。儘管美中兩國政府之間的經濟僵局日益惡化，這兩位元首還是特意安排了一個晚上，在柏悅酒店（Park Hyatt Hotel）共進晚餐，菜色包含了牛排、洋蔥和瑞可塔起司。

　　川普再次要求習近平幫忙增加中國對美國農產品的採購，並約束北韓的核子發展計畫。他也敦促習近平遏制中國方面將芬太尼毒品販運到美國的活動。習近平看起來好像從善如流，而為了投桃報李，川普同意延後實施下一輪的美國關稅[2]——這批關稅原本預訂在元旦生效。總之，他們兩人親切地對談，氣氛甚至可說相當融洽。

　　川普和習近平也承諾繼續推動中美貿易協定。[3]中方代表將以精明的經濟學家劉鶴為首，他是習近平的童年好友。美方代表則將以羅伯‧萊特希澤為首——在博明和賈瑞德‧庫西納（Jared Kushner）的敦促下，萊特希澤被川普拔擢為美國對中國的最高談判代表，地位超過梅努欽。

　　不過，那天晚上，和美中關係有關的最大消息並不是來自布宜諾斯艾利斯，而是來自溫哥華國際機場的入境大門。就在川普和習近平坐下來共進晚餐之際，華為的財務長孟晚舟——該公司創辦人任正非的女兒——一走出從香港飛來的班機，就被加拿大的主管機關逮捕。[4]

　　加拿大主管機關是應美國執法機關的要求而逮捕孟晚舟，而美國執

法機關希望接著引渡孟晚舟到美國受審。事情的緣由是：美國的主管機關懷疑華為曾在幾年前，利用一家名為天空電訊（Skycom）的子公司，將電信設備轉移到伊朗，並因此收到超過1億美元的款項。

孟晚舟被逮捕前曾擔任天空電訊的董事，但她否認該公司和華為有任何關係。不過，華為的往來銀行匯豐集團可就沒那麼篤定她的說法是否屬實了。2012年，匯豐集團曾因違反美國的制裁令而被裁處19億美元的罰款，那次經驗讓它迫切希望避免重蹈覆轍。當時該銀行同意被安插一位獨立的監督人員，並禮聘美國金融作戰的始祖李維擔任該集團的法務長。此時匯豐集團研判後，推斷孟晚舟的保證不足採信，且認定華為可能已涉嫌規避美國的制裁令，[5] 所以向布魯克林的聯邦檢察官通報它的研判結果。

對華為不利的證據並不僅止於匯豐集團的猜疑。美國的主管機關在2014年於波士頓洛根機場沒收中興通訊財務長的筆記型電腦時，從中發現了中興通訊違反制裁令的事證，不僅如此，這台筆記型電腦裡還有一份啟人疑竇的文件，其內容詳細說明了中興通訊的更大對手——以「F7」為代號——已經發展出更精密的方法來躲避美國的制裁。這份文件解釋，「F7」利用「截斷企業」（cut-off companies）[6] 來代表它和伊朗這類國家簽署、執行協議。中興通訊在那份文件中抱怨：「這家截斷企業的資本信用與能力都比我們公司還要強。它能更有效截斷風險。」而這些詳細描述毫無疑問顯示「F7」正是華為。

司法端的進度相當緩慢，但2018年8月，歷經3年調查，美國的檢察官終於對孟晚舟與華為提起保密起訴（sealed charges），於是，布魯克林的一名聯邦法官接著發出孟晚舟的逮捕令[7]——但川普和他的國安團隊對此一無所知。

4個月後，孟晚舟在溫哥華短暫停留，當時她是要前往墨西哥，因而讓加拿大的執法單位有機會應美國對等單位的要求，加以逮捕。國家安全顧問波頓大約提早 24 小時就已得知加拿大即將執行逮捕令，但他決定不通知川普，因為他擔心川普會不小心在布宜諾斯艾利斯的飯局中把這件事洩漏給習近平。川普一直到和習近平道別之後，才知道孟晚舟被捕的事。

　　就這樣，中國最大民間企業的法定繼承人，被困在加拿大的監獄裡等待引渡程序。（她後來改被軟禁[8]在她價值數億美元的溫哥華豪宅裡。）川普一如往常地對這件逮捕案發牢騷，他告訴親信幕僚，孟晚舟是「中國的伊凡卡・川普」。中國官員則是譴責美國和加拿大「嚴重侵害」孟晚舟的人權。[9]不久之後，中國的主管機關做出了赤裸裸的人質外交行徑，以一些莫須有的指控，逮捕了 2 名加拿大籍人士，[10]其中一人是前外交官麥可・柯夫瑞格（Michael Kovrig），另一人則是商務人士麥可・史帕佛（Michael Spavor）。

　　孟晚舟遭到逮捕一事震驚了企業界。美國檢察體系對華為的指控，幾乎和美國執法單位對中興通訊的指控如出一轍。因此，顯而易見地，華為可能很快也會成為影響力強大的出口管制目標。就最低程度來說，這至少會對每年出售數十億美元零件給華為的美國企業造成巨大的打擊，而一旦相關的罰則導致華為本身的營運趨於動盪，屆時全世界都難免會受到影響。華為的營運比中興通訊更大且更有韌性，但它依舊高度依賴美國的技術。該公司銷售的電腦採用英特爾的處理器；它的智慧型手機則採用美國製的記憶體晶片與射頻零組件。即使是它向來引以為傲的 5G 設備，都無法在不使用美國半導體與其他微電子元件的情況下正常運作。至於華為的內部晶片設計單位海思半導體（HiSilicon），則一向是

把生產活動外包給台積電，問題是，台積電的晶圓廠也是以美國的軟體和工具機來運作的。一名電信業高階主管向《金融時報》表示，一旦對華為實施中興通訊式的拒絕交易命令，將對全球電信產業造成類似「小型核子武器」[11]的衝擊。

的確，這個行動造成的「爆炸半徑」遠遠超過華為，連電信業以外的許多產業部門都能感受到威力。2018年一整年，華為大約花了110億美元向美國企業購買零組件[12]和服務。對比美國那一年對中國的1,200億美元出口總額[13]，華為的採購量不可謂不大，而且這個事實點出了一個茲事體大的兩難：川普可以禁止美國出口特定產品到中國，也可以為了縮減貿易逆差而提高這類出口，但他不可能同時做這兩件事。

北京當局也面臨了相同的兩難問題。到那時為止，還獲得北京當局豁免納入其報復性關稅[14]名單的主要美國進口商品是半導體和商用飛機，由此便可見中國的問題何在。北京當局需要這兩類產品，儘管它努力追求「2025中國製造」的目標，卻還是沒有開發出多少可行的替代來源。事實上，當川、習兩人在布宜諾斯艾利斯晚餐會後，美中貿易談判重新展開，中國談判人員提出的條件之一，還包括未來幾年將採購價值數千億美元的美國晶片。[15]

任正非本人倒是氣定神閒，他堅信華為能安然度過這場因美國刑事指控和孟晚舟被捕而起的風暴。情勢一度看似如此。2018年接近年底時，華為敲定了在葡萄牙的一宗5G交易，這時，該公司已在世界各地爭取到超過20份商用5G合約，它作為市場領導者的地位也更加鞏固。博明和同事當時正力促英國、德國和其他國家禁止[16]華為參與它們即將興建的5G網路。但除了澳洲、日本和紐西蘭正式或實質上落實了禁令，[17]其他國家的進展屈指可數。華為的董事之一甚至還得意洋洋地說：「事實

勝於雄辯。」[18] 華為的低價、慷慨的融資條件，以及可靠的客戶服務，讓華盛頓當局的警告成了耳邊風。

出口管制的大門隨著對華為提起訴訟而終於開啟，不過，川普政府內部對於相關的執行方式卻仍意見紛歧。儘管博明和他的國家安全委員會同事希望嚴懲華為，但他們還是選擇廣徵其他政府單位對此案的具體行動方針建議。國務院的國際安全與防止核擴散（international security and nonproliferation）助卿克里斯多福・福特（Christopher Ford）[19]，力促對華為實施出口管制，並提議將該公司加入實體清單——也就是不久前對福建晉華造成重創的那些罰則，不過，以梅努欽為首的財政部高階官員卻強烈反對這個計畫。

商務部長羅斯本人則是心猿意馬。羅斯對中國向來採取強硬的鷹派立場，而商務部官員也相當欣喜他們終於能在國安問題上有一點話語權。不過，他們的主要服務對象是美國的產業界，一旦政府對華為實施制裁或出口管制，美國自身的產業界將損失慘重。所以，羅斯遲遲無法下定決心，但商務部負責出口管制的官員則非常抗拒福特的提案。

至少直到娜札克・尼卡塔（Nazak Nikakhtar）出現前，商務部官員的態度都是如此。尼卡塔是伊朗裔的商業律師，當時年約45歲；她在2018年加入商務部之前，多數職涯都代表美國企業處理商務糾紛。成為商務部的一員後，她最初負責貿易議題，但到2019年年初，羅斯要求她暫代商務部負責監督出口管制的局處首長，直到他找正式人選為止。這個職務讓她在關鍵時刻成了華為相關辯論的中心。

尼卡塔和萊特希澤一樣，過去也曾代表不少因為中國對手不公平對待而受害的美國企業處理法律事務，並深受那些經驗影響。她斷言：「我們允許中國加入WTO後，就眼睜睜看著中國以掠奪性經濟戰術[20]對我

們發動猛烈攻擊,並一步步併吞我們的產業。」根據尼卡克塔爾的說法,中國的戰術是由下而上,一步步占領整個產業:中國企業的第一步是先購併美國企業自願放棄的低利潤率業務;接著,中國企業會把營收投入研發領域,一步步朝價值鏈的上方遷移。一直以來,中國企業受益於巨額補貼、剽竊的智慧財產,以及其他不公平優勢,因此得以跳過成本高昂的技術發展階段,並在價格上壓制競爭對手,最後更吃下整個產業。華為在全球電信設備市場的興起,就是這個策略的最佳體現。

在此同時,華盛頓當局反制中國企業那些作法的工具,例如在 WTO 提請爭端解決,[21] 則有嚴重的缺陷。北京當局總是推託說它對那些企業的不當經濟行為並不知情,因此,美國反制工具的設計,根本就無法加以阻止。尼卡塔說:「我們親眼見證過我們的產業遭受這樣的攻擊,[22] 而我們的法律並沒有順應那樣的狀況,適當更新到足以反擊那樣的行為。」

如果一切是尼卡塔說了算,財政部應該就會主張以凍結制裁來打擊華為。不過,在梅努欽領導之下,這樣的意見根本沒有落實的希望,所以她在無奈之下,只好轉而支持國務院的提案,也就是把華為加入實體清單。這個作法確實會使某些美國企業失去一個大客戶(所以也讓她的某些商務部同僚非常焦慮),但若不這麼做,替代方案將形同發給華為一張繼續危害美國國安的免費通行證。

尼卡塔憑著這個推理贏得了羅斯的支持,也推翻了心存疑慮的同事的意見。到這時,國務院、商務部、國防部和能源部等管理出口管制的各個機關之間終於達成共識,這些機關都支持將華為納入實體清單。儘管財政部依舊反對,但它並非這個委員會的成員。

由於對華為實施出口管制可能會衍生重大的經濟及外交後果,所以最終決定權還是掌握在川普手中。但光是取得總統的核准就有很大的問

題。川普當時正追著中國簽訂貿易協定，理由很簡單：他把簽署美中貿易協定，視為總統任內最重要的成就。萊特希澤和中國的首席談判官劉鶴之間，也確實似乎有一點進展。他們正在研擬的150頁協議[23]——至少還在草稿階段——將要求北京當局修訂法律和監理規定，以便更妥善保護智慧財產權，並終結強制性技術移轉（forced technology transfers，譯注：某國政府強迫外國企業分享其技術，作為換取市場准入的條件）的作法。歷經這段談判過程後，萊特希澤對劉鶴相當尊重，也信任他真心想要促成雙方的協定。所以，如果突然選在這個時刻嚴厲制裁華為，很可能危及貿易協定相關的進程。

更糟的是，川普向來以樂於受人奉承而聞名，華為為了避免被出口管制重創而無所不用其極，當然一點也不避諱使用這個手段。在那段時間，任正非積極展開魅力攻勢，在罕見的公開訪問中為川普的減稅方案喝采，並盛讚他是個「偉大的總統」。那些舉動一點也不符合這位70幾歲的企業執行長向來的風格，畢竟他長期在華為灌輸所謂的「狼性文化」[24]鼓勵員工上班時應該果敢、積極進取，且做到筋疲力盡。在中國，任正非被譽為和賈伯斯一樣永不妥協又高瞻遠矚的果敢創業家，但由於他女兒此刻被加拿大軟禁，他的事業也面臨美國的懲罰，所以不得不擺出和解姿態。他對採訪者說：「我愛我的國家，我支持共產黨，但我永遠不會做任何事去傷害世界上的任何一個國家。」[25] 接下來幾個星期，華為繼續在全球各地展開閃電媒體攻勢，更在2019年2月於《華爾街日報》刊登了一則全版廣告，內容是懇求「不要道聽塗說，[26] 請親自來見證真正的華為」。

另一方面，中國政府也經由官方管道，試著緩解和華盛頓當局之間的緊張氛圍。3月，中國總理李克強在中國「橡皮圖章」立法機關的年度

會期展開時，就經濟議題發表了一席近 2 個小時的開幕演說。李克強站在人民大會堂的主席台上，對減稅計畫以及幾項遏制污染的倡議高談闊論，但絲毫沒有提到「2025 中國製造」[27] 相關的字眼——要知道，「2025 中國製造」是他此前幾年演說的重點主題——萊特希澤的 301 調查報告裡也對這個主題有不少著墨。

儘管中國在貿易談判上努力軟化語氣和積極推進的態度，美國的國安官員還是憂心忡忡，因為過去北京常拿「改善未來經濟關係」作幌子，阻止華盛頓當局採取不利於它的行動；而且，中國爭取全球經濟支配地位的衝勁一點也沒有消退。3 月 12 日當天，歐盟發佈了一項公開策略，把中國貼上「系統性競爭者」[28] 標籤，歐洲向來以和北京建立夥伴關係並密切合作為重，這是歐洲首度偏離這個方針。然而，大約短短 1 個星期之後，義大利總理朱塞佩・孔蒂（Giuseppe Conte）竟欣然迎接習近平到羅馬訪問，並宣布義大利將是第一個加入一帶一路倡議的主要民主國家。[29] 不久後，德國也不顧美國的施壓，透露它不會禁止華為[30] 參與德國未來的 5G 基礎建設。接下來一個月，英國有樣學樣，英國財政大臣哈蒙德甚至搭噴射機到北京，為了促進一帶一路倡議，而伸出英國的雙手。

5 月 3 日星期五當天，美國人期待和北京當局在經濟上重修舊好的希望終於徹底破滅。萊特希澤為首的貿易談判團隊在當天收到一份出乎意料的電子郵件，郵件中夾帶了中國貿易談判團隊以微軟 Word 作業系統製作的貿易協議草稿檔案，這個檔案包含了中國方面以「追蹤修訂」功能所進行的編輯內容。北京方面原本在智慧財產、強制性技術移轉等方面的所有關鍵讓步，全數被紅線刪除。[31] 顯然，習近平經過權衡後，認為雙方談判後提出的讓步內容太過喪權辱國。[32]

Chokepoints

368

川普勃然大怒，在週末透過推特警告，將在幾天內提高對中國的關稅。川普氣呼呼寫道：「和中國的貿易協定仍繼續進行中，[33] 但進度太慢，他們意圖藉由重新協商來修改先前的協議。門兒都沒有！」就這樣，新關稅在 1 週後生效。[34]

直到這時，憤怒的川普才終於準備考慮以出口管制來打擊華為。5 月 15 日星期三，大約下午 3 點半左右，川普和核心幕僚在橢圓形辦公室裡討論這個想法。梅努欽再次[35]試圖潑冷水，他表示這個計畫會對美國產業造成外溢效應，甚至可能摧毀與北京之間的貿易談判。波頓和羅斯則持相反意見。最後川普選擇勇往直前。

但梅努欽並沒有放棄，他使出最後一招，抱怨羅斯草擬的新聞稿用詞太過極端。難道用字遣詞不能溫和一些嗎？羅斯聽罷後大聲朗讀他的聲明稿。川普聽完後裝腔作勢地說：「這篇聲明稿寫得他 X 的太好了，它太美妙了。記得補上『經總統批准』[36]。」

4-8 誤啟的科技戰

江西省是中國東南方的內陸省分，向來以綿延的山脈與茂密的森林而聞名。當年毛澤東和追隨者在此地蟄伏[1]時，建立了中國有史以來第一個共產黨政府。江西省也是「長征」的起點，[2]後來，共產黨這段耗時一年、橫跨全國達 6,000 英里的殘酷集體戰略轉移行動，成了中華人民共和國的建國神話。

川普政府正式以出口管制打擊華為後 5 天，2019 年 5 月 20 日，習近平與首席貿易談判官兼兒時好友劉鶴一同前往江西，[3]到長征集結的出發地獻花致敬。習近平在當地群眾的歡呼聲中宣示：「此刻我們站在長征的出發地，是為了緬懷紅軍啟程的那個時刻。現在是新的長征，[4]我們要重新再出發！」鑑於美國不久前對華為採取的行動的確令人震撼，習近平當天的說法似乎帶有挑釁的意味。

江西省不僅因歷史而顯赫，這個地區還擁有非常多大型稀土加工設施，[5]習近平趁著這次行程，順道參觀了其中一座。（中國坐擁全球已知最大的稀土礦藏，[6]而且中國企業在稀土加工為必要工業原料的生產鏈中占有支配地位。）中國在稀土貿易的主導地位，賦予它巨大的地緣政治影響力。早在 2010 年，北京當局就曾停止對日本出口這些礦物，藉此展現那股影響力。華為仰賴來自美國的晶片和軟體，一如洛克希德馬丁公司（Lockheed Martin）仰賴來自中國的稀土。[7]鄧小平曾說：「中東有石油，

中國的獨門法寶：習近平在 2019 年 5 月到江西省參觀一座稀土加工設施

中國有稀土。」[8]

習近平到江西省參訪後幾天，有人在中國經濟計畫局的線上公告欄貼出一則疑問：「稀土能否成為對抗美國無端打壓的反制武器[9]？」中國共產黨的官報《人民日報》則出現中國在 1962 年對印度開戰以及在 1979 年攻擊越南前，也曾在該報出現的一句不祥話語：「別說我沒警告你。」[10]

對北京來說，美國對華為實施出口管制的那一天就是個轉捩點。在那一天到來之前，多數中國官員都還是認為，川普不想發動博明以及國家安全委員會其他鷹派成員所倡議的那種經濟戰爭，因為那種戰爭太曠日廢時；他們認為，川普之所以表現得對中國非常強硬，目的是為了速戰速決，盡快實現經濟「勝利」──一旦他宣布戰勝這場貿易戰，美中關係自會回歸正常。不過，川普對華為做出的決策讓中國官員的上述信

念開始動搖。一名中國官員說：「從此以後，中國對貿易戰的觀點達到一個分水嶺。事實清楚顯示，美國的動機不僅僅是貿易，還包括政治和戰略的動機。他們想阻止中國變得更強大。」[11]

5月底，中國商務部宣布將編列自己的「不可靠實體清單」，[12] 這是為了和美國商務部的實體清單打對台。不過，中國官員做出這個宣示時，並未透露太多細節，只是暗示他們計畫列出疑似「危害中國企業合法權利與利益，並危及中國國家安全[13] 與利益」的外國企業黑名單。北京當局也訴諸較不正式且較傳統的經濟作戰術，像是召見微軟、戴爾電腦（Dell）、三星和其他外國企業的高階主管，並提出威脅：若它們遵守美國對華為的出口管制，必須自負嚴峻的後果。[14]

然而，還是有幾家公司繼續遵守美國的出口管制，在短短幾天內就切斷和華為之間的往來。和華為切割的大型企業之一是 Google。[15] 華為在中國以外銷售的多數智慧型手機都仰賴 Google 安卓（Android）作業系統的某個特定版本，但事態發展至此，華為已經不得不放棄使用這個作業系統。未來華為的智慧型手機用戶將不再能存取 Google Play 商店（它是行動應用程式市場上最大的商店之一），也不能使用諸如 Gmail 與 YouTube 等 Google 公司產品。即使是現有用戶，最終也無法收到軟體更新。

華為的智慧型手機很便宜，所以需求相當高，但如果華為的手機缺少世界上最基本且最普及的應用程式，就很難說服消費者購買它的手機。（不過長久以來，中國禁止在境內使用 Google，所以該公司決定拋棄華為一事，並不會影響華為在中國國內的銷售收入。）光是在 5 月，華為的國際智慧型手機營收就遽減了 40%。即使任正非總是自信滿滿，都因為太過震驚而無法立即做出回應。任正非說：「我們原本並不認為美國會

以那麼大的戰略和決心來攻擊華為。」[16] 他估計，公司將需要減少 300 億美元的智慧手機產值。

相反地，出口管制似乎幾乎沒有影響到華為的 5G 業務。誠如該公司的首席策略規劃人員所言，任正非「總是主張，經營事業必須隨時準備好 B 計畫」，[17] 該公司當然也一直都有備案。美國政府在 1 年前對中興通訊下達拒絕交易命令後，華為就開始預先囤積半導體與其他關鍵零組件。它儲備了興建 5G 基地台所需的 1 年份晶片，[18] 這意味著儘管美國的供應商停止對華為供貨，該事業部的工作至少將繼續順利進行一段時間。在華為納入實體清單後 2 個月，它還另外爭取到 11 份 5G 網路合約。[19]

然而，美國的晶片製造商卻已感受到美國制裁華為的餘波。[20] 高通公司（5%的營收來自華為）的股價下跌，其他美國半導體公司的股價也難逃此劫。美國晶片製造商美光科技曾力促美國對福進晉華實施出口管制，一樣遭受嚴重的打擊。華為是美光的單一最大客戶，它對這家中國企業的年度銷售額高達數十億美元，換言之，美光科技有超過 10%的年度營收正面臨嚴厲的考驗。

美光科技執行長梅洛特拉不久後就回到華盛頓，不過這一次他並不是來主張實施出口管制，而是來表達反對。[21] 梅洛特拉力促美國制裁福建晉華集成電路公司時，梅努欽對他的訴求處處掣肘，但如今，這位財政部長卻成了他的盟友。梅努欽陪同梅洛特拉與來自半導體產業協會理事會[22] 其他企業高階主管，到商務部拜會羅斯。梅努欽和那些晶片公司高階主管在一場被某商務部官員形容為「帶有惡意」的簡報當中，詳細闡述他們認為美國企業勢必將因華為禁令而折損巨額營收的論點—甚至有可能整個產業因此崩潰。他們主張，羅斯應該將華為從實體名單中剔除，如果做不到這一點，至少應該減輕對該公司的懲處，好讓美國能大

4-8 | 誤啟的科技戰

致一如往昔,維持和華為之間的生意往來。

不過,羅斯的立場還是非常堅定,但由於曾長期在商場打滾,他也能深刻理解那些企業高階主管的憂慮。他們的公司和華為之間的業務往來非常龐大,畢竟它是出手向來大方且合法的生意對象;事實上,不久前華盛頓當局還鼓勵他們多和華為往來。這些企業和華為之間的關係,正是經濟相互依賴的體現,而根據華盛頓當局原本的盤算,經濟上的互相依賴理應能鼓勵中國採納民主改革,並善加維護北京與華盛頓之間的關係。

在這些憂心忡忡的企業高階主管眼中,美國對華為出手一事,似乎代表著一場更大規模經濟戰的開端。如果出售零組件給華為會傷害美國的國家安全,那麼,銷售零組件給其他中國科技公司又代表什麼意義?商務部將華為納入實體清單1個月後,決定對中國超級電腦製造商中科曙光(Sugon,該公司也和很多美國企業關係密切)[23]實施出口管制,更加深了這些憂慮。這個決定似乎顯示,根據邏輯推論,川普政府這些作為的最終目的,是要更大規模促成美國和中國之間的技術脫鉤。美中科技業之間苦心經營的幾十年關係,很可能就此一拍兩散。

到了6月,習近平又打了一通電話給川普。習近平以他先前成功為中興通訊爭取到減輕罰則的手法,懇求川普給華為一次機會。[24] 但這一次,他在懇求之餘,卻也夾帶了威脅:如果華盛頓當局不放過華為,整體美中關係將會受害。由於此時川普依舊把爭取貿易協定視為最優先目標,所以他非常嚴肅看待習近平的威脅,並暗示可以把撤銷華為禁令列為美中貿易談判的一環。

10天後的另一場二十大工業國集團高峰會結束後,川普和習近平在日本大阪的帝國酒店(Imperial Hotel)面對面溝通。習近平再次力促解除

Chokepoints

對華為的懲處，而急於重新上貿易談判桌的川普，就這麼給了習近平一個甜頭。[25] 川普在隔天的記者會中暗示將減輕對華為的禁令，他證實：「美國企業可以將設備賣給華為。[26] 我們所說的設備是指不涉及重大國安問題的設備。」川普在為自己的180度大轉彎辯護時解釋，美國企業「對無法銷貨給」華為「不怎麼開心」。[27]

不過，外界並不清楚川普這次讓步的確切性質以及讓步程度，但總之，華為非常興奮，[28] 而波頓、博明和其他國安官員則怒火中燒。[29] 中興通訊制裁案被大逆轉的情況好像再次上演了，而且這一次的規模更大、影響更嚴重。羅斯必須為落實川普的政策負起終極責任，他急忙出面滅火。就在川普的記者會結束後不久，羅斯就解釋，華為依舊被列在實體清單，但商務部將根據個案的具體狀況，考慮發放許可證給銷售特定商品給華為的美國企業，「前提是不會對美國國家安全造成威脅」。[30] 他強調，商務部將以「推定禁止」（presumption of denial）的原則，詳細審查所有許可證申請案件。

接下來幾個月，商務部收到了美國企業界數百件的許可證申請，[31] 這些企業全都尋求銷貨給華為。政府官員為了制定一致的案件評估標準而傷透腦筋，在此同時，申請案件仍持續增加。但就在這些案件待審之際，美國的半導體公司卻找到了能規避出口管制的合法管道。[32] 那些企業找到的漏洞非常多，局部是因為商務部（不同於財政部）過去10年未曾上過經濟作戰的最前線。舉例來說，在美國境外製造晶片的美國企業，依舊可以在未取得許可證的情況下出售晶片給華為。這些企業也繼續出售晶片給表面上未列入實體清單的華為子公司。

這些半導體公司一旦熟練上述的鑽漏洞手法，就火力全開，利用那些方法來獲取最大利益。美光恢復對華為銷售記憶體晶片，[33] 該公司的

股票也隨之大漲。英國主要晶片設計公司 ARM，最初也因它主要仰賴美國的智慧財產，暫停和華為之間的業務往來。不過，ARM 不久後也大轉彎，因為該公司判定它對華為的銷售屬於「源自英國的技術」。[34]

儘管美國對華為祭出的經濟武器確實一度對該公司造成痛苦，但這件武器後來卻漸漸變得像顆啞巴彈。這件武器雖成功使華為在中國以外的智慧型手機銷售量歸零，但該公司卻藉由國內的促銷活動來彌補這些損失。關鍵的是，華為的 5G 業務依舊毫髮無傷；事實上，它還是繼續占有支配地位，前後共累積了 60 多件商務合約。[35] 到 2019 年第三季結束時，華為的總營收已達到 860 億美元，[36] 幾乎比一年前的同期增加了 25%。華為先前為了防備這類不測事件而囤積的大量 5G 零組件也幫了大忙。不過，該公司營運如此有韌性的最重要原因是：美國的出口管制不夠強大，不足以逼迫多數跨國企業對那麼巨大的客戶敬而遠之。

在此同時，儘管美國企業逃過了最糟的結局，卻依舊對華為禁令所造成的扭曲憤恨不平。過去投資美國本土的美國晶片製造商非但沒有得到獎勵，反而遭到差別對待，因為它們從此不能把在美國國內生產的半導體銷售給華為；相反地，將製造活動遷移到海外的競爭者，卻反而因為沒有受到出口管制約束而蓬勃發展。這個結果製造了一種促使業者將更多生產遷移到海外的反常誘因。

更糟的是，位於日本、南韓和台灣等地的競爭對手，更是絲毫未受制於華為的銷售禁令，所以那些業者可以盡情為這家中國巨擘供應它不再能從美國採購的產品。說穿了，美國企業拒絕為超級大客戶華為供貨的作法，只是平白讓外國競爭對手撿到一筆大業務而已，華為本身並沒有受到任何傷害，受苦的只有美國企業。一項政策若會產生那種結局，當然沒有任何邏輯可言，它終將搞得美國方面的所有人—從博明等國安

官員，到梅努欽等經濟官員，乃至企業界本身─最終全都不滿意。

到 2019 年夏末時分，情勢已清楚顯示，美國的出口管制對華為造成的損害，遠遠比不上那類管制對中興通訊與福建晉華所造成的傷害。華為依舊勢如破竹，繼續在全球 5G 市場上攻城掠地，絲毫未受這些出口管制的影響。雪上加霜的是，美國政府實施那些出口管制後，不僅促使北京當局積極研擬新型的報復性經濟武器，更激怒了美國產業界。儘管當時的商務部已成了經濟戰的重要指揮中心之一，但突然之間，它的彈藥庫卻看起來不再那麼強大了。

李維早在十多年前就領悟到一個道理：光是阻止美國企業和伊朗做生意，還不足以對伊朗經濟體系構成嚴重的壓力，必須讓世界各地的企業離開伊朗市場才行，而且華盛頓當局確實有能力敦促全球的企業這麼做。事實證明，這個邏輯也適用於對華為的步步進逼。

4-9 後門與背叛

　　川普總統的任期進入第 3 年後，博明已自認是川普政府裡的「劫後餘生者」，畢竟他在任的時間比佛林、麥馬斯特以及波頓這 3 位國家安全顧問都還要久。此時，博明已成了第 4 位國家安全顧問羅伯・歐布萊恩（Robert O'Brien）的副手。不僅如此，他還接下一份更高能見度的任務——成為美國對中政策的門面之一。（他也協助研擬對中政策）。

　　2019 年 9 月 19 日當天，博明和半導體產業協會的會員，在距離白宮只有幾步之遙的海伊亞當斯飯店（Hay-Adams Hotel）會面。[1] 他不僅是為了聽取產業界的疑慮而出席，也為了說服那些產業界人士。從商務部對華為實施出口管制以來，美國的晶片製造商就不斷設法規避那些措施。博明希望說服與會的企業高階主管相信，降低對華為的銷售才是更明智的長期策略。

　　博明解釋，某種程度上來說，華為其實是中共麾下負責監控的分支機構之一。中國在非洲的間諜活動就是最貼切的例子。位於衣索比亞首都阿地斯阿貝巴（Addis Ababa）的非洲聯盟（African Union）總部，是一處饒富未來感的綜合設施，但它是以中國政府慷慨提供的巨額資金興建而成，且其內部配置了華為公司最先進的網路設備。中國的情報單位在這棟總部建築於 2012 年完工時，以華為的設備為「後門」，每晚從這棟建築的伺服器裡竊取數據，[2] 長達 5 年之久。（博明不能明說的是〔因

為這在當時還是機密資訊〕，美國的情報顯示，華為可以利用隱藏在其設備中的這類「後門程式」，祕密存取世界各地電信網路[3]的資訊）。而且令人擔憂的不僅僅是華為的這類間諜活動，更可怕的是，華為的5G裝備還能發揮緊急停止開關[4]的功能——誰知道北京當局會不會在某一天利用那些裝備，強制關閉世界各地的電廠、水利系統以及其他關鍵基礎建設？想必這就是中共如此堅定支持華為追求全球5G領導地位的真正原因。

博明在簡報結束前環顧在場人士，並說：「在場每一個人的良知[5]應該都受到震撼。」美國半導體產業出售了很多關鍵零組件給華為，因此也間接成了讓華為得以崛起的幫兇。他接著說，如果一如往常，繼續和華為做生意，就形同在冷戰最緊張的時期，只因為蘇聯人的折扣較高，而允許蘇聯國家安全委員會興建美國的電信系統。[6]

雖然在場的企業高階主管都能理解博明想傳達的訊息，多數人卻也懷疑華盛頓當局對他所描述的問題可能已經無能為力；至少到當時為止，和美國電信網路密切連結的歐洲電信網路，[7]早已高度仰賴華為的傳統產品。以德國來說，當地50%以上的4G網路基地台[8]採用華為的技術，歐陸其他國家的狀況也和德國相去不遠。情況顯示，隨著歐洲國家陸續升級到5G系統，當地對華為的依賴只會增加，不會減少，因為華為在最新技術的5G系統上的優勢，明顯更甚於它在上一代的技術優勢，而且歐洲政府正打算拒絕美國將華為列入黑名單的請求。總之，在場的企業高階主管對博明簡報的回應，直接到令人氣餒：如果美國政府想規避華為的支配地位所造成的風險，光切斷美國企業和華為之間的關係是不夠的，歐洲企業也必須切斷和華為的往來才行。

即使是川普政府內部，也不是每一個人都打從內心深處相信應該把

中國視為對手，而非經濟夥伴。由於官員們鮮少有機會接觸川普，加上這位總統的指示總是含糊不清、即興為之（畢竟他對這個議題的最後一次發言是只要「不衍生太大的國安問題，美國企業可以將設備出售給華為」）[9]，所以官員們自然無所適從。由於有太多美國企業尋求在華為的出口管制上取得豁免，所以商務部官員已經快被許可證申請書淹沒，更糟的是，他們根本不清楚究竟怎麼做才對。

為此，博明向商務部的同事表示，川普正在採取一個雙管齊下的策略。總統表面上雖尋求維護他和習近平之間的個人關係，並顯出有意建立更友好的聯繫，但私底下，他卻期許文官機構裡的官員「「盡可能重拳出擊」。實質上來說，博明等於要求商務部官員認真看待川普的指令，而不是他表面上的態度；換言之，他要官員們不要理會川普在公開場合所做的口頭讓步，而是應該維持他向來對中國的「強硬」立場。

如果真是如此，接下來的問題應該就是要如何敦促美國在歐洲和亞洲的盟友一同實施華為禁令了。在冷戰期間，美國和盟友就曾採用相似的模式，當時這些國家共組多邊出口管制統籌委員會（Coordinating Committee for Multilateral Export Controls，[10] 也就是較為人所知的CoCom），以切斷蘇聯取得特定關鍵技術的管道。如果能恢復這個策略，不僅能在最大限度內對華為施壓，還能保護美國產業的競爭利益。

然而，眾所周知，川普向來對與盟國合作一事戒慎恐懼，而且他似乎總是對嘲笑那些國家樂在其中。例如2018年法國總統馬克宏在白宮的一場會議中，建議就中國的問題合作時，川普竟指控歐盟「比中國還糟糕」，[11] 並接著滔滔不絕攻擊德國的汽車出口。到2019年秋天，多數歐洲國家都已計畫批准華為協助興建它們國內的5G網路了。在這個情況下，那些國家怎麼可能一邊打算把它們的數位化未來交付給華為，一邊

又加入美國討伐華為（好讓它無法取得關鍵技術）的遠征行列？那麼做毫無道理可言。

既然「和盟國合作」這條路看起來行不通，美國商務部的官員和美國半導體產業的遊說人員（他們急於建立和外國競爭者公平競爭的環境）遂提出了更激進的方法：對華為遍布全世界的商業夥伴施壓。他們最初的想法是要修訂「微量原則」（de minimis rule，這項原則規定，使用超過25％美國成分的外國製產品必須遵守美國出口管制令）。如果能將25％的門檻降低，那麼只要某個晶片製造商的產品含有某些美國零組件，不管它是在哪個國家生產，都會更難以繼續向華為供貨。

不過問題在於，微量原則只適用於有形的零組件，所以降低所謂「微量」的門檻，只會進一步增加誘因，讓企業將生產活動轉到海外，並以外國零組件取代美國零組件。所以，這個做法永遠也無法對華為造成擠壓，也無法為美國企業打造更公平的商業環境；事實上，這個做法反而只會導致這些問題惡化。

基於這些疑慮，遊說人員和商務部官員只好朝第二個選項前進：他們翻箱倒櫃，搬出1959年一個鮮為人知的政策——《外國直接產品規則》（Foreign Direct Product Rule，即FDPR），[12] 並將之稍事修訂，以便應用到華為的情境。原始的《外國直接產品規則》明定，若外國工廠利用美國的技術生產飛彈零組件或其他敏感項目，那些品項就必須遵守美國的出口管制規定；而以華為公司為主要目標的新《外國直接產品規則》，將可以禁止**世界各地將所有利用美國技術生產的晶片**銷售給華為，不是只能禁止對華為銷售含有某個百分比的美國製零組件的晶片。幾乎所有先進半導體都得仰賴美國企業的智慧財產、設計軟體，以及工具機。雖然晶片本身經常是在海外代工，但美國產業對整個半導體供應鏈總產值的

貢獻度仍高達 39%，[13] 相較之下，中國企業對這項產值的貢獻僅 6%。世界上其他國家對這項產值的貢獻度也都遠遠落後美國。

簡單來說，新的《外國直接產品規則》將發揮類似次級制裁的功能。美國在歐巴馬政府執政期間實施的次級制裁，讓世界各地的企業面臨一個極端的選擇：你可以和美國做生意或和伊朗做生意，但別想同時和這兩國做生意；事實也證明，這個棍棒策略極度有效，它導致伊朗的石油銷售收入遽減，並使伊朗的銀行業者無法進入全球金融體系。川普政府退出伊朗核協議後，再次對伊朗實施這些次級制裁，而即使其他國家反對這些制裁令，世界各地的企業還是乖乖就範。

就實務面來說，新《外國直接產品規則》隱含著和次級制裁很相似的影響。台積電是全球晶圓代工龍頭，也是台灣科技業巨擘，而華為是它的第二大客戶，[14] 僅次於蘋果公司。台積電有超過 15% 的營收[15]來自華為的貢獻，但台積電的晶圓廠也需要各式各樣美國軟體與工具機才能運轉。新的《外國直接產品規則》讓台積電與世界各地其他晶片公司面臨一個抉擇：你可以對華為銷售產品，也可以向美國購買技術，但不能兩者兼得。

儘管川普政府內部開始修訂《外國直接產品規則》，並展開相關的辯論，但它還是繼續透過外交施壓的方式，敦促盟友迴避與華為進行商務往來。2019 年年底時，川普政府提出了它認為最強有力的證據：情報顯示，十多年來，華為持續在設備中植入祕密的「後門程式」，[16] 並因此得以存取世界各地的電信網路。

博明在 12 月的一次柏林行程中，和德國官員分享了這個情報。後來，德國外交部擬定的一份備忘錄指出，博明提供的「鐵證」[17] 說明了華為的確正形成嚴重的間諜威脅。梅克爾總理所屬政黨的一位議員甚至

表示，允許華為興建德國的 5G 網路，「將造成主控權與主權上的最大損失」。[18]

然而，德國當時的狀況非常棘手：德國的三大電信營運商都高度依賴華為。[19] 市場領導者德意志電信公司（Deutsche Telekom）[20] 甚至已開始安裝含有華為設備的 5G 基地台。在這些狀況下，斷然禁止與華為往來，勢必得付出極高的代價，而且可能導致德國 5G 網路進度延宕，而 5G 網路的推出理應有助於維護德國的工業霸權。

德國的主要汽車製造商也向華為採購零組件，同時在研發業務上和這家中國企業密切合作。不僅如此，這些汽車製造商也從中國賺非常多錢：福斯汽車幾乎一半的營收來自中國，如今那些營收正岌岌可危──中國駐德國大使吳懇警告，若德國不准華為進入德國市場，必須自負「後果」，字裡行間暗示德國的汽車製造商將因此遭到懲罰。福斯汽車執行長赫伯特・迪斯（Herbert Diess）警告，若失去准入中國的權利，將有數萬名德國人的就業機會[21]遭到摧毀。

北京當局的威脅不只是說說而已。2019 年秋天，正當香港為了抗議中國共產黨蠶食鯨吞、接管整個香港地區而爆發大規模街頭抗爭之際，美國國家籃球協會（NBA）休士頓火箭隊總經理達雷爾・莫雷（Daryl Morey）在推特上貼了一張寫著「為自由而戰。與香港同在」[22]的照片。北京隨即將此舉視為冒犯，並取消其國營電視台的 NBA 比賽轉播，[23] 火箭隊隨後也失去了非常多來自中國的贊助。莫雷的推文最終導致 NBA 付出了數億美元的代價。[24] 如果德國把華為列入黑名單，誰知道北京又會採取什麼報復行動？

博明在 2020 年 1 月前往倫敦，和英國人分享他向德國官員揭露的那些情報。[25] 不過一如往昔，英國人還是把警告當耳邊風。當時的英國也陷

入和德國一樣棘手的困境。新首相鮑里斯・強生（Boris Johnson）雖比前一任首相梅伊更緊密與川普政府站在同一陣線，但他也曾誇下海口要推動巨大的本土基礎建設方案，以確保「令人讚嘆的全光纖寬頻網路[26]能進駐每一個家庭」，而英國電信業的高階企業主管警告強生，如果把華為屏除在這個網路之外，他絕對不可能實現那個承諾。[27]

為了促使倫敦改弦易轍，3名共和黨參議員決定使出最後一招——他們致函英國國家安全委員會，就禁止華為一事提出「盟友對盟友的真心懇求」，[28] 同時警告該委員會：他們並不希望「被迫檢討美國與英國的情報分享政策」。某共和黨議員甚至提案，明確禁止美國和任何允許華為參與5G基礎建設的國家分享情報。2020年1月24日，川普致電給向來氣味相投且被他譽為「英國川普」[29]的強生，但強生依舊沒有動搖。氣沖沖的川普怒指強生「背叛」，[30] 並用力掛上電話。

幾天後，倫敦當局正式宣布將允許華為參與5G網路。不過，它設定了一個採購上限：[31] 未來英國電信營運商對華為的設備採購金額，不得超過其總採購金額的35%，這算是對美國的一個象徵性讓步。

英國情報官員和博明對話時，還是自信滿滿地表示，華為的所有威脅都是可控的。不過，情況也清楚顯示，倫敦當局最重視的決策考量並不是國家安全，甚至也不再是討好北京當局；它最重要的考量是：華為能為英國提供便宜的寬頻網路，這個理由再簡單明瞭也不過。照理說，身為交易之王的川普，理應比任何人都更能理解英國為何做出那個決策。

4-10 對華為開出第二槍

2020年2月14日當天，美國眾議院院長南西・裴洛西（Nancy Pelosi）站上慕尼黑安全會議的講台。蒙特格拉斯宮飯店（Hotel Bayerischer Hof）宴會廳裡擠滿了外交領域的名人，想當初在2007年，普丁就在同一個地點，發誓要讓美國威信掃地。

對在場的歐洲人來說，裴洛西的出席令人耳目一新。因為短短不到2個月前，指控川普濫權與蔑視國會的彈劾案，才在裴洛西的監督下過關。[1] 她是川普在華盛頓方面最難纏的對手，而且和總統不一樣的是，她極力倡議美國與其他國家結盟。

不過，裴洛西在講詞中明確表示，她至少在一個議題上和川普的看法一致。裴洛西說：「在場很多人可能會覺得我接下來說的話不中聽，但既然你們希望我坦誠相待，就請恕我有話直說，那就是5G和網路安全的主題。」她接著說：

> 中國正尋求透過它的電信業巨擘華為來輸出數位獨裁統治，同時威脅對不採納其技術的國家展開經濟報復。美國已認清華為是國安威脅，為了限制它和美國企業的接觸，我們已將它納入實體清單。各國不能只基於財務上的權宜考量而將我們的電信基礎建設割讓給中國。那種欠缺考慮的讓步，只會讓習近平

更肆無忌憚地破壞民主價值觀、人權、經濟獨立性與國家安全。

裴洛西斷言，如果歐洲國家還是堅持原訂計畫，放手讓華為興建其5G網路，就跟「選擇獨裁、放棄民主」[2]沒兩樣。

裴洛西的犀利言詞讓宴會廳裡的很多人感到震驚。她結束那一席演說後，在場有人提問：「這是否代表您實質上認同川普總統的對中政策？」

裴洛西回答：「我們在那方面的確是有共識，[3]你絕對不會想把那個權力交給中國解放軍一手成立的實體，但我就是不知道為什麼很多人不懂這個顯而易見的道理。」她直言任正非終其一生，職涯都和中國軍隊之間維持密切的關係。她接著說：「這是最陰險的侵略形式。（不該）放任價值觀與我們截然不同的獨裁政府來主導我們的5G電信線路。」

當時距離美國總統大選才剩下10個月，世界各國的領袖原本打的如意算盤是，橫豎川普在位的時間已經不多，所以，他最念茲在茲的議題就拖到他卸任後再說。不過，裴洛西的言論清楚顯示，華為的問題可不是拖過這次總統大選就會自然消失。

美國國務卿龐佩奧和國防部長馬克・艾斯培（Mark Esper）在隔天的慕尼黑安全會議中發表的談話，也呼應了裴洛西的說法。龐佩奧警告：「華為和其他有中國政府在背後撐腰的科技公司，就是中國情報單位的特洛伊木馬。」[4]艾斯培也語重心長地勸告：「長期來說，發展我們自己的安全5G[5]網路所將得到的利益，將遠高於和獲巨額補貼、對黨領導階層唯命是從的中國5G提供者合作的利益。」

對歐洲人來說，這些論點已是老生常談，所以他們還是沒有被說服，愛沙尼亞前總統托馬斯・亨德里克・易維斯（Toomas Hendrik Ilves）表達了在場很多人心中的沮喪。

易維斯在龐佩奧與艾斯培在講台上徵求觀眾提問時說：「很多歐洲人都同意，和華為維持往來確實非常危險，美國也至少在1年前就告誡我們：『不要採用華為！』但你們有提出替代方案嗎？[6] 你們打算補貼諾基亞和愛立信嗎？我的意思是，聽從你們的勸告後，我們會得到什麼？若我們不採用華為，又該做些什麼？」

易維斯言之有理。華為確實因北京當局的不公平經濟措施而獲益良多，但它並沒有拿著槍到處強迫推銷產品，並藉這種手段成為世界主要電信設備製造商；它能獲得如今的支配地位，靠的是以資本主義國家的遊戲規則來打敗世界各地的競爭者，而那些遊戲規則包括以可靠的產品、優良的顧客服務，以及市場最低價等來贏得業務。如今美國最親密的盟友英國，已經正式發給華為核准函，這意味著防洪閘門已經打開。慕尼黑安全會議結束後幾天，華為的電信服務事業部總裁丁耘就宣布，該公司已經簽署了91份商用5G合約，其中光是歐洲就占了47份。丁耘誇口說，華為的「5G技術仍舊領先我們的競爭者18個月」。[7]

就這樣，華為的進展一帆風順，繼續步步進逼。2月26日，華為的輪值董事長郭平在巴塞隆納舉辦的知名電信產業貿易展「世界行動通訊大會」（Mobile World Congress）上發表演說。他傳達的訊息簡單明瞭：美國不要老是拿安全考量來大做文章，它應該先照照鏡子，看看自己又都幹了些什麼好事。郭平像唸咒語般問：「鏡子啊，鏡子，[8] 誰是世界上最值得信任的人？如果你們不了解這問題的意思，可以問問愛德華・史諾登（Edward Snowden）。」郭平意有所指的正是美國用來蒐集外國人線上數據的「稜鏡計畫」（PRISM），[9] 這項計畫事後被美國國家安全局某個前承包商洩漏給外界。郭平的意思是，華盛頓當局針對華為提出的種種警告既偽善又不值得信賴，他認為，如果非要比的話，華為反而是比較

安全的選項。

這一切都看在國務院經濟事務次長凱斯・柯拉克（Keith Krach）[10] 的眼裡，所以他非常沮喪。對一名在國務院霧谷總部 7 樓精美辦公室上班的官員來說，柯拉克的經歷相當「非典型」。他是在俄亥俄州的克里夫蘭郊區長大，小時候還曾在父親的機械加工車間擔任焊接師傅。他從普渡大學（Purdue University）與哈佛商學院畢業後加入通用汽車公司，從此平步青雲。後來，他搬到矽谷，創辦了一家電子商務相關的新創企業，接著，他賣掉這家公司，並加入電子簽章（electronic-signature）公司 DocuSign 擔任執行長[11]。柯拉克沒有任何外交經驗，但他擔任企業高階主管期間的所見所學，讓他對政府反制華為的方法產生質疑。

他加入國務院的第 2 個星期，獲邀到華盛頓的義大利大使館參加晚宴，這場活動的行程還包括和從羅馬風塵僕僕趕來的義大利經濟部長會面。出發之前，柯拉克和幕僚湊在一起討論他在晚宴中的談話要點。

一位顧問建議：「跟他談 5G。」

柯拉克有點迷惑。他問：「談什麼 5G？」

那位顧問解釋：「告訴他『不要買華為。』」

柯拉克不可置信地看著幕僚，並說：「這是我此生聽過最愚蠢的話。如果我是執行長，有人突然跑來跟我說：『不要買華為，我一定會私下要求幕僚長去查查華為的狀況，看看他們究竟有何過人之處。』」

基本上，柯拉克贊同曾公開盤問龐佩奧與艾斯培的愛沙尼亞政治人物易維斯的意見：美國若想打敗華為，就必須提供更好的替代方案。不過，那種替代方案不可能憑空出現，所以，柯拉克建議先提出一系列可作為安全 5G 產業標準[12] 的原則。這些原則將不會差別對待特定國家或企業，但這些原則將會以旨在排除華為的方式來安排。柯拉克接著開始

爭取各國政府、民間社會團體以及電信公司簽署這些「潔淨網路」（Clean Network）原則。[13] 柯拉克表示，一段時間之後，華盛頓當局可以接著陸續為海外的新電信專案提供財務援助，但必須以「簽署潔淨網路」作為提供專案融資的條件。

多年前，李維在擔任美國對伊朗的經濟戰指揮官時就發現，直接和外國銀行業者討論和伊朗做生意的法律與聲望風險，成效比和外國政府官員交涉更好。柯拉克也設想了類似的方法。即使各國政府拒絕公然下令禁止華為，華盛頓當局說不定能勸服各國電信業者拒絕讓這家中國企業參與它們的計畫。那些電信公司甚至可以把它們簽署潔淨網路原則當作一種對顧客的宣傳題材。

柯拉克的策略雖有道理，卻凸顯出美國經濟作戰的最大弱點：華盛頓當局較善於禁止經濟活動，卻不懂得要怎麼啟動經濟活動。這個問題不可能在一夜之間解決，或許華盛頓當局能在 6G 問世之前解決這個問題，但如今時間緊迫，華為的影響力已經擴散到全世界的 5G 網路了。

另外還有一個完全不同來源的危險，也以令人不得不警覺的速度擴散。博明在中國擔任記者期間，曾報導過 2003 年嚴重急性呼吸道症候群（SARS）疫情的爆發：那場疫情導致成百上千人死亡，而中國主管機關卻不斷掩蓋事實。[14] 如今，有報導指稱武漢市爆發了一種全新的神祕病毒，博明隨即動用他和中國醫師的關係網，並仔細分析中國社群媒體的動態消息，試圖瞭解疫情的真實狀況。他很快就斷定，局勢遠比北京對外宣示的嚴重很多。他的分析結果是促使川普在 2020 年 1 月底決定禁止中國旅客[15]入境美國的重要因素之一。

那場危機就是後來所謂的 2019 新冠肺炎（COVID-19）大流行，不過，川普面對這場危機的嚴重性時，直覺反應竟是先否認。習近平在 2 月份一通電話裡為了讓川普放心，聲稱中國正竭盡全力遏制疫情擴散[16]，這個說法讓川普聽了非常受用。即使到 3 月底，證據清楚顯示這場世紀大流行疫情已正式爆發，川普依舊心存僥倖，所以，政府為了防止傳染而喊出「15 天內減緩擴散速度」的口號[17]，讓民眾產生了疫情可能在幾個星期內結束的錯覺。在此同時，美國公共衛生官員面臨口罩嚴重短缺的問題（全球醫療用口罩有 85％仰賴中國生產，[18] 但此時中國為了維護國內的穩定供給而禁止口罩外銷），竟匪夷所思地大肆宣傳，「醫護人員迫切需要口罩，一般大眾戴口罩徒勞無益」那類令人混淆的假訊息。[19]

中國最初透過一系列嚴酷的封城措施，以冷血無情的效率控制住了中國國內新冠疫情的爆發。[20] 但在中國境內病例數大幅減少之際，美國通報的病例數卻已達到幾萬人，醫療院所人滿為患，太平間也嚴重不足。不久後，中共官員就沾沾自喜地認定這場大流行疫情可視為跟 2008 年金融危機一樣的概念：它再次證明中國體系比較優越。

當時北京對華盛頓釋出的訊息，就反映了那種沾沾自喜的認知，因為北京的語氣漸漸從安撫變成威脅。中國外交官告訴川普的官員，如果美方不改掉「武漢病毒」之類的用語，[21] 北京方面可能會禁止對美國出口醫療用品。中國的官媒也警告，除非美國對華為的立場軟化，否則有可能無法取得中國製口罩。[22] 當當澳洲力促對新冠疫情的源頭展開第三方獨立調查時，中國隨即對澳洲實施了大規模制裁，禁止從澳洲進口牛肉、[23] 葡萄酒和大麥。另外，在瑞典媒體多次刊登攻擊中國共產黨的報導後，中國駐瑞典大使竟在公開訪問中宣示：「對朋友，我們樂意以美酒

款待，但面對敵人，我們有的是霰彈槍。」[24] 換言之，中國不再像過去那樣韜光養晦、隱藏實力，也不願再耐心等待時機，而是積極實現所謂的「戰狼外交」。

很快地，川普和他的團隊就從否認轉為憤怒。他們憤怒的是，這場一個世紀以來最嚴重的大流行疫情，導致成千上萬名美國人死亡，並癱瘓了世界經濟體系，若不是中國蓄意混淆視聽，情況不會如此嚴重，而習近平竟還藉機耀武揚威，並對美國落井下石，這當然讓他們更怒不可遏。

另外，川普也因他所偏好的經濟戰模式未能達到原定目標而惱羞成怒：關稅並沒有促使貿易逆差縮小，[25] 出口管制也未能產生阻擋華為的效果。總之，中國追求經濟帝國的動力不僅沒有減弱，還繼續升級。

川普在 2020 年 5 月主持一場國家安全委員會會議，會中討論到是否要採用川普政府從 1 年前的秋天就開始開發的先進經濟武器——《外國直接產品規則》。這項武器將禁止世界各地的企業向華為公司銷售以美國技術製成的晶片。若製造商不想違反這項規定，可以二擇一：停止對華為銷售，或是自家工廠放棄使用所有的美國軟體與工具機。《外國直接產品規則》和次級制裁很類似，實質上等於是逼迫企業在美國和華為之間做出抉擇。

但採用這項新武器得承擔非常大的風險。如果是要在美國和伊朗等遠比美國小的敵國之間做出這個選擇，多數企業應該不假思索就有答案。不過，如果是要斬斷和華為這類全球重量級企業之間的關係，情況就不見得相同了。另一個問題是，《外國直接產品規則》並不是要求金融機構做出抉擇，而是要求台積電、三星等產業霸主，而這些強大的企業較不習慣遵守美國的制裁措施，而且這些企業在它們各自的國內政治影

響力,甚至大於大型銀行業者。即使《外國直接產品規則》真的成功連哄帶騙地促使這些工業巨擘拋棄華為,北京當局也會惡意報復。從中國採取戰狼外交的行為,就明顯可見它隨時可能強力反擊,甚至可說是必然會反擊。

聚集在白宮戰情室開會的川普國安團隊中,最強力提倡實施《外國直接產品規則》的人是司法部長比爾・巴爾(Bill Barr)。巴爾管轄的 FBI 最近剛就它對華為的祕密調查結果向白宮做過簡報。FBI 的結論是,華為架設在美國中西部的行動通訊基地台裡的設備,非常接近美國的敏感軍事設施,因此它可能有能力解讀甚至破壞和美國核子武器有關的通訊內容。[26] 一旦爆發危機,北京當局也有能力把華為的設備當成緊急開關,讓美國無法指揮、控制核子彈藥庫。巴爾的結論是,如果華為真的順利成為下一代網路的骨幹,「和我們屆時將被迫拱手讓給中國的那種空前經濟影響力[27] 相比,美國當今動用經濟制裁的力量明顯相形見絀。」

巴爾的論述獲得在場人士支持。5 月 15 日,商務部針對中國的「5G 大王」實施了升級版的《外國直接產品規則》,[28] 但這項經濟武器還沒有經過測試。就那個時間點來說,《外國直接產品規則》只是一則張貼在美國商務部網站的新聞稿和某種管制術語。不過,它的潛在破壞力量卻是影響深遠。

全世界都嚴陣以待,準備面對衝擊。

4-11 骨牌效應全面展開

對華為和眾多向該公司供應晶片的公司而言,《外國直接產品規則》牽涉價值數千億美元的大生意,所以,那些企業的律師很快就找到一些漏洞。《外國直接產品規則》將出口管制延伸適用到非美國企業,但只適用於直接輸出給華為及其關係企業的產品品項。企業依舊可以銷售晶片給代華為組裝基地台和智慧型手機的分包商。這是個嚴重的疏忽,所以商務部的技術文官急忙修訂政策,並推出更新版。

決定《外國直接產品規則》成敗的企業當中,最重量級的莫過於全球最大半導體代工公司的台積電。由於台積電和華為與美國企業之間一向維持非常緊密的往來關係,所以,台積電的處境充分體現了世界各地企業因《外國直接產品規則》而面臨的兩難。華為是台積電的第二大顧客,但台積電也仰賴美國的技術[1]來管理晶圓代工廠,而且,它還生產讓蘋果公司 iPhone 得以運作的處理器,以及能支援輝達公司(Nvidia)最先進 AI 演算法的晶片。

台積電評估後,最終判定它和美國之間的關係比較重要。所以,美國商務部發佈《外國直接產品規則》後幾個星期,台積電董事長就宣布,該公司不會利用那套規則的漏洞來牟利,而是會確實切斷和華為的關係。[2] 台積電也公佈了將在亞利桑納州投資造價 120 億美元的新晶片廠[3]計畫——這項協議獲得了聯邦與州政府的慷慨補貼,而該協議局部是靠

柯拉克促成。

其他企業當然也注意到這個發展。美國宣布實施《外國直接產品規則》後不出幾天，英國政府就啟動緊急審查，[4] 希望釐清華為在英國 5G 網路所扮演的角色。一直以來，倫敦當局都扛住了華盛頓方面要求禁止華為的巨大壓力——舉例來說，強生就拒絕了他一向欽佩且經常讚揚的[5] 川普提出的個人懇求。多年來，美國不斷威脅利誘，意圖動搖倫敦當局對華為的信心，但成效都不佳，如今，倫敦當局竟然因美國商務部網站上的一則貼文而動搖了。

根據英國政府官員的說法，《外國直接產品規則》將對華為在英國 5G 網路的角色產生「非常非常嚴重」的影響。[6] 首先，沒有了台積電與其他供應商，華為將不得不徹底修改它使用的零組件，而那代表英國情報單位將無法繼續振振有詞地宣稱它瞭解華為通訊系統的內部運作方式。一名英國官員哀嘆：「我們長期以來對供應鏈運作方式的理解[7]，已經不復存在。」此外，《外國直接產品規則》讓華為的商業前景變得岌岌可危。英國真的想要以營運前景那麼不確定的企業為中心，來打造數位經濟體系嗎？英國電信業高階主管長久以來積極向政府提倡允許業者向華為採購，現在也臨陣退縮了，因為華為承認，它需要「幾個月的時間」，才能就美國這項新管制規定對該公司交貨的影響，給英國顧客一個交代。[8]

事實上，華為並沒有粉飾其業務所受的影響。該公司在一篇憤怒的聲明中抗議：「這個決策既武斷又極其有害，[9] 並可能破壞這個涵蓋全世界的產業，這項新規則將衝擊到我們已在超過 170 個國家推出、價值數千億美元的網路的擴展、維護及營運。華為在《外國直接產品規則》宣布後不到 72 小時，舉辦了年度分析師會議，輪值董事長郭平語氣陰沉地

表示：「從現在開始，我們將努力釐清要如何生存，因為此時此刻，生存才是我們的關鍵字。」[10]

美國在對抗伊朗和俄羅斯的經濟戰中，將它的金融影響力武器化，而這項武器也確實產生了破壞性的效果。伊朗無法取得美元後，只能訴諸以物易物。俄羅斯則是成立了旨在取代 SWIFT 的本國銀行訊息服務，並和北京商定了一筆價值 250 億美元的貨幣交換額度。[11] 這兩個國家都囤積了大量黃金。殷鑑在前，中國領導人自然憂心忡忡，擔心他們總有一天也可能步入伊朗和俄羅斯的後塵。所以，俄羅斯併吞克里米亞 1 年後的 2015 年，北京當局就啟動了一個旨在取代 SWIFT 的銀行訊息服務——「人民幣跨境支付系統」（Cross-Border Interbank Payment System，簡稱 CIPS）[12]；當時中國正在推行一個大戰略，以將人民幣國際化，並使中國較不容易受美國金融武器傷害，「人民幣跨境支付系統」計畫就屬於那個戰略的一環。

如今，北京當局擔心美國對它展開經濟攻擊的憂慮已經成真，只不過，這次的攻擊並不是仰賴美國的金融勢力來落實。取而代之的，美國正開始將它在先進新技術方面的領導地位化為武器。華為的一篇公開聲明稿一針見血地道出了美國的盤算：「美國正在利用自身的技術優勢，打壓美國國境以外的企業。」[13]

儘管華為的處境四面楚歌，但它卻成了很多中國人強大民族自尊心的源頭之一，很多中國人認為華為的處境證明了美國拒絕接受中國興起。華盛頓當局可能自認它的所作所為只是為了遏制北京當局的經濟帝國主義，但從中國的視角來看，美國早已擁有那樣一個經濟帝國，而且正利用這個特權地位打壓中國。大批中國社群媒體使用者紛紛發聲支持華為，[14] 並誓言將購買它的產品。當時被軟禁在溫哥華的華為財務長孟

晚舟,則被中國媒體當成 A 咖名流來對待,那些媒體甚至將她封為「華為公主」,[15] 並發佈她打扮時尚,但腳踝上戴著追蹤裝置在城裡逛的浮誇照片。

華為和中國大眾都引頸期盼著北京當局做出回應。華為的某位高階主管預測:「中國政府不會坐視[16] 華為變成刀俎下的魚肉。」不久之後,習近平果然發佈了一項旨在強化中國技術自給率[17]的新經濟戰略。為了支持這個名為「雙循環」的新戰略,[18] 北京當局宣示未來幾年將投資近 15 兆美元,其中多數資金將流向華為等本土科技業巨擘。

北京當局還加碼警告,鄙棄華為的人必須付出代價。最能貼切說明《外國直接產品規則》成效良好的案例,是英國對華為展開的緊急審查,畢竟英國原本是最不願意和華為撇清關係的國家之一。中國政府之所以做出上述警告,是希望英國人知道,中國絕對不會輕易放過翻臉不認人的人。中國駐英大使劉曉明向記者表示:「我們想和你們為友,[19] 我們想當你們的夥伴,但如果你們要把中國當成敵對的國家,你們就得自負後果。」

英國脫歐後,中國就成了英國政治人物的希望之所託,所以英國結束它和歐陸之間的失敗「婚姻」後,隨即做好了迎接中英關係黃金時代的準備。如今,那個願景已發展到一個關鍵時刻。劉曉明強調:「中國商業界都等著看[20] 你們怎麼處理華為。」一旦英國屈服於華盛頓當局的壓力,勢必得付出某種代價。「如果你們事事都要配合其他國家的步調,又怎能自稱**大英國協**(Great Britain)?」

當時英國的電信業者已經不甘不願地承認,華為的低價誘惑可能已經不夠了。如果華為一直無法取得高階晶片,沒有人知道未來它的產品是否能運作得一樣好,[21] 也沒有人知道該公司未來是否還有能力提供長

孟晚舟：華為的財務長兼愛國的象徵——攝於她的溫哥華豪宅外。

期的設備維修服務。於是，英國最大行動通訊業者的母公司西班牙電信公司（Telefónica），還沒等到英國官方緊急審查的結論出爐，就已同意簽署柯拉克的「潔淨網路」原則。[22]

不久後，連英國政府也開始動搖。最後，中國在地球另一端的跋扈控制欲行徑，讓這個原本艱難的決定變得容易許多。6月30日晚間11點，習近平強行通過香港新《國安法》。[23] 英國在1997年將香港移交給中國後，當地就在所謂「一國兩制」[24]的政策下，成了一個半自治的城市，但習近平剛通過的這項法律，卻賦予了北京全面控制這個城市的權力——這項法律明顯旨在粉碎前一年在香港遍地開花的親民主抗爭活動。香港的自由遭到破壞一事，確實戳到了英國的痛處，因為很多英國人還有家人、朋友和同事住在這個原隸屬英國殖民地的城市。如果那個

4-11 ｜ 骨牌效應全面展開

香港是中國計畫打造的香港，他們就不想成為它的一員。

2個星期後，強生做出了決斷：華為將徹底被排除在英國5G網路之外。[25] 不過，電信業者直到那年年底才終於停止向華為採購設備，且預計要到2027年，才會徹底將華為的設備從它們的老舊系統中移除。強生的這個決定將導致英國付出大約20億英鎊的代價，[26] 並使它的5G推出時程至少延後3年。儘管如此，倫敦當局認為，除此之外沒有其他可行的作法。

到了8月，美國商務部發佈了一份修訂後的《外國直接產品規則》，新版規則修復了原始版本的漏洞。[27] 瑞士信貸在一份研究報告中評估：「我們認為這個措施能大幅（幾乎徹底）降低華為向任何人取得半導體[28]的能力。」幾個星期後，許多亞洲晶片製造大廠先後宣布[29]計畫斷絕和華為之間的連結，包括台灣的聯發科技公司以及南韓的三清與海力士。

幾十年來，任正非在華為培育了一種「狼性文化」。他的職員向來因堅韌不拔與幹勁十足的精神而贏得外界讚譽。但如今，華為的高階主管紛紛掛冠求去，訂單漸漸枯竭，工時也一天天縮短。華為研發部門的某位員工說：「公司一向敦促我們要對這種戰爭狀態習以為常，但我們還是很擔心，我們的福利會不會被犧牲？我會不會成為下一個被裁員的人？」[30] 另一名員工在公司的留言板上問：「我們還能生產什麼產品？」

知名的中國科技業分析師王丹（音譯）試圖找出那個問題的答案。他在一篇名為「被判死刑的華為」[31]的文章裡預測，該公司的「存貨一旦在明年初耗盡，作為5G網路設備與智慧型手機製造商，很可能就會玩完了。」接下來幾個月，華為的業務停止成長。[32] 到2021年上半年，該公司的營收更遽減了近30%，[33] 連為中國市場生產的產出都減少了。該公司還延遲生產[34]旗艦智慧型手機，中國本身的5G網路推出時間也延

Chokepoints

華為集團營收（2015 年－2021 年）

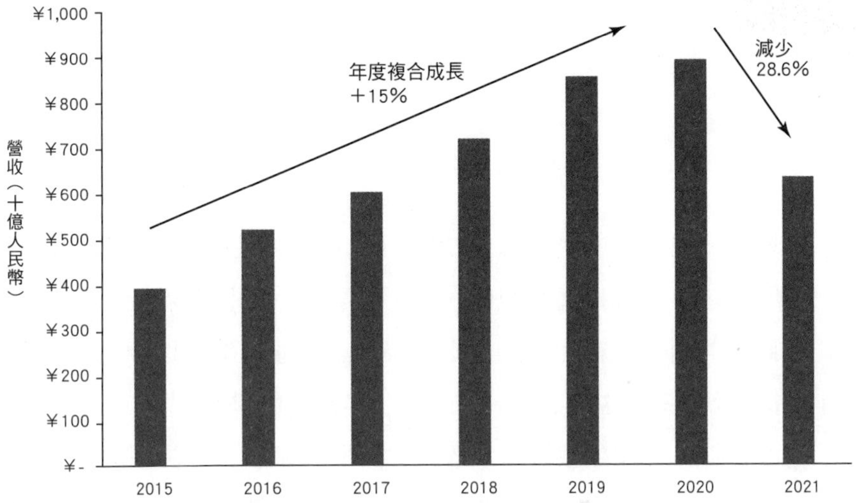
¥1,000
¥900
¥800
¥700
¥600
¥500
¥400
¥300
¥200
¥100
¥-
營收（十億人民幣）
年度複合成長
+15%
減少
28.6%
2015
2016
2017
2018
2019
2020
2021

資料來源：華為公司

後。憂心忡忡的高階主管只好發狂般地試圖轉向新的業務線。[35]

美國官員原本擔心倫敦當局初步批准華為興建英國 5G 網路一事，可能會引發骨牌效應：促使其他國家有樣學樣，就像幾年前，英國接納亞洲基礎建設投資銀行後，其他國家也爭先恐後想要加入。但倫敦當局此時禁止華為介入的決定，及時將骨牌推往了相反的方向。隨著華為深陷困境，愈來愈多國家決定禁止該公司介入它們的 5G 網路，已經和華為簽署 5G 合約的電信公司則是急著終止那些合約。即使是博明，都對情勢如此迅速逆轉感到非常訝異。

4-12 數位鐵幕落下

距離川普與拜登的總統大選決戰日不到 2 個星期，2020 年 10 月 23 日，博明在白宮一個擺滿書籍的角落，盯著一台攝影機看。他是為了闡述川普政府的對中政績而來到此處發表談話。他把這席以普通話發表的線上轉播演說，定調為「淺談中國與世界各國之關係」。[1]

追根究柢，美國冷戰後對中政策的失敗，源於一個謬誤的信念：美國認為只要引領中國融入全球經濟體系，就能促使中國走向民主變革的道路。那個理論主張，幫助中國融入全球經濟體系，將鼓勵它成為這個體系「負責任的利害關係人」。即使後來的事實證明這個假設是錯誤的，美國還是基於根深蒂固的商業利益考量以及單純的長期慣性，繼續堅持這個政策。直到川普政府上台後，才終於改變方針。

誠如博明所見，和北京交手時必須遵守兩個簡單的原則：對等互惠（reciprocity）與坦率。[2] 他說：「對等互惠是個簡單明瞭的概念，亦即當一個國家傷害到你的利益，就必須以牙還牙。這是從公平競爭與威懾的概念發展而來的固有防禦方法。」不過，儘管中國幾十年來不斷在經濟上侵犯美國，美國政府大致上卻選擇默默忍受。直到川普政府上台，美國才開始反擊，一開始是使用關稅等粗糙的工具，但最終，它還是找到了開發創新經濟武器的管道，這些武器的力量來自美國在世界技術生態系統裡的核心地位。

至於坦率原則，誠如博明形容的，這個原則是「『唯有我們能誠實且公開談論[3]我們的朋友、對手和我們自己，並能誠實且公開地和我們的朋友、對手與自己對話，民主體制才能保有最大的安全』的概念」。粉飾太平，或是為了緩和局勢而刻意淡化問題，只是讓華盛頓當局有藉口不採取積極作為，並讓北京當局以為它可以大膽挑戰美國的極限。

但不可否認的是，川普政府並未能以一致的行動來貫徹這些真知灼見。在川普任內的多數時間，他最優先的考量都是希望透過「史上最大貿易協定」來重新建立美中經濟關係。這個協定最終雖趕在2020年年初美中關係隨著新冠疫情爆發而崩壞之前達成，[4] 但其規模大幅縮小。這個「第一階段」貿易協定的內容完全未涉及核心議題，對縮小美中貿易逆差也完全沒有幫助，但不出所料，北京當局連這個陽春協定裡的承諾都未能履行。[5]

由於川普太過執著於這個可望而不可及的虛幻目標，結果反而做出許多重大讓步，而中國方面則絲毫未針對川普的讓步做出對等的回應。川普反覆收回美國政府的政策成命──先是和中興通訊有關的政策，後來則是和華為有關的政策（川普放寬原始的華為禁令後，商務部發出了多張許可證，允許美國企業將數百億美元的設備賣給華為）[6]；梅努欽麾下的財政部更是自始至終都沒有對北京採取較強硬的政策。換言之，在前一場作戰行動裡率先提出多數策略的那個機關，這次卻在對中國的經濟戰裡置身事外。

儘管如此，到了川普總統任內的第4年，華盛頓的對中政策基本上已符合博明所說的準則。美國官員不再避免就中國在經濟上的違法亂紀行為譴責北京，換言之，坦率取代了膽怯。更重要的是，隨著北京當局極力企圖攻占數位經濟體系的制高點，華盛頓當局終於開始反擊。儘管

中國科技業公司在北京當局的巨額補貼、智財權剽竊行為以及對美國競爭者的諸多禁令等的協助下，已獲得了長足進展，但如今美國終於開始以牙還牙，在它的制止下，中國已無法取得它迫切需要且尚無法自製的海外基礎技術。總之，到川普任期最後那幾個月，美國政府似乎已經擺脫所有桎梏，盡情展開這種類型的經濟戰。

事實上，由於中國未能有效控制新冠疫情並扼殺香港的自由，華盛頓當局已準備跟它算一算舊帳了。就在《外國直接產品規則》發佈後不久，川普政府就開始有了禁止抖音（TikTok）的想法[7]──當時這個中國視訊分享應用程式的用戶，正以創記錄的速度飆升，成為最受美國青少年歡迎的社群媒體平台。雖然抖音的母公司字節跳動公司（ByteDance）是民營企業，且其最大股東當中不乏知名的美國投資人，但美國的官員還是擔心該公司會被迫遵守中國法律，且不得不和北京當局的情報機關合作。

允許數千萬名美國人把生物辨識識別碼、所在地理位置以及歷史瀏覽記錄等私密數據交給[8]一家對中共負有義務的公司真的妥當嗎？川普政府認為不妥，所以，它開始積極對付抖音。最初，川普政府試圖逼迫該公司出清它的美國資產，[9]接著，又試圖從中牽線，促成甲骨文公司（Oracle）收購這個應用程式，[10]因為甲骨文公司的執行長莎芙拉・凱芝（Safra Catz）和白宮的關係非常密切。這個盤算失敗後，白宮又試圖根據《國際緊急經濟權力法案》賦予它的職權，直接禁用抖音[11]（這個法案也賦予總統非常大的空間可實施制裁）。不過，到9月底時，正當這個禁令即將在幾個小時後生效之際，一名聯邦法官出手阻止[12]該禁令的執行，因為1988年的《國際緊急經濟權力法案》修正案禁止總統制裁「資訊素材」[13]（informational materials，譯注：旨在提供資訊或就某個特定主題教

育觀眾的任何類型內容），作為社群媒體平台的抖音也因此得到保護。[14]

華盛頓當局打擊清單上的下一家企業，正是中芯國際積體電路製造有限公司（Semiconductor Manufacturing International Corporation，簡稱SMIC）。中芯國際是台積電前員工張汝京在 2000 年創辦的企業，該公司原本被視為中國對付世界級晶片代工廠台積電的手段。[15] 雖然中芯國際連台積電的車尾燈都看不到，但它或多或少還是取得了一些重要進展。如今由於習近平力求自給自足，中芯國際的營運漸漸變得一帆風順。中芯國際的股票在紐約證交所下市後，在 2020 年 7 月回到上海掛牌。由於投資人預期該公司將獲得北京當局的強力支持，所以在上海掛牌交易時，募集到了近 80 億美元的資金，[16] 那個案件並成了中國大陸 10 年來最高金額的股票承銷案。隨著中國密謀破解它後來所謂的美國「技術封鎖」（technology blockade）[17]，作為本土晶片國家隊的中芯國際，自然成了這個計畫的主角。

中芯國際飛黃騰達，讓白宮非常震驚。如果美國必須阻止華為及其供應商取得美國技術，那麼，美國勢必也得禁止中芯國際取得美國的技術。中芯國際和其他外國晶片製造商一樣，已被禁止利用美國技術為華為生產晶片，但由於中芯國際是受益於中國政府慷慨補貼的局部國有企業，所以，幾乎沒有人相信它會真的遵守美國的管制規定。更何況由於北京採取「軍民融合」政策，所以華盛頓當局不得不假設中芯國際的晶片也會用於中國的軍事技術上。

維吉尼亞州的某國防承包商在 2020 年 8 月發表了一篇報告，這篇事後被廣為流傳的報告，鉅細靡遺地闡述了中芯國際和中國軍方之間的密切關係。[18] 幾個星期之後，美國商務部發出警告，表示業界對中芯國際的出口隱含了被轉用到軍事用途的「不可接受風險」。[19] 應用材料公司與

科林研發公司等兩家美國半導體生產工具的製造商，正是中芯國際最重要的供應商之一。光是在此前一年，中芯國際就跟這兩家公司簽訂了價值20多億美元的設備[20]採購訂單。於是，商務部命令這兩家公司暫停把相關設備賣給中芯國際。

華盛頓當局最擔心的問題之一是，中芯國際可取得荷蘭企業艾司摩爾（ASML）的晶片生產機械。這種極度複雜的機械就是所謂的極紫外光微影曝光機（extreme ultraviolet lithography，簡稱EUV），這是有史以來最昂貴的量產型工具機，[21]其他所有公司都生產不出能和它媲美的貨色，而且，它是生產尖端晶片的必要設備。

先前艾司摩爾已同意以大約1.5億美元的價格，將一台極紫外光微影曝光機賣給中芯國際，[22]但在川普政府的施壓下，荷蘭政府遲遲未核發必要的出口許可證。不過，華盛頓當局也不敢指望外交壓力能永遠奏效，畢竟艾司摩爾是荷蘭當時為止最有價值的企業，且該公司的高階主管對荷蘭政府擁有巨大的影響力。中國是個龐大的市場，所以如果艾司摩爾無法把機械賣到中國，一定會少賺很多錢。

但白宮下定決心，就算天崩地裂都要阻止這項銷售案。根據國家安全委員會某位官員的說法，當時政府內部普遍認為，如果必要，總統應在貨物運出之後派遣美國海軍尾隨。到了12月，也就是拜登在總統選舉中打敗川普後短短1個月，美國商務部就把中芯國際納入實體清單。[23]商務部還草擬了一份適用於中芯國際的新《外國直接產品規則》。事後這個新規定並未正式對外發布，但光是它的存在，就賦予了川普政府必要的影響力，最終和荷蘭政府達成一項繼續阻擋該銷售案的君子協議。

川普政府在選舉結束後到拜登就職前的那段跛腳執政時期，採取了一連串跟上述情況類似的行動。其中，美國實施了以大疆創新公司

（DJI，全球最大商用無人機製造商）與其他數十家中國科技公司為目標[24]的額外出口管制。根據新的規則，美國人禁止投資[25]330幾家中國軍方相關企業的股票，包括視訊監控公司海康威視，以及電信業者中國電信公司等。另外。美國政府還對中國的石油業巨擘「中國國家海洋石油集團有限公司」（National Offshore Oil Corporation）[26]實施了林林總總的禁令。博明在白宮任職的最後那段日子裡，積極參與禁止投資中國最大型科技業公司——包括電子商務巨獸阿里巴巴、大型社群媒體綜合企業集團騰訊，以及搜尋引擎業巨擘百度等——等議題的內部辯論。（不久後，博明為了抗議川普搧動2021年1月6日發生在美國國會山莊的叛亂行為而辭職[27]。）這個計畫最後無疾而終[28]，但由此可見，川普對中經濟戰的範疇已變得多麼廣泛。

10年前，美國官員因擔心引起全球市場動盪，對制裁伊朗中央銀行一事投鼠忌器。相似的考量也曾促使歐巴馬政府設計了像「手術刀般」精準的制裁措施來對付俄羅斯。基於連帶損害風險的考量，美國有必要以明智且審慎的方式來使用經濟彈藥庫。如果一個經濟體因美國的制裁而崩潰後，會把其他所有國家拖下水，那麼，最好不宜用破壞力最強大的武器來對付它。

中國就是那樣一個會造成嚴重連帶損害的經濟體，畢竟它是世界第二大經濟體，也是幾乎所有供應鏈裡的關鍵環節之一，而且，它還是超過120個國家[29]的最大貿易夥伴。基於這些理由，在川普入主白宮以前，任何人都難以想像美國有可能對中國實施嚴厲的經濟懲罰。中國經濟體系太大、太重要，且和美國之間太過息息相關，所以對它施壓的難度真

的非常高。對中國發動經濟戰，絕對會引發廣泛的連帶影響，最終導致全球經濟陷入衰退的惡性循環。

不過，川普扭轉了這種共識。博明回憶：「每個人都說天快垮下來了，但它並沒有垮下來。我們是自己嚇自己。」[30] 令人訝異的是，對中國的經濟戰並沒有衍生嚴重的意外不良影響。在川普任職期間，美國經濟景氣維持熱絡，[31] 這個情況直到新冠疫情來襲時才改變。事實證明，習近平的威脅多半只是雷聲大、雨點小。北京當局甚至拒絕將更多美國企業納入不可靠實體清單[32]，而是只採取了一些象徵性的行動，例如在川普卸任前一天，對博明、柯拉克以及其他川普政府官員實施個人的制裁。[33] 博明說：「我們實際上掌握了巨大的影響力，我們必須趁還擁有這股影響力時好好利用它。」[34]

川普政府使美國的對中政策出現了天翻地覆的變化。更廣泛來說，美國的經濟作戰戰略也出現了相同的重大轉變。在2018年美國商務部針對中興通訊發出「拒絕交易命令」以前，經濟作戰向來以金融體系為最主要的戰區，而美元則被視為上上之選的武器。的確，金融制裁曾重創了伊朗的經濟體系，並把俄羅斯逼到崩潰邊緣。不過，對中興通訊的「拒絕交易命令」（諷刺的是，這項命令導因於該公司違反伊朗制裁令）[35] 顯示，科技業的威力一點也不亞於實際的彈藥庫——事實證明，取得美國技術的能力，跟取得美元的能力一樣攸關重大，而無法取得美國的技術，可能跟無法取得美元一樣致命。科技業的制裁早有前例可循，其中最引人矚目的例子是，歐巴馬政府在2014年決定切斷俄羅斯取得離岸石油鑽鑿技術的管道。不過，川普政府對付中國科技業公司的作戰行動，更把這個方法升級為一個系統化的政策。

即使技術禁令有時無法產生那樣的損害，它還是能發揮和現有的金

融彈藥庫相輔相成的珍貴力量。而在不可能使用金融攻擊手段的情況下（例如因為財政部長反對，像是當年的梅努欽），技術禁令讓另一個機關商務部得以介入填補這個空缺。事實上，一如當年財政部的地位因制裁伊朗的活動而提升，對中國的高科技圍堵行動也令人對商務部大大改觀。儘管商務部歷來總是反對可能會遏制商業活動的政策（畢竟它的官方任務是要實現「經濟成長」）[36]，但如今的它也漸漸成為另一個經濟戰指揮中心。

對伊朗的制裁作戰行動使李維、蘇賓和柯恩成了制裁技術文官的雛型，並在全球金融市場上催生了一個詳細搜尋伊朗金流蹤跡的綿密智庫與倡議團體網路。如今，各個大學與智庫則是設立許多研究計畫與新部門來研究全球半導體供應鏈，並追蹤中國在人工智慧方面的投資活動。在過去，懷抱鴻鵠之志的外交政策學者專家們，總是立志學習阿拉伯語及研究反恐主義；如今他們開始學習中文，並嘗試解析《外國直接產品規則》的每一條細則。

川普政府也重新定義了美國認為適合啟動經濟戰的目標。在歐巴馬政府看來，經濟施壓向來都只是為達某個目的（例如壓制伊朗的核子計畫、促使俄羅斯軍隊從烏克蘭領土撤離等）而使用的手段之一。換言之，在過去，美國認為對敵國造成經濟損害的真正目的，是為了改變它們的行為。華盛頓當局謹慎強調，那些制裁既不苛刻，也非永久。只要德黑蘭和莫斯科當局迷途知返並修正政策，美國自然會解除制裁。

不過，川普政府官員的腦子裡從未進行過那種行為主義者（behaviorist）的算計。習近平並不會因為遭遇到美國的阻力，就改變方針，並放棄帝國野心。他深信「中國取代美國成為世界最大強國」是一種宿命。因此，川普政府幾乎沒有浪費任何心力去打造可供中國「迷途

知返」的管道。華盛頓當局公開將中國取得全球 5G 網路支配地位一事視為威脅，而且公開宣示將設法削弱這家站在威脅第一線的企業。而且，美國官方更心照不宣地期望能永遠延續這個作為。相關罰則的設計並不是要改變中國的行為，而是要減弱中國在世界經濟體系的作用力。長期下來，「對中國造成經濟損害」本身就成了目的。

在歐巴馬任內最後一年，財政部長路傑克就已公開表示，他擔心美國的制裁活動可能會導致經濟全球化走回頭路，而且他把「經濟全球化走回頭路」視為顯而易見的缺點——也是美國的政策完全始料未及的後果。不過，川普政府並不作如是想，它認為局部逆轉全球化符合美國利益，因此是個應積極實現的目標。華為的營運遍布 170 多個國家，就某種程度來說，它就像是全球化的典型代表。不過，對川普政府來說，華為公司對全球經濟體系的強大作用力，卻是個必須矯正的問題。

如果華為真的是個必須矯正的問題，那麼其他中國企業巨擘又是什麼？中國企業已在幾乎所有主要的工業與科技供應鏈中占有重要的一席之地。川普政府相關政策所蘊藏的寓意——或許甚至是合乎邏輯的目的——是更廣泛的美中經濟脫勾（遠比所有人公開討論的更加廣泛）。某些川普政府官員私下欣然接受那樣的前景，一名高階政府官員就承認：「要達到這個目的，唯一的公平方法就是切斷所有貿易。如果你仔細審視眼前發生在中國的所有壞事，解決方案一定是停止和他們貿易，若不這麼做，只會助長他們的興起以及我們的衰亡。」就算那個中國是美國 2020 年的最大貿易夥伴[37]，且其進出口總值超過 5,000 億美元，也不會改變這點。

在對中國的經濟戰結束之後，整個世界將自然而然分裂成幾個不同的敵對區塊，屆時的世界將和 1990 年代與 2000 年代超級全球化期間的

世界大不相同。一般人很容易會聯想到一個從正中間剖半的世界——一個陣營是以中國為首，另一個陣營則是以美國為首——猶如冷戰時代東方與西方之間相持不下的那個局面的翻版。不過，在川普掌權的情況下，似乎可能會有至少三個陣營彼此對峙，除了美國與中國為首的陣營，還會有自成一格的歐洲陣營。川普曾批評歐盟「比中國糟糕」，而他幾乎不甩歐盟的偏好，川普政府之所以用出口管制來重擊華為，主要原因正在於川普政府未能說服英國與其他歐洲國家支持華為禁令。當今的世界已經不同了─弗瑞德當年曾帶領國際聯繫團隊，不眠不休為了說服歐盟制裁俄羅斯而努力。不過，這樣的發展也非偶然。弗瑞德在 2017 年 2 月從外交領域退休時，川普政府並沒有尋找接替人選來遞補國務院制裁政策協調員的職缺，而是直接裁撤這個辦公室。[38]

川普退出伊朗核協議的決定也惹火了英國、法國和德國，所以，接下來幾年，這些國家都積極設法減少和美國之間的某些經濟關係。德國外交部長海科・馬斯（Heiko Maas）宣稱：「為了強化歐洲的自主權，建立不隸屬於美國的支付管道[39]是不可或缺的當務之急。」法國財政部長布魯諾・勒梅爾（Bruno Le Maire）也認同他的見解，他說：「我希望歐洲是一個擁有主權的大陸，而不是誰的附庸，[40]而那代表我們得擁有完全獨立的融資工具。」倫敦、巴黎和柏林當局聯手打造了貿易交流支援工具（Support of Trade Exchanges，簡稱 INSTEX），[41]透過這個管道，歐洲企業便能繞過美國的制裁，和伊朗做生意。不過，貿易交流支援工具最初就已創業維艱，[42]更諷刺的是，由於參與者擔心遭到美國次級制裁打擊，所以這項工具最後還是功敗垂成。不過，光是公然企圖規避華盛頓經濟管制令的努力，就已經夠引人矚目了。

美國在川普任內最後那幾個月加強圍堵中國科技業時，歐洲不僅沒

有加入美國的行列,還在那個時刻準備和中國敲定一項具有里程碑意義的投資協定。儘管華盛頓當局堅決反對,德國總理梅克爾還是把敲定這項協議列為優先目標,這項協議一旦簽訂,將使歐洲與中國經濟體系更緊密結合在一起。

歐盟與中國之間的談判讓拜登欽點的國家安全顧問傑克・蘇利文(Jake Sullivan)愈來愈不安。[43] 為什麼在即將上任的美國總統有意修復跨大西洋關係之際,歐洲卻急於和中國簽署協定?蘇利文在12月底於推特上寫道:「拜登－賀錦麗政府歡迎我們的歐洲夥伴提早就我們對中國經濟措施的共同憂慮展開諮商。」[44]

但歐盟領袖沒有把這個懇求當一回事。幾天後,梅克爾和法國總統馬克宏、歐盟執委會主席烏蘇拉・馮德萊恩(Ursula von der Leyen)以及習近平等領袖,為了敲定這項協議[45]而一同召開視訊會議。歐洲將這項協議吹捧為「中國有史以來簽訂的最具雄心壯志的協議[46],而中國則將這項協議譽為習近平在中國共產黨百年黨慶前夕實現的至高成就之一。[47]

美國最後終於對中國的經濟侵略做出了反擊。華為的5G業務一蹶不振。不過,這次的勝利並非沒有代價。隨著新經濟鐵幕降臨全球各地,美國正面臨孤軍奮戰的風險。

第 5 部
烏克蘭戰爭與經濟武器升級

5-1 實戰派官員的反擊藍圖

2022年2月的最後一個星期五，辛格和他的團隊在艾森豪行政辦公大樓（Eisenhower Executive Office Building）集合。這棟採用法蘭西第二帝國風格建造而成的雄偉建築，和白宮西翼辦公室之間只隔著一條狹小的走道，平日許多官員就在這棟大樓裡晝夜無休地努力將總統的願景化為政策。那一天，辛格和幕僚比平常更筋疲力盡——他們正設法利用美國的經濟實力，阻止俄羅斯軍隊前進基輔。

俄羅斯全面入侵烏克蘭已經不是一天兩天的事了。在那段時間，美國和盟友已宣布制裁少數幾家俄羅斯銀行，但這些懲罰都不夠到位。隨著俄羅斯的坦克、裝甲車和傘兵在烏克蘭首都集結，辛格急忙催促白宮展現更大的決心。

不過，也有某些人呼籲保持謹慎。由經驗豐富的學術經濟學家暨聯準會前主席葉倫領導的財政部，持續警告俄羅斯經濟體系是個制裁地雷區，換言之，只要在那個地雷區走錯路，極可能反過來對西方國家與全球經濟體系造成嚴重的連帶損害。

辛格不像其他人那麼重視這些警告。或許那單純是因為他的風險趨避傾向比較輕，辛格加入政府團隊前，曾在高盛公司的交易事業部歷練

多年，他當時協助管理一檔內部避險基金，該基金的核心業務極具獲利潛力，卻可能對更廣大的銀行體系造成極大的風險，所以在 2008 年金融危機後，那類業務大多遭到禁止[1]。另一個原因是，辛格從上一次參與的經濟戰吸收了不少教誨。他在 8 年前任職於財政部期間，協助設計了俄羅斯併吞克里米亞後的制裁政策。當時的他和葉倫一樣，都擔心制裁俄羅斯可能會引發全球性的金融危機傳染問題。不過，那些制裁措施最終卻成功讓俄羅斯經濟體系陷入混亂，而且全球市場並未受到明顯的牽連。

辛格並沒有葉倫那麼顯赫的學術經歷，但他在美國公共與民間部門許多金融權力機構累積了相當豐富的閱歷，包括高盛、財政部，還有紐約聯邦準備銀行。一名同事形容辛格是「《經濟學人》雜誌的化身」[2] 辛格年約 45 歲，一頭烏黑閃亮的髮絲裡只夾雜著少許灰白，在拜登入主白宮後擔任國際經濟學的首席官員。他在 2021 年搬進新辦公室（典型的標準白宮辦公室，有著挑高的天花板、華麗的內裝，以及懷舊的老家具）時，只做了兩個調整。第一個調整是把南北戰爭時代完成的羅伯・李（Robert E. Lee）和烏里西斯・葛蘭特（Ulysses S. Grant）畫像換掉，改掛穆罕默德・阿里（Muhammad Ali）的照片；另一個調整是安裝彭博社（Bloomberg）的終端機，以便即時監控市場狀況。

俄羅斯坦克在那個星期五開進烏克蘭時，辛格的幕僚非常沮喪。無論是 2014 年制裁行動所造成的長期陰影，或是幾個月以來，白宮反覆就俄羅斯軍隊在烏克蘭邊境集結一事所提出的警告，都沒有促使普丁打退堂鼓。前一天剛實施的制裁同樣也沒有達到預期的效果。於是，辛格的團隊只好向他尋求指引。

辛格已經好幾個星期幾乎沒睡，他目不轉睛地盯著他們，溫暖的褐色眼睛因疲憊而顯得黯淡無光。他說：「我們看看能對中央銀行作些什麼

吧。」

俄羅斯中央銀行的規模非常龐大，擁有超過 6,300 億美元[3]的資產，其價值比伊朗過去 70 年來任何一個時間點的**整體 GDP** 都還要高。俄羅斯央行的金庫裡藏著滿滿的黃金，那是普丁為了打造「防制裁」經濟體系而蓄意囤積。不過，俄羅斯央行準備金當中，有一半是由美元、歐元、英鎊和日圓[4]組成，因此，俄羅斯央行實質上隨時都有遭到西方國家制裁的可能。

從普丁允許那樣的風險部位存在就可見，他根本不認為西方國家會拿俄羅斯中央銀行「開刀」。對這位生性多疑且謹慎的俄羅斯總統來說，如此的心態固然令人訝異，卻也符合他的一貫觀點：他認為西方國家軟弱無能。普丁和他的助手們尤其堅信，歐洲領袖沒有膽量制裁俄羅斯央行，特別是長期擔任俄羅斯央行總裁的納比烏琳娜，早就針對這個觀點做了一個不尋常的決定：她以歐元而非美元的形式，持有俄羅斯的多數外匯準備。[5]

以普丁的立場來解讀，一旦俄羅斯央行遭到制裁，它將是現代史上最大的制裁目標。所以，即使是對華盛頓的外交政策機構來說，「打擊俄羅斯央行」都是個可望不可及的目標。換言之，如果世界上有一個大到不能制裁的實體，那就是俄羅斯央行了。

誠如辛格向幕僚表示的，難就難在俄羅斯央行可以在危機時刻使用外匯準備來捍衛盧布的匯價，並拯救俄羅斯的金融業，納比烏琳娜早在 2014 年就採取過那些行動：當時俄羅斯央行動用了 1,000 多億美元的外匯準備[6]來緩和西方制裁行動的打擊。只要俄羅斯央行安全無恙，它就能

Chokepoints

達利普・辛格：拜登執掌白宮時期負責國際經濟事務的副國家安全顧問

設法減輕美國其他所有攻擊行動對俄羅斯經濟體系的傷害。但另一方面來說，如果普丁壓根兒不認為美國會鎖定俄羅斯央行，那麼，美國人就能用他一再對付西方國家的那種突襲式手法，給他來個措手不及。

制裁俄羅斯央行是個非常極端的選項，所以從來沒有人針對這個選項進行任何透徹的事前檢討——財政部最核心的制裁武器外國資產管制辦公室沒有，葉倫或其他理應負責評估這個選項對經濟之影響的專家也沒有。更難的是，美國從未認真就這個想法和歐盟討論。辛格也知道，如果建議拜登總統採取這個選項，他的第一個疑問一定是：

歐洲人是否願意支持？

季辛吉曾說過一句俏皮的名言：「如果我要打電話到歐洲，[7] 究竟該打給誰？」對辛格來說，這個問題的答案是一位名叫畢裘恩・賽伯特（Bjoern Seibert）的德國文官。當時賽伯特是歐盟實質行政機關歐盟執委會的主席馮德萊恩的其中一位首席顧問。賽伯特在布魯塞爾扮演的角

5-1 ｜ 實戰派官員的反擊藍圖

色，和辛格在華盛頓扮演的角色很類似：俄羅斯經濟戰的策略長，只不過賽伯特扮演的是非正式的策略長。過去幾個月，辛格經常和賽伯特通話，隨著俄羅斯入侵烏克蘭一事看似愈來愈在所難免，他們之間的通話對西方國家制裁整備行動的重要性也愈來愈高。

辛格和幕僚在艾森豪行政辦公大樓開完會後，隨即從一個上鎖的箱子裡拿出手機，並快步走到外面搜尋訊號。當時賽伯特正在等辛格的電話，他向辛格轉達了他的所見所聞：歐洲正在發生重大的政治變遷，抗議俄羅斯入侵行為的街頭示威活動，吸引了歐洲各地數十萬人走上街頭。基於這樣的情境，幾個星期前看起來太過極端的對策，如今看來似乎並無不妥。賽伯特告訴辛格：「我們花了幾個月才把這塊巨石推上山，如今讓它滾下山的時候到了。」

5-2 最完美的經濟戰計畫

2020年12月,蘇利文即將接任國家安全顧問,他徵詢辛格是否有興趣擔任新政府的政策協調人,也就是負責幫總統準備G7、二十大工業國集團等高規格高峰會議程的官員——他們兩人都沒料到這件工作會聚焦在經濟作戰上。根據原本的規劃,辛格的任務將是在拜登更廣的經濟計畫底下,帶頭推動外交政策的工作。那個經濟計畫除了旨在解決疫情所造成的傷害,還設想整個世界將出現典範轉移(paradigm shift):整個世界將揚棄幾十年來的新自由主義教條,[1]並支持為了追求國家利益(不管是支持美國勞工、推動潔淨能源轉型,或是透過競爭打敗中國等)而強化政府干預。

儘管拜登政府裡的眾多高階官員在經濟作戰領域可謂經驗豐富,但相較之下,這個新政府對經濟作戰的野心並不是那麼大。蘇利文和副手裘恩‧芬納(Jon Finer)當年曾參與促成伊朗核協議的那一系列制裁活動,所以稱得上是經濟作戰的老兵。此時的國務院第二把交椅雪曼、中情局長伯恩斯,以及伯恩斯的副手柯恩也一樣。2014年烏克蘭危機的核心人物之一盧嵐,此時也回到了國務院。他們過去的經驗讓他們深知經濟武器能實現什麼目標,不過,誠如芬納解釋的,那些經驗也讓他們「對經濟武器的使用變得謙卑」。[2]

川普執政期間的制裁政策也像個警世故事,時時提醒他們最好謹慎

為上。綜觀美國歷史，任何一任政府在使用經濟懲罰手段時，都不像川普政府那麼好戰。在川普執政的那個單一任期，外國資產管制辦公室制裁的個人與企業數量，就超過了[3]該辦公室在小布希的兩個任期內，也跟歐巴馬執政那8年制裁的數量差不了多少。事實證明，即使是在缺乏盟友支援或協助的情況下由美國單方面實施，川普的制裁行動依舊造成了極大的破壞。不過，那些制裁行動卻鮮少促使被鎖定的制裁目標屈服於華盛頓當局的意志。更糟的是，川普單打獨鬥的激進方法，更鼓勵包括美國盟友在內的許多國家，為了追求更大的獨立自主性，將經濟活動轉出美國所控制的鎖喉點。

伊朗的案例最能闡述上述令人沮喪的態勢。川普在2015年撕毀核協議，並在缺乏國際支持的情況下，逕自重新對伊朗實施激進的制裁手段，[4]那些手段扼殺了伊朗的經濟體系，導致伊朗經濟陷入2013年羅哈尼當選總統前一樣的嚴重衰退狀態。[5]川普政府的官員從未透過真誠的協商，向伊朗政權提出可行的出路，這個作法和歐巴馬政府非常不同。德黑蘭當局對此的回應是重啟核子計畫，[6]結果，原本伊朗需要1整間才能打造一顆核子彈，到川普執政時，那個時程反而急遽縮短到幾個星期。在此同時，美國最親密的3個盟國——英國、法國和德國——更是聯手打造了一個能繞過川普伊朗制裁政策的金融管道。[7]2021年，伊朗選出了極端保守的強硬派人物[8]來接替羅哈尼，因為向來推崇核外交的羅哈尼已失去信譽。總之，雙方之間的多年努力就那麼毀於一旦。

川普政府也試圖利用制裁來推翻專制統治的委內瑞拉總統[9]尼可拉斯‧馬杜洛（Nicolás Maduro）。美國的制裁措施加上馬杜洛本身的貪污以及整體政策的嚴重失當，導致委內瑞拉經濟景氣急速下滑。但到最後，川普政府不僅未能推翻馬杜洛（他之所以能繼續掌權，局部是拜俄

羅斯與中國的經濟援助[10]所賜），還成了一場嚴重人道危機[11]的始作俑者之一——那場危機令人想起1990年代伊朗面臨聯合國禁運時，曾發生過的人道危機。

當國際刑事法院（International Criminal Court）檢察官法圖・本蘇達（Fatou Bensouda）[12]和她的同事針對在阿富汗犯下的潛在戰爭罪啟動調查時，川普政府甚至還對這些法界人士實施制裁。後來，由於華盛頓當局的某些人認為川普此舉太過極端，因此幾位有力人士著手推動修訂賦予總統實施制裁職權的《國際緊急經濟權力法案》[13]，希望能限縮總統的這項權力。

有鑑於前政府諸如此類的誇大行徑，也為了恢復美國在海外嚴重受損的形象，新政府希望能以更審慎的態度來應對經濟作戰事務，所以它宣布了多項徹底檢討[14]美國制裁政策的計畫。由於政治風向似乎已經轉變，所以這次檢討作業將由路傑克（他是歐巴馬時代的官員，曾在告別演說中提醒避免「濫用制裁」）[15]的門生沃利・艾迪耶莫（Wally Adeyemo）領導。

在川普的眾多政策當中，唯一沒有被拜登推翻的是和中國有關的政策。事實上，拜登政府還有意強化川普已對華為實施的出口管制，同時開始規劃禁止中國更全面取得尖端技術。

身為新總統的拜登也是公認的對俄鷹派人物—2014年他還是副總統，就曾力促歐巴馬總統，應該讓普丁為侵略克里米亞的行為「付出鮮血和金錢」的代價，[16]而且，他積極倡議送武器到烏克蘭。從那時開始，俄羅斯又犯許許多多更過份的罪行，[17]包括在2016年干涉美國大選，毒殺反對派領袖阿列克謝・納瓦尼（Alexei Navalny），為了侵入美國政府的網路而在太陽風公司（SolarWinds）生產的軟體裡植入惡意程式碼，且

據稱他還發賞金給阿富汗武裝份子，鼓勵他們殺害美國士兵等。川普大致上並沒有對這些罪行採取行動——他總是迴避採取可能激怒克里姆林宮的行動。拜登在 2020 年的競選活動中痛斥川普是「普丁的走狗」，[18] 並拿他本人過去和俄羅斯獨裁者「正面交鋒」的經驗自吹自擂。

儘管如此，由於拜登上任後專注於和中國的競爭，又忙於應付疫情期間的國家治理挑戰，種種跡象顯示，俄羅斯並非拜登外交政策上的主要優先考量。就俄羅斯來說，拜登的主要目標是希望在美俄關係當中重建某種程度的威懾力量，以確保美俄之間維持「穩定且可預測的關係」。[19] 這並不代表讓烏克蘭恢復原本的狀態，畢竟到那時為止，莫斯科當局已經統治克里米亞近 10 年，而且莫斯科當局的代理人還占領著頓巴斯的多數地區。此前 4 年間，烏克蘭東部的前線並沒有太大的改變，且自 2015 年（也就是簽署明斯克二號協議的那一年，這項協議迄今仍未落實）以來，外交上也沒有任何突破。拜登團隊自認不太有辦法改變這個現況，因為俄羅斯與烏克蘭之間的戰爭，似乎已經演變成另一場凍結衝突。

拜登在 2021 年 4 月簽署了一份行政命令，對俄羅斯展開一波新制裁，[20] 其中最嚴厲的項目是禁止美國的銀行業者直接放款給俄羅斯政府。這象徵著川普時代以來的對俄基調已經改變，不過，這些制裁的立即影響卻也微不足道。當時擔任辛格副手的制裁專家彼得・哈瑞爾（Peter Harrell）說：「我們不想一開始就那麼強硬，[21] 不想讓人感覺我們是導致緊張局勢升級的那一方。」

然而，那其實只是暴風雨前的寧靜。大約就在拜登發佈新制裁時，俄羅斯也沒閒著，它在俄烏邊境集結了約 10 萬大軍。[22] 那是普丁在 7 年前征服克里米亞、入侵頓巴斯以來，最大規模的軍事集結行動。[23] 美國情報機關對俄羅斯這次的軍事集結憂心忡忡，國家情報總監艾薇兒・海

恩斯（Avril Haines）說，普丁「明顯考慮採取某種程度的軍事行動」。[24] 拜登為了緩解這個危險局勢而致電普丁，催促他解除戒備，並提議兩人在接下來幾個月面對面會談。[25] 拜登結束那次通話後，在白宮發表看法，他表示：「美國並不打算啟動導致緊張局勢升級且和俄羅斯發生衝突的循環。」[26] 幾天後，俄羅斯軍隊果然從烏克蘭邊界撤退，[27] 回到他們的基地。美俄雙方還就拜登對普丁承諾的高峰會，[28] 定下了具體的時間與地點：6月16日在長年以來的外交首都日內瓦舉行。

5-3 美國回來了

　　拜登信心滿滿地抵達日內瓦，當時他剛出席了在英國舉辦的七大工業國集團會議，這是他上任後首度參加這項會議，還在會後樂觀看待重振美國的全球聯盟的前景。拜登總統帶著這股信心出席和普丁的會談。此時俄羅斯的軍隊已經撤離烏克蘭邊界，所以拜登把重點放在對美國本土更重要的議題，包括俄羅斯駭客不久前對美國政府系統以及美國一條重要石油管線的網路攻擊。[1] 這兩位元首對彼此都沒什麼好感，但他們似乎也無意爭吵。拜登在談到這位俄羅斯元首時說：「我認為他現在最不想見到的就是冷戰。」[2] 普丁則引用托爾斯泰（Tolstoy）的話說：『生活中沒有快樂[3]——只有快樂的一線曙光。』華盛頓和莫斯科之間不可能建立真正的友誼，「但我認為我們已經見到一線曙光」。

　　拜登返國後不久，就向俄羅斯與歐洲發送了另一個和解訊號。近幾年，美國和德國之間的關係因北溪二號而維持緊張的狀態。（北溪二號就是穿越波羅的海深處，將俄羅斯天然氣直接運送到德國的那條管線。北溪二號的前身北溪一號從 2011 年起就已啟用；北溪二號的運輸量能是現有管線的 2 倍，[4] 它讓這個系統得以處理俄羅斯出口到歐洲的多數天然氣。）從北溪二號的計畫在 2015 年發佈以來，它就成了跨大西洋聯盟裡波蘭、波羅的海三國等鷹派成員的眼中釘。那些國家擔心這條無須先跨越東歐、能將俄羅斯天然氣直送德國和其他西歐國家[5] 的管線，將讓莫斯

科當局有機會霸凌前蘇聯帝國的臣民而不受懲罰。美國國會也對北溪二號很感冒，因為國會議員反對德國和俄羅斯深化經濟關係，更想以美國的液化天然氣來滿足歐洲的能源需求。

不過，此時拜登政府開始和柏林當局進行暫時休戰的協商：拜登政府同意避免對北溪二號實施制裁——儘管川普和拜登都威脅[6]要制裁北溪二號，但從未真正落實。為了投桃報李，柏林當局承諾，一旦俄羅斯做出「進一步侵略烏克蘭的行徑」，就會支持對俄羅斯進行更嚴苛的懲罰。[7]

拜登早在他的第一次外交政策演說中，就已宣告：「美國回來了。」[8]而這時的他更著手將這句話付諸行動——他正一步步化解川普虛張聲勢的「美國優先」行徑所造成的某些損害。他為美國和關鍵盟友之間的關係注入新的活力，並維持相當程度的穩定美俄關係，以釋出時間和資源來應付當時最大的挑戰：新冠疫情、氣候變遷，還有中國。可惜歷任美國總統的外交政策願景，幾乎沒有一個經得起歷史無常的考驗。拜登在日內瓦和普丁會面不到1個月，這位俄羅斯總統就發佈一篇長達5,000字的空泛冗長宣言：他宣告烏克蘭自稱民族國家一事是個謊言，且表示烏克蘭依舊是「俄羅斯不可分割的一部份」。[9]他堅稱蘇聯解體後，「俄羅斯被非法剝奪」[10]領土，並暗示他可能會併吞頓巴斯。一份俄羅斯報紙把這份長篇大論稱為普丁「對烏克蘭的最後通牒」。[11]雖然幾乎沒有任何美系媒體報導這篇宣言，但它已經讓白宮繃緊神經。[12]

8月，隨著美國草草自阿富汗撤軍，拜登的外交政策蜜月期也正式宣告結束。拜登先前就誓言要「結束美國最漫長的戰爭」，[13]但他並不打算把那個國家交給塔利班，以免顯得美國過去20年耗費在當地的精力、投入當地的數兆美元最終落得一場空。隨著許多絕望的阿富汗人湧向機場跑道，試圖擠上任何一班飛離阿富汗的班機，整個喀布爾機場陷入一片

混亂。在那段時間,更有一名自殺炸彈客在機場大門附近的人群中引爆的背心,造成 180 多人死亡。[14]

美國支持的阿富汗政府隨之迅速垮台,喀布爾的淪陷自然成了美國的國恥。即使歷經了 20 年的戰爭與占領,美國官員還是沒料到他們的代理政權會那麼不堪一擊,面對塔利班進逼,竟然一下就動搖。於是,要求國家安全顧問蘇利文下台[15]的呼聲四起。44 歲的蘇利文向來被視為美國外交政策圈的明日之星,共和與民主兩黨裡都有人對他青睞有加,拜登更盛讚他是「千載難逢的人才」。[16]但如今蘇利文的聲望跟塔利班最後遭遇到的抵抗一樣,面臨快速崩潰的風險。

最後一名美國士兵在 9 月初撤離阿富汗。大約在同一時間,俄羅斯則是在距離喀布爾幾千英里外,為一場稱為「**扎帕德**」(Zapad,意指「西方」的俄羅斯文)的軍事演習進行整備。莫斯科當局過去也曾沿著俄羅斯的西部邊界進行過類似的演習。不過,當美國軍方審視他們收到的情報後,隨即注意到這一年扎帕德演習的規模竟比往年大。[17]

5-4 戰爭前的歷史吶喊

對美國的官員來說，二度全面侵略烏克蘭的俄羅斯，感覺簡直像是一顆衝向地球的流星：即使遠在數千英里之外，但看著它漸漸接近，遙遠的距離並沒有讓它顯得較不嚇人。秋初之際，美國情報機關斷定普丁正在調動軍隊和坦克進入戰鬥狀態，而他的計畫主軸是要直搗基輔。美國情報機關對他們的評估結論很有信心，不僅是因為俄羅斯在烏克蘭邊界集結的軍隊真的非常龐大——大約 10 萬人——也因為其他因素同樣指向這個可能性：俄羅斯的後勤資源和彈藥庫存量[1]遠高於一般演習所需。更重要的是，美國官員相信他們已掌握了足夠資訊，能拼湊出普丁的意圖。[2]他們預測，這位俄羅斯總統的最終目標是要全面戰勝[3]擁有大約 4,000 萬人民、占地面積是德國 2 倍大的烏克蘭。參謀長聯席會議主席（Joint Chiefs of Staff）馬克・麥利（Mark Milley）將軍在橢圓形辦公室向拜登簡報這個慘澹的評估結果，他警告殺戮將至：「這將是二戰結束以來最可怕的作戰行動。」[4]

在美國歷史上，珍珠港事件或 911 事件等許多重大國安危機爆發時，情報機關都未能及時理清頭緒並找出解方，[5]結果導致國家陷入危機；官員們像鴨子般被已經發生的事件趕著走，完全沒有左右事件發展的影響力。那種缺乏遠見和整備的情況，對經濟作戰尤為不利，因為等到好不容易算出數字並完成外交斡旋，危機早已爆發多時，局面當然就更加難

以扭轉或解決。舉例來說，當年等到美國終於想清楚要如何扼殺伊朗經濟體系時，伊朗的核子計畫早就已經取得進展。另外，等到歐巴馬政府終於決定在 2014 年對俄羅斯實施制裁時，俄羅斯軍隊早已在克里米亞和頓巴斯的土地上留下了無可抹滅的事實。另外，等到華盛頓當局對華為全面施壓時，這家中國企業早已稱霸全球電信市場。

相反地，華盛頓當局在普丁謀劃突襲基輔的階段，就已牢牢地掌握到他的犯案證據，所以，美國有充分的時間準備反擊。而且，如果西方國家能比 2014 年更快速、更堅決地採取行動，或許只要威脅將採取嚴厲的經濟報復，就足以打破這位俄羅斯總統的帝國幻想，在他展開這場侵略行動以前就先成功制止他。

拜登在擔任副總統以及參議院外交關係委員會（Senate Foreign Relations Committee）主席期間謹慎培育的崇高政治家聲望，因美國在阿富汗的慘敗而遭到重創。美國的情報導致他誤判，根據他的評估，塔利班並沒有拿下喀布爾的實力，[6] 但事實證明他的評估嚴重錯誤。如今，由於證據顯示一場更大的危機正在逼近，白宮方面遂下定決心，將先發制人來處理這個問題。根據美國的情報，普丁預估戰爭的成本[7]（包含西方國家的所有制裁）是可控的；他認為俄羅斯應該承受得住潮水般的批評，且所有經濟痛苦都只會是短暫的，[8] 一如當年併吞克里米亞的情況。有鑑於此，如果西方國家要避免戰爭，就必須迅速採取行動，讓克里姆林宮打消那種想法。

蘇利文每天都忙著在他位於西翼辦公室角落的個人辦公室開會。他的幕僚深知，必須不惜一切代價來避免美國和俄羅斯軍隊短兵相接。俄羅斯軍方已經在喬治亞、克里米亞以及敘利亞展示過實力，且從那時開始，它還執行了一項代價高昂且歷時多年的現代化計畫。[9] 因此，即使能

Chokepoints

成功避免核武緊張局勢升級的情況發生，俄羅斯軍隊終究還是可怕的強大對手，對美國來說，俄羅斯軍隊或許堪稱自納粹德國以來，最凶猛的勁敵。

相較之下，如果美國發動經濟戰，就能遠離傳統戰場，而且能充分發揮最大力量。蘇利文的副手芬納說：「我們相對俄羅斯，確實擁有顯著的軍事優勢，[10] 但相較之下，我們相對他們的經濟優勢更具決定性。」美國只要施展經濟實力，「對俄羅斯造成的痛苦」就可能「大於它將對我們造成的痛苦」。

一如 2014 年的情況，最刻不容緩的要務就是取得歐盟的認同與支持。遺憾的是，從俄羅斯併吞克里米亞後，整個歐盟幾乎還是未能戒絕對俄羅斯石油與天然氣的依賴；事實上，從那時迄今，歐洲對俄羅斯能源的依賴程度[11]甚至有增無減。預期即將開始運作的北溪二號管線，只會讓歐洲更加依賴俄羅斯能源。以 2021 年的整體情況來說，俄羅斯依舊是歐盟的第 5 大貿易夥伴。[12]（相較之下，俄羅斯甚至沒有擠進美國的前 20 大貿易夥伴，而且美國只進口非常少量的俄羅斯石油。）一旦情況危急，拜登或許可以威脅將實施次級制裁，以逼迫歐洲人改變方針，但那麼做對他在後川普時代修復美國與盟友的關係，幾乎毫無幫助。

為了說服歐盟嚴肅看待俄羅斯軍隊集結的情況，白宮決定提前與歐洲分享所有直接相關的情報。由於歐洲國家和俄羅斯的經濟關係非常密切，所以它們承擔不起未經透徹事前審核，就貿然對俄羅斯展開積極制裁的後果。在此同時，除非歐洲國家真心相信俄羅斯確實可能侵略烏克蘭，否則它們一定會對必要的整備工作畏縮不前。總之，為了讓歐洲夥伴相信俄羅斯確實有侵略的意圖，最好的方法就是向它們揭露所有指向那個結論的大量美國情報。

10月底在羅馬舉行的二十大工業國集團高峰會，是溝通局勢的急迫性的好機會。但辛格分別和歐盟執委會與英國首相辦公室的對口官員賽伯特及強納生・布雷克（Jonathan Black）諮商時，才發現其他政策協調人在2014年制裁俄羅斯期間都還沒上任；即使是他們的上司，也只有少數幾位在任。回顧當時，辛格和同事原本非常擔心制裁會對全球經濟體系帶來金融危機傳染的風險，但事實證明他們多慮了。現在的辛格不得不擔心美國國內外那些較缺乏經驗的官員也會重蹈他們當年的覆轍。

　　不僅如此，這一次西方國家的政府將沒有時間漸進增強制裁的力度。美國的情報顯示，普丁正在為閃電戰作準備，那些情報也預期他的營隊將在第一波戰鬥行動展開後的48小時內，在基輔的上空升起俄羅斯國旗。辛格在羅馬警告他的國際同僚：「這次和2014年不同，我們不能考慮以漸進的方式升高緊張局勢，我們承擔不起那麼做的後果。我們必須一開始就祭出雷霆手段。」然而，他表示，幸好他們掌握了非常大量的事前警訊，而且能利用這個優勢對普丁不利。辛格邀請他的外國對等官員加入美國政府的行列，共同「發出非常公開的訊號，讓對方知道我們已準備好實施最嚴厲的制裁」。

　　那些同僚雖把話聽進去了，卻還是懷疑普丁只是在虛張聲勢。普丁很可能像幾個月前那樣，意在對烏克蘭總統澤倫斯基施壓，等到澤倫斯基做出特定讓步後，普丁再命令軍隊撤回基地。即使是普丁自己的幕僚都不太認為戰爭一觸即發。辛格和俄羅斯政策協調人絲薇特蘭娜・路克西（Svetlana Lukash）本人會談時，她一聽到美國正在為俄羅斯大規模入侵烏克蘭做準備，表情看起來好像真的難以置信。在她眼中，普丁是個棋手、賭徒，但絕不是瘋子。

　　在二十大工業國集團的高峰會上，地緣政治搖擺國對此也普遍抱持

懷疑與不情願的態度。諸如巴西、印度以及土耳其等國家，鐵了心不想和這場發生在歐洲的大型陸戰沾上一點邊，更不希望被制裁的颱風尾掃到，所以，它們決心袖手旁觀。綜上所述，即使拜登有充沛的時間作準備，卻還有很多艱巨的工作要做。

5-5 油價恐慌與能源戰

11月初，美國前駐俄羅斯大使伯恩斯回到了原本被他視為「家」的城市：莫斯科。當時伯恩斯已65歲，他臉上那兩撇灰白的八字鬍和輕聲細語的口才，堪稱外交領域的傳奇。伯恩斯此次故地重遊，是為了和普丁會面，討論俄羅斯軍隊在烏克蘭邊界集結所造成的緊張局面。然而，伯恩斯一抵達莫斯科就發現普丁根本不在城裡。這位俄羅斯總統已經為了躲避新一波新冠疫情，撤到位於莫斯科南方1,000英里的黑海畔寓所，所以伯恩斯被護送到克里姆林宮內的一間辦公室，用電話和這位俄羅斯領袖聯繫。

突如其來的禮節規程調整，[1]使伯恩斯此行原本希望對普丁施加的心理影響力減弱許多。這位中情局局長帶著拜登的信函來到此地，原本希望親自把信轉交到俄羅斯領導人手中。但事已至此，伯恩斯只好硬著頭皮透過電話直接發出威脅：如果俄羅斯入侵烏克蘭，普丁將面臨遠比2014年嚴厲且立即的經濟後果，相關代價將非常高，普丁不可能有辦法輕易消化這些後果，也別妄想要拖到所有人都接受現實以後，再靜待一切回歸正常。

伯恩斯的用字遣詞經過華盛頓官員的謹慎推敲，而且修訂過很多次。他以含糊其詞的方式來傳達威脅，沒有提到具體的懲罰或目標。這局部是因為美國官員不想讓普丁知道他們的精確計畫。不過，這麼做還

有一個更務實的理由：白宮其實還沒有決定接下來要怎麼做。

編定制裁方案選項清單的任務，落到了白宮的辛格和財政部的艾迪耶莫頭上，而全球經濟情勢的結構性變化，導致他們的工作變得更錯綜複雜。到 2021 年下半年，原本因疫情而麻痺的石油需求開始快速反彈。由於石油生產國在 2020 年大幅減產，所以供給端幾乎無法滿足這股急速攀升的需求，因此而衍生的供給吃緊，導致油價飆升到 7 年來的新高價。[2] 美國民眾無論是在加油或採購日常用品時，都能深刻感受到這股壓力，因為能源成本的飆漲正促使各式各樣產品的價格水漲船高。到 11 月，通貨膨脹已達到 40 年來首見的高水準。[3]

這些趨勢令白宮思之極恐。1970 年代那種通貨膨脹足以搞砸任何一個總統的任期。所以，拜登總統的白宮幕僚長榮恩‧克萊恩（Ron Klain）每天清晨 3 點 30 分醒來時，都會焦慮地拿起手機，查看全國的平均汽油價格。[4]

在此時重新對俄羅斯啟動制裁作戰，時機可說是糟糕透頂。俄羅斯經濟體系除了石油與天然氣相關的實體，並沒有太多有價值的制裁目標，因為俄羅斯經濟體系的多元化程度，[5] 甚至還比不上沙烏地阿拉伯以及巴林等典型產油國。克里姆林宮依賴化石燃料[6]的程度高得驚人，因為它的聯邦預算幾乎一半來自化石燃料銷售。不過，選在此時打擊俄羅斯能源產業，可能會促使油價乃至通貨膨脹進一步走高。

美國官員原本希望美國的最大產油國盟友沙烏地阿拉伯能將石油產量提高，以抵銷俄羅斯供給減少的影響。不過，沙烏地人對美國官員的懇求恍若未聞。當時美國與沙烏地的關係[7]並不好，此外，利雅德當局也小心翼翼捍衛石油生產決策，不希望因外界的壓力而隨意改變既定政策。（2012 年，沙烏地人甚至拒絕了美國的懇求，不願為了配合美國更嚴

屬制裁伊朗的政策而提高石油產量,儘管制裁伊朗符合利雅德當局的利益)。經過謹慎分析,白宮最後的結論是:美國的任何新制裁方案都必須避開俄羅斯最重要的產業,以免導致西方國家醞釀中的經濟危機更加惡化。美國經濟戰規劃人員之一曾用以下方式簡單描述來自高層的命令:「盡可能實施所有制裁,能源除外。」

要在堅守這個指令的情況下讓俄羅斯付出嚴重的代價——「付出嚴重的代價」是拜登對普丁的威脅——是一件艱鉅的事。最後,辛格的國家安全委員會團隊以及艾迪耶莫的財政部團隊,不約而同提議打擊俄羅斯的最大銀行。2014 年,歐巴馬政府就已查出俄羅斯的主要弱點之一是它高度依賴西方的融資。美國先前曾和歐盟聯手,禁止俄羅斯大型銀行業者、能源公司和國防企業在美國與歐洲資本市場上募集資金。此時辛格和艾迪耶莫建議重新採納這個策略,同時把禁令範圍進一步擴大:美國將不僅僅聚焦在資本市場,更要實施凍結制裁,讓俄羅斯的銀行業者完全無法取得美元。(有史以來,美國只對一家大型俄羅斯公司實施過阻斷式性制裁——2018 年制裁俄羅斯鋁業巨擘俄羅斯鋁業公司——不過,那次制裁的連帶損害太大,所以川普政府隨即予以撤銷。)

沒有人知道在油價上漲之際,只懲罰金融業是否足夠,畢竟高漲的油價讓俄羅斯得以享受穩定的油元流入。不過,這是拜登團隊此刻能用的最好辦法,而且過去的經驗證明,美國的金融制裁確實具有可觀的殺傷力。

隨著這個計畫持續推進,蘇利文又建議採納第二個攻擊主軸。從拜登政府上任後,他就負責監督一個旨在強化、擴大川普對中國的科技相關出口管制令的計畫。何不考慮對俄羅斯進行類似的限制?俄羅斯和中國一樣都高度依賴晶片與其他西方技術。如果對俄羅斯實施廣泛的出口

管制——例如和華為類似的擴大版「外國產品直接規定」的制裁形式，不僅會傷害到俄羅斯經濟體系，也能擾亂它的軍工複合體（military-industrial complex）。

就這樣，制裁策略的輪廓逐漸成形。金融與技術領域將是最主要的制裁目標，而能源業此時將被排除。避開石油與天然氣的指令雖造成侷限，卻也非一無是處，至少這個作法能讓美國和歐盟的利益趨於一致，因為歐盟認為能源制裁沒有成功的希望。

直到這時，多數歐洲政府還是對俄羅斯大規模入侵烏克蘭的可能性存疑，[8] 不過他們倒也認同最好事先做最壞的打算。拜登不排斥繼續透過外交管道和莫斯科當局斡旋[9]的態度也讓歐洲各國鬆了一口氣。拜登在12月7日和普丁通話，並提出一個擺脫僵局的管道[10]——包括解決俄羅斯對歐洲安全的疑慮。1天後，奧拉夫・蕭茲（Olaf Scholz）接替梅克爾擔任德國總理，[11] 梅克爾長達16年的總理任期就此劃上句點。蕭茲對俄羅斯的立場有點曖昧，但作為歐盟最重要國家的德國能藉此擺脫跛腳政府狀態，終究是好事一樁。不久後，27名歐盟領袖[12]透過一份正式聲明，全員呼應拜登對普丁的警告：「對烏克蘭的任何進一步軍事侵略，勢必衍生巨大的後果與高昂的代價。」[13] 從那時開始，西方國家原本模糊的紅線終於變得清晰一點了。

5-6 入侵就是入侵

賽伯特在歐盟執委會位於布魯塞爾的巨大 X 形總部貝爾萊蒙（Berlaymont building）大樓的 13 樓有一間辦公室，那裡和所有人想像中的歐盟官員辦公室幾乎沒兩樣[1]：室內簡陋，只擺了一張會議桌、一堆文件，以及一株孤零零的室內植栽。賽伯特既是個政策專家，也是個政治操盤手。他戴著眼鏡，身材高大，善於根據談話對象的不同，彈性調整修辭與論點，以使用最能吸引對方的話術來倡議他的論點。這種技巧在布魯塞爾很管用，因為在這裡要能吃得開，訣竅不僅是要想出好點子，還得讓來自 27 個（譯注：英國脫歐後，其會員國由 28 個減為 27 個）不同國家的代表全都認為那個點子是他們自己想出來的。

賽伯特的辦公室和他上司歐盟執委會主席馮德萊恩[2]的辦公室之間隔著一間大廳。馮德萊恩喜歡把一頭金髮往後梳，看起來一副巾幗英雄的氣勢，但她坐上歐盟最高職位的道路其實相當曲折。馮德萊恩的父親是和賽伯特相當類似的歐盟高官，所以，她在布魯塞爾以及德國的漢諾威市（Hanover）長大成人的。她原本是個醫師，養育了 7 名子女，由於她丈夫是教授，所以她也曾在陽光普照的史丹佛大學校園裡當了一陣子的家庭主婦。她在 2005 年加入梅克爾政府，擔任家庭事務部長，當時她年僅 47 歲，最後一路晉升為國防部長，一度還被視為梅克爾必然的接班人。[3]不過取而代之的，馮德萊恩在 2019 年獲選為歐盟執委會主席，[4]成

大權在握的歐盟官員：烏蘇拉・馮德萊恩以及她的幕僚長畢裘恩・賽伯特（左）

為首位擔任這個職務的女性。為了表明她全力投入這份職務的心志，馮德萊恩乾脆把家搬到布魯塞爾辦公室旁，一間大約只有 250 平方英尺的宿舍。[5]

賽伯特和他上司一樣，也曾在美國住過一段時間，擔任哈佛大學與美國陸軍戰爭學院（U.S. Army War College）的研究員。他過去在國防戰略方面的背景，讓他成了歐盟執委會裡一個不尋常的存在，因為歐盟執委會對歐洲軍事事務的影響力並不大。不過，賽伯特的專長正好可在當前這場危機派上用場，因為這場危機很可能在歐盟的大門口，引爆一場大規模的陸戰。到 2022 年 1 月時，賽伯特和辛格每天都要談上幾次話，不是透過電話溝通，就是透過 WhatsApp 的訊息交換意見。他們的團隊也

會每週開 2 次安全視訊會議，逐一討論可能實施的制裁選項。賽伯特的團隊不久後就接受了美國的提議，把重點放在金融和科技領域的制裁，因為西方國家在這兩個產業擁有遠遠超越俄羅斯的不對稱影響力。

但賽伯特必須設法爭取布魯塞爾對這個想法的支持。為了避免洩密造成政治上的傷害，他沒有寫下任何書面資訊，[6]而且每次只和不同國家組合的代表舉行小型分組會議，不過，這些分組會議的成員當中，一定包含來自歐盟東部國家的代表，這樣才能把討論內容導引到較為鷹派的方向。[7]他避免在同一時間召集 27 個會員國的全部代表，因為這麼做人多嘴雜，最後只會愈談愈僵。就這樣，賽伯特或辛格不落痕跡地透過種種幕後管道，緩慢但穩定地把這份制裁提案傳達給各個國家。

由於這個計畫的中心是金融與科技業，而這兩個產業對美國的重要性又高於對歐洲的重要性，所以它產生了加分的效果。根據這個計畫，美國經濟體系最重要的兩個環節——分別代表世界金融與科技首都的華爾街和矽谷——將成為這場經濟戰的最前線，那意味著大型美國企業可能不得不犧牲獲利能力最好的業務項目。最重要的是，華盛頓當局誓言將美國經濟體系最重要的兩個產業化為武器的作法，可能會危及美元的國際聲望，同時導致世界加速分裂為幾個毫無交集的技術生態系統。儘管這場戰局可能對美國造成深刻的切膚之痛，它並沒有要求歐盟放棄向俄羅斯進口關鍵能源。正因如此，歐洲人更願意接受這項計畫。

就在新年元旦前，白宮方面進行了一系列精心策劃的模擬演習[8]——模擬俄羅斯入侵烏克蘭，並導致美國官員不得不策劃回應措施的那類情境。這個專案發想自美國從阿富汗撤軍的情境（當時，美國官員犯了假

設錯誤的毛病,他們假設在友軍還控制喀布爾的情況下,美國的人員能平安離開那個國家),並由國家安全委員會的策略規劃局長亞歷克斯・比克(Alex Bick)帶頭進行整個流程。在比克的指揮下,國家安全委員會召集了來自所有相關政府機關的代表,就普丁的可能攻擊方式與攻擊地點等,模擬各式各樣不同情境。

這一系列演習凸顯出一個問題,各方官員對此存有歧見:如果俄羅斯沒有展開全面入侵,該如何回應?財政部依循過去在制裁辯論中的立場,主張採取克制:舉例來說,如果俄羅斯在擴張領土方面的野心止步於頓巴斯,那麼,真的值得實施全面制裁,並導致全球金融體系承受壓力嗎?畢竟當時全球經濟還處於非常脆弱的狀態,不僅通貨膨脹持續走高,傳染力超強的新變種新冠病毒 Omicron 也正快速蔓延。不過,財政部這種審慎的立場潛藏一個問題:一旦俄羅斯的坦克跨過烏克蘭邊界,就沒有人能預測它們下一步將朝何處侵襲,到那時,威懾的關鍵時機已經過去,要區分它們到底是大規模入侵、小規模侵襲或只是虛晃一招,會變得非常困難;更重要的是,如果西方國家在俄羅斯發動攻擊後還在忙著爭辯怎樣才算「入侵」,後果會更不堪設想。

到 1 月底時,美國和幾個盟國終於達成共識:就算只有 1 輛俄羅斯坦克跨越邊界,也構成啟動制裁的條件。誠如拜登政府所言「入侵就是入侵」,[9] 沒有什麼好爭辯的。美國及盟國不會為每一種潛在意外狀況準備不同的制裁選項,它們只準備一個大型配套方案——也就是所謂的「零日(Day Zero)制裁方案」。誠如辛格的口頭禪,西方國家將「重磅出擊,並保持重擊」。

在整個 1 月裡,以外交解決方案處理危機的前景趨於黯淡。俄羅斯在烏克蘭附近的軍事部署愈來愈龐大,不祥的是,供戰地醫院使用的血

液補給站和設備[10]也被移到邊界。華盛頓最經驗豐富的談判代表雪曼為了和俄羅斯外交部副部長謝爾蓋·萊亞布科夫（Sergei Ryabkov）敲定協議[11]而付出的心血，至今已全數付諸流水。萊亞布科夫的要求實在「太超過」：俄羅斯要求北約永久停止擴張，[12]並要北約將所有軍隊與武器撤出1997年以後才加入北約的國家——例如波蘭和波羅的海三國。經過那場會議，雪曼確信，俄羅斯早就下定決心開戰，外交斡旋只是做做樣子罷了。[13]美國國務卿布林肯和俄羅斯對等官員拉夫羅夫後續在日內瓦召開的會議，最終也以失望收場。

如果外交已是死胡同，華盛頓當局的下一個最佳對策就是威懾。它必須讓普丁瞭解，一旦俄羅斯入侵，將會在經濟與軍事方面承受多大的痛苦，而且絕對不能讓普丁有加劇緊張局勢的託辭。當時美國國會的某些成員[14]呼籲美國即刻實施制裁，但事實上，若華盛頓當局採取先發制人的打擊行動，反而只會**強化**普丁入侵烏克蘭的誘因。布林肯解釋：「首先，制裁的目的[15]是要嘗試嚇阻俄羅斯發動戰爭，因此，一旦啟動制裁，那種威懾力量就會消失。」

因此，拜登政府選擇公開警告，它對外表示，俄羅斯的入侵行動已迫在眉睫，並強力主張俄羅斯是侵略者。拜登政府希望利用這個過程來營造一個敦促全球採取統一行動的論據，同時也為美國本身的行動辯護（包括送武器到烏克蘭[16]），拜登最近才剛批准運送一批肩扛式標槍飛彈，並對俄羅斯發出將對它實施強硬制裁的威脅等。1月31日，拜登在白宮發表聲明，他說：「如果俄羅斯真心想透過對話來解決我們各自的安全疑慮，美國和我們的盟友及夥伴，一定會繼續誠意參與對話。相對地，如果，俄羅斯選擇放棄外交途徑並攻擊烏克蘭，責任就得算到俄羅斯頭上，它將立即面臨嚴重的後果。」[17]最後這句話「立即面臨嚴重的後

果」，背後的精確涵意，在接下來幾個星期變得極度重要。

普丁個人則似乎最關注一個人的意見，那就是習近平。2月4日，普丁在北京冬季奧運開幕日和中國國家主席習近平會面，兩人宣布將發展廣泛的全新中俄夥伴關係。一份長達5,000多字的聯合聲明也隨著這個訊息同步發佈，聲明中宣告：「兩國之間的友誼無上限，[18] 雙方的合作沒有任何『禁區』。」西方國家的情報報告斷言，習近平要求普丁等冬奧結束後再入侵[19]烏克蘭──如果這個情報不假，這暗示俄羅斯計畫發動的帝國征服戰，已獲得北京默許。冬奧閉幕典禮預訂在2月20日舉行，意味著西方國家的官員有整整2個星期可以完成準備工作。

威儡需要結合能力與決心。西方國家當然有能力扼殺俄羅斯的經濟體系，這點毋庸置疑。問題只在於它們是否有足夠的決心。華盛頓、布魯塞爾以及G7其他國家的文官之間密集協調的景象令人振奮──這個團隊比弗瑞德多年前領導的那個跨大西洋外交團隊陣容更龐大，而且這次的合作也是美國及盟國幾十年來最密切的一次。不過，最終來說，採取行動與否，還是取決於各國的民選領袖，而當時並非每一位民選領袖都急於跟普丁槓上。

德國新總理蕭茲是個低調的政治人物，他看起來對外交政策不太感興趣。[20] 他所屬的社會民主黨更是向來偏好和莫斯科當局維持較友好的關係。該黨的幾位重要人物曾公開批判對俄羅斯實施制裁的計畫。[21] 蕭茲本人的看法則依舊諱莫如深，[22] 從12月上任後，他一直對烏克蘭邊界的局勢裝聾作啞。他雖避免和莫斯科進行直接的外交往來，但也拒絕運送武器給基輔當局。他的沉默讓華盛頓愈來愈懷疑德國是否真的還是可

無上限：普丁與習近平在 2022 年北京冬季奧運期間宣布將發展全新的中俄夥伴關係。

靠的夥伴。德國駐美大使艾蜜莉・哈伯（Emily Haber）在 1 月底發給國內的電報中寫道：「柏林，我們有麻煩了。」[23]

直到蕭茲在 2 月初到白宮參訪時，終於有了一些遲來的進展。這位德國總理和拜登共同出席聯合新聞發表會，並在會中保證，若俄羅斯發動攻擊，他支持「嚴厲制裁」。[24] 一名記者針對北溪二號提問，因為這條管線是柏林與華盛頓當局長久以來的爭議點。拜登說：「如果俄羅斯入侵，北溪二號將不復存在。[25] 屆時我們將終止這條管線。」蕭茲並未證實他是否會落實拜登的威脅，但他倒也沒有出言否認。

在非公開場合，官員們急著確認「零日制裁」（任何一名俄羅斯士兵越過烏克蘭邊界就會啟動的金融與科技懲罰方案）的目標。就金融端來說，首選目標非常明顯：俄羅斯最大的兩家銀行——俄羅斯聯邦儲蓄銀

2022年2月7日,德國新總理:蕭茲(左)在白宮與拜登並肩發表演說。

行以及俄羅斯外貿銀行,幾乎有60％的俄羅斯家庭存款[26]存在這兩家銀行,而且俄羅斯有超過一半的薪資是透過俄羅斯聯邦儲蓄銀行撥款。天然氣工業銀行雖名列俄羅斯第三大銀行,市場占有率卻明顯較低,不過,它負責處理俄羅斯能源銷售的收付款業務。[27]如果要讓俄羅斯深刻感受到金融制裁的傷害,就必須至少制裁其中一家銀行,甚至要同步制裁這三家銀行。至於以科技業為目標的出口管制則較有爭議,不過,經過幾個星期的漫長協商,美國和歐洲官員終於達成共識:「零日制裁」方案將限制對俄羅斯出口半導體,因為俄羅斯非常依賴外國晶片。[28](美國將透過發佈《外國直接產品規則》來實施這項制裁,而歐盟則將另外發佈相當於這項規定的歐洲版禁令。)

在上述協商的過程中,辛格和他的副手之一哈瑞爾,陸續致電美國

企業界高階主管，催促他們預先就可能實施的大規模制裁做好準備。很多企業高階主管隨即命令他們的公司擬定退出俄羅斯市場的應變計畫，相關的作為包括出清資產與撤出人員等。不管新的制裁令是否要求他們關閉在俄羅斯的營業單位，他們橫豎可能都必須撤出，因為屆時克里姆林宮可能會為了報復而拿美國企業開刀。辛格和哈瑞爾假設，俄羅斯情報單位將會監聽這些透過公開電話線路進行的通話，而且他們巴不得俄方監聽，因為他們認為，他們和企業高階主管的通話內容，說不定有助於莫斯科當局瞭解它將因入侵烏克蘭而付出多少有形成本，並因此投鼠忌器。

辛格在政府這波積極公開訊息作戰活動中扮演的角色也愈來愈引人矚目。2月18日，他加入白宮發言人珍‧莎琪（Jen Psaki）的行列，一同向記者說明拜登所謂的「立即面臨嚴重的後果」威脅包含了哪些細節。他說：「如果俄羅斯入侵烏克蘭，它就會成為國際社會的賤民，它將被阻絕在全球金融市場之外，[29] 它取得最精密科技零組件的能力也會被剝奪。」西方國家絕對有實力落實這些制裁，因為它們控制了世界經濟體系的關鍵鎖喉點。辛格補充：「金融制裁與出口管制將雙雙讓俄羅斯無法從美國及其盟友與夥伴以外的任何地方取得所需。」西方國家深知它們掌握什麼優勢，也準備善加運用這些優勢。

到2月20日星期天中午時，拜登召開緊急國家安全委員會會議。[30] 蘇利文、布林肯、葉倫、伯恩斯、辛格以及其他高層官員，都戴著醫療口罩到白宮戰情室集合。另一方面，為了慶祝冬季奧運順利閉幕，北京的夜空燃起了炫麗的煙火，而俄羅斯的坦克則蓄勢待發，隨時可能朝基輔前進。

葉倫說，金融制裁方案已經準備就緒，主要的基調是制裁俄羅斯最

大規模的兩家銀行——俄羅斯聯邦儲蓄銀行和俄羅斯外貿銀行。不過，這個方案潛藏一個難題。因為俄羅斯聯邦儲蓄銀行和俄羅斯外貿銀行在維也納和法蘭克福設有分行，所以，一旦實施凍結制裁，有可能對歐洲銀行體系產生外溢效應。所以，最明智的作法是禁止俄羅斯聯邦銀行和俄羅斯外貿銀行在美國的領土內從事銀行業務服務，[31] 但不凍結它們的全部資產。為了補償這項制裁的不足，美國財政部將對幾家較小型的俄羅斯銀行業者實施凍結制裁。

辛格個人認為這些對策的殺傷力不足，但他認為在侵略的事實發生之前，一切都只是抽象的推測，所以繼續爭辯的意義不大。誠如賽伯特經常告訴辛格的，他們能做的，最多就是和政策專家們互相取得理解、隨時準備好各種選項，並在事發之後把這些選項提出來供他們的上司挑選，畢竟領袖本身除非真的面臨戰爭那類無法視而不見的殘酷景象——坦克轟隆隆前進、飛彈從天而降、建築物起火等——否則還是多半可能選擇模稜兩可的兩面押注作法。

5-7 蕭茲震撼與歐洲立場轉折

2月21日星期一，普丁坐在克里姆林宮寬敞宴會廳裡的一張小桌子後面。他在高聳的白色石柱、青銅雕像以及鍍金飾條的環繞下，凝神審視著他的安全委員會成員。那些成員的座位離他非常遠，如果沒有用麥克風，幾乎聽不到普丁在說些什麼。

表面上，這些成員是為了討論是否要承認頓內茨克人民共和國與盧甘斯克人民共和國的獨立而集會。（從 2014 年以來，這兩個自稱頓巴斯獨立小國的國家，就一直受俄羅斯扶持的軍閥統治。）不過，這場電視轉播會議的真正目的，是為了對外宣示，普丁即將發動的戰爭已獲得俄羅斯高層官員的全力支持。

普丁的表現令人不由得聯想到史達林式作秀公審（Stalinist show trial）：他盤問在場官員對於頓巴斯的看法，但那些官員的反應並不熱烈；被他問到的官員不自在地挪了挪身子，咕噥著回應，這惹得普丁憤怒地瞪著他們。他對答話吞吞吐吐的外國情報局局長謝爾蓋・納雷什金（Sergei Naryshkin）咆哮：「有話直說！」[1] 納雷什金顯然看起來很慌張，他說他支持把頓內茨克和盧甘斯克併入俄羅斯。普丁隨即點醒他，他們在此集會的目的，是要承認那兩個地區的獨立，而不是要把它們併入俄

開庭：2022 年 2 月 21 日，普丁在克里姆林宮主持一場電視轉播會議，與會者是他的安全委員會。

羅斯。

這場會議結束後，普丁簽署一份政令，正式承認這兩個從烏克蘭分裂出來的共和國，並命令此時已沿著烏克蘭邊界駐紮的 15 多萬名俄羅斯士兵，協助「維護」頓巴斯地區的「和平」。[2] 這份政令獲得這個安全委員會的全體支持。不過，這個共識實際上並不重要：據說大約在那段時間，俄羅斯外交部長拉夫羅夫曾對一位俄羅斯寡頭統治集團成員說：普丁實際上只有 3 個顧問[3]：恐怖伊凡（Ivan the Terrible，譯注：即無情且殘暴的伊凡四世，俄羅斯史上第一位沙皇）、彼得大帝（Peter the Great）以及凱薩琳大帝（Catherine the Great）。

那天稍晚，第一批目擊者報告陸續從頓巴斯傳來：俄羅斯裝甲車正笨重地在這個地區穿梭。[4] 拜登要求歐洲方面給個回應，但某些歐洲國家

5-7 | 蕭茲震撼與歐洲立場轉折

445

的政府還是不願意啟動「零日制裁」，因為他們仍一廂情願幻想著，普丁此舉的真正目的，只是要鞏固他對頓內斯克和盧甘斯克的控制權，不是要入侵整個烏克蘭。因此，白宮方面火速準備了許多替代懲罰方案。星期一下午，拜登簽署了一份行政命令，對頓內茨克與盧甘斯克實施貿易禁運，[5]這個行動猶如歐巴馬2014年實施的克里米亞制裁令的翻版——雖明智，卻缺乏殺傷力。記者對拜登政府官員拋出許多疑問：俄羅斯的行為算「入侵」嗎？如果是，為什麼後果這麼輕微？芬納在隔天早上澄清：「入侵就是入侵。這就是目前的真實狀況。」[6]不久後，美國宣布對俄羅斯的國有開發銀行「俄羅斯外貿銀行」實施凍結制裁，並對俄羅斯主權債務實施更嚴格的限制。

對俄羅斯開出的第二槍來自一個意想不到的地方：柏林。星期二當天，蕭茲宣布撤銷德國政府核發的北溪二號管線證照，[7]這使得那一批價值110億美元的海底基礎建設變成一堆廢鐵。歷經幾個星期的明顯沉默，蕭茲的意外聲明對德國乃至全歐盟來說，都標誌著一個轉捩點。歐盟各國在俄羅斯問題上的爭議一如往常：波蘭、立陶宛等東歐國家力促實施更嚴厲的政策，但希臘、匈牙利和其他少數小國則呼籲保持審慎。不過，不管是什麼爭議，德國的立場都足以左右最後的決定。蕭茲撤銷北溪二號的證照，顯示德國目前支持啟動制裁的那一方。不久之後，歐盟就同意配合[8]美國對俄羅斯外貿銀行的制裁與對頓內茨克及盧甘斯克的禁運。日本與G7的其他國家[9]也隨即跟進。

蕭茲的突襲行動也對其他歐洲領袖產生了鼓舞的效果，只不過，有些人可能是出於政治上的「輸人不輸陣」才轉趨積極。言行向來浮誇的英國首相強生，把烏克蘭危機當成提升個人形象的好機會，他的盤算是，說不定他可藉此機會，為自己贏得現代邱吉爾的美名，同時擺脫英

國脫歐策劃者的臭名。他肯定不能允許像蕭茲那麼無趣且說起話來溫溫吞吞的人搶走自己的鋒頭。所以，2月23日星期三的破曉時分，強生和內閣開了一場緊急會議，討論可能的制裁方案。這位英國首相的立場非常鷹派，而且已做好推動更激進對策的準備，包括把俄羅斯的銀行業者踢出SWIFT（到那時為止，這項懲罰都被「零日制裁」方案列為過度極端的選項，所以，遲遲尚未發佈這樣的懲罰措施）。那天稍晚，強生和巴克萊銀行、高盛公司、匯豐集團以及倫敦的駿懋銀行（Lloyd's）等企業的高階主管對談，並向他們提出警告，他表示，下一輪制裁將造成「真正大的殺傷力」。[10] 英國的政策協調人布雷克透過 WhatsApp 警告他的 G7 同僚，英國政府準備實施這比該小組原先設想更嚴厲的制裁。不過，各小組成員的答覆顯示，其他政府當局的風向也正在改變。

　　西方國家的政府已為了這一刻準備好幾個月——提前準備的目的是為了能在必要時迅速採取行動，也是為了向普丁釋出訊號，讓他知道一旦入侵，就得付出可怕的代價。然而，眼看著那個時刻已經來臨，西方國家的計畫似乎還不夠充分。

5-8 銀行對決坦克

2月24日星期四,莫斯科時間凌晨5點前,普丁重新出現在俄羅斯的電視螢幕上。他坐在那個星期一的安全委員會會議結束後發表談話的同一張桌子後方,宣布他為了讓「烏克蘭去軍事化與去納粹化」[1],已下令發動「特殊軍事行動」。片刻之後,彈雨襲擊[2]了烏克蘭各地的機場與城市,從哈爾科夫、基輔到奧德薩,無一倖免。這些襲擊行動的規模與精準度,無情展示了2003年美國入侵伊拉克以來未曾見過的強大軍事實力。

然而,即使戰事才剛展開,就有跡象顯示,普丁已不太應付得了當前的艱難處境。在治理俄羅斯政府的20幾個年頭裡,普丁為自己樹立了「戰術大師」的形象——他總是能先發制人、出奇制勝。不過,這一次,他似乎完全照著美國官員在幾個星期前所推斷的劇本走:一邊否認有入侵的計畫,一邊集結軍隊,接著再編造一個「頓巴斯俄語系民眾遭到迫害」的藉口,以便把後續的入侵行動,美化為捍衛民眾免受基輔「納粹」壓迫者傷害的必要之舉。普丁不僅照著美國官方的劇本走,也變得不太講究。普丁在週四針對這次入侵行動發表聲明時,身上的穿戴和星期一參加安全委員會會議時一模一樣——同樣的黑色西裝外套,同樣的栗子色領帶。即使是以現代政治圈最保守的衣著標準來說,他那毫無變化的穿搭都顯得怪異。克里姆林宮網站的「詮釋資料」(metadata,譯注:又

稱元資料）顯示，原來普丁早在3天前——也就是他承認頓巴斯那2個獨立小國之後——就已預錄好這一席戰爭演說。[3]

但這並沒有改變烏克蘭正遭受世界最強軍事國家之一全面侵襲的嚴峻現實。俄羅斯的坦克兵分兩路，從東部和北部（在北部是以白俄羅斯作為集結待命地）駛過兩國邊界。基輔以及當地300萬居民距離白俄羅斯邊界只有140英里，[4]如果俄羅斯發動閃電戰，一、兩天內就能抵達基輔。西方國家的官員預期俄羅斯軍隊會為了「斬首」烏克蘭政府[5]而直攻首都基輔，而且，看樣子烏克蘭軍隊似乎無法堅持太久。俄羅斯的士兵甚至已經打包好閱兵制服，[6]因為他們預期不日內將在基輔街頭舉行勝利遊行。

辛格聽到這個消息時，才剛回到位於華盛頓某條綠意盎然的街上的家。他原本妄想小睡1個小時，只好立刻塞了一些濃縮咖啡包進背包，接著就跳進車子，沿著波托馬克河（Potomac River）開回白宮。全面入侵行動已經展開，這代表辛格和七大工業國對口官員，已耗時好幾個月準備的「零日制裁」方案該啟動了。「零日制裁」計畫的主軸之一是懲罰俄羅斯兩家最大的銀行業者——俄羅斯聯邦儲蓄銀行以及俄羅斯外貿銀行，具體的罰則是要讓它們無法進行美元計價的交易；另一個主軸是對整個俄羅斯經濟體系進行高科技出口管制。這一切只待拜登批准便可實施。

拜登總統花了幾個小時在白宮戰情室裡和國家安全委員會成員開會，辛格原本希望利用那段時間，倡議採取更強硬的應對措施，因為他和G7的其他政策協調人討論過後，相當篤定那些盟國一定會追隨美國的腳步。事態發展至此，已經沒必要出於歐洲方面的疑慮而限制金融武器的使用。辛格在那場白宮會議中，力促把對俄羅斯外貿銀行的懲罰升級

為凍結制裁，因為這麼做不僅能使這家銀行無法取得美元，還能凍結它的全部資產。他的團隊還準備利用這根大棒，來對付俄羅斯聯邦儲蓄銀行，不過，他們也不想因這個計畫，而冒險跟向來較保守的財政部同僚漸行漸遠。

就在拜登宣布會議開始後不久，與會人士的討論內容就轉向了俄羅斯外貿銀行。華盛頓當局應該以它最具殺傷力的經濟武器來對付俄羅斯的第二大銀行嗎？葉倫對此表達了保留態度。俄羅斯外貿銀行的資產約占俄羅斯銀行業總資產的 20%。[7] 一旦實施凍結制裁，它將成為美國財政部歷來實施阻斷制裁的最大金融機構之一。不過，她主要是擔心德國，因為俄羅斯外貿銀行在德國有一家子公司。柏林當局尚未做好制裁俄羅斯外貿銀行的準備，所以如果美國單方面打擊這家銀行，有可能會破壞跨大西洋的團結。

辛格一邊聽著葉倫的談話，一邊潦草地寫了一張小抄遞給蘇利文。

他並不認同財政部長的意見。辛格和蕭茲的政策協調人約爾格‧庫克耶斯（Jörg Kukies，他也曾是高盛德國分公司的聯席總裁）一直維持密切的聯繫。蕭茲在經濟作戰的事務上傾向於聽從庫克耶斯的意見，所以，辛格感覺庫克耶斯一定不會反對打擊俄羅斯外貿銀行。由於時間緊迫，所以蘇利文和辛格急忙走出戰情室，到國家安全顧問的辦公室。辛格在蘇利文陪同下，用他的手機打電話詢問庫克耶斯：如果華盛頓當局對俄羅斯外貿銀行實施凍結制裁，柏林當局會有什麼反應。庫克耶斯說：「我們承受得住。」於是，辛格和蘇利文速速返回白宮戰情室，和與會人員分享這個消息。

就這樣，拜登核准了這項方案。華盛頓當局除了對俄羅斯外貿銀行實施凍結制裁，還要求美國金融機構在 30 天內，將俄羅斯聯邦儲蓄銀行

的所有通匯帳戶予以關閉，這麼一來，俄羅斯聯邦儲蓄銀行就難以處理美元的收付款。俄羅斯外貿銀行、俄羅斯聯邦儲蓄銀行以及其他俄羅斯金融機構每天處理的美元計價交易金額總共將近 400 億美元，[8] 如今這股金流多半陷入停擺。美國財政部還會對幾家較小型的俄羅斯銀行業者實施凍結制裁，同時擴大個人資產凍結的範圍，不僅涵蓋普丁的核心圈子（他們多數人從 2014 年開始就被制裁），還納入他們的家人，以及其他許多俄羅斯寡頭統治集團成員。在此同時，美國商務部也對俄羅斯發佈《外國直接產品規則》，[9] 讓俄羅斯無法向美國的公司行號以及使用美國設備或軟體的外國企業採購半導體與其他高科技裝置。這項罰則宣布不久後，台積電與世界各地的大型晶片製造商，[10] 便停止對俄羅斯銷售產品，一如它們在 2 年前停止對華為銷售產品。G7 的其他國家也迅速承諾，將實施與美國最新制裁行動同級的懲罰措施。

在入侵行動展開前幾個星期，俄羅斯金融市場[11]就反覆大幅震盪，因為交易員猜不出拜登所謂讓俄羅斯「立即面臨嚴重的後果」只是口頭威脅，還是真的會採取行動。不過，2 月 24 日當天，俄羅斯金融市場開始崩盤，俄羅斯主要股票市場的市值在 1 天內崩跌了三分之一，[12] 盧布兌美元匯率也貶至歷史新低。

這些發展雖讓西方國家的領袖暫時鬆了一口氣，但俄羅斯在戰場上持續進逼，很快就把那股放鬆的氣氛一掃而空。數十萬烏克蘭人民逃離家園，此起彼落的爆破行動摧毀了民眾居住的大樓，並殘殺了數不清的平民。[13] 澤倫斯基宣佈戒嚴，[14] 並下達全面動員令，禁止 18 歲至 60 歲的所有烏克蘭男性出國。

相較於這一切殘酷的發展，制裁措施實在顯得不足。制裁行動的主要目標原本是要防止俄羅斯入侵烏克蘭——就這個目標來說，制裁行動

可謂徹底失敗。普丁顯然並不怎麼把西方國家花了幾個月所做的準備、威脅和界線宣示當一回事。他甚至在那個星期稍早對他的人民說：「不管烏克蘭的局勢如何，美國和它的朋友一定會找盡各種藉口，實施更多制裁。它們的唯一目標是要遏制[15]俄羅斯的發展。」沒有人知道普丁是否真心相信制裁已在所難免，但無論如何，過去幾年的狀況讓他根本沒有理由擔心新一波制裁會帶來無法克服的困境，因為2014年制裁行動對俄羅斯造成的痛苦已漸漸消退，而且俄羅斯也沒有因它更令人髮指的進一步行為而承受嚴厲的後果。儘管拜登和其他西方國家領袖不斷出言警告，普丁顯然不認為侵略烏克蘭的代價高到足以讓他卻步。

如今隨著「零日制裁」方案公布，一份不怎麼起眼的「八號通用許可證」（General License 8）[16] PDF文件，似乎也印證了普丁的推斷是正確的。這份文件混雜在外國資產管制辦公室針對這一波新懲罰而發佈的大量文件與資訊裡，它豁免了所有能源相關交易（例如為取得俄羅斯石油、天然氣和煤炭而進行的收付款）的金融制裁。拜登還在宣布這個懲罰方案的演說中特別提及這些豁免措施，他顯然是要對大眾保證他「正採取積極的措施」降低那些方案對美國人所造成的「成本」，換言之，「降低美國人的成本」就是那些豁免措施「專門為了使能源收付款得以[17]繼續進行而設計」的原因。

學者專家、金融分析師和律師審視過「零日制裁」方案後，迅速指出這個放過俄羅斯能源業的決策隱含非常大的漏洞。[18]在普丁透過安全委員會會議的電視轉播來啟動那個令人唾棄的計畫後24小時之內，美國及其歐洲盟國共支付了大約3.5億美元[19]和2.5億美元採購俄羅斯的石油和天然氣。只要「八號通用許可證」還具效力，這類付款總額似乎還會繼續增加：因為2月24日當天，油價上漲到每桶100美元，[20]達到2014

年以來最高價。

那天晚上，27個歐盟國家的領袖全體前往布魯塞爾參加緊急會議。一場駭人的帝國主義戰爭正如火如荼地在歐盟與北約羽翼下的城鎮與村莊附近進行著，如此緊迫的情勢，讓場內所有領袖不禁感覺到最新的「零日制裁」方案依舊不足。與會的各國領袖透過視訊連線和藏在基輔某處掩體內的澤倫斯基談話。穿著綠色軍裝的澤倫斯基警告：「這可能是你們最後一次看見活著的我。」[21] 他說，烏克蘭人正為了追求歐洲價值觀而犧牲性命，[22] 並呼籲歐洲即刻挺身而出。幾名穿著商務服裝且舒適地坐在布魯塞爾會議室裡的歐洲領袖不禁淚流滿面。[23]

5-9 潘朵拉的經濟盒子

辛格在 2 月 25 日星期五早上進辦公室時，經過了聚集在拉法葉廣場（Lafayette Square）上的一群示威民眾。他們是為了反俄羅斯侵略行為——此時已進入第 2 天——而在此示威抗議。其中某些人揮舞著「禁止俄羅斯參與 SWIFT！」[1] 的標語，用以彰顯美國經濟武器的重要性。

澤倫斯基和歐盟領袖進行視訊通話時也提出了相同的要求，於是這個概念迅速成為主流，[2] 歐洲各個大型城市的示威者也開始大聲疾呼這個訴求。很快地，辛格的手機不斷收到來自歐洲對等官員的訊息，他們都在詢問是否可能實施將俄羅斯銀行踢出 SWIFT 的制裁。

辛格並不排斥那樣的行動，不過，他擔心外界對這項行動的期望過高。禁止俄羅斯參與 SWIFT 的概念引起關注的原因之一是，它曾在 2012 年成功孤立伊朗，故媒體圈人士和國會議員給予這項制裁過當的讚譽；另一個原因是，克里姆林宮當局曾在多年前警告，如果對俄羅斯銀行實施這項制裁，它將採取嚴厲的報復行動，而克里姆林宮的這項警告似乎顯示它對被踢出 SWIFT 一事相當憂心。參與 SWIFT 的好處當然非常多——世界上有超過 1 萬 1,000 家銀行使用這項服務，它每天傳送的訊息超過 4,000 萬則，[3] 因此這項服務成了跨境收付款的通用語言（lingua franca）。不過，這項服務並非不可或缺，因為還有其他類似的系統可用，包括俄羅斯併吞克里米亞，導致它在 2014 年遭到制裁後自行成立的

SPFS。[4] 而以伊朗來說，當年它也不是因為 SWIFT 禁令才被排除在全球金融體系之外，而是因為美國對該國的**所有**主要銀行實施凍結制裁。所以，要把俄羅斯的金融業變得跟伊朗的金融業一樣孤立無援，還有很長的路要走，光是阻斷它和 SWIFT 的連結並不夠。辛格相信，更大有可為的方式是打擊俄羅斯金融體系的中流砥柱，也就是它的中央銀行。

2014 年年底時，西方資本市場制裁及油價重挫的雙重打擊，曾導致盧布匯價急速貶值。多虧了俄羅斯央行總裁納比烏琳娜迅速提高利率，並利用俄羅斯的外匯準備來穩定盧布匯價，俄羅斯經濟體系才免於進一步沉淪。那個事件與其他發展，讓莫斯科領悟到有必要充實外匯準備資產的內容。所以從那一年開始，俄羅斯中央銀行就積極囤積了超過 6,300 億美元的強勢貨幣。[5] 這些基金可用來捍衛盧布匯價、購買進口品，並為作戰行動提供資金奧援。

此時，為了推升再次因制裁而崩盤的盧布匯價，納比烏琳娜故技重施，動用俄羅斯的外匯準備來購買盧布。不過，在執行購買盧布的交易時，她的交易對手理應是其他國家的中央銀行和全球金融機構。由於俄羅斯的多數外匯準備是由美元、歐元和 G7 其他國家的貨幣組成，[6] 所以，俄羅斯的金融交易對手必然是受美國、歐盟和其他盟國政府所管轄的機構。在這個情況下，只要美國及其盟友願意，它們就能把俄羅斯龐大的外匯準備變成廢紙一堆，而這就是辛格認為美國及其盟友應該使用的戰術：對俄羅斯中央銀行實施制裁，讓它難以花用自己囤積的大量強勢貨幣。

以前美國也制裁過其他國家的中央銀行，其中最引人注目的例子是 2012 年歐巴馬政府在國會的壓力下，鎖定了伊朗中央銀行，這個行動也順利為關鍵的石油制裁奠定了穩固的基礎。（石油制裁重創了伊朗經濟體

系,並逼得德黑蘭當局坐上核議題的談判桌。)不過,俄羅斯中央銀行的規模比當年的伊朗中央銀行大6倍,[7]而且它融入全球金融體系的程度也遠高於伊朗中央銀行。在俄羅斯展開入侵行動前幾個月裡,七大工業國集團未曾就制裁俄羅斯中央銀行一事做過準備。唯一曾敦促制裁俄羅斯央行的其他高階官員是加拿大財政部長方慧蘭(Chrystia Freeland),[8]她在擔任加拿大財政部長前,曾任《金融時報》的莫斯科分社社長。不過,她在這方面的倡議並沒有獲得太多認同,因為每次談到更嚴厲的制裁時,多數人想到的,除了SWIFT還是SWIFT。

那個星期五的下午,辛格向賽伯特及布雷克推銷制裁俄羅斯中央銀行的想法。他們兩人雙雙立即體察到這個方法的優點,但他們也提醒辛格,他們各自的領袖從未認真考慮過這個作法,所以他們需要時間探一探各自領袖的意向。他們同意在那天晚上召集七大工業國集團的政策協調人開一場電話會議,以討論下一步的制裁措施,包括SWIFT和制裁俄羅斯中央銀行等相關提案。

這場電話會議剛開始時,各國的政策協調人便迅速針對禁止幾家俄羅斯銀行業者參與SWIFT一事達成共識。這時,辛格才把主題轉向他最念茲在茲的事——中央銀行。他坦承這將是個影響深遠的措施:如果美國真的出手阻止俄羅斯央行動用它幾十年來一步步累積的外匯準備,很可能會危及美元的未來。美元是世界準備貨幣,全球的外匯準備中,有60%[9]是以持有美元的形式存在。辛格和其他很多人一樣,都認為美元是支持美國繁榮且讓美國政府得以正常運作的一種國家財富。如果美國以制裁俄羅斯央行的方式把它的貨幣化為武器,其他國家的中央銀行可能會感覺持有美元不再那麼有保障。不過,辛格認為冒這個險是值得的。

其他政策協調人都知道辛格那些話的份量有多重。短暫的沉默過

俄羅斯的外匯準備（2010 年至 2022 年）

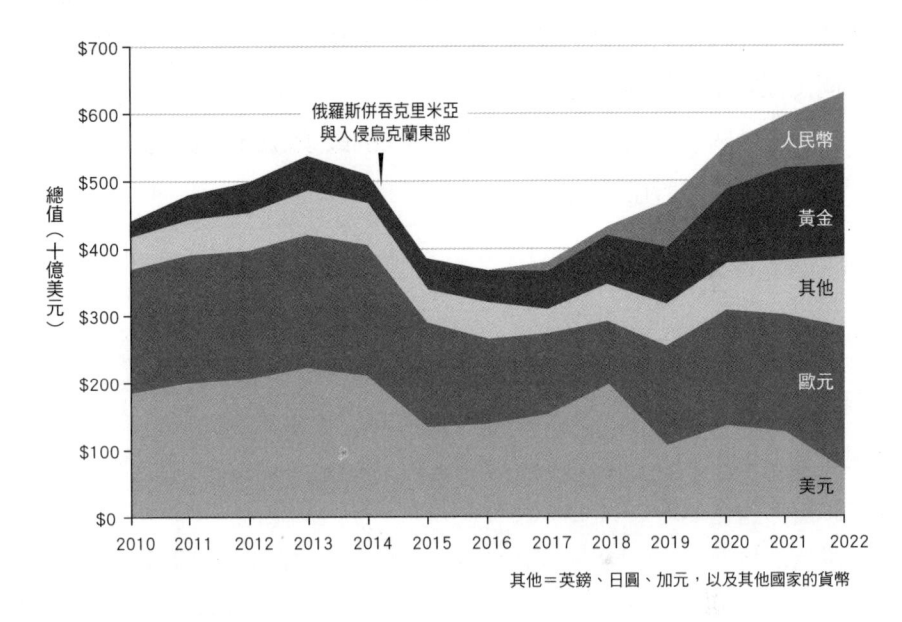

總值（十億美元）

人民幣
黃金
其他
歐元
美元

俄羅斯併吞克里米亞與入侵烏克蘭東部

其他＝英鎊、日圓、加元，以及其他國家的貨幣

資料來源：俄羅斯中央銀行

後，義大利是 G7 中歷來最不情願採取制裁措施的國家，其反應，讓辛格更有底氣。義大利總理馬里奧・德拉吉（Mario Draghi）和辛格一樣，都曾在高盛任職，而且他們兩人結識已經超過 10 年。德拉吉後來繼續擔任義大利央行總裁，進而成為歐洲央行總裁，他曾在歐元區危機的陣痛期說，他將「不惜一切代價」[10] 保全歐元，這句話後來成了家喻戶曉的名言。辛格和德拉吉的外交顧問路易吉・馬蒂奧洛（Luigi Mattiolo）之間的關係也相當熱絡。辛格在這場七大工業國集團政策協調人電話會議中做完簡報後，馬蒂奧洛就大聲表示他相信德拉吉可能會支持這個提案；接著，布雷克補充道，強生也可能支持，而賽伯特也表示馮德萊恩同樣可能支持。加拿大也偏向贊同，德國和法國則雙雙未表達反對的立場。（當

時已是東京的午夜，所以日本的政策協調人鈴木浩〔Hiroshi Suzuki〕錯過了這場電話會議。）到討論結束時，G7 的政策協調人已達成口頭協議，同意採取某種行動來對付俄羅斯央行。

在短短幾個小時內，辛格就說服了 G7 的政策協調人接受他的大膽想法。不過，他還沒說服自己的政府。

辛格隔天一大早在辦公室裡來回踱步，突然間，他耳邊響起拜登的口頭禪之一：「大國不虛張聲勢。」[11] 他認為制裁俄羅斯央行將是拜登落實這個信條的好方法，而且這個方法也能向普丁證明，拜登總統「立即面臨嚴重的後果」的警告是認真的。

雖然辛格過去 24 小時的極力倡議已為這個提案累積了顯著的動能，他還是不敢把這個成果視為理所當然。光是促成對俄羅斯外貿銀行實施凍結制裁，就已經夠難了，而那個制裁措施的嚴厲程度，和眼前的俄羅斯央行制裁提案比起來，絕對是小巫見大巫。辛格和他的團隊深知，他們必須審慎思考要如何推銷這個想法。

他們為了安撫寧可謹慎行事的官員而制定了一個計畫。辛格將不會明著倡議對俄羅斯央行實施制裁，取而代之的，他將倡議一個防止俄羅斯央行「以各種旨在減輕制裁衝擊的方法來動用其國際準備」。[12] 他其實只是在玩文字遊戲，但這些文字的目的正是為了說服一直以來既想嚴厲打擊俄羅斯，又想控制制裁行動對全球經濟體系的不良影響的那些領袖。俄羅斯中央銀行的資產將不會被「凍結」，而是會「變得無法動用」，[13] 雖然這兩者的字眼不同，但實際上的意義並無二致。辛格和團隊草擬了一份 G7 領袖聲明稿（聲明稿中承諾採取那類行動），再寄給賽伯

特，請他提供意見，並協助與歐盟其他官員協調。

誠如辛格所見，世界各國的領袖已投資了大量政治資本在對俄羅斯的制裁上，如果普丁能輕鬆利用俄羅斯央行的財力來提振俄羅斯經濟體系，就遲早能抵銷那些制裁的衝擊，最後導致各國領袖投入的那些政治資本付諸流水。為了阻止這個不堪的可能情況發生，就必須禁止俄羅斯央行和西方國家的銀行業者交易。這個邏輯無懈可擊，而且，當賽伯特和其他國家的政策協調人把這個計畫呈交給各自的上司時，俄羅斯的炸彈正無情地襲擊著烏克蘭各大城市，並導致當地最經典的洋蔥式屋頂變得滿目瘡痍，那些怵目驚心的畫面使他們的上司蠢蠢欲動，準備出手。

接下來就剩美國這決定性的一票了。辛格持續向蘇利文匯報這份提案在 G7 的進展，而蘇利文認為，若想爭取拜登總統的批准，應該安排時間和他談談。那一天，拜登總統正好到威爾明頓（Wilmington）去參加一名家人的追悼儀式，所以蘇利文將拜登的幾位最高階顧問召集到辦公室，準備和總統進行電話會議。[14] 辛格和芬納、克萊恩，以及拜登的高級助理史帝夫・里切蒂（Steve Ricchetti）擠在蘇利文的桌子旁，在電話彼端的則是拜登、布林肯，以及葉倫。蘇利文做完最新情勢簡報後，轉身要求辛格向總統簡報下一波制裁方案的規劃進度。辛格詳細說明了讓俄羅斯央行無法動用其外匯準備的理由，這麼做將使莫斯科當局無法破壞其他制裁措施的效力，最棒的是，普丁不會料到西方國家敢制裁俄羅斯央行，換言之，這是讓克里姆林宮措手不及的好機會。

辛格一說完，拜登就問葉倫有何看法。她還是很猶豫。作為 FED 前主席的葉倫，依舊不肯輕易接受把作為世界準備貨幣的美元武器化的想法，畢竟美元是讓美國得以保有經濟領導地位的中流砥柱，所以她想要爭取更多時間，好讓她的團隊研究一下這個可能危及美元的提案。他們

即將打開潘朵拉的盒子，而這麼做的潛在後果可能禍及世世代代的子孫。

辛格可以理解葉倫的觀點，在他眼中，美元的全球地位確實是一種讓美國得以吸收經濟衝擊，並為政府、家庭以及企業提供極度廉價（遠比所有可能資金來源更廉價）資金的「囂張的特權」（exorbitant privilege）。他也很崇拜比他年長 30 歲且由經濟學家轉戰政策制定者的葉倫，他夢想自己也能有她那樣的職涯發展。不過，他擔心的是，採取這項行動的機會有可能一閃即逝。何況百密難免一疏，再縝密的分析也不可能消除每一個疑慮。葉倫認為，這項行動將使美國經濟利益服從於更高層次的國家安全目標，她的見解是對的。不過，華盛頓當局將和世界上的其他準備貨幣──歐元、英鎊和日圓──的發行國採取聯合行動，[15]而且會在努力不公然違反《聯合國憲章》的情況下採取那個行動。時間非常緊迫，第一批金融市場將在星期天晚上開盤，而且俄羅斯的坦克車正加足馬力衝向基輔。

但葉倫不為所動。她還是需要時間仔細斟酌，並和 G7 的其他財政部長討論這項計畫。至於拜登，他也不準備逕自推動自己財政部長反對的行動方針，因此，這場會議在沒有做出任何決定的情況下宣告結束。

辛格離開蘇利文的辦公室時，和賽伯特與布雷克分別通了電話。他開門見山地對他們說：「我知道你們已準備好出手，我也知道是我先力推這個方案的，但我還沒取得葉倫的認可。」於是，他們決定催促義大利總理德拉吉親自打一通電話給葉倫，試著影響她的決定。在過去，鮮少外國領袖會直接打電話給美國的財政部長，但葉倫和德拉吉過去幾年頗有淵源──葉倫擔任 FED 主席時，德拉吉正好是 ECB 總裁。賽伯特說服了馮德萊恩打電話給德拉吉，而馮德萊恩也說服了德拉吉和葉倫談談。

大約下午 1 點時，辛格的女兒打電話跟他說，有一名陌生男子在他

Chokepoints

珍妮特・葉倫：拜登政府時期的美國財政部長

們家門外徘徊。[16] 辛格隨即向特勤局發出警報，接著就衝進車子，急忙趕回家保護家人。不過，等他回到家時，那名男子已經離開，沒有偷任何東西，也沒有接近他女兒。身為美國首席經濟戰規劃者的辛格最近相當受矚目，所以或許有人試圖恫嚇他。辛格雖然緊張，但終究小事化無，鬆了一口氣的他在下午 3 點左右回到白宮。等他回到辦公室時，德拉吉已經和葉倫談過，她同意實施這項方案，拜登也簽署了這項提案。

當白宮的新聞團隊正準備發佈這篇 G7 的聲明時，辛格才發現他還沒和錯過先前那場電話會議的日本政策協調人鈴木浩談過這件事。由於之前幾個小時實在忙翻了，所以辛格壓根兒就忘了這件事。不過，日本是 G7 當中的關鍵會員國，也是關鍵準備貨幣之一的發行國，所以，沒有知會日本是個嚴重的疏漏。

於是，辛格隨即打電話給鈴木浩，向對方表達最深的歉意。白宮裡的每個人都蓄勢待發，準備迎接一場大型新聞發表會。日本會支持這項

提案嗎？鈴木果然不愧為外交官，他並未流露出不滿的態度，而且表示他會盡全力說服日本首相岸田文雄簽署這項提案。辛格和白宮的新聞團隊等了大約1個小時，鈴木終於回電。那時已是東京的凌晨時分，鈴木說他無法及時向岸田進行簡報。不過，他認為沒有必要再等下去；他有把握首相進辦公室後，一定會同意這項提案。

大約在華盛頓時間下午5點30分，G7成員（日本除外）共同發表了一份聲明，誓言將鎖定俄羅斯中央銀行。[17] 這份聲明並未提及任何細節，而且缺乏法律效力，它只代表了G7「未來將採取行動」的承諾。不過，這份聲明依舊相當於一種史無前例的經濟戰術，它肯定能撼動金融市場，並永遠改變金融市場對俄羅斯的觀感。

辛格在聲明稿宣布後的背景簡報會中，向在場記者說：「你們都聽過『俄羅斯堡壘』（Fortress Russia）吧？[18] 那是指6,300億美元的外匯準備的戰爭基金。那筆基金的確令人印象深刻，但唯有俄羅斯能動用那些準備金，它才會真的令人印象深刻。」辛格自信滿滿地表示：「這將證明俄羅斯自詡其經濟體系不會受制裁影響的說法毫無根據可言。」

辛格至少說對一件事：這項制裁措施確實讓俄羅斯措手不及。拉夫羅夫事後談到這個以俄羅斯央行為目標的行動時說：「沒有人預料到這個行動，[19] 那根本是偷竊。」

5-10 利率戰與戰爭同場競演

　　星期天晚上，大約就在 G7 聲明發佈後 24 小時，辛格緊張地盯著他的彭博社資訊系統，等待第一筆盧布報價跳出來：俄羅斯貨幣（那年年初的匯價是 1 美元兌 75 盧布，之後一直在這個水準徘徊，幾天前才剛貶值至 80）的交易價格，急速降至遠低於 1 美元兌 100 盧布的水準。[1] 換言之，此時 1 盧布已經價值不到 1 美分。

　　那天稍早，蘇利文問辛格是否擔心打擊俄羅斯央行的措施（這項措施將正式在隔天早上生效）會衍生難以收拾的反應。他們兩人都瞭解，這是未知的領域，而且他們是在沒有縝密事前規劃的情況下就走進這片未知領域。辛格坦承：「我並不擔心衝擊會不夠大，只擔心那個衝擊會超出我們能力可控的範圍。」他們的初衷並不是要引發一場全球金融危機，更不想被外界視為莽撞的國際金融體系管理者。但第一筆數據跳出來時，辛格馬上開始擔心他們可能已經實現了這個災難性的成就。

　　俄羅斯中央銀行無法動用其外匯準備[2]一事，在紐約與倫敦的金融區以及莫斯科與聖彼得堡的大街小巷造成一波波迴響。由於俄羅斯人急著領出所有可取得的外幣現金，故銀行和自動提款機外排起了長長的人龍，有些地方的隊伍甚至蜿蜒繞足整個街區一圈。這場巨大的銀行擠兌

潮[3]迅速蔓延到俄羅斯全國 11 個時區,無論走到何處,銀行裡的美元都被提領一空,有些民眾甚至在市區裡追逐運鈔車,[4]一心指望能在卸貨時拿回一些鈔票。

星期天晚上,普丁再次出現在國營電視上。他表示,為因應「針對我國經濟領域採取的不友善措施」,[5]他已命令俄羅斯的核子部隊保持高度戒備。俄羅斯或許缺乏在經濟領域與西方國家抗衡的手段,但它手上還有其他武器可用。此話一出,「emigration(移民)」一詞在俄羅斯當地的 Google 搜尋次數激增了 5 倍。[6]

這個制裁方案的不良影響範圍超出了俄羅斯。歐洲央行警告,俄羅斯聯邦儲蓄銀行在歐洲的幾家子公司,[7]即將因流動性枯竭而倒閉。即使美國對俄羅斯聯邦儲蓄銀行的懲罰還要幾個星期以後才生效,儘管歐盟尚未把俄羅斯聯邦儲蓄銀行納入禁止參與 SWIFT 的 7 家俄羅斯銀行[8]之一,它的狀況還是急轉直下、岌岌可危。這是潛在金融危機傳染即將爆發的訊號,而這正是葉倫最擔心的後果之一。

在俄羅斯進攻基輔前一個月,普丁召集了俄羅斯主要經濟圈人士到他在莫斯科郊外的個人官邸參加一場祕密會議。[9]在開會期間,納比烏琳娜連同俄羅斯聯邦儲蓄銀行執行長赫爾曼·格列夫(Herman Gref)以及另外幾位人士就已警告,一旦烏克蘭緊張局勢進一步升級,將可能衍生嚴重的經濟後果。西方國家的新一波制裁可能會導致經濟陷入死亡螺旋。普丁當場問他們要怎樣才能減輕那些衝擊。這個問題的答案其實顯而易見──他只要從烏克蘭撤軍就好──但沒有人有膽說出口。

儘管俄羅斯政府的強硬派人士極力想以普丁的顧問格拉季耶夫(他

也是狂熱的民族主義者，曾指控歐盟引誘烏克蘭進入「反對基督的王國」）[10] 取代納比烏琳娜，但她終究還是保住了中央銀行總裁的職位。如今，她再次扛起重任，協助減緩普丁的海外冒險主義所造成的危害。

納比烏琳娜在成為全球最受推崇的中央銀行官員之一的過程中，逐漸發展出個人的服裝特色：她會以胸針來表達她當下對經濟與貨幣政策的觀點[11]，例如，如果她戴著鴿子胸針，意味著將降低利率；如果她戴著老鷹胸針，則象徵她將提高利率。不過，2月28日星期一當天，也就是最新制裁措施導致銀行擠兌潮達到高峰之際，她到克里姆林宮和普丁見面時，外套翻領上並沒有配戴任何胸針。[12] 那樣的舉措似乎代表她默認，西方國家對俄羅斯央行發動的攻擊讓她措手不及、無計可施。

納比烏琳娜和莫斯科當局的幾乎每個人一樣，都是透過電視才知曉普丁已入侵[13]烏克蘭，而且，她和俄羅斯金融菁英階層裡的其他成員一樣，都處於進退維谷的窘境。此時的她有兩個選擇，一是辭職，讓較聽話但更無法勝任這個職務的繼任者接下這個爛攤子，但這麼一來，她很可能會因勇於釋出反戰訊號，而面臨政治迫害的風險。另一方面，她也可以選擇繼續留任，協助普丁打這場不公不義的戰爭，但因此遭受西方國家的譴責，甚至很可能遭受個人制裁，難以再跨出她的祖國一步。最後，納比烏琳娜還是選擇了第二條路。

通常納比烏琳娜理應會動用她的外匯準備來減緩盧布的貶勢。只要她使用中央銀行手中的美元和歐元大量購買盧布，理應就能提振盧布的需求，進而推升盧布的匯價。不過，由於此時她已經無法再動用外匯準備，所以她只好訴諸更激烈的方法。那個星期一，她把利率提高1倍多，[14] 達到令人瞠目結舌的20%，接著，她又暫停莫斯科股票交易所的交易活動。

納比烏琳娜很快就看穿了制裁機制的弱點：西方國家不願意實施任何可能導致俄羅斯化石燃料無法流入世界市場的制裁。儘管俄羅斯央行不再能存取強勢貨幣，俄羅斯的石油與天然氣巨擘——俄羅斯石油公司和俄羅斯天然氣工業股份公司——每天卻還是合計進帳 10 億多美元的資金。於是，克里姆林宮命令俄羅斯企業將那年年初以來在海外賺取的 80% 收入轉換成[15]盧布。莫斯科當局的這個命令，等於是把該國的大型出口商當成中央銀行來使用。[16] 只要西方國家不敢拿俄羅斯的能源銷售收入開刀，就無法阻止俄羅斯使用這個計謀。

　　G7 發佈聲明之後，許多跨國企業紛紛宣布自俄羅斯撤資的計畫。總部位於倫敦的英國石油公司宣布，將放棄它持有的約 20% 俄羅斯石油公司股權，[17] 並因此提列大約 250 億美元的損失。克里姆林宮為了阻止狂亂的資金外逃風潮，明文禁止外國人出售手上的俄羅斯資產，[18] 並對一般俄羅斯民眾實施嚴厲的貨幣管制，從源頭來遏制全國性的銀行擠兌潮。根據法令，俄羅斯民眾不再能將資金匯到海外，[19] 也不能提領價值超過 1 萬美元的外幣，另外，民眾出國旅遊時也不能攜帶 1 萬美元以上的現金。克里姆林宮還命令關閉現金兌換站，[20] 以阻止俄羅斯人將盧布轉換成美元及歐元。

　　俄羅斯國內對這些嚴厲措施並未出現強烈反彈。納比烏琳娜雖向朋友表示她寧可辭職，也不願意監督貨幣管制政策，[21] 她卻依舊留任。銀行外沒有爆發大型示威或暴力騷亂事件，原因很簡單：一位著名的俄羅斯經濟學家不久後指出：「央行的背後有鎮暴警察在撐腰。」[22]

　　納比烏琳娜一點一滴去除了當初將俄羅斯深深融入全球金融體系並成就她個人職涯的種種連結。西方國家的制裁正把俄羅斯逼向孤立的角落，而納比烏琳娜的緊急措施更增強了那些制裁的孤立效果。

根據調查，各方分析師估計2022年的俄羅斯經濟將因這次衝擊而萎縮10％至15％，[23] 換言之，俄羅斯過去整整20年的經濟成長將因此一筆勾銷。這些預測非常驚人。在這些制裁措施宣布前，分析師原本預期那一年俄羅斯的經濟將成長3％以上。[24] 如今，它的經濟衰退程度看起來很可能會遠比伊朗遭受最嚴厲經濟戰攻擊時還糟糕。

回顧1991年，美國為首的國際聯盟將海珊的軍隊趕出伊拉克時，美軍以其技術優勢，在100個小時之內徹底碾壓伊拉克軍隊，這樣的表現讓全世界又敬又畏。當時的狀況似乎預告著一個全新時代的來臨：美國已成了一個有能力用驚人效率消滅敵人的超級強國。而在七大工業國集團對俄羅斯央行發動襲擊後幾個星期，整個世界似乎又見證了另一種不同的超級強國——無須依賴精確導引飛彈，只要使用無形但無所不能的經濟鎖喉點就能擊敗強敵。

拜登在3月1日發表國情咨文當天，忍不住幸災樂禍地說，普丁「以為他能進攻烏克蘭並翻轉整個世界」，但他「嚴重失算」。美國及其盟友已經團結一致：這些國家在烏克蘭最無助的時刻和它站在一起，用「強大的經濟制裁」來打擊俄羅斯，讓「普丁那6,300億美元的戰爭基金變得一文不值」。而且這只是開始而已，普丁「完全不知道他接下來要面臨的是什麼」。[25]

他說完後，眾議院議場內爆出熱烈的掌聲，此刻，向來因黨派之爭的仇恨而彼此撕裂的共和黨與民主黨，竟罕見地團結在一起。

5-11 虛幻貨幣與真實衝擊

3月3日星期四當天，一輛插著德國國旗的油輪駛進英格蘭西北部的梅西河（River Mersey）河口。這艘油輪接著駛過利物浦，並獲准停靠特蘭米爾石油碼頭（Tranmere Oil Terminal），一批俄羅斯原油預定在此交貨。[1]

無論是這艘油輪或船上的貨物，都沒有違反西方國家的制裁令，不過，碼頭工人卻拒絕受理這批貨物。英國工會團結聯盟（Unite）主席雪倫・葛拉漢（Sharon Graham）宣布，她的工人「在任何情況下都不會卸載任何俄羅斯石油」。[2] 歐洲其他主要港口的工會上司與碼頭工人也都做出類似的宣示。荷蘭主要碼頭工人工會（它的會員是歐洲最大港鹿特丹港的經營者）的發言人之一說：「這些是染上鮮血的石油[3]、煤炭和天然氣。」

美國和歐洲官員是蓄意豁免對俄羅斯石油與天然氣銷售的制裁。俄羅斯是世界最大化石燃料出口國，[4] 而石油與天然氣產業是該國唯一比西方國家更有優勢的經濟部門。切斷它的石油與天然氣出口，將會使全球能源價格飆漲到歷史新高，並可能導致歐洲某些地方陷入真正的黑暗狀態。不過，一如利物浦與鹿特丹碼頭工人的行為所示，經濟戰爭缺乏跟傳統軍事衝突一樣的嚴謹指揮與統御結構，所以，經濟戰的結果在某種程度上將取決於數以百萬計的民間行為者，這些行為者的決策無時無刻

都在影響著全球市場,但那些決策不見得能如其政府所願。

烏克蘭軍隊在戰場上的驚人韌性也增強了上述動態的影響——他們英勇奮戰的態度,讓遠方的旁觀者難以說服自己繼續置身事外。在俄羅斯最初入侵的那個星期,各地的軍事分析家明顯悲觀看待烏克蘭的自衛能力,且過於相信俄羅斯的軍事實力。不過,戰爭爆發後那幾天,烏克蘭軍隊就英勇擊退[5]俄羅斯的精銳傘兵,使他們無法迅速占領基輔西北方的安東諾夫機場(Antonov Airport,俄羅斯原本打算利用這個機場來做為襲擊烏克蘭首都的軍力投射基地)。儘管這個機場最終還是被俄羅斯人占領,但他們花了比計畫中更久的時間,且機場跑道已遭到嚴重損毀,變得不堪使用。烏克蘭人還擊落了數十架俄羅斯飛機和直升機,從而剝奪了俄羅斯在空中的優勢。[6]另外,綿延35英里的俄羅斯坦克與軍車大隊尚未抵達基輔就已陷入泥淖。G7發佈聲明之後[7]總之,普丁的閃電戰計畫看樣子即將失敗,而他最初開戰的目的——推翻烏克蘭政府並建立親俄魁儡政府——也旋即變得前景渺茫。有些人甚至開始猜測,說不定烏克蘭人最終能打敗他們的強大鄰國。

烏克蘭在戰場上的驚人成就為它贏得了大量國際支援。美國同意運送價值數十億美元的武器到烏克蘭,[8]歐盟也隨即跟進,馮德萊恩指出,這是歐盟首度出資「購買與運送武器[9]及其他設備到一個正遭受攻擊的國家」。蕭茲在德國聯邦議院發表演說時,宣布將推動「劃時代的轉變」(Zeitenwende)[10],並誓言將德國的二流武裝部隊現代化成為世界級的勁旅;為達這個最終目的,首先將緊急挹注1,000億歐元到國防預算。連堅守中立傳統的瑞士[11]最終都做出了抉擇:它配合G7的行動,對俄羅斯央行實施禁令。

蘋果公司、可口可樂、麥當勞和另外數百家跨國企業也紛紛宣布撤

出俄羅斯，[12] 與其說企業界此舉是法律上的必要行動，不如說它們是為了避免因為和戰爭沾上邊而被污名化。美國司法部成立了全新的「捉賊特別工作小組」，開始追捕並扣押美國境內的俄羅斯資產；歐洲各國的執法機關也在轄區內執行相同的措施。儘管多數俄羅斯寡頭統治集團成員都認為他們不受那些法律約束，但他們的超級遊艇可就不是了。[13] 礦業巨頭阿里謝爾‧烏斯曼諾夫（Alisher Usmanov）被迫放棄他全部的 500 英尺迪巴爾（*Dilbar*）遊艇，包含遊艇裡的超大室內游泳池，如今全都落入德國主管機關手中。俄羅斯石油公司執行長伊格爾‧謝欽所有的 443 英尺新月（*Crescent*）遊樂船[14]，也在西班牙遭遇到相同的命運。英國的主管機關則逼迫羅曼‧阿布拉莫維奇（Roman Abramovich）賣掉[15]他一向引以為榮的切爾西足球俱樂部（Chelsea soccer club），並將出售所得捐給烏克蘭戰爭受害者；他在向該隊的球迷告別時說，他希望能「最後一次造訪史丹佛橋球場（Stamford Bridge）[16]，親自向你們所有人道別」。整個情勢看來，俄羅斯不僅正變成一個經濟賤民，還即將變成政治與文化賤民。

但這一切的一切都無法阻止克里姆林宮一有機會就積極展示它的實力，並把西方經濟戰的所有成本轉嫁給其他人。俄羅斯和烏克蘭的小麥出口合計約占全球小麥出口的三分之一，因此，在戰爭爆發後短短幾天，由於交易員預期小麥供給將中斷與短缺，小麥價格遂飆漲[17]到歷史新高。為了逼迫「全球南方」（Global South，譯注：泛指二戰後相繼獨立的被殖民國家，主要是集中在東南亞、南亞、非洲與拉丁美洲等地理上屬於南方的國家，故有此名稱）國家倡議以對俄羅斯有利的條件結束這場戰爭，普丁下令對烏克蘭港口實施海上封鎖，平日透過黑海進行的糧食運輸活動因此中斷，[18] 儘管聯合國警告[19] 此舉可能導致非洲與中東多數

Chokepoints

地區遭受飢荒之苦，他也不為所動。

3月22日當天，一場風暴損壞了裡海石油管線系統（Caspian Pipeline Consortium）的部分管線，[20] 平日哈薩克油井的原油正是透過這條管線輸往位於黑海的俄羅斯新羅西斯克港（Novorossiysk port）。俄羅斯官員以這個事故為由，蓄意誇大損壞的程度，並停止輸送每天高達100多萬桶[21]的哈薩克石油。這個陰謀果然奏效，油價因此大漲至每桶120美元，[22] 已非常接近2008年創下大約147美元的天價。[23]

不過，石油的人為短缺並沒有促使西方國家的輿論倒向俄羅斯那一方。民調發現，近80%的美國人[24]支持對俄羅斯石油實施禁運，即使汽油價格將因此上漲，民眾也在所不惜。媒體上有關殼牌公司以高額折價購買俄羅斯原油的報導，引發了激烈的政治反彈，促使該公司公開致歉，並宣布停止在俄羅斯的所有營運計畫。[25] 即使是向來因不甩政治壓力而惡名昭彰的艾克森美孚公司，也決定從俄羅斯撤出，留下大約40億美元[26]的資產在那個國家。白宮官員不斷打電話提醒能源與金融圈企業高階主管，他們實際上依法能繼續交易俄羅斯石油，不過，在白宮主持許多這類電話會議的哈瑞爾解釋：「大眾輿論比政策意見更快促使企業界對俄羅斯能源敬謝不敏。」[27]

開戰不到1個星期，加拿大就單方禁止自俄羅斯進口石油。[28] 不久後，拜登政府也在國會的施壓下跟隨加拿大的腳步。[29] 由於美、加兩國平日就不算仰賴俄羅斯的化石燃料，所以它們因此而做出的犧牲並不算大。（儘管美國平日有採購少量的俄羅斯石油[30]，但白宮方面假設，增加從其他地方的採購量就可彌補那個缺口，而這個假設是正確的）。不久之後，英國和澳洲也加入禁運行列。[31]

此時歐盟承受了沉重的跟進壓力。不過，歐洲國家每天向俄羅斯採

購超過 400 萬桶原油以及其他石油產品，歐洲大陸對俄羅斯的採購量，大約占其每日石油總進口量的 30%，[32] 所以歐盟絕對不可能在一夜之間將對俄的石油採購量歸零。擺脫俄羅斯天然氣[33]就更難了，因為天然氣資源的替代品更加稀少。

到了 3 月底，烏克蘭人成功守住他們的首都，[34] 並逼得俄羅斯的軍隊從基輔周遭撤退，把火力集中到其他地方。但相反地，在經濟戰場上，俄羅斯的處境看起來卻比幾個星期前好轉，這局部是拜華盛頓當局的一個決策所賜──美國財政部允許俄羅斯政府繼續履行它的債務義務，[35] 沒有放任制裁措施將莫斯科當局推向債務違約的絕境，但財政部的這項決定並未徵詢過白宮的意見，而且和多數市場參與者的期望背道而馳。

財政部官員的理由是，挪用俄羅斯政府的資金來付款給外國的債券持有人並沒有什麼害處，不過這個決策卻產生了始料未及的後果──投資人對俄羅斯的信心因此漸漸恢復。莫斯科當局本身的行動也在某種程度上緩解了它的艱困處境：Visa 卡和萬事達卡於 3 月初退出俄羅斯後，俄羅斯在 2014 年遭制裁後成立的支付系統隨即接軌，讓俄羅斯的信用卡得以繼續使用。[36] 此外，俄羅斯央行實施的幾項緊急措施，也使盧布匯價趨於穩定，[37] 到那個月月底，盧布兌美元的匯價就回升到開戰前的水準。儘管盧布匯價的恢復多半是人為因素所造成──不是市場動態所致，而是因為莫斯科當局逼迫出口商購買盧布，並阻斷多數能出售盧布的管道[38]──但即使此時的盧布已成了「政治假門面貨幣」，[39] 還是沒有人能否認這個危機漩渦已經慢慢平息。

在此同時，俄羅斯也愈來愈明目張膽地試圖報復西方國家。普丁在 3 月底那天簽署了一份政令，要求「不友善」國家（包括歐盟會員國）採購俄羅斯天然氣時，必須以盧布付款，且須將款項存入俄羅斯天然氣工

Chokepoints

業銀行[40]（俄羅斯少數尚未遭到凍結制裁的大型銀行）的某個帳戶。他警告，未能配合這項政令的國家，將可能徹底失去取得俄羅斯天然氣的管道。

　　普丁如此自信，俄羅斯經濟體系也普遍相對趨於平靜的最大原因，是一個世人不願面對的真相：儘管俄羅斯失去某些西方國家的石油顧客，飆漲的油價還是讓俄羅斯得以透過能源出口獲取豐厚的利潤。實質上，這場戰爭反而使俄羅斯獲取巨大利益，貿易順差升至十多年來新高。[41] 就這樣，西方國家經濟戰計畫的漏洞開始顯現。如果不針對石油採取某種措施，就不可能逼普丁為侵略行為付出代價。

5-12 供需錯亂下的全球市場

　　從德州的自由港（Freeport）一路綿延到路易斯安那州的巴頓魯治市（Baton Rouge）間長達 300 英里的美國墨西哥灣沿岸，藏著一個由許多地下鹽穴構成的網路。[1] 美國政府在 1973 年那場致命的阿拉伯石油禁運之後，收購了這些鹽穴，從此，這些鹽穴就對美國的經濟安全發揮了重要的作用：美國的戰略石油儲備（Strategic Petroleum Reserve，英文簡稱 SPR，以下簡稱戰備儲油，它是政府所管理的巨大石油儲藏庫，總容量超過 7 億桶）就貯存在這些鹽穴裡。[2]

　　美國政府最初建立這些戰備儲油的目的，是為了緩和因戰爭和天然災害所造成的供給衝擊。歷任總統僅三度下令緊急降低戰備儲油[3]：1991 年波斯灣戰爭期間；2005 年卡崔娜颶風（Hurricane Katrina）導致 25％的美國國內生產活動被迫喊停時；以及 2011 年利比亞戰爭期間。

　　2021 年年底，辛格和幾位同事試圖說服沙烏地阿拉伯增產石油失敗後，向上司爭取到釋出 5,000 萬桶戰備儲油。[4] 他們還協調中國、印度、日本和南韓等其他石油消費國一同配合這項行動，而這些國家也都同意各自釋出一部份戰備儲油。這並非戰備儲油的正統用途，在過去，只有在供給中斷時，各國政府才會這麼做，但這一次卻是為了壓抑價格[5]，並

哄勸沙烏地增產。

到了2022年3月，由於油價持續上漲，白宮當局開始思考是否要進行第二次且更大規模的戰備儲油釋出。辛格希望政府大幅釋出戰備儲油的作法能讓外界相信，政府有決心維護充沛的市場供給，從而使價格走低。這可能進而營造一些迴旋空間，讓他們有機會對俄羅斯實施更嚴厲的能源相關制裁。國家經濟委員會主任布萊恩・迪斯（Brian Deese）建議在6個月期間內，每天釋出100萬桶，總計釋出1.8億桶。這是非常大量的原油，比俄羅斯一整個月的出口量[6]更多。

不過，這個計畫一提出，隨即遭遇沉重的阻力。能源部的官員警告，當初建立戰備儲油的目的並不是為了那麼頻繁釋出。理由是，為了取用這些戰備儲油，工程師得在鹽穴的底部注入淡水，[7]將石油推到地面後才能取用。如果這個程序過於頻繁進行，將會改變鹽穴的形狀，[8]降低鹽穴的結構完整性，而且需要進行昂貴的維護作業。政府的律師也質疑總統是否有合法職權取用[9]那麼高比例的戰備儲油，畢竟當時的全球石油供給尚未陷入嚴重短缺狀態。石油產業的企業高階主管和遊說者更對這個想法敬謝不敏，並強力呼籲政府以解除國內化石燃料投資的監理障礙[10]等方式來因應。（但這個請求不太真誠，因為拜油價大漲之賜，美國的生產商早已滿手現金，[11]有充足的投資和增產能力，只不過，他們寧可把利潤輸送給股東。）

不過，白宮並未因這些反對聲浪而動搖，3月底，釋出巨額戰備石油儲備的計畫已成定局。美國再次情商盟國採取協同行動，其中，歐盟將支持美國的釋出計畫，出售大約3,000萬桶歐盟的戰備儲油。[12]為了投桃報李，拜登政府誓言竭盡所能，將大幅提高對歐洲的液態天然氣供給，[13]以降低歐盟對俄羅斯天然氣的依賴。

3月31日當天，拜登在宣布戰備儲油釋出計畫（這是截至當時為止，美國史上最大[14]規模的戰備儲油釋出行動）的演說中提到：「普丁的戰爭正對美國、我們的盟國以及世界各地的民主國家造成代價。」[15] 由於美國企業無法及時採取行動來彌補那些成本，所以政府只好出手解決那些問題。

    西方國家在斬斷普丁石油資金來源的過程中遭遇到的最大障礙之一，在於如何確保市場擁有足夠的供給；如果能動用那些鹽穴裡的石油，這個和供給有關的障礙或許就有克服的可能。另一個大障礙和需求有關：如果其他國家在同一時間增加採購量，西方國家加強杯葛俄羅斯石油的努力就會功虧一簣。遺憾的是，這樣的情況正在上演。隨著英語系國家公開禁止採購俄羅斯石油、歐盟國家因擔心政治反彈而降低俄羅斯石油進口量，俄羅斯隨即將它的貨物轉運到中國、土耳其以及胃口更大的印度。

    在戰爭爆發後第一個月，印度的俄羅斯石油採購量，竟比前一年的每月平均採購量增加[16]了6倍以上，而且後續的採購量也沒有減少的跡象。由於印度政府不願意在俄烏衝突議題上選邊站，[17] 印度國內的輿論也相當分歧，所以，印度的煉油公司自然認為沒有理由不搶購更多俄羅斯原油，畢竟此時俄羅斯原油因缺乏買家而折價出售。更糟的是，印度中央銀行正在和莫斯科當局協商一項新的「盧比－盧布」互換機制，[18] 一旦談成，這兩國就能利用這個機制進行雙邊貿易，從而使俄羅斯得以避開西方國家的金融制裁。雖然印度不斷強調保持中立，但它的加碼採購行動，形同為俄羅斯提供了一條經濟救生索。

印度和俄羅斯明顯重修舊好，讓白宮感到訝異。原本新德里與莫斯科當局就長期維持友好的關係與緊密的軍事連結，[19] 但西方國家對烏克蘭戰爭的回應，使俄羅斯明顯增加對中國的經濟與政治依賴，而中國是印度最主要的戰略對手，因此，美國官員原本以為這場戰爭將促使印度進一步朝美國的地緣政治陣營靠攏。但事與願違，不知怎的，情況卻恰恰相反。

由於西方國家的制裁措施明確排除能源貿易，所以印度進口俄羅斯石油的行為並無違法之嫌。不過，問題出在進口量，印度對俄羅斯石油的巨大進口量，形同對「全球南方」的其他國家釋出一個訊號：俄羅斯的商業依舊對外開放，且在西方國家退出俄羅斯之際和俄羅斯進行貿易往來並不會被污名化。在那樣的情境之下，雖然美國官員的立場多少有點自相矛盾（既希望俄羅斯石油能繼續流通，又對眼前的狀況很不滿意），但他們的挫折感並未因此而有所減輕。

基於上述種種疑慮，白宮方面決定派遣使節到印度去。這件工作落到了辛格頭上，因為他個人和印度的關係非常密切（辛格是印度移民之子，[20] 也是印度裔政治人物達利普・辛格・桑德〔Dalip Singh Saund〕的親戚，[21] 桑德是史上第一位被選為美國眾議員的亞裔美國人）。辛格在3月底抵達新德里後，向印度首相納倫德拉・莫迪（Narendra Modi）的祕書長普拉莫德・庫馬爾・米斯拉（P. K. Mishra）表示：「我由衷認定自己是印度大家庭的一份子，既然是一家人，就應該說真話，即使是殘酷的真話。」辛格承認，以前美國「好幾次站在歷史錯誤的一邊」，而他來到此地的目的，是為了「敦促我的家族發源地印度，現在不要站錯邊。」他提出的條件是，華盛頓當局將支援[22] 印度替換從俄羅斯購入的武器和能源。他還主張，印度的石油採購行為雖合法，採購量卻大到足以破壞制

裁措施的影響，而且他警告，擬議中的「盧比－盧布」互換管道，可能會成為俄羅斯化解制裁衝擊的萬用解方。米斯拉當下並沒做出任何承諾，不過，他們兩人之間的對話相當溫馨且友好。

辛格也把相同的訊息分享給印度媒體，他還一度警告「企圖積極規避或回填這些制裁措施的國家，必須自負後果」。[23] 不過，印度媒體並不像政府官員那麼善意看待他的說法；在印度媒體人眼中，白宮太過無恥，竟派一個印度裔美國人來威脅本身也是個強國的印度，放棄像俄羅斯這樣一個長期夥伴！一家媒體嘲諷道：「辛格或許是個神童，但他顯然是很爛的外交官。」[24]

辛格垂頭喪氣地在帝國飯店（Imperial Hotel）內打包行囊，準備前往機場。過去6個月，他不僅嚴重睡眠不足，還經常無法和親人相聚。他的努力對近代史上最嚴厲制裁的實施至關重要，但和烏克蘭有關的驚悚事件報導卻不曾有一日停歇。如今他更在父母的祖國遭遇到一場媒體風暴。種種令人沮喪的情況讓他開始萌生辭意，考慮離開白宮。

就在辛格前腳飛離新德里之際，拉夫羅夫後腳就抵達印度，[25] 展開屬於他的一系列會議。他帶來了和辛格截然不同的訊息：他說，俄羅斯和印度是「幾十年」的忠實老友，「我們隨時準備好向印度供應它想向我們購買的任何商品。」至於「盧比－盧布」互換機制，則是印度考量自身利益後的理所當然選擇。「那些系統的主人能在一夜之間偷走你們的錢，印度絕對不能依賴那樣的系統。」[26]

5-13 魔術方塊經濟的多重解法

4月1日,烏克蘭軍隊前進到不久前才剛被撤退的俄羅斯軍隊拋棄的基輔周遭城鎮。士兵們好不容易進入首都西北方一片綠意盎然的郊區[1]時,眼前出現了令他們心痛如絞的景象。這裡原本是相當受中產階級青睞的區域,如今街道上卻佈滿了許多遺體,其中很多死者只是平民百姓——他們是俄羅斯士兵長達數個星期的暴力狂歡活動下的受害者,那些士兵近距離射殺民眾後,[2] 放任他們的遺體倒在原地腐爛。其中有些人還曾遭受酷刑,有些人則被強姦,種種證據看來,這是明顯蓄意的戰爭罪。[3]

辛格從新德里回到華盛頓後,布查(Bucha)大屠殺的消息已經傳了開來。他放下沮喪,和幕僚開始草擬報復性制裁,這一次財政部幾乎沒有參與。過去幾個月,葉倫和她的團隊一直在制裁政策上踩煞車,而且不斷警告必須留意潛在的負面外溢效應以及美元與美國全球金融管理能力長期聲譽受損的風險。辛格和同事對財政部這種過度謹慎的態度很不滿——尤其財政部允許俄羅斯繼續正常償債一事,讓他迄今仍憤恨不平——所以,他們現在希望設法把財政部的參與程度降到最低。

俄羅斯軍隊在布查的暴行,促使美國緊縮對俄羅斯聯邦儲蓄銀行的

裁罰、[4] 對俄羅斯最大民營銀行阿爾法銀行（Alfa-Bank）實施凍結制裁，同時禁止美國企業在俄羅斯進行任何新的投資活動。[5] 白宮方面也推翻了財政部允許俄羅斯繼續償債的決策，[6] 這將逼得俄羅斯走上1918年布爾什維克革命後，首度對海外債務違約的道路（俄羅斯政府最後一次對國內債務違約是在1998年）[7]。誠如辛格所見，對海外債權人違約不償債的行為，將使俄羅斯更難以擺脫金融賤民的地位，並讓投資人永遠用懷疑的態度來看待這個國家，因為那種污點無法靠時間來抹滅。

就這樣，美國對俄羅斯的金融制裁已經嚴厲到幾乎不能再嚴厲。對俄羅斯科技業的出口管制也已經開始實施，但它的效果需要時間才會顯現。事到如今，西方國家不得不面對現實：究竟要如何處置俄羅斯能源產業？儘管美國與歐洲都緊急釋出戰備儲油，但油價依舊維持在每桶100美元以上。克里姆林宮的石油收入比前一年激增了50%，[8] 它光靠銷售石油與天然氣，一天就能進帳大約10億美元。而且，辛格從新德里出差回國後，印度的俄羅斯石油進口量不減反增。[9] 到那年春天結束時，印度採購的俄羅斯石油已超過了2021年一整年的總採購量。

10年前，美國靠著一系列創新的制裁措施，大幅削減了伊朗的石油收入，並將超過1,000億美元的伊朗資金封鎖在海外的託管帳戶裡。有鑑於此，拜登政府網羅了幾位當初曾參與這場作戰行動的老兵：白宮方面有國際經濟學資深主任哈瑞爾；來自亞特蘭大的哈瑞爾原是一名律師，向來擁有非常高的政治敏感度，曾在歐巴馬執政時期任職於國務院，是當年落實伊朗石油制裁措施的重要幕後功臣；財政部方面則有外國資產管制辦公室主任安卓雅．加基（Andrea Gacki），她在這個機關已任職10幾年，期間曾擔任幾個不同單位的主管；另外還有反恐暨金融情報部的次長伊莉莎白．羅森伯格（Elizabeth Rosenberg），她在歐巴馬執政時期

加入財政部擔任柯恩（當時他帶頭對伊朗實施石油制裁）的顧問前，曾做過石油與天然氣產業的記者；最後，國務院則有備受拜登信賴的心腹霍赫斯坦，他曾在2012年協助勸誘中國和印度的煉油公司減少伊朗石油的採購量。

　　伊朗石油制裁措施是從兩個不同的角度發揮了如此關鍵的影響。首先，這些制裁使伊朗石油的銷售**量**降低。在國會的要求下，歐巴馬政府威脅將對所有購買伊朗石油的企業實施次級制裁，但同時每隔6個月對顯著降低總採購量的國家實施豁免，因此各國確實有誘因隨著時間逐步減少伊朗石油的進口量。伊朗銷售石油的收入在這項制裁政策生效後18個月內，重挫了60％。第二，這些制裁措施要求銀行業者將伊朗的石油財富存放在海外託管帳戶，從而使德黑蘭當局**使用**石油資金的方式受限。德黑蘭當局並不是不能取用這些資金，但只有在採購糧食、藥品以及其他非受制裁的商品時，才能取用這些資金。不遵守這些規定的銀行業者也會遭到次級制裁。

　　雖然這個模型很成功，拜登政府的官員卻不敢輕易用來制裁俄羅斯，理由是，此時油價已經逼近歷史天價，拜登政府當然沒有任何官員敢積極提倡一個將俄羅斯石油趕出市場的政策，因為那會導致油價進一步上漲。問題的癥結在於俄羅斯的出口量相當龐大——俄羅斯每天出售500萬桶原油[10]——這是伊朗在2012年年初的石油銷售量的2倍，不僅如此，俄羅斯每天還賣出300萬桶柴油及其他石油產品。再者，美國國內的政治氛圍也今非昔比。2012年時，國會以無可否決的多數票通過立法，逼迫歐巴馬的白宮鎖定伊朗的石油銷售收入；但到2022年時，國會山莊在俄羅斯政策上多半只聽從拜登的意見，何況就政治層面來說，摧毀俄羅斯經濟體系的風險，絕對比摧毀伊朗經濟體系的風險大得多，而

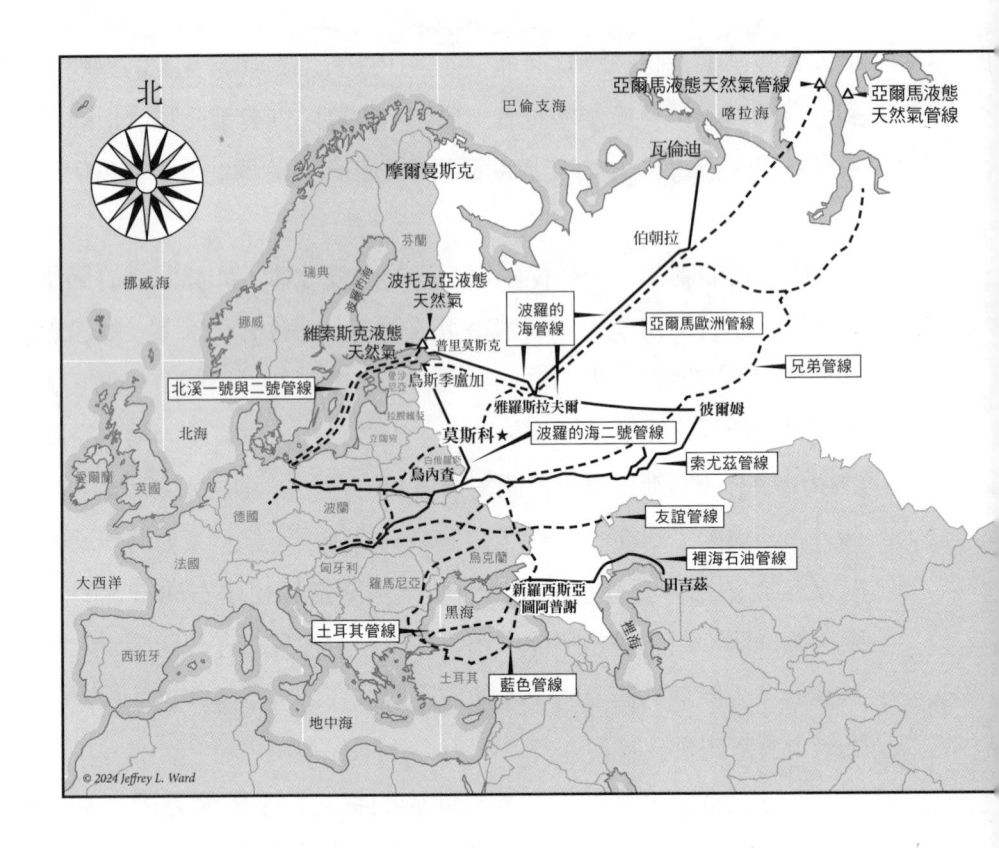

且華盛頓方面並沒有很多遊說者和利益團體呼籲政府當局採取那樣的行動方針。

即使拜登政府當初決定不設法降低俄羅斯的石油出口量，只推動成立託管帳戶，普丁還是可能以「拒絕出售任何石油」的方式來報復美國的制裁。儘管拜登政府內部的經濟學家認為，如果普丁這麼做，將會反過來對俄羅斯的經濟體系與其聯邦預算造成災難性的損害，但還是有一些俄羅斯觀察家確認為，普丁的確有可能瘋狂到採取這項極端行動。所以簡單來說，美國需要一個新策略來應對俄羅斯。

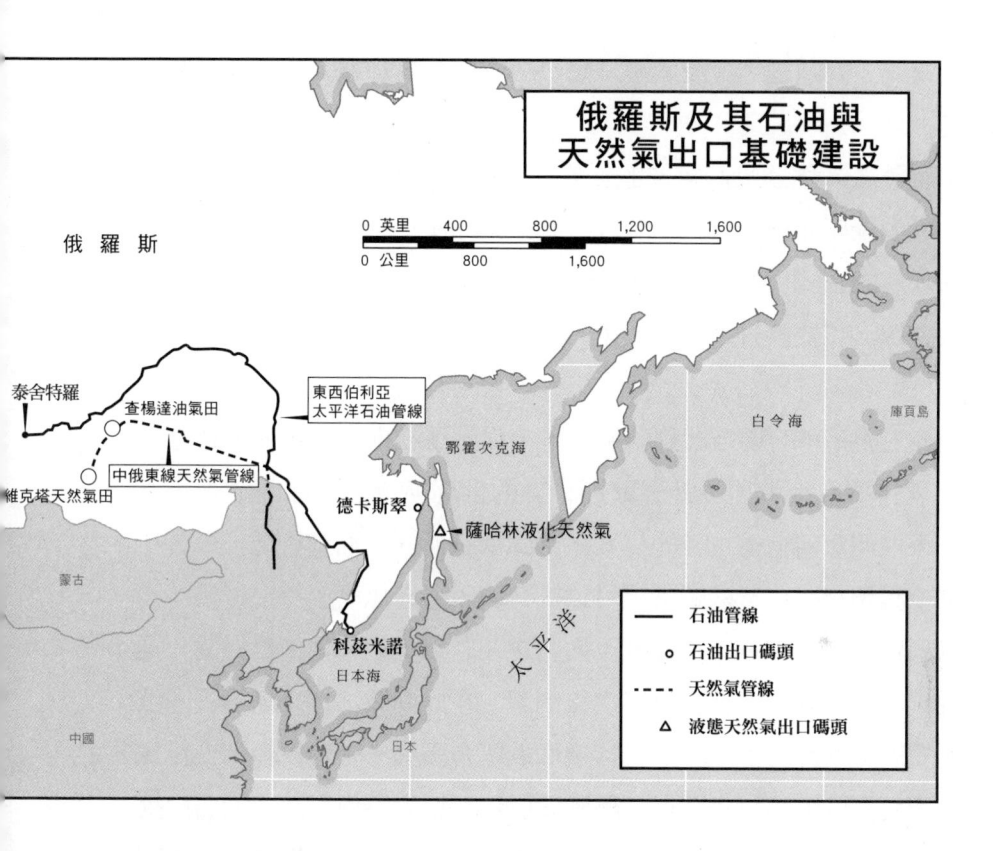

俄羅斯及其石油與天然氣出口基礎建設

地圖標示：
- 俄羅斯
- 泰舍特羅
- 查楊達油氣田
- 東西伯利亞太平洋石油管線
- 維克塔天然氣田
- 中俄東線天然氣管線
- 德卡斯翠
- 薩哈林液化天然氣
- 鄂霍次克海
- 白令海
- 庫頁島
- 科茲米諾
- 日本海
- 太平洋
- 蒙古
- 中國
- 日本

圖例：
- ── 石油管線
- ○ 石油出口碼頭
- ---- 天然氣管線
- △ 液態天然氣出口碼頭

　　第一個受到青睞的想法是關稅：繼續進口俄羅斯石油的美國盟友可以針對它們購買的石油課稅。[11] 經濟學家非常支持這個概念，他們認為這將逼迫買家要求俄羅斯降價，以補償它們必須付給本國政府的租稅，而這最終必然使俄羅斯的石油收入降低。屆時盟國的政府可以進一步利用因此徵收到的稅金，為烏克蘭提供財務支援。不過，這個方法也有幾個重大的缺陷。第一個缺陷和政治有關：盟國的選民可能會將汽油價格的上漲歸咎於關稅。第二個缺陷和外交有關：如果希望關稅發揮預期的作用，俄羅斯石油的所有大咖買家都必須加入這項計畫，包括中國、印

5-13 | 魔術方塊經濟的多重解法

度和土耳其。問題是，這幾個國家幾乎肯定會反對那種公開懲罰俄羅斯的措施。

總而言之，拜登政府需要設法在不降低俄羅斯石油銷售量的情況下，削減俄羅斯的石油收入，而且這個策略即使缺乏俄羅斯石油的最大非西方顧客的正式支持，也能產生作用。這個情況有點像一個政治與經濟魔術方塊：想要湊齊某一面顏色的所有舉動，都會導致其他每一面的顏色被打亂。

最後，加基和哈瑞爾想到一個點子。從戰爭初期開始，義大利總理德拉吉就持續敦促歐盟，針對歐洲企業的俄羅斯天然氣採購價設定上限。如果他們重新把德拉吉的提案應用到俄羅斯的石油銷售上，會有什麼結果？具體來說，華盛頓當局可以威脅將對所有以高於特定價格採購俄羅斯石油的買家實施某種懲罰（換言之，若以低於那個價格採購，則不會受罰）甚或對那些買家實施次級制裁。在此同時，迄今仍繼續向俄羅斯購買石油的西方國家——包括幾個歐盟會員國——可以拒絕支付比那個上限更高的價格給俄羅斯。美國政府也可以對為俄羅斯石油出口提供便利服務的保險業者與運輸業公司施壓，要求那些企業拒絕為售價高於該價格上限的貨物提供服務。實質上來說，西方國家可以動用所有可用的經濟鎖喉點，對俄羅斯的每桶石油單價訂出一個上限。誠如加基所言，這麼做的目標是要「利用制裁來使油價降低」。[12] 這個想法美妙到不像真的，不過，加基和哈瑞爾在制裁政策方面的豐富經驗告訴他們，這個目標並非不可能實現，何況加基深知葉倫非常敬重德拉吉，所以她有把握財政部長葉倫很可能會認可這個概念。

加基和哈瑞爾認為這個點子很不錯的原因還有一個。哈瑞爾說：「這麼一來，我們就不需要爭取中國、印度和土耳其等進口國[13] 公開贊同這

個點子。」拜登政府的官員可以直接和採購俄羅斯石油的煉油公司與交易員交涉，主動向他們解釋配合價格上限規定的好處，以及違反這項規定的風險。在此同時，官員們也可以低調地和北京、新德里以及安卡拉等政府諮商，畢竟這些國家的政府都將因這項政策而獲得極大的利益（透過較低進口油價的形式獲益），而且還無須公開和莫斯科當局作對。如果一切都順利依照計畫進行，俄羅斯雖能繼續出口大量石油，但它可從每桶石油賺到的錢卻會比目前少很多。

但光是讓外界對這個未經檢驗的想法產生信心，就得加好幾把勁，遑論實際採用。不過，美國政府最後還是找到了處理這個魔術方塊難題的潛在解決方案。

5-14 我們還有別的選擇嗎？

在華盛頓，政策想法多得是，但光靠思維創新取勝的新倡議卻少之又少，通常任何想法都需要一個錯綜複雜的支持者網絡才能成事，這些支持者包括政治人物、商界人士、思想領袖以及選民，難就難在不同支持者族群的優先考量和利害關係各有不同。哈瑞爾在《國會季刊》（Congressional Quarterly）擔任記者期間曾深入報導過那個流程，所以他深知他和加基的那個想法——為俄羅斯石油設定價格上限——也不例外。於是，他開始透過以前接觸過的能源企業高階主管、石油交易員以及制裁專家同儕，向那整個生態系透露這個想法。

他收到的回饋是眾口一致又響亮的「千萬不要這麼做」。美國政府——遑論眾多涉及全球石油貿易的銀行業者、保險公司、煉油公司和航運公司——要怎麼核實任何一批俄羅斯石油的精確售價？即使美國政府有辦法核實每一批俄羅斯石油的售價，價格上限又該設定在什麼水準？原油市場非常龐大，其規模幾乎占全球總貿易金額的5％，[1]而且這個市場的某些領域就像早期的大西部——充滿機會，但也無法無天——迅速獲取巨額利潤的誘惑吸引了許多邪魔歪道的參與者。總之，這片山河太過遼闊且太過崎嶇，不是華盛頓的文官想控制就有辦法控制的。

歐巴馬政府以經濟戰來對付伊朗的那段期間，也考慮過價格上限。當時他們受這個概念吸引的理由和此時哈瑞爾與加基青睞它的理由相

同一價格上限能使對手的油元流入減少，又不會導致已經供給吃緊的石油市場失去關鍵的貨源。不過，歐巴馬政府最終認為價格上限的想法難以落實，倒不如直接設法降低伊朗石油**銷售量**來得容易一些，因為這麼一來，主事者在監控法遵狀況時，只需要統計進／出伊朗港口的油輪數量即可。

10年過去了，價格上限的種種缺點並沒有消失。不僅如此，價格上限機制百轉千迴且錯綜複雜，很難公開對外解釋清楚。誠如辛格的某些白宮同事抱怨的，這個機制不太「秀色可餐」。不過，因為缺乏更好的計畫，所以辛格只好指示財政部針對價格上限提案進行深入的評估。

凱薩琳‧沃夫蘭姆（Catherine Wolfram）帶頭進行這項評估工作，她是財政部資深官員，曾是葉倫在加州大學柏克萊分校經濟系的老同事。沃夫蘭姆的結論令人振奮。她發現，俄羅斯根本不可能藉由策略性減產，把石油的銷售武器化—因為石油收入對俄羅斯重要到絕對不能犧牲。沃夫蘭姆也懷疑，就算俄羅斯面臨嚴厲的價格上限制裁，它應該還是不會主動減少石油銷售量。沃夫蘭姆解釋：「基本上，俄羅斯的供給100%無彈性，[2] 他們的邊際成本（marginal costs）非常低，所以只要價格高於10美元，他們依舊會竭盡所能出口石油。」不久前的經驗顯示事實的確如此：即使在新冠疫情剛爆發那幾個月，俄羅斯石油的價格一度下跌到每桶15美元以下，[3] 它還是繼續供應大量的石油。

在此同時，俄羅斯在布查與其他烏克蘭城鎮犯下戰爭罪的證據持續大量浮現。它在戰前有48萬名烏克蘭人居住的馬里烏波爾犯下的大規模暴行也漸漸為世人所知—俄羅斯人的炸彈炸死了數萬名平民百姓，幾乎將這個城市夷為平地[4]。歐盟一般大眾的怒火以及呼籲重新實施大規模石油禁運的聲浪，大到葉倫不得不出面公開呼籲謹慎行事。她說：「中期而

言,歐洲顯然需要降低對俄羅斯能源的依賴,但我們在思考歐洲全面實施石油等進口禁令之類問題時,還是必須非常謹慎。」[5] 歐洲一旦實施禁運,將「明顯抬高全球油價」,並「對歐洲與其他國家造成損害性的衝擊」,甚至可能反而會幫到克里姆林宮。若能找到某種既能允許石油與天然氣銷售繼續進行,又能使俄羅斯的能源橫財減少的方法,對西方國家來說還是比較好一些。她的說法明顯但間接地指向了實施價格上限的可能性。

不久後,沃夫蘭姆和其他財政部官員把價格上限的想法彙整成一張投影片,並寄給賽伯特,希望能促使布魯塞爾當局漸漸放棄禁運的想法。不過,他們的作為已經來不及扭轉歐盟的強大政治潮流——歐盟堅決偏好實施全面的禁令。於是,價格上限方案就這麼胎死腹中。

雖然離經濟戰結束還早得很,辛格卻決定在 5 月離開在白宮的職務。[6] 這場作戰行動的要求永無止境,他因此付出了非常大的代價,所以他打算花更多時間陪伴家人。

2022 年 5 月 4 日,馮德萊恩在法國史特拉斯堡市(Strasbourg)的歐洲議會裡,就這場烏克蘭戰爭發表一席慷慨激昂的演說。她說,烏克蘭人正「為了重申」國際法神聖不可侵犯的「基本理念而奮戰」,因此「烏克蘭的今天」象徵著「歐盟的未來」。[7] 考量到這些攸關存亡的利害關係,歐盟結束依賴俄羅斯石油的時刻已經來到。馮德萊恩提議整個歐盟區在那一年年底前,逐步停止從俄羅斯進口石油。

即使馮德萊恩的宣示早在意料之中,那對歐盟來說終究是一件大事。歐盟是全球最大的俄羅斯石油買方,隨著它準備在幾個月內退出採

購行列，全球石油市場結構必然會出現根本變化，而布魯塞爾當局也將因此一步步邁向未知的命運。

馮德萊恩的詳細提案在那天稍晚公布後，外界才知道，原來歐盟也計畫禁止歐洲企業為所有涉及俄羅斯石油的交易提供運輸[8]、仲介、保險以及金融服務，無論這些石油運往何處。舉例來說，如果俄羅斯想在歐洲的禁令實施後繼續出售石油給印度，它將無法使用任何歐洲企業的服務，而這代表俄羅斯石油將在後勤統籌方面遭遇極大的挑戰。不過，和「服務禁令」有關的這些訊息，讓華盛頓的官員感到意外且不悅。如果是採用單純的禁運，貿易路線和顧客關係雖將重新洗牌，俄羅斯的石油總供應量卻將維持不變，如果再加上服務禁令，可能會有一部分俄羅斯石油被迫徹底退出市場，[9]因為俄羅斯可能無法順利投保適足的保險，或根本找不到足夠的油輪來載運那些石油。這麼一來，價格幾乎肯定會飆漲，而「價格飆漲」是拜登政府一直以來努力避免的結局。事實上，就在交易員與能源業分析師仔細審視馮德萊恩的提案並評估它的影響之際，油價就已開始上漲。

然而，歐盟內部認為實施這些服務禁令理所當然，而且歐盟先前就曾對伊朗實施過這些禁令。如果歐洲煉油公司和交易員都被禁止購買俄羅斯石油了，有什麼理由繼續准許歐洲的銀行業者、船運公司和保險公司協助其他地方的煉油公司與交易員處理採購俄羅斯石油的事務？而且這項措施也能提供一個管道，將石油制裁所造成的負擔，更公平地分攤給歐盟各個國家。為了實施禁運，某些歐盟會員國減少採購的俄羅斯石油數量將多於其他會員國；而加入服務禁令後，實施制裁的影響就能較平均地分配給27個會員國。

沃夫蘭姆和美國財政部的同事詳讀過歐盟的新提案後，內心極度忐

忑。根據他們的模型，一旦這個提案付諸實行，油價有可能上漲到每桶180美元，遠比歷史天價還要高。[10] 華爾街某家銀行的大宗原物料商品交易部門更向財政部官員表示，根據它的模型，推估油價甚至可能上漲到更高水準——有一路飆漲到每桶300美元的可能。不管是哪個情境，都會導致世界經濟體系陷入痛苦的衰退狀態。

這些預測讓拜登政府的官員非常震撼，因為歐盟的服務禁令甚至可能會產生反效果，讓克里姆林宮當局在出售**較少**石油的情況下賺到**更多**錢，當然，這取決於油價因那些禁令而上漲到什麼水準。不過，當美國財政部官員和歐洲的對等官員分享這些疑慮時，對方卻不以為然。看來這些服務禁令已勢在必行。美國官員必須轉採B計畫：設法鑽歐盟服務禁令的漏洞，好讓俄羅斯石油得以繼續流通。他們最終推斷，為達到這個目的，最好的方法就是讓價格上限的想法復活，並微調成某種安全閥。

美國官員推想，可以把價格上限設定為歐盟服務禁令的豁免條件。具體來說，如果俄羅斯石油的售價**高於**這個上限，就適用那些服務禁令；但如果俄羅斯石油的售價**低於**這個上限，就免受服務禁令限制。舉例來說，如果俄羅斯想要出售一批石油到印度，那麼，只要那批石油的印度買家實際上支付的價格低於價格上限，歐洲的企業就能為這批石油提供保險與油輪服務。假設西方國家能夠堅持這樣的安排，就能緩解潛在的供給緊縮問題，同時實現「維護全球石油供給量」與「降低俄羅斯收入」的雙重目標。

當然，沒有人敢保證歐洲人會配合採取行動，更遑論這個計畫是否真的能奏效了。不過，面對那麼驚悚的未來油價走勢預測，加上缺乏其他可行的想法，即使是拜登政府內部的懷疑論者，都開始覺得這個版本的價格上限是必要的。一位資深白宮官員回憶當時的情況說，他當時心

想:「X的,如果俄羅斯石油真的被迫退出市場,那肯定會是一場大災難。我們還有什麼其他選項?」就這樣,最初旨在削減俄羅斯石油收入的提案,演化成更緊迫的要務:避免陷入全球經濟災難的計畫。

不過,由於歐盟對美國官員的疑慮充耳不聞,他們只好把焦點轉移到英吉利海峽另一端的英國。或許倫敦當局可以扮演盟友的角色,先擬定一個替代歐盟服務禁令的折衷提案,最後再由倫敦向布魯塞爾推銷這項替代提案。美國財政部官員希望這麼做,至少能阻止英國政府發布一份參考歐盟模型的英國版服務禁令。英國是全球海上保險領域的樞紐,所以,如果英國為配合歐盟的對策而實施服務禁令,勢必會產生對經濟更大的有害影響。為了說服英國採取不同的途徑,沃利・艾迪耶莫(Wally Adeyemo)和羅森伯格打電話給英國官員,針對這項服務禁令的潛在可怕後果提出警告。沃夫蘭姆也陪同她的上司——財政部首席經濟學家班・哈里斯(Ben Harris)——向英國簡報她的分析。幸好他們的主動出擊獲得了想要的效果:倫敦同意不追隨布魯塞爾當局實施服務禁令,而且還保證將和華盛頓合作設計、實施價格上限機制,以緩解迫在眉睫的市場混亂。

美國和英國雖同意協力合作,但它們雙雙瞭解到,要使價格上限真正產生作用,最終還是必須爭取到其他盟國的支持。為全球絕大多數油輪船隊提供保險的傘狀組織(umbrella organization)國際船東互保協會團體(International Group of P&I Clubs)[11]的總部雖位於倫敦,它的會員卻包含歐盟、日本和其他國家的許多協會。這個組織的高層表示,如果歐盟實施歐盟版服務禁令,所有會員協會都將立即停止為載運俄羅斯石油的船隻保險。[12]因此,美國與英國官員深知,他們必須打造出一個能爭取到歐盟支持的價格上限提案。

5 月 31 日，歐盟的 27 位領袖正式在馮德萊恩的制裁提案上簽名。[13] 在最後的協商階段，有幾個條款的制裁力度略微降級。歐盟最終同意在 6 個月內分階段停止採購大約 90%[14] 的俄羅斯石油，而非徹底禁運。歐盟還同意根據這個時間表實施服務禁令，但排除一個關鍵例外：希臘和馬爾他（Malta）獲得運輸活動的豁免，[15] 所以，這項禁令將只適用於保險業和金融業。儘管如此，根據《華爾街日報》的報導，這些制裁是「迄今為止對俄羅斯最嚴苛的制裁」。[16]

　　禁運和服務禁令要等到 12 月 5 日才會雙雙生效，但拜登政府的官員已經做好「防撞準備」——歐盟確定其制裁內容後，油價馬上飆漲到每桶 120 美元，[17] 達到這場戰爭開打初期以來的最高價。

5-15 經濟服務供應商大聯盟

法國財政部龐大的總部位於巴黎貝西區（Bercy），它是現代主義風格。在一個異常燠熱的 6 月天，一組美國官員代表團坐在其中一間辦公室裡，坐在會議桌中央的是美國財政部的 3 名官員：羅森伯格、哈里斯，以及沃夫蘭姆。

從歐盟決定實施石油服務禁令之後，葉倫就把落實價格上限列為優先要務，並責成羅森伯格、哈里斯和沃夫蘭姆完成這件工作。

他們 3 人來到巴黎，是為了警告法國留意歐盟最新制裁措施的嚴重後果。他們堅信如果歐盟依照原訂計畫，繼續推動石油相關服務的禁令，油價一定會飆漲，並導致全球經濟陷入衰退。價格上限或許不是完美的選項，卻是避免這個殘酷命運的最佳機會。

此時那間位於貝西區的辦公室裡擠滿了人，但窗戶卻緊閉著，而且沒有開空調。美國財政部的團隊揮汗如雨，等著會議主席來到。當法國代表團的首席代表終於現身時，她的同事向她問好，她卻用法語回答：「現在已經 5 點半了，你覺得我好不好？」音量大到其中一個美國人都聽得見。

接下來的會議因她那句話而被定了調。出席會議的法國人先是禮貌

地聽取美國人的分析，接著便向那幾位美國人直言他們的看法有誤，而且宣稱法國絕對不會同意修訂歐盟的石油制裁措施。歐盟可是費了九牛二虎之力，才好不容易搞定眼前的制裁計畫，布魯塞爾當局自然不認為值得為了美國的危言聳聽而重新再展開一輪辯論。

何況就算這些美國人的看法是對的，價格上限也注定會失敗，因為即使是像美國這樣一個超級強國，都無力左右石油的價格。誠如為首的那位法國官員所言：「俄羅斯人不會坐以待斃，等葉倫幫俄羅斯石油設定價格。」這場會議開了1個多小時，最後並沒有任何進展。美國人離開辦公室時，那些法國人才把窗戶打開，流通一下空氣。

這個美國代表團的出差行程為期僅3天，但巴黎只是其中一站，他們還拜訪了柏林、布魯塞爾和倫敦。德國人雖不像法國人那麼惡意相向，卻一樣沒有被說服。布魯塞爾的歐盟官員則告訴這些美國訪客，石油市場已經相當程度反映了歐盟的制裁措施，所以油價進一步竄升的風險並不高。他們到倫敦後，雙方的對話又更友善一些。艾迪耶莫加入美國代表團，和英國人一起對話，儘管英國的官員並不認為，油價會飆漲到美國人所擔心的那麼高，他們還是同意助美國一臂之力，在即將於那個月月底召開的G7年度高峰會上，倡議這項價格上限計畫。

從這場經濟戰展開後，華盛頓當局就一直仰賴G7的政治職權來推動最野心勃勃的新制裁想法。想當初在2月，辛格就是利用他和其他G7的政策協調人之間的關係來取得那些國家的支持，並迅速協調出打擊俄羅斯央行的決定。因此，拜登政府評估，若想搞定價格上限措施，最好再次取得G7的承諾，並在該集團接下來於德國巴伐利亞召開的高峰會中，公開宣佈這項措施。

辛格離職後，接替他擔任白宮政策協調人的麥克·派爾（Mike

Pyle),曾在世界最大資產管理公司貝萊德擔任首席投資策略分析師。派爾原本是財政部的官員,他在全球經濟領域的經驗跟辛格一樣豐富,不過,在經濟作戰黑魔法領域,他卻還是新手,而且他半途才加入這場制裁戰役。幸好他身邊有很多其他續任的官員,而且還有哈瑞爾帶頭為 G7 公報草擬價格上限計畫的文本。

哈瑞爾的目標是要在 G7 的公報上納入一段措辭,明確指示 G7 的政府研擬價格上限。不過,不出多久,他就發現法國人不會容忍他這麼做,日本人也同樣抗拒,因為日本人非常依賴位於俄羅斯在遠東地區的薩哈林二號計畫（Sakhalin2 project）[1] 所提供的液態天然氣,他們擔心如果東京支持這項價格上限措施,克里姆林宮可能會切斷對日本攸關重大的天然氣供給。負責執筆的是德國人,因為他們是這場即將召開的高峰會的東道主。

德國人提議採用折衷的措辭——即 G7 將「考慮一系列」[2] 可削減俄羅斯能源收入、同時穩定世界市場「的方法」,包括價格上限。這樣的措辭雖未臻白宮的理想,至少在政治上授權了羅森伯格、哈里斯與沃夫蘭姆等美國財政部官員,一同盟友共同發展這個概念。最後,在派爾以及拜登本人的加持下（他們在巴伐利亞阿爾卑斯山上一座城堡與其他領袖會面時補上了臨門一腳）,G7 終於在 6 月 28 日發布的公報上,納入了這些措辭。

在 G7 的認可下,美國財政部官員終於取得了相當於空中掩護的後盾,於是,他們隨即捲起衣袖,努力打造新型經濟武器。7 月,英國官員到華盛頓待了幾天,和其他人協商價格上限在實務上的運作方式。有待

釐清的事項非常多,例如價格上限是以銷售點(俄羅斯的某個出口碼頭)的價格為準,還是以交貨點(例如印度某個港口)的價格為準?價格上限有效期嗎?或者說 G7 承諾永久打壓俄羅斯石油的價格?

最大的問題是,除了透過「服務禁令豁免」來落實這個政策,G7 是否會在強制執行這項價格上限政策的同時,威脅將採取次級制裁?G7 是否真的會對全球各地所有不配合的行為者(不管對方是瑞士的石油貿易公司或中國的煉油公司)開鍘?「次級制裁」的威脅對當年的伊朗制裁行動居功厥偉,但也極具爭議性。一方面來說,次級制裁將能讓價格上限真正發揮作用,因為沒有人知道若未附帶這項威脅,價格上限政策是否真的能奏效。

此外,次級制裁的大棒將搭配味美多汁的胡蘿蔔,因為配合價格上限的人就能以**較低**的油價買到俄羅斯石油——想當然爾,沒有人會因為支付**較低**的油價而抱怨。但另一方面來說,儘管 G7 試圖集結全球之力支持烏克蘭,卻未能在「全球南方」國家方面取得明顯進展,在這個氛圍下,美國與英國部分官員對於納入次級制裁一事有點不安。

不僅如此,還有一個更大的障礙必須克服。長期以來,歐盟都把次級制裁貶抑為不合法的政策,甚至通過一項法律禁止歐洲企業遵守[3]次級制裁的規定。(不過,歐洲企業卻往往還是會遵守那些規定,何況歐盟也鮮少強制執行這項法律。)羅森伯格解釋:「歐洲人對次級制裁很感冒,[4]他們不會欣然接受這項政策。」

這一切顯示,次級制裁並非理想的強制執行工具,於是,美國和英國官員設想建立一種類似卡特爾(cartel)的組織來取代它:G7 會員國只允許它們的企業為符合價格上限的俄羅斯石油運輸貨物提供服務。實質上來說,G7 的所有國家都會效法歐盟的服務禁令,並納入運輸業來補強

這項禁令，接著一致同意一旦俄羅斯的石油售價低於 G7 設定的價格，就放棄執行[5]。舉例來說，如果俄羅斯出售一批石油給印度，而且這批石油的售價低於 G7 設定的上限，那麼這批石油就能使用英國的保險或希臘的油輪。

長久以來，石油消費國都希望獲得對石油生產國的定價影響力。早在 1973 年，美國經濟因阿拉伯石油禁運而遭受重創之際，季辛吉就提出了建立「買方卡特爾」來抗衡石油輸出國家組織[6]的想法，不過，這個想法沒多久就被擱置。

如今華盛頓當局想打造的並不是由**買方**組成的卡特爾，因為 G7 的所有會員國不是已經停止從俄羅斯進口石油，就是已經計畫這麼做了，所以買方卡特爾的成效有限。華盛頓當局想打造的其實是一個由**服務提供者**組成的卡特爾，其目標和季辛吉設想的買方卡特爾很類似：控制外界為採購俄羅斯（世界最大石油出口國之一）的石油而支付的價格。

這項策略的成敗取決於兩個假設。第一個假設是，若俄羅斯無法取用 G7 的服務（具體來說，那包括英國的保險服務、歐洲的運輸服務，以及美國的金融服務），就難以出售大量的俄羅斯石油。在這三項後勤運籌組成要素當中，英國的保險服務是特別重要的鎖喉點：全球 95% 的油輪船隊[7]都會向總部位於倫敦的國際船東互保協會團體投保，英國因此也成了海上保險的全球樞紐。

第二個假設是，俄羅斯石油的買家將會利用這個價格上限，和俄羅斯的賣方協商較低的售價。然而，這點真的很難說：買家可能因為擔心惹毛莫斯科當局而不願意討價還價，當然，俄羅斯也大可拒絕以低於這

個上限的價格出售石油。

　　為了試水溫，美國財政部官員悄悄和俄羅斯石油的幾個大買家接觸。他們得到的回覆令人振奮。印度與土耳其的官員雖不願公開支持這個價格上限，但他們表示不會阻止本國企業積極和俄羅斯石油供應商討價還價。8 月，羅森伯格和沃夫蘭姆到雅加達出差，[8] 印尼官員向他們表示，光是未來可能實施價格上限一事，就已經讓俄羅斯石油的買家得到了更強的議價影響力。羅森伯格與沃爾夫蘭姆返國後不久，一名印尼部長級人物就公開發布這個資訊，他在 IG 上貼文表示，俄羅斯已提出願意「以低於國際市場 30% 的價格」[9] 出售石油給印尼。

　　另一個重要的證據在 8 月下旬浮現，當時阿迪耶莫和沃夫蘭姆一同到孟買出差。[10] 印度煉油業的高階主管解釋，他們不願意購買沒有投保七大工業國海上保險的石油，即使俄羅斯提供替代的保險方案，他們也不接受。原因是，萬一他們的石油船貨從俄羅斯位於波羅的海的港口運送到印度，在漫長的過程中被撞毀或發生其他事故，他們擔心俄羅斯人不會遵守理賠的約定，畢竟俄羅斯過去在法治方面的名聲並不怎麼好，而且俄羅斯正面臨普丁的龐大戰爭支出以及西方國家制裁等所造成的沉重財務負擔，它的財務狀況並不怎麼令人放心。

　　這些對話內容似乎印證了拜登政府的看法：即使是在未威脅將實施「次級制裁」的情況下，由服務提供者組成的卡特爾，應該就已構成強制執行價格上限的必要力量。停止提供必要的後勤服務的威脅，特別是海上保險，可能就足以促使全球各地的民間企業遵守制裁相關規定。美國官員並沒有排除次級制裁的可能性，但那將是最後的殺手鐧。

　　9 月 2 日，G7 的財政部長正式宣誓將在 12 月 5 日（也就是歐洲計畫大幅降低其俄羅斯石油進口量的日子）實施價格上限政策。[11] 烏克蘭的

官員對這個決定感到欣慰，其中一名官員還盛讚價格上限「正符合我們的需要」。[12] 事實上，烏克蘭正竭盡全力利用它能獲得的所有幫助：烏克蘭人不僅扛下了俄羅斯初步入侵的沉重壓力，還將俄羅斯人趕出基輔，此時更在準備展開反攻。[13]

5-16 持久的經濟消耗戰

　　早在俄羅斯入侵烏克蘭之前，西方國家就開始規劃制裁俄羅斯的政策，當時的主要目標是要進行威懾，讓俄羅斯不敢輕舉妄動。西方國家的盤算是，說不定只是威脅要讓俄羅斯經濟陷入痛苦深淵，普丁就可能會打消他的帝國夢。不過，普丁最終還是入侵烏克蘭了，那代表西方國家那些旨在威懾的作為已經徹底失敗，於是，它們只好調整目標。到了這時，某些西方國家開始把制裁視為烏克蘭未來和平談判的潛在籌碼來源，但那個想法實在不切實際。光是在戰爭爆發後那 8 個月，重建烏克蘭的成本，估計高達 5,000 億美元至 1 兆多美元。[1] 在俄羅斯支付巨額賠款給烏克蘭以前就直接撤銷制裁，實在是匪夷所思，事實上，「俄羅斯支付巨額賠款給烏克蘭」本身就夠令人匪夷所思了！比較可能的情況是，西方國家最終著手沒收俄羅斯人的資產[2]（包括俄羅斯央行「無法動用」的那 3,000 多億美元的外匯準備）來支應烏克蘭的重建需求。

　　顯而易見的，此時的制裁行動不再是以改變俄羅斯的行為為目標，它的目的變得更單純：[3] 破壞俄羅斯的經濟體系，進而讓普丁更難以實現征服夢。換言之，此時制裁政策已經成了一種消耗工具，[4] 一種侵蝕俄羅斯實力的手段，這些工具將讓俄羅斯不再有能力對烏克蘭或其他任何國家造成那麼嚴重的威脅。當年川普政府將中國視為地緣政治對手，並利用經濟作戰來消除全球化有利於美國競爭對手的特性，如今，拜登政府

也有樣學樣,把俄羅斯視為地緣政治對手,並以相同的立場來對付它。如今普丁已不再能利用全球化帶給俄羅斯的回報,來促進讓俄羅斯重新成為超級強國的大業了。美國國防部長洛伊德・奧斯汀(Lloyd Austin)在 4 月拜訪過基輔後,概要描述了這個逐漸形成的共識,當時他的直率說法一度還引發爭議,[5] 他說:「我們希望俄羅斯被削弱[6]到無法再做出入侵烏克蘭那種事。」

制裁只是這個策略的一環而已。隨著俄烏衝突持續升級,華盛頓大幅增加對烏克蘭的軍事援助,[7] 為它提供了價值數百億美元的先進武器。到夏天時,美國運送到烏克蘭的武器已經包括高機動性多管火箭系統(HIMARS,簡稱海馬斯)——這種裝載在卡車上的武器系統,[8] 可以在大約 50 英里的範圍內發射精準的導引火箭。海馬斯火箭系統比俄羅斯的同類武器更先進,烏克蘭也因此獲得了戰場上的質化優勢。有了海馬斯火箭系統相助,再加上烏克蘭軍隊昂揚的士氣與傑出的戰術,最終扭轉了整個戰局。在烏克蘭南部的戰事方面,烏克蘭軍隊也利用新武器輕鬆重創俄羅斯的補給線。[9] 到初秋之際,烏克蘭的一支反攻部隊取得了實質進展,情勢看來,基輔當局奪回多數領土的可能性似乎漸漸提高。

美國和盟國的軍事協助是讓烏克蘭得以驅逐入侵者的根本力量。不過,它們的經濟作戰行動可能也削弱了俄羅斯的軍事能力,並傷害了俄羅斯國內的士氣,從而對這場戰爭發揮某種輔助作用。從俄羅斯在更新某些武器庫存時所遭遇到的困難,便明顯可見經濟作戰確實已發揮力量。儘管俄羅斯擁有巨大的軍工複合產業,它還是高度仰賴西方國家製造的電腦晶片[10]來生產最先進的武器。《外國直接產品規則》與其他出口管制導致俄羅斯無法取得這些零組件,所以俄羅斯軍隊只好回頭使用蘇聯時期留下的彈藥,而這些老舊的彈藥當然無法和西方國家為烏克蘭提

供的高科技裝備相提並論。

晶片短缺的問題不僅影響到軍工複合產業，也在俄羅斯的整個經濟體系蔓延，因為掌權者為了取得晶片而拆解進口冰箱與洗碗機，[11] 導致平民百姓無法取得習以為常的消費性商品。更嚴重的問題是，晶片短缺重創了俄羅斯的汽車、卡車及機車產業。[12] 共雇用 300 多萬名俄羅斯人的汽車製造商及其分支產業受創尤其嚴重：2022 年 9 月，這個產業的產出較去年同期減少了超過 80％。[13] 數百萬名工人因此被強制接受假或休其他形式的無薪假。[14]

而且，短缺的不僅僅是半導體。俄羅斯多數大型產業用於生產活動的原材料有 50％甚至更高的比例仰賴進口[15]。當時連肉雞養殖用的小雞[16]和拖拉機用的輪胎都已短缺。幸運得以繼續維持營運的企業，也面臨產品品質崩壞的窘境。舉例來說，莫斯科當局為了應對外國零組件遽減的問題而放寬小客車的安全標準；俄羅斯最大汽車製造商 AvtoVAZ 開始銷售沒有配備安全氣囊和防鎖死煞車系統的車子。[17] 普丁過去因改善許多平民百姓的生活而在國內擁有極高的支持度，但如今的經濟狀況卻令人回想起蘇聯時期。一名遭到制裁的俄羅斯寡頭統治集團成員發牢騷說：「香腸裡面一定摻更多紙了。」[18]

但道高一尺，魔高一丈，俄羅斯還是找到了變通的方法。俄羅斯的陸地邊界長達 1 萬 4,000 英里，當中自然存在制裁措施與出口管制想管也管不到的生意蹊徑。舉例來說，俄羅斯的企業在亞美尼亞、哈薩克等鄰近國家成立掛名企業，[19] 接著開始進口商品到那些國家，再進而將那些商品走私到俄羅斯境內。美國及其盟國很難制止這種行為，尤其是像晶片那麼輕薄短小的違禁品。[20] 一如先前的伊朗，長期下來，俄羅斯勢必會找出各種創新的方法來規避制裁。華盛頓當局與 G7 的其他政府雖可以

戰時夥伴關係：弗拉基米爾・澤倫斯基以及傑克・蘇利文（右）在基輔握手。

試著進一步實施更加創新的制裁，但事情發展到最後，都只是一場永無止境的貓捉老鼠遊戲。

唯一能持續對俄羅斯構成壓力的萬全辦法，就是剝奪俄羅斯經濟體系的現金。如果沒錢可買任何東西，那些走私路線也沒有太大的用處，相同的道理也適用於俄羅斯的戰爭機器。不管軍方是使用先進的智慧炸彈或是蘇聯時代遺留下來的老砲彈，它都需要使用必須耗費大量成本來培訓、裝備與部署的士兵，尤其是在必須長時間維持大量兵力的情況下。

9月21日，迫切希望恢復俄羅斯戰場動能的普丁，孤注一擲地強行推動一項徵兵計畫，他的目標是要強制徵召[21]大約30萬的平民百姓入伍。此舉導致數萬名俄羅斯人為了避免被送到烏克蘭作戰而逃離[22]自己的國家，還有許多勇敢的示威者無懼於被逮捕的命運而走上街頭。不久

5-16 ｜ 持久的經濟消耗戰

之後,普丁正式併吞烏克蘭的頓內茨克、盧甘斯克、赫爾松以及扎波羅熱(Zaporizhzhia)地區(這些地區的很多地方甚至還不受俄羅斯控制),並誓言將用盡莫斯科當局可用的「所有手段」來確保那些地區「永遠」隸屬於俄羅斯。[23]

俄羅斯的徵兵與併吞行動導致軍事與政治緊張局勢嚴重升級。不過,這些行動也凸顯出普丁政權是多麼需錢孔急。此時,石油出口依舊是俄羅斯最重要的現金來源,而隨著經濟體系的其他環節已經萎縮,石油出口收入自是一天比一天舉足輕重。西方國家最終還是必須切斷克里姆林宮的石油資金來源。換言之,施行價格上限已刻不容緩。

5-17 分裂的世界市場

全球能源產業裡的多數人，將這個價格上限政策視為無知華盛頓文官天馬行空拼湊出來的愚蠢計畫。《彭博社》專欄作家賈維爾・布拉斯（Javier Blas）在一則和這項政策有關的推文中，挖苦地寫道：「我朋友和我同意對本地的啤酒酒吧實施價格上限。[1] 請注意，我們本來就沒打算在那裡喝任何啤酒。這個酒吧的老闆說，他不會把啤酒賣給任何一個遵守這個上限的人，所以啤酒店裡其他很多大戶常客說，他們不會加入這個上限計畫。成功！」這則推文在社群媒體平台上快速傳播。

他的嘲弄讓財政部相當不滿，於是，財政部的首席經濟學家哈里斯認為應該透過個人的官方推特帳戶加以回應。哈里斯反駁道：由於「全球石油貿易的必要金融服務與其他服務是受 G7 支配」，所以這個集團有能力「禁止高於特定價格的交易」，而且「全球能源貿易比地方酒吧裡的交易更複雜一些」。[2] 不過，大宗原物料商品分析師乃至專家學者，鮮少人認同哈里斯的論述。他回憶：「很多人說我是白癡。」[3]

不過，即使價格上限計畫遭到公開揶揄，哈里斯和羅森伯格還是積極和未來將負責落實這項計畫的機構——銀行業者、保險公司、大宗原物料商品交易公司、煉油公司、船東，以及漸漸失去熱情的主管機關——進行富有建設性的談話。這些機構的很多發言人通常都盡可能遠離財政部的監視範圍（石油交易商特別是如此，[4] 因為它們向來不願意切

實且透明地遵守美國政府的規定，並因規避制裁而惡名昭彰）。不過，為了避免最糟糕的情境，也就是企業自認不可能信守價格上限，所以乾脆徹底遠離俄羅斯石油，以免惹禍上身，財政部還是必須尋求對話。美國實施制裁後，經常可見那種矯枉過正的法遵行為，歐洲的大型企業拒絕在 2015 年的核協議簽署後重新進入伊朗，就是最貼切的例子。以當前的局勢而言，美國財政部擔心矯枉過正，將導致俄羅斯石油徹底從市場上退出，並使全球油價急速飆漲──這正是當初設計價格上限措施時想要防範的那個惡果。

　　哈里斯和羅森伯格花了無數時間，企圖說服眾多謹小慎微的企業高階主管，希望他們相信美國並無意跟他們玩「陷阱遊戲」（gotcha game）。他們主張，價格上限將為美國財政部與民間企業創造雙贏：企業高階主管可以藉由提供意見，協助確保這項政策的可行性，而財政部則能在這個過程中獲得企業高階主管的含蓄保證──保證他們的公司將遵守這項政策。長期以來，銀行業者和企業在經濟作戰中都只是扮演馬前卒的角色；如今，政府也給了它們為將軍獻策的機會。

　　這個發展讓原本冷眼旁觀的阿拉伯產油國愈來愈不安。從 1970 年代以來，左右國際油價的特權都掌握在全球石油市場領袖沙烏地阿拉伯的手中，而且它還持續透過在 OPEC+ 組織的領導地位來維護這項特權。（2016 年，OPEC 邀請俄羅斯與其他 9 個國家協同產量水準，並成立了 OPEC+ 組織。）[5]。如今，美國主導的這項價格上限政策，很可能危害到這個卡特爾的定價權。如果 G7 這次真的成功壓制俄羅斯石油的價格，那就證明西方國家只要控制市場正常運作所需的幾項關鍵服務，就能對石油市場發揮重大的影響力。今天對俄羅斯發射的經濟武器，明天也可能鎖定另一個石油出口國。OPEC+ 國家的部長級人物將在 10 月 5 日於維也

納集會，每個人都在猜他們將作出什麼決策。

美國的官員深知，他們需要沙烏地阿拉伯站在美國這一邊。幾個月前，拜登甚至親自到吉達（Jeddah）去，和沙烏地王儲穆罕默德・賓・沙爾曼（Mohammed bin Salman，他較為外人所知的稱呼是 MBS）見面。這次會面堪稱拜登總統外交政策的 180 度大轉彎，畢竟他先前曾誓言要讓沙烏地阿拉伯為 2018 年謀殺《華盛頓郵報》記者賈邁・卡舒吉（Jamal Khashoggi）「付出代價」。[6] 不過，這場會議結束時，沙烏地也只給拜登一個籠統的承諾[7]——提高石油產出來協助紓解價格壓力。10 月的 OPEC+ 會議召開前，霍赫斯坦與其他美國官員又回到吉達，提醒沙爾曼要記得這個承諾，結果還是只得到一個輕描淡寫的保證：至少沙烏地阿拉伯[8]不會支持減產。

然而，當決策時刻來臨，利雅德竟和莫斯科站在同一陣線。OPEC+ 國家的部長在維也納的會議中，同意每天減產[9] 200 萬桶石油。這對價格上限政策造成了直接的衝擊：[10]G7 可以嘗試壓低俄羅斯石油的價格，但如果 OPEC+ 聯合減產，促使油價飆漲，G7 的所有努力都會付諸流水。

這個決定讓白宮十分惱火，它譴責那是個「短視」的決策，同時誓言將和美國國會共同努力「降低 OPEC 對能源價格的控制力量」。[11] 就在 OPEC+ 這個決策公布前，美國財政部還在努力宣傳價格上限政策，宣稱這個政策能壓低能源成本，為全球南方國家節省數十甚至數百億美元。[12] 如今這些承諾似乎顯得言之過早。

代表俄羅斯出席 OPEC+ 的亞歷山大・諾瓦克（Alexander Novak）在維也納發表演說，他宣稱一旦價格上限開始實施，莫斯科當局隨時做好進一步減產的準備。[13] 這個威脅不容小覷。儘管根據沃夫蘭姆的評估，石油資金對克里姆林宮太過攸關重大，因此它必定會非常嚴肅考慮是否

5-17｜分裂的世界市場

真的要拒絕出口石油。不過，說不定普丁真的敢繼續減產，以便利用進一步上漲的油價，在即將到來的美國期中選舉，對拜登造成沉重的政治打擊。

俄羅斯先前就已充分展現將天然氣能源出口武器化的意願。俄羅斯天然氣工業股份公司在9月宣布，無限期停止透過北溪一號管線（經由波羅的海連接俄羅斯與德國）向歐洲供應天然氣。[14] 幾個星期之後，這些管線就在一場神祕的破壞行動中毀損。整體而言，從戰爭爆發後，俄羅斯對歐盟國家的天然氣輸送量減少了80%。[15] 不過，相較於犧牲天然氣收入，要俄羅斯犧牲石油收入會更加困難，[16] 因為石油占俄羅斯出口收入的大宗，儘管如此，局勢的發展依舊難以論定。

幸好最後的事實證明，這些疑慮都是庸人自擾。俄羅斯並未切斷石油出口，民主黨在期中選舉的表現也優於預期。[17] 到10月中時，拜登政府又賣掉了1,500萬桶[18]的美國政府戰備儲油，完成拜登總統在3月下達的緊急釋出命令。在此同時，美國與中國經濟情勢的改變（美國的情況是：居高不下的通貨膨脹促使FED提高利率；而中國的大規模新冠疫情感染，[19] 亦對其經濟體系造成沉重的壓力），對全球油價構成下跌的壓力。接近12月5日價格上限生效日時，石油市場的情勢已意外變得相當有利。G7只剩下一件事要完成：就價格上限的價格達成共識。

美國財政部對經濟預測推演出來的價格上限政策情有獨鍾—這是用一群學術界經濟學家建立的複雜數模型所做的預測，財政部長葉倫本身也是優秀經濟學家，且曾擔任FED主席，她也檢視過這些模型。然而，等到要真正設定價格時，整個流程卻變得不那麼科學，而更像是一門藝術。

誠如拜登政府團隊所見，價格上限應低於當前的市場價格，但也要

高到足以讓俄羅斯願意繼續出售石油，這個價格區間非常大，而眾人對上限價格計算方式的看法更莫衷一是。其中一個可能的標準是俄羅斯的邊際生產成本，[20] 也也就是能讓俄羅斯獲取利潤，並因此有誘因繼續出售石油的最低門檻價。問題是，並非所有俄羅斯油井的生產成本都相同：有些油井的成本比較低且更有效率，有些則不然。精準的數字不容易取得：美國財政部官員估計，俄羅斯石油的邊際生產成本介於每桶 25 美元至 35 美元之間；不過，根據多數第三方分析師的估計，俄羅斯的石油邊際生產成本遠低於美國財政部估計的數字，甚至低於每桶 10 美元。不過，不管這個數字是否具經濟合理性，把價格上限定在每桶 10 美元實在太羞辱人，莫斯科當局幾乎肯定會因此停止出售石油。

另一個參考點是俄羅斯政府的預算。根據俄羅斯政府近幾年的預算，它預估的油價落點大約是每桶 45 美元。[21] 如果價格高於那個門檻，俄羅斯就估計能獲得預算盈餘。由於此時軍事支出激增，且制裁政策更加緊縮，俄羅斯政府預算對石油收入的依賴程度遂急遽上升，因此，能讓俄羅斯獲得預算盈餘的油價損益兩平點已上升至每桶 70 美元。[22] 只要價格上限低於這個門檻，預料就能使俄羅斯政府的預算變成赤字。

第三個設定價格上限的方法是計算俄羅斯入侵烏克蘭後，大約使油價相較於前幾年上漲了多少元。接著，以當前油價減去那個上漲幅度，算出來的結果就是扣除戰爭溢價後的粗略油價估計值。用這個方法算出來的油價大約介於每桶 55 美元至 65 美元，[23] 高得足以讓俄羅斯有明確誘因維持石油出口——而且還有另一個好處：在政治層面上較易於為這個價格上限政策辯護。

最後，關於上限價格，最珍貴的意見來自相關人員向印度、土耳其等俄羅斯石油買家諮詢後的結果。如果價格上限太低，這些買家就會缺

乏足夠可信的議價影響力來和俄羅斯討價還價。例如，如果市場主流價格接近每桶 90 美元，價格上限卻只定在每桶 30 美元，那麼除非印度人不遵守這個上限，否則他們只能要求俄羅斯以每桶 30 美元的價格出售石油，問題是，克里姆林宮已經警告過，那樣的立場將促使俄羅斯切斷石油供給。[24] 別忘了，華盛頓當局的第一優先考量是要鼓勵俄羅斯**繼續出售石油**。因此，較好的方法就是設定一個保守的上限，必須既能給予俄羅斯繼續出售石油的明確誘因，又能讓印度、土耳其與其他買家擁有足夠可信的議價影響力，經由討價還價來取得高額折扣。

但到 12 月 5 日的大限來臨前 2 個星期，這個價格上限仍未敲定。G7 支持價格上限，但歐盟的 27 個會員國也得全體接受最終的價格才行；難就難在歐盟內部的分歧遠比 G7 嚴重。在澤倫斯基的敦促下，歐盟裡的波蘭和波羅的海三國力促將價格上限設在每桶 30 美元，因為此時烏克蘭軍隊進展相當順利（烏克蘭人剛剛解放赫爾松，[25] 也就是被俄羅斯人征服的最大城市），所以那些國家認為可以利用這麼低的價格上限，把俄羅斯推向財政危機。但在此同時，在俄羅斯石油運輸業務上牽涉到最多利害關係的歐盟國家──希臘、賽浦勒斯以及馬爾他──則尋求將上限設在每桶 70 美元以上，[26] 基本上和時下的俄羅斯石油售價相同。賽伯特向他的 G7 同事匯報時說：「那根本就是惡夢。」為了避免進一步陷入僵局，華盛頓當局與 G7 的其他政府允許賽伯特向歐盟會員國傳達「價格必須介於 65 美元至 70 美元之間」的訊息，並以歐盟內部討價還價[27]的結果來決定最後的價格。

波蘭人還是堅持必須設在每桶 30 美元，他們已準備好展開一場膽小鬼競賽，所以，儘管期限一天天逼近，他們依舊拒絕讓步。最後，經過葉倫、布林肯等美國高階官員反覆致電協商，華沙才終於同意若價格上

限降至 60 美元，他們就願意退一步。[28] 這個要求感覺很合理，所以，最後的價格終於在該政策預定生效的 48 小時前敲定。[29] 歷經超過 6 個多月的努力，拜登政府的官員此刻終於能鬆一口氣了。這一路上他們不只一次被譏為白癡，甚至經歷了更難堪的恥笑，但如今塵埃終於落定。接下來，就等唯一真正重要的裁判——也就是市場——來測試他們的實驗性經濟武器是否有用了。

最初的證據其實很令人擔憂。時鐘在 12 月 5 日午夜響起時，貫穿伊斯坦堡市中心的博斯普魯斯海峽，入海口發生了嚴重的交通阻塞。[30] 原因是，土耳其的海事主管機關要求所有打算通過這個鎖喉點的油輪，都必須證明它們的貨物確實有遵守這個價格上限，否則不准通行。那些官員要求的所謂「證明」，必須是由國際船東互保協會團體成員之一出具的書面信函，而且這封信裡必須確認該油輪的保險合約保障「在整個運輸期間內或船隻處於土耳其水域停留期間內的任何情況下均維持不變」。[31] 這個國際保險團體的主要成員倫敦船東互保協會（London P&I Club）抱怨，土耳其主管機關的要求「遠遠超出」常規，[32] 但土耳其政府不為所動。土耳其的海事局總局長說，萬一任何一艘油輪在博斯普魯斯海峽發生任何意外，「將對我們國家造成災難性後果」。[33] 而且如今價格上限已經生效，「我們絕對有必要以某種方式來確認那些油輪的船東互保保障依舊完整且有效」。顯然土耳其非常嚴肅看待價格上限政策，不過，就法遵的角度來看，它的行為有矯枉過正之嫌，而且有在石油市場引爆供給緊縮的風險。價格上限政策會不會弄巧成拙？

接下來幾天情況依舊令人提心吊膽。美國和歐洲的官員以及主要船東互保協會的幾名高階主管積極和土耳其的對口官員接洽，希望能找出解決方案。大約在價格上限開始實施後一個星期，土耳其主管機關終於

放行那些油輪，[34] 僵局也就此解決。

隨著那些油輪得以自由穿越博斯普魯斯海峽，全球油價也跌到每桶80美元以下，[35] 達到那一年的最低價。俄羅斯石油的價格下跌更多[36]——跌到每桶50美元以下——遠低於60美元的上限。在俄羅斯入侵烏克蘭之前，俄羅斯石油的售價基本上和作為國際標竿的布蘭特原油價格並無二致。但如今，俄羅斯石油相對布蘭特原油的折價已達到每桶30美元以上。[37] 這局部是俄羅斯石油交易的地理因素變化所致。從俄羅斯位於波羅的海的石油港口到鹿特丹與其他歐盟的進口碼頭，總航程不到一個星期；而通往印度的航程則費時一個月以上。（此時印度已成了俄羅斯石油的主要海運路線。）[38] 由於輸往印度的運輸成本較高，俄羅斯石油生產商的收入因此降低。

不過，這個折價也顯示價格上限正開始奏效。油價並沒有急速上漲；事實上，油價反而劇烈下跌，世界各地的消費者因此受益。俄羅斯石油的高額折價正一天天侵蝕著克里姆林宮的利潤。2023年上半年，俄羅斯的石油收入比一年前遽減了近50%，[39] 莫斯科當局也被高額的預算赤字纏身。克里姆林宮將必須向俄羅斯石油公司搜刮更多資金來支應戰爭所需，但因制裁的緣故，俄羅斯的石油公司既爭取不到投資，也進不了它們的主要出口市場，所以早已陷入嗷嗷待哺的窘境，何來資金可供搜刮？國際能源總署預估，到2030年時，俄羅斯將折損超過1兆美元[40] 的石油與天然氣收入，對一個石油生產國來說，那樣的缺口實在很難以其他管道來填補。這個遲來的打擊或許不足以將戰局扭轉到對烏克蘭有利的方向，但經年累月下來，這些趨勢將對普丁以及他的帝國野心構成嚴峻的挑戰。

俄羅斯石油業務徹底轉變，也代表著更大的意義，也就是一個時代

的結束。石油市場是全球化的象徵之一：眾多油輪在海上不斷穿梭，並以共同的標準與服務來銷售它們的貨物。如今那樣的日子已經成為過去。就石油成分的層面來說，俄羅斯石油和北海或沙烏地阿拉伯出產的石油或許很類似，但在可預見的未來，俄羅斯卻將仰賴一個和北海或沙烏地石油完全沒有交集的供應鏈來銷售石油，而且必須以更低的價格。

石油產業歷史學家丹尼爾‧耶金（Daniel Yergin）最初對價格上限抱持懷疑的態度，並認為這是個「非常艱難」的任務。[41] 不過，在這個政策生效後不久，他就察覺到它對世界歷史的潛在重要性。耶金在 12 月底時寫道：價格上限與歐洲禁運政策標誌著「全球性石油市場的終結，[42] 取而代之的是一個分裂的市場，這個市場的邊界不僅受經濟學與後勤學影響，還受地緣政治策略影響。」

在此前 15 年間，經濟作戰重塑了全球金融體系的網路，如今，隨著西方國家尋求削弱普丁統治下的俄羅斯，世界石油市場的慣例也漸漸被改造。

第 6 部

世界經濟的斷裂點

6-1 「小庭院，高圍牆」的全球新秩序

2022年11月底，中國海關官員逮捕了一名假裝懷孕且試圖入境中國的女子。經查，她隆起的腹部裡藏著大量電腦晶片。[1] 在當時的中國，諸如此類的花招層出不窮，因為中國企業正竭盡所能，忙著囤積外國製的半導體[2]與晶片生產工具，並在倉庫裡堆積數十億甚數百億美元的設備。不久之後，一個為滿足這類暴增需求的黑市應運而生，迅速欣欣向榮。

這股購買狂潮的動能，源自於美國商務部在10月7日針對中國宣布新的出口管制。[3] 這些影響廣泛的規定包括三項旨在阻止中國取得先進半導體與超級電腦的新版《外國直接產品規則》。新的管制規定適用於美國企業以及世界各地所有採用美國技術的公司。商務部宣布這些規定時，白宮或美國國務院都沒有出面發表任何評論。唯一值得一提的公開說法是美國商務部產業安全保障局（Bureau of Industry and Security）發布的一份樣版新聞稿。[4] 如此低調的公關操作是刻意為之──因為美國不想激怒北京當局。儘管如此，這個低調操作方式並沒減輕這些措施的影響力，套用某資深白宮官員的說法，這些措施是「他X的大事」。

整個世界經濟體系正在決裂，石油市場只是其中一環。經濟作戰活動也顛覆了代表全球化心臟的科技業傳統供應鏈。

驅動著這個流程的出口管制早已醞釀多時，相關措施的制定歷經了連續幾任的美國政府才終於完成。從很多方面來說，拜登是因為選民對前一任總統的否定，才得以登上總統寶座，可是他並沒有收回川普對中國科技業的嚴厲懲罰，甚至還變本加厲。換言之，拜登的團隊延續前一任政府的立場，將尖端技術的霸權地位[5]視為地緣政治實力的中流砥柱，尤其是在美中競爭日益激烈的背景下。所以他一入主白宮，隨即和幕僚擬定計畫，將川普時代對華為的出口管制令延伸適用到整個中國科技業。

塔倫·夏伯拉（Tarun Chhabra）被任命為國家安全委員會新設職務的技術與國安處資深處長，將負責領導這件工作。夏伯拉是經由喬治城安全與新興技術中心（Center for Security and Emerging Technology）[6]的管道進入白宮，這個智庫是以矽谷的資金在2019年成立。短短幾年內，安全與新興技術中心就成了華盛頓當局在技術與國家安全等綜合議題方面的首選資源。夏伯拉還網羅了安全與新興技術中心的多位專家，加入國家安全委員會轄下的這個全新專職單位，同時組成一個矯正團隊，準備修復他們認為美國在美中技術競爭政策上犯下的所有錯誤。

華盛頓可以採取非常多手段來加強川普執政時實施的出口管制——因為儘管那些出口管制措施造成不小的衝擊，卻主要只集中打擊一家中國科技業巨擘。川普雖然也在商務部的實體清單上納入了另外幾家中國科技業公司，並使那些企業無法取得美國直接出口的產品，但涵蓋範圍廣泛的《外國直接產品規則》卻只適用於華為。儘管如此，拜登政府決定不要太過急就章。2020年，儘管川普發動貿易戰，全球供應鏈也因疫情而中斷，但那一年的美中貿易總值還是高達6,150億美元，而且，中國

仍是美國最大的商品貿易夥伴[7]。總之，如此深厚的美中雙邊關係（數百萬甚至數千萬美國人的就業機會與生計都仰賴這層關係來維繫），意味著拜登政府不能一邊隨意對中國發射一些未經測試的經濟武器，一邊又指望中國不會反擊，美國的政府官員必須先好好做功課才行。

不過，和川普政府不同的是，拜登政府希望和盟友採取一致的行動。取得歐盟和印太地區同屬民主體制的日本、南韓和澳洲等國家的支持，雖無疑會減緩作戰行動的速度，卻可能產生更強有力的結果。出口管制尤其如此，因為中國的科技業不僅高度仰賴來自矽谷的關鍵零組件與設備，也非常依賴荷蘭、日本提供中國本土半導體產業所無力生產的精密工具機和軟體。

極紫外光微影這種製造高階晶片的必要技術，就是最貼切的例子。這個領域的市場領導者是荷蘭的艾司摩爾公司，它銷售的極紫外光微影機複雜到難以想像，那種機器由10萬個零件組成，且負責操作這些機器的人員必須接受艾司摩爾公司人員的多方位培訓。[8]這種機器跟巴士一樣大，[9]每台售價高達1.5億美元，而且不是想買就能買到，因此，這種機器也成了名符其實的鎖喉點。蘇利文剛擔任拜登的國家安全顧問時，就已和荷蘭的對口官員商談這件事。荷蘭政府承諾繼續暫停核發艾司摩爾將極紫外光微影機銷售給中國的必要許可證，[10]不過事實證明，要說服荷蘭實施全方位出口管制可就難多了。一直以來，北京當局不斷就荷蘭政府拖延核發許可證一事施壓，而艾司摩爾本身也警告，出口管制有可能產生反效果[11]——畢竟中國是世界最大的半導體製造設備買家，[12]其採購金額占全球半導體製造設備市場的30%。如果艾司摩爾迴避和中國做生意，就形同平白放棄可用於研發領域的巨額收入，最終導致該公司難以繼續保有技術領先的地位。

所以儘管美國官員極力溝通，荷蘭當局還是猶豫不決，未能當機立斷地採取行動。日本的狀況也一樣，它的半導體產業[13]也構成另一個珍貴的鎖喉點。而由於牽涉到的利潤太過龐大，稍一不慎，日本企業就可能會陷入不利處境，所以日本人對此也相當謹慎。

正當拜登政府的官員苦思下一步該怎麼走時，不久前剛對俄羅斯實施的《外國直接產品規則》[14]讓他們豁然開朗：對整個經濟體系實施以半導體為中心的出口管制，可能可以實現驚人的成果。美國的《外國直接產品規則》以及近40個其他國家的政府發布的類似禁令，[15]確實共同對俄羅斯的軍工複合產業造成了一場浩劫，[16]但即使如此，難免還是有人會想，這些制裁是否來得太輕又太晚？因為此時俄羅斯的軍隊已經占領烏克蘭許多土地，普丁還誓言將使用所有必要手段來捍衛被他征服的那些土地。無論如何，俄羅斯只要有蘇聯時代的啞彈就足以弭平烏克蘭的城鎮和重要基礎建設，無須取得高科技武器。

對俄羅斯的出口管制的確奏效了，但應該早幾年實施才對—這個前景慘澹的評估結論讓白宮相信，此時才開始對中國實施更嚴厲的技術禁令，恐怕都為時已晚。蘇利文解釋，今後美國將努力在半導體技術上「盡可能維持大幅領先」。[17]華盛頓當局將擺脫「美中之間的所有經濟關係都是雙贏」的幻想（那是全球化全盛時期所盛行的幻想），以免「我們的競爭者和對手利用我們的自滿與固有的開放性，[18]為自己牟利」。蘇利文的那一番話，聽起來簡直就像出自某個川普政府官員之口。

眾議院議長裴洛西在2022年8月初訪問台灣，[19]成了25年來最高階的訪台美國政府官員。裴洛西此行引來北京當局立即的激烈反應，進一步證明「中國遲早會侵略這座島嶼」的前景並非只是空穴來風。當時，中國軍方展開了為期數天且精心策劃的軍事演習，在這場看似兩棲作戰

6-1 |「小庭院，高圍牆」的全球新秩序

的軍事演習期間[20]，中國軍方發射了許多飛越台灣多處城市上空的飛彈，並在這座島嶼的四周進行海軍演訓。由於演習的範圍非常廣闊，導致很多商船不得不撤離台灣周邊的海域。[21] 北京當局還禁止進口100多個台灣品牌的商品，[22] 並逮捕一名被控支持台灣正式從中國獨立的台灣商人。和普丁建立了「無上限」夥伴關係的習近平，很可能跟俄羅斯領導人一樣，認定侵略戰雖難免付出代價，卻是值得付出的代價。有鑑於此，既然美國都已準備利用出口管制來壓制中國的軍事能力，那就最好迅速採取行動，以免夜長夢多。

這股急迫感促使拜登政府決定單方面採取行動。它發布更嚴格的美國出口管制規定，但也不忘集中火力爭取荷蘭、日本與其他國家的支持。8月底，商務部命令輝達公司停止對阿里巴巴與騰訊等兩家中國科技巨擘銷售該公司鼎鼎有名的繪圖處理器（graphics processing units），[23] 因為這種處理器能提供人工智慧演算法所必須的運算能力。拜登也在那個月簽署了《晶片與科學法案》（CHIPS and Science Act，譯注：即一般所稱的《晶片法案》），[24] 該法案包含了對美國本國晶片產業的5,000多億美元投資計畫。（當時世界上90%的先進晶片[25] 由台積電在台灣生產，而一旦中國入侵這座島嶼，事實將證明世界各地對台灣的這種依賴關係將是一場災難。）最後，10月7日當天，美國商務部針對中國科技業宣布了三項新的《外國直接產品規則》。一名商務部官員形容這些新規定就像一種旨在讓美國的盟友有信心跟進的「頭期款」。[26]

這些單方面的措施確實產生了立竿見影的影響。應用材料公司、科林研發公司以及科磊公司[27] 等三家美國半導體業重量級企業，暫停和中國之間的業務往來，[28] 並開始撤離先前派去中國協助其晶片製造商學習操作設備的人員。荷蘭的極紫外光微影設備製造商艾司摩爾也指示所有

具美國公民身分、持有綠卡或住在美國的外籍人士等員工，立即停止和中國客戶往來。在這些新出口管制令公布後的第一個交易日，中國晶片股的市值共蒸發了近100億美元。[29]

這些措施也對美國的盟友產生了美國所期待的效果。2023年3月時，荷蘭和日本也同意[30]實施各自的出口管制措施，禁止諸如艾司摩爾與東京威力科創公司（Tokyo Electron）銷售關鍵的晶片生產設備給中國。就這樣，一個全新的美國經濟作戰模型漸漸成形──美國在第一線發揮領導作用，同時也和盟友並肩作戰。未來美國將提早在危機爆發前，採取行動，先發制人，而不再像過去那樣老是在問題發生後才忙著補破網。而且，美國在使用經濟武器時，也將在國內展開積極的投資，以增強美國抵禦未來衝擊的能力。

2023年4月，蘇利文在華盛頓的布魯金斯學會（Brookings Institution），透過一席演說來闡述國際經濟政策的「新華盛頓共識」願景。自由市場至上主義的時代已經結束，取而代之的，美國將欣然採納積極的工業政策，其中也包含巨額補貼，以吸引就業機會進入美國，並維持美國在半導體、生物科技以及潔淨能源等產業的領導地位。（後來，拜登政府如法炮製它的半導體產業政策，透過《降低通貨膨脹法案》〔Inflation Reduction Act〕，[31]挹注數十億美元到本國的潔淨能源產業。）出口管制將是這個策略的主角之一，不過重點將狹義聚焦在「能促使軍事天平傾斜的技術」。蘇利文還在演講時呼應馮德萊恩發明的用語，宣稱美國做的一切「是為了去風險化與分散風險，不是為了脫鉤」，[32]而且美國「量身訂做的措施」絕對不是為了「技術封鎖」（這是北京的說法）。蘇利文聲稱，這些作為的目標不是要用圍牆把美國經濟體系包圍起來，而是要用一面「高牆」來保護基礎技術的「小院」。[33]經濟作戰不一定非

得做到徹底逆轉全球化，只要用警戒線把重要到完全不容許相互依賴關係存在的產業封鎖起來就好，其他領域的跨國聯繫還是能一如既往地緊密連結在一起。

無疑地，美國的出口管制措施就代表一面「高牆」，而這些管制措施是否只會圍住蘇利文所謂的「小院」，則有待商榷。蘇利文已確認，運算相關的技術、生物科技與潔淨能源「將是未來10年特別重要的」三項技術「家族」，[34]設法讓美國在其中每個領域取得領先地位，「是刻不容緩的國家安全要務」。但這些產業並不小，而是美國經濟體系成長最快速的產業。此外，中國勢必會對美國的所有出口管制措施進行報復，而中國的報復可能會引爆一場針鋒相對且逐漸蔓延到其他產業的經濟戰爭。果不其然，蘇利文在布魯金斯學會發表演說後幾個月，北京就宣布將限制鎵與鍺的出口，[35]而這兩者正是製造晶片、太陽能板以及光纖的必要關鍵礦物。

就在拜登政府完成對中國的最新出口管制措施之際，一架俄羅斯軍機在德黑蘭降落。飛機上藏有一批俄羅斯人在烏克蘭搜刮到的英美軍事設備。伊朗人想要研究這些武器，並指望能經由逆向工程（reverse-engineering），對這些武器進行逆向分析與研究，以製造出功能相近的武器。那一架俄羅斯飛機上還藏了1.4億歐元的現金，[36]原因是，俄羅斯和伊朗雙雙遭受嚴厲的制裁，所以兩國之間沒有其他萬無一失的資金轉移方法。伊朗則致贈了100多架伊朗國產的見證者無人機（Shahed）作為回報。這些「自殺式無人機」的設計，是要直接飛進目標內部（以這個例子來說，目標是指烏克蘭境內的基礎建設），撞擊後爆炸，這種攻擊模

式和二戰期間日本神風特攻隊飛行員[37]駕駛飛機撞向敵軍軍艦的攻擊方式很類似，只不過改成遙控版。

一名高階白宮官員說：「我們公開且公然地試圖傷害俄羅斯經濟體系，但我們並**沒有**公開且公然地試圖傷害中國經濟體系。」不過，那個差別對俄羅斯、中國與伊朗官員來說，並沒有多大的意義，因為他們都認為自己的國家正遭受西方國家團結一致的攻擊。因此，這3個國家遂加倍努力深化彼此之間的商業聯繫，[38]並打造了許多能規避西方國家經濟鎖喉點的蹊徑。俄羅斯和伊朗正逐漸成為關係密切的軍事夥伴，中俄貿易也蓬勃發展，其中，中國企業為俄羅斯提供各種工業零組件、防彈背心和各式各樣的戰場設備。中國也大量增加伊朗石油進口量，並在伊朗和沙烏地阿拉伯之間居中牽線，促成這兩國簽署一項能幫助德黑蘭當局突破外交孤立[39]困境的協議。

這個獨裁軸心的結合，意味著世界經濟體系進入了截然不同的新階段，此時的世界已和此前的全球化世代完全不同。如今整個世界的預設模式不再是一個資本與貿易自由流通的世界，相反地，經濟戰成了常態，而事實證明，隨著經濟戰成了整個世界的必要特徵，人類世界已變得不像美國人曾經期待的那麼和平。

2007年，葛林斯潘在卸下FED主席一職不久後表示：「拜全球化之賜，美國政策的決策多半已被全球市場動力取代。」[40]不過，一如後續幾年的事態所示，全球市場的力量根本比不過控制關鍵經濟鎖喉點的國家。不受約束的自由市場時代已成為過去，而這正是經濟戰對整個世界造成的附帶損害。

6-2 世界爭搶經濟安全網

「每夜，我都會問自己，[1]為什麼所有國家都必須以美元來做為從事貿易活動的基礎？」

在 2023 年 4 月一個完美的春日，路易斯・伊納西奧・魯拉・達席爾瓦（Luiz Inácio Lula da Silva）到上海參加一場金磚國家（BRICS）會議，這個組織是由巴西、俄羅斯、印度、中國和南非等新興市場國家組成。二度擔任巴西總統的魯拉在一席慷慨激昂的演說中，大聲質疑美元憑什麼占據世界經濟中心的地位。他問：「為什麼我們不能以自己貨幣來做為貿易的基準？金本位消失後，是誰決定要以美元來做為貿易活動的基礎貨幣？」

老實說，沒有人規定世界各地的企業必須使用美元來進行跨境交易，企業只是基於美元的便利性、可靠性以及沒有其他理想替代貨幣等考量而使用美元。然而，美國確實也採取了許多積極的措施，將美元推向目前的崇高地位。首先是在二戰結束後建立布列敦森林體制與推行馬歇爾計畫（Marshall Plan）。到 1970 年代時，美國與沙烏地阿拉伯協商以美元來為石油交易計價，而西方國家在後續幾十年推行的金融自由化政策等，更進一步鞏固了美元的貨幣霸權。近年來，FED 為了控制全球金融危機而展開的大規模干預行動——最初是在 2008 年，接著到 2020 年，它也以積極干預的方式來應對新冠疫情造成的震撼——也產生了類似的

效果。另外，中國官方也在無意之間成了維護美元地位的一股力量——中國官方將中共專制控制擺在永遠的第一位，不積極推動可能讓人民幣得以在國際上與美元抗衡的改革，無意間也讓美元的國際地位變得更加鞏固。

金磚國家組織在十多年前組成後，原本一直是個鬆散的聯盟，因為這個組織的內部競爭，使各成員國難以認可彼此之間的共同利益。不過，華爾街一度把這 5 個連成一氣的國家吹捧為推動全球經濟成長的下一個引擎——「金磚國家」的名稱正是高盛公司某個經濟學家發明的，不過，原本這個組織只是個清談俱樂部，沒有嚴肅的地緣政治宗旨可言。尤其近幾年印度與中國這兩個成員之間日益緊張的情勢，[2] 更令人懷疑這個團體的未來潛力。不過，原本同床異夢的成員，卻在烏克蘭境內發生殺戮事件之際，找到了至少一個共同宗旨：彼此保護，以免被西方國家的經濟武器所傷。儘管巴西、印度和南非本身並沒有遭到制裁，卻也深感無端被捲入紛爭——G7 對俄羅斯石油實施的價格上限，以及西方國家對俄羅斯與中國實施的出口管制等，或多或少都波及了這 3 個國家。不僅如此，G7 把俄羅斯幾家最大的銀行踢出國際金融體系，並實質凍結了 3,000 多億美元的莫斯科主權準備金等作法，也讓這 3 個國家感到不安。畢竟如果西方國家敢用這些武器對付俄羅斯、中國等強國，就敢利用那些武器來對付任何國家。

金磚國家的強烈反應只是一個全球趨勢的現象之一。為了爭奪經濟安全，各國政府爭先恐後地修補所有可能被對手利用的弱點。事實證明，高度互相依賴的世界經濟體系，和日益競爭的地緣政治競爭局勢並不相容。長久以來，供應鏈專家就不斷倡議，為因應無法預見的危機和天然災害等威脅，應該設法提高冗餘（redundancies，譯注：為提升資訊

系統或生產線的連續性與安全性,刻意建置重複的零組件或功能,作為安全緩衝)與韌性。在過去,這些專家的期許多半並未獲得回應:因為在向來極度激烈降價競爭的商業環境中,提高冗餘的成本太大,利益又太小。直到新冠疫情爆發以及隨後的供應鏈中斷發生,[3] 才終於促使某些人重新思考個中的利弊得失。不過,真正促使這個天平明顯傾斜的,是西方國家對俄羅斯和中國展開的經濟戰——這些戰爭促使愈來愈多國家和企業追求供應鏈與金融關係的多元化。但諷刺的是,負責監督與管理這個多元化轉變的人,[4] 正是當年曾積極提倡,該打破界線和障礙的那一群企業高階主管。

正當金磚國家為了防範西方國家經濟武器而準備自我保護之際,西方國家也採取相同的反制行動。其實北京和莫斯科早在很久以前就已發動經濟戰——[5] 有時候是暗地裡進行,但表面上否認,不過,公然發動經濟戰的情況愈來愈司空見慣。隨著中國和俄羅斯的經濟作戰術變得愈來愈激進,[6] 美國及其盟友才開始聚焦於防禦措施。舉例來說,當年川普政府之所以發動打擊華為 5G 野心的戰爭,主要是擔心不反擊的話,會使北京當局累積更影響深遠的經濟實力。所以說,美國針對華為實施的出口管制,其實只是對中國未來經濟作戰能力的一種**預防性打擊**。

在當時,西方國家的國際經濟政策主軸,是期望能更廣泛針對潛在的攻擊行為採取先發制人的措施。美國貿易代表戴琪(Katherine Tai)在 2022 年 3 月表示:「此時此刻這種版本的全球化[7]七大工業國對俄羅斯石油實施的價格上限,以及西方國家對俄羅斯與中國實施的出口管制等,或多或少都波及了這 3 個國家。不僅如此,七大工業國集團把俄羅斯幾家最大的銀行踢出國際金融體系,並沒有讓我們感覺更安全。」「不管是我們的供應鏈,或是我們對那些讓人不太放心的夥伴的依賴,都讓我們

金磚國家之牆：金磚國家領袖在俄烏戰爭期間團結在一起。

愈來愈沒有安全感。」

誠如葉倫所言，這個問題的答案是「友岸外包」（friendshoring）──[8] 與其勉強追求「全面自給自足」那種遙不可及的目標，不如努力和「我們知道可以信賴的國家」進行經濟整合，同時減少對中國、俄羅斯與其他對手的依賴。葉倫說：「我們不能允許某些國家利用它們在重要原料、技術或產品方面的市場地位來擾亂我們的經濟體系，或對我們施展令人反感的地緣政治影響力。」華盛頓當局不再高喊「自由貿易」的口號，而是希望力促「安全貿易」。[9]

2023 年 5 月，G7 領袖在廣島舉辦的高峰會上，發表了一篇全面性聲明，承諾將該陣營轉型為一個經濟安全聯盟。[10] 今後七大工業國集團將採取集體行動來抵禦「經濟脅迫」──[11] 考量到某些國家的政府正企圖

6-2｜世界爭搶經濟安全網

527

「利用」G7主要會員國的「經濟脆弱性與依存度圖利」，集體採取抵禦行動是必要的。（不過，這篇聲明未提到的是，其實G7最主要的會員國美國才是最有能力實踐這種策略的國家。）這場高峰會的主辦國是日本，[12]它先前已為了防範外國的經濟脅迫而修訂了國內的法律，同時任命了一個內閣部長級官員——經濟安全大臣——來落實這項任務。廣島高峰會結束後一個月，歐盟也發布了自己有史以來第一個經濟安全戰略（Economic Security Strategy）。[13]

誠如金磚國家的強烈反應所示，這一切事態發展的問題在於，在外人看來，很多防禦措施看起來並不那麼像防禦措施。世界經濟體系正經歷學者所謂的「安全困境」（security dilemma）：[14]當一個國家為了提高安全保障而囤積它的經濟彈藥庫，其他國家會變得較沒有安全感，並反過來也開始囤積它們自己的彈藥庫。隨之而來的經濟軍備競賽很可能會一年比一年緊張。而且，只要政府或商業領袖把經濟依賴視為一種弱點，他們就無法再對那個弱點視而不見。具體來說，即使有一天，美國的某一任新政府保證將約束制裁措施的使用，中國的領導人還是不可能繼續放心地高度依賴美元。相同地，無論北京當局怎麼保證，美國人還是會對依賴中國藥品或關鍵礦物一事存有疑慮。信任一旦瓦解就很難恢復。如今隨著經濟安全爭奪戰如火如荼進行，所有人都已幾乎不可能再回到原點。

6-3 打破鎖喉點的代價

李維一向是經濟戰爭時代的變色龍：他在所有關鍵時刻都能輕鬆自如地在華盛頓、華爾街和矽谷之間穿梭。李維是財政部第一任反恐暨金融情報次長，他還制定了將伊朗排擠到國際金融體系之外的策略。他轉任匯豐集團法務長後，則是負責監督大型法遵改革，最終將這家銀行與其他類似的機構改造為美國經濟戰裡的高效率士兵。不僅如此，李維在匯豐集團的團隊也是揭發華為創辦人之女孟晚舟策劃規避制裁計謀[1]的重要功臣，促使川普政府展開作戰行動，以削弱這家中國科技巨擘的實力。

到俄羅斯全面入侵烏克蘭時，李維已轉任 Diem 協會（Diem Association）的執行長，該協會是以臉書為首的企業合作組織，最初起名為 Libra。Diem 協會計畫發起一種數位貨幣——也就是加密貨幣——該貨幣的創造者希望它有朝一日能取代美元，成為金融體系的骨幹。[2] 要實現這個目標，必須大幅簡化全球資金轉移作業，讓資金不再需要透過這類交易傳統上必須使用的中介基礎建設[3]。問題是，那些中介機構——通匯銀行、結算所以及 SWIFT 這類訊息服務機構——卻恰恰是西方國家金融作戰成敗之所繫的關鍵鎖喉點。基於這個理由，加以臉書曾以「快速行動，打破陳規」[4]（move fast and break things，譯注：鼓勵快速疊代與新產品開發，過程中容許犯錯，但也不排斥接受些許負面影響）作為官方座右銘，因此，華盛頓的政治人物和監理機關遂對 Diem 的加密貨幣計畫懷抱

極深的疑慮。

李維獲邀接下該協會執行長職務時，同樣滿肚子狐疑。他說：「我認為加密貨幣對我們在財政部時所使用的那類工具來說是一種威脅，[5]它看起來是非常危險的東西。」不過，他心想，如果他真的成為 Diem 的掌舵人，或許可以創造一種能和華盛頓國安利益完全相容的加密貨幣。臉書與 Diem 的其他成員希望李維能贏得華盛頓諸多監理機關的支持；[6]而李維加入他們的理由是，他希望美國的金融實力不會被各式各樣數位貨幣削弱。

加密貨幣只是美元繼續保有全球支配力量的眾多潛在威脅之一。俄羅斯和中國等國家，也同樣試圖破壞美元的霸權地位。那些國家最初是聚焦於替代性中介機構的創立──[7]有了替代的中介機構，就算不依賴 SWIFT 以及位於美國的結算所──銀行間支付結算系統──的服務，也能進行跨境收付款。不過，這些倡議並未能在海外引起明顯迴響。即使成功了，光靠那些替代中介機構也無法減輕美國金融制裁的力量：因為只要美元依舊是參與世界經濟體系的必要工具，華盛頓當局拒絕俄羅斯、中國等存取美元的能力，就仍會是一種可怕的經濟武器──不管使用哪一個訊息服務或結算機制都一樣。

此時此刻依舊沒有太多跡象顯示美元的地位已岌岌可危。很多人原本預測 2008 年金融危機將把美元拉下神壇，而且北京當局確實也在金融危機過後，隨即努力推動以人民幣取代美元。然而，從那時開始之後的幾年，美元甚至變得更不可或缺，最主要的因素和美國的貨幣政策有關。[8]當整個世界在 2008 年瀕臨金融崩潰之際，FED 明快出手拯救了全世界，為其他主要國家的中央銀行提供貨幣互換（SWAP Lines）信用額度，從此自我塑造為全球的最後貸款者（lender of last resort）。[9]另外，

當全球經濟體系在2020年新冠疫情初期階段陷入停擺之際，FED再次利用貨幣互換額度，為所有需要美元的地方提供美元融通。[10] 所以，儘管美國的制裁政策動搖了外界對美元的信心，FED的幾次積極干預，卻讓外界對美元更有信心。[11]

對照之下，中國將人民幣國際化的所有作為，則沒有達到預期的成果。2015年8月，北京當局為了提振漸漸趨緩的經濟成長，放手讓人民幣一次性大幅貶值。[12] 隨之而來的資金外逃浪潮嚇壞了中國領導人，於是以緊縮資本管制來應對，導致外界對人民幣的信心進一步崩盤。以人民幣結算的中國海外貿易占比，在那一年達到30%的最高峰後，隨即降低一半以上。[13] 最能闡述美元支配地位的例子莫過於此：到目前為止，中國是世界最大的出口國，但不到30%的中國對外貿易[14]是以人民幣來結算，剩餘的貿易活動幾乎全都使用美元。簡單說，雖然中國是世界上最大的商品銷售國，卻很難要求買家用美元以外的貨幣來付款。

中國為了推翻美元而嘗試過許多方法，其中最野心勃勃的方案是中國央行發行的數位貨幣。在2020年發行的這種數位人民幣試用版，也被稱為數位人民幣（e-CNY）。從那時開始，中國政府成功促使數億公民採納數位人民幣，[15] 並使這項數位貨幣成了世界上最廣泛使用的官方數位貨幣。由於美國在行動支付上的進展落後中國（目前在中國，幾乎每一筆交易都可以用支付寶、微信支付等行動應用程式來完成），北京可能很快就會成為數位貨幣的全球領導者與標準設定者。[16] 這對中國金融實力的影響顯而易見，但同樣明顯的是，中國的這個優越地位也會對美國的經濟彈藥庫帶來顯而易見的困擾。數位人民幣是中國央行資產負債表上的一項直接負債──它實質上就相當於數位版的現金。這意味這種貨幣不用中介機構也能轉手。數位人民幣不僅會對美國金融實力產生和其他

加密貨幣一樣的負面影響，它還有另一個不利之處：北京可以監控數位人民幣的所有交易。[17]

因此，如果數位人民幣成功在國際上流通，美元真的就可能面臨嚴重的威脅。不過即使是在那樣的情境下，做為美國通貨的美元，還是不會就這樣失去它的特權地位。理由是，很多國家固然忌憚美國經濟彈藥庫所代表的力量，但它們更擔心中國也擁有跟美國一樣的能力，[18]原因很簡單：儘管其他國家的政府對美國的制裁戒慎恐懼，美國的經濟作戰方法，至少不像它的主要超級強國對手那麼反覆無常。在俄羅斯發動明顯違反國際法的征服戰後凍結該國央行的外匯準備是一回事，純粹因澳洲提議調查新冠疫情起源而以貿易禁運來打擊澳洲，或是因立陶宛允許台灣在維爾紐斯成立代表處而對立陶宛實施嚴苛的經濟懲罰等（這都是中國近幾年曾做過的事），又是另一回事。

不僅如此，外界普遍對中國政府的國家監控行為憂心忡忡。其中，中國「支付寶」與「微信支付」等主要行動支付應用程式[19]的例子尤其發人深省。儘管這兩個應用程式在中國的推行非常成功，且中國遊客的全球消費力也令人嘆為觀止，但這兩個應用程式卻遲遲難以在海外市場爭取到市場占有率，主要原因之一是，其他國家的政府擔心他們的公民會因使用這些應用程式而遭到中國窺探。2020年6月，中國和印度士兵在中印邊界爆發一場致命的小衝突之後，印度就禁用了幾十種[20]相當受歡迎的中國行動應用程式，包括支付寶和微信支付，印度政府發佈這些禁令時提到，它擔心中國正在竊取用戶的個資。不管是目前或是當時，印度最受歡迎的行動應用程式都不是源自中國，而是臉書旗下的訊息平台WhatsApp。[21]基於支付寶與微信支付難以順利在海外開疆拓土的理由，數位人民幣也將難以取得全球支配地位。

而且，美國還是有機會在數位貨幣領域的發展上超越中國。由於李維未能說服美國政府為臉書的加密貨幣計畫背書（因葉倫與其他美國官員反對），Diem 在 2022 年倒閉。[22] 不過，儘管速度緩慢，FED 已確定投入這場戰局。2022 年年底，紐約聯邦準備銀行宣布將和美國金融業的幾家重量級企業（包括花旗集團、萬事達卡以及富國銀行〔Wells Fargo〕）合作，試推數位美元。[23] FED 也進行了一項實驗，結果證明，數位美元能大幅加速跨境支付，[24] 把原本為期 2 天的流程縮短為幾秒鐘。FED 有非常充分的理由擴大上述作為，並發行自家的數位貨幣，到時候，這項數位貨幣將把華盛頓當局拱上數位貨幣標準設定者的寶座，不讓北京專美於前。

基於美國資本市場的深度與流動性，乃至美元跨境流動的便利性，人民幣想要趕上美元，還有很長的路要走。不過，它的最大絆腳石或許和中國政府本身的特性有關：中國政府愈來愈專制，且視法律規定於無物。在最理想的狀態下，貨幣應該要能發揮跟日常基礎建設（也就是使用者幾乎不假思索就會使用的那種基礎建設）一樣的功能，就像道路之於駕駛人。就一般企業的立場來說，愈無須他們煩惱的貨幣，自然是愈好的貨幣。某些企業可能會因美元和美國制裁政策息息相關而對美元有所遲疑，但人民幣作為替代選擇，風險依舊遠高於美元。[25] 何況一旦發生任何交易糾紛，多數企業高階主管可能寧可上美國的法庭，也不願意跟中國的法庭有任何瓜葛。

未來幾年，中國很可能打造出更有深度的資本市場，甚或放寬資本管制，但除非它朝更完善的方向徹底改造整個政治體系，且美國的政治體系被改得更糟糕，否則人民幣永遠也無法爭取到跟美元一樣的基本優勢地位。因此，美元霸權乃至美國經濟彈藥庫所面臨的最大威脅，很可

能不是來自中國，而是來自美國本身的政治體系。如果未來的某個美國政府把 FED 政治化，並讓它失去貨幣政策獨立性──或更糟的，如果司法系統遭到破壞法律規定遭到質疑──美元相對人民幣的優勢就會開始消失。

　　並非所有鎖喉點都「生而平等」。就威懾的力量來說，美國控制的其他鎖喉點都比不上美元──但這些鎖喉點同樣也不容易破解，而且意圖破解那些鎖喉點的代價並不便宜。

　　俄羅斯在建立其石油與天然氣出口的「端到端供應鏈」（end-to-end supply chain）方面，已有相當長足的進展。經陸路通往中國的管線，讓俄羅斯最重要的能源流動得以不受制裁影響。至於海路的部分，俄俄羅斯已成功找到方法，能在不依賴西方國家運輸與保險服務的情況下，把石油出口到印度等地；它網羅了一支由 100 多艘老舊油輪組成的「影子船隊」，[26] 這支船隊罔顧海上安全規則，在航行時關掉應答機（transponder），偷偷摸摸前進。只要俄羅斯再收購幾百艘這種油輪，總有一天，它就能滿足自己的所有運輸需求，即使這個盤算的代價非常高，也會讓已因制裁與戰爭而羸弱不堪的俄羅斯經濟體系難以負荷，但俄羅斯政府還是可能繼續一意孤行。至於在保險部分，取代西方國家海上保險公司將是更艱巨的任務，儘管如此，俄羅斯最終還是可能用主權擔保[27] 的方式（一如伊朗在 2012 年石油制裁實施之後所採取的行動）來完成這項任務。畢竟石油是非常重要的大宗原物料商品，長時間下來，買家勢必會想方設法購買俄羅斯石油，所以，即使俄羅斯只能提供雜亂拼湊而成的粗糙服務，它的石油一樣可能繼續得到買家的青睞。美國為

使價格上限達到目的而利用的鎖喉點，已導致全球石油市場變得四分五裂，並使莫斯科當局的石油收入大幅減少，但這些鎖喉點不可能永久限制貿易活動。

在此同時，總有一天，沙烏地阿拉伯與其他主要產油國也可能接受美元以外的貨幣，作為買賣石油的支付工具。中國已開始用人民幣來支付它的部分能源帳單，[28] 習近平也呼籲擴大以人民幣進行石油貿易。不過，那個前景還遙不可及。首先，各個產油國需要把它們透過出售石油而收到的巨額資金投資到某處，而美國資本市場的深度和流動性遠比中國資本市場好。多數中東國家的貨幣──包括沙烏地的里亞爾（riyal）與阿拉伯聯合大公國的迪拉姆（dirham）都是採取釘住美元的匯率政策（pegged，又稱固定匯率），所以這些國家需要美元穩定流入才能維持匯率。如果利雅德當局允許中國以人民幣來支付石油貨款，印度、日本和南韓等其他大型顧客也會有樣學樣，要求以其本國貨幣付款，[29] 這麼一來，產油國的政府就會面臨財務管理上的困難。因此，最沒有阻力的途徑，還是繼續採用半個世紀以來運行相當良好的油元系統。

至於西方國家限制中國取得尖端技術的作為，又會有什麼結果呢？這個問題只能等待時間來回答，不過，要破解西方國家在半導體產業的鎖喉點，不僅需要花費非常大量的金錢，還需要極端非凡的技術創新能力。中國似乎有意將這兩者結合在一起。北京當局正加碼挹注數百億美元[30]的資金到本土的晶片產業，且責成華為負責[31]統籌一個由國家支持的計畫，希望最終能打造出可自給自足的半導體設計與生產網路。這些作為已經開始收到成果：華為在2023年8月發表了一支震驚全球的新款5G智慧型手機，它的行動通迅速度不亞於最新版的iPhone。[32] 華為這款新型號手機就是Mate 60 Pro，[33] 它配備了由華為旗下海思公司所設計，

且由中芯半導體生產的先進晶片——那就是美國出口管制，原本打算阻止中國生產的那類技術。

為了強調中國的這項突破，一位中共高層說服華為，搶在負責督導美國出口管制政策的商務部部長吉娜・雷蒙多（Gina Raimondo）到北京拜訪時，[34] 提前發表這款 Mate 60 Pro 手機。一份中國國營媒體幸災樂禍地表示：「美國的極端鎮壓手段[35]已經失敗。」連美國官員都感到驚訝，華為和中芯已有能力生產，可滿足大眾市場智慧型手機所需之先進晶片。事實證明，這兩家中國企業[36]是使用較不先進的艾司摩爾曝光機、盜版美國軟體，以及在最新出口管制令生效前，囤積的大量庫存西方國家設備與備用零組件來完成這件壯舉。這些晶片的製程速度遠比台積電生產同類晶片的速度慢，而且成本更高；沒有人知道這個方式生產出來的晶片是否有利可圖，不過利潤對中國政府來說並不重要，它很樂於補貼所有損失。

儘管中國企業投注了非常多心力，也推出了令人眼睛一亮的產品，但這些企業在尖端晶片製造的腳步，還是至少落後台積電等公司 5 年，[37]它們在設備製造的腳步，甚至落後應用材料、艾司摩爾以及東京威力科創等更多。華為和中芯依舊高度依賴西方的技術，而且也能繼續透過它們的庫存、欣欣向榮的黑市，[38] 以及出口管制的漏洞等來取用西方的技術。不過，庫存終究有用完的一天，如果美國及其盟友真心緊縮禁令，黑市與漏洞所構成的挑戰也不是無法解決。對中國來說，打造一個垂直整合生產晶片的國內產業或許不難，但這個本土產業生產出來的晶片，恐怕非常難以（甚至不可能）媲美用美國、歐洲、日本、南韓與台灣等地一流技術生產出來的晶片。然而，中國不可能因此就停止嘗試，而且北京當局似乎很可能為了追趕西方的半導體技術，繼續投入無法想像的

巨額資金，[39] 即使失敗也在所不惜。

對中國來說，想打造公平的技術戰場，較可行方法是鞏固它對新興鎖喉點的控制能力，不要執著於突破現有的鎖喉點。其中最重要的一個新興鎖喉點是潔淨能源技術，因為這個產業高度仰賴中國有能力支配的關鍵礦物供應鏈。中國的鋰、鈷產量約占全球供給量的三分之二，而這兩種礦物都是生產電動車的必要原料。中國還是潔淨能源轉換所需的鋁、石墨與鎳等其他重要礦物[40]的大型生產者，而且也控制了某些更稀有、較不為人知的關鍵礦物幾乎**全部**的全球供給量，[41] 例如鎵。中國汽車業平步青雲般的發展，正是最鮮活的例子，呈現了中國在潔淨能源技術方面的競爭實力。中國在 2023 年成了世界最大的汽車出口國，[42] 銷售量年增率達到驚人的 50％以上，其中大部分就是拜電動車所賜。

儘管這些統計數據令人瞠目結舌，但事實可能會證明，中國對潔淨能源技術鎖喉點的控制力相當短暫。舉例來說，它在關鍵礦物市場上的支配力量主要並非來自它充沛的天然資源，而是來自它在礦物**加工**方面的專長。[43] 儘管目前中國在那個領域還遙遙領先，但礦物加工的技術挑戰其實並沒那麼複雜，一段時間之後，其他人就能迎頭趕上，尤其如果有類似美國《降低通膨法案》中那種慷慨的潔淨技術政府補貼，[44] 中國在加工方面的支配地位將面臨嚴峻挑戰。

然而，至少在未來幾年內，潔淨能源產業將提供一些可供中國用於經濟作戰的鎖喉點。北京可以利用這項優勢與其他因素，阻止西方國家進一步緊縮「技術封鎖」。中國在 2023 年 7 月宣布對鎵、鍺實施出口管制後，美國官員就積極展開高層接觸，並多次公開保證美國只是想要「小程度『去風險』（derisking）」，未來兩國間還是可以「展開對應的外交」[45]——這顯示中國對美國發出的警告已經收到它所期望的效果。不

過,中國把關鍵礦物當成武器的作法,還是可能導致經濟戰的戰況變得愈來愈凶險,[46]最終摧毀美中之間的所有經濟關係。未來幾年,我們必須面對一個殘酷的事實:各方的經濟安全爭奪戰可能不只會導致眾多鎖喉點遭到破解,還愈來愈可能使全球經濟體系更分崩離析。

6-4 戰略博弈與最後結算

對伊朗實施的制裁為 2015 年核協議（伊朗的核子計畫因這項協議而受到約束）鋪設了一條康莊大道，不過，這項協議最終卻淪為美國國內政治的犧牲品，川普在 2018 年加以廢除後，伊朗恢復了核子計畫，[1]且相較於簽訂這項協議之前，朝製造核彈的目標又前進了一大步。另一方面，對華為的出口管制雖扼殺了該公司追求全球 5G 網路霸主的野心，並促使它的營收大幅降低，卻未能就此終結中國的經濟侵略，也未能建立穩定均衡的新美中關係。最悲慘的是，對俄羅斯連續發射的經濟武器，也未能阻止它入侵烏克蘭。這一切不禁令人納悶，發動經濟戰真的值得嗎？基於過往經濟作戰的成果只是好壞參半，我們有充分的理由質問：真的值得為了經濟作戰的好處而付出那麼多代價嗎？

根據俾斯麥（Otto von Bismarck）的格言，政治是可能性的藝術。[2]制裁、出口管制以及其他經濟武器都稱不上魔法子彈──問題是，其他所有治國手段也都沒有神奇的魔力。從 2000 年代中期開始，經濟作戰在美國外交政策開始有了重要的一席之地，而它的興起絕非偶然，因為當時美國領軍出擊的阿富汗與伊拉克戰爭才剛經歷慘痛的失敗，而且這兩場戰爭的代價都非常高。華盛頓當局對制裁愈來愈感興趣的原因有兩個，其一是它對經濟作戰的功效有信心，另一方面是它對經濟作戰的主要替代方案──軍事力量──的幻想破滅。

儘管 2022 年對俄羅斯展開的制裁未能防止它入侵烏克蘭，也未能快速全面削弱俄羅斯的軍事能量，從而無法幫助烏克蘭在戰場上獲得勝利，但這些制裁手段對俄羅斯經濟體系造成的持久損害，將防止俄羅斯在短時間內重獲戰前的經濟或軍事實力，[3] 就這個意義來說，那些制裁措施矯正了全球化的一個致命缺陷：類似普丁領導下的俄羅斯等修正主義（revisionist，即馬克斯主義）國家，從此不再能一邊顛覆美國為首的國際秩序，一邊又透過這個秩序獲取利益。

此外，在評斷經濟作戰本身的優缺點時，還得把反事實（counterfactuals，譯註：主要是指用「如果…那麼」來陳述的那種虛擬事實）列入考慮。換句話說，如果 2022 年時，西方國家拒絕以重磅經濟武器來打擊俄羅斯，這個世界會變成什麼模樣？歐洲會繼續依賴俄羅斯能源，俄羅斯的經濟體系和戰爭機器將繼續在西方融資與技術的支持下成長茁壯。這樣的發展會讓世界上的其他國家誤以為，不管它們做了什麼骯髒事，還是能繼續從全球經濟體系汲取利益；那更會讓中國認為以武力奪取台灣的阻礙並不是那麼大，其他潛在的侵略者也會開始垂涎鄰近國家的領土。

即使有人質疑制裁的訊號效應（signaling effect，譯注：在資訊不對稱的情況下，透過某種行為向另一方發出訊號，讓對方得知我方的能力或立場，從而影響對方對我方的判斷），他們也很難強詞奪理地主張，美國及其盟友的經濟狀況，會因繼續和俄羅斯維持經濟互賴關係而變得更好。早在很久以前，西方國家和俄羅斯之間的關係，就不再符合最初建立這些關係的宗旨了——至少在 2014 年俄羅斯併吞克里米亞，甚至從它在 2008 年入侵喬治亞時開始，就已有所不符了。令人遺憾的是，西方國家竟等到俄羅斯採取那麼令人髮指的侵略行為後，才終於下定決心切斷

Chokepoints

和俄羅斯的關係。儘管如此，制裁措施正在破壞普丁用以建立其帝國主義外交政策的那個經濟模型，並削弱他繼續製造危害的能力。

回顧 2014 年，G7 在弗瑞德的奔走下，被改造為一個對抗俄羅斯的經濟戰聯盟，不過，他的外交成果蘊藏著一項重大的取捨：由於並非所有盟國都願意實施美國所偏好的那種嚴厲制裁，所以為了維護團結，西方國家只好對莫斯科實施較溫和的制裁。對歐巴馬政府來說，這是一種可接受的妥協；畢竟如果嚴苛的制裁會導致跨大西洋聯盟出現裂痕，並因此把比克里米亞更大的戰利品拱手讓給普丁，那麼再有效的嚴苛制裁都不足取。

川普政府執政後，美國不再執著於那樣的考量，但也為此付出了沉重的代價。川普的單方面經濟作戰行動雖在中國、伊朗和委內瑞拉等國家造成很多損害，但也導致美國最親密的戰友不再信任美國。華盛頓當局並不是經由外交手段贏得外界對華為制裁令的支持，而是透過威脅（不配合這項制裁令的企業或國家就會遭受經濟上的苦難）：《外國直接產品規則》就像次級制裁，逼得全世界在美國和華為之間選邊站。

俄羅斯對烏克蘭發動全面入侵時，拜登政府成功兼顧了這兩者：在實施強力制裁的同時，**也**維護了盟友之間的團結。部分原因在於這場戰爭的殘酷、烏克蘭人的英勇，以及歐洲各地民眾對嚴厲制裁的支持。不過，這也要感謝華盛頓、布魯塞爾當局以及其他 G7 會員國的政府長達數個月不眠不休的外交努力。事實證明，拜登和馮德萊恩、辛格和賽伯特以及其他無數官員之間建立的彼此信任，在危機時刻發揮了重要的影響。

G7 的經濟體系合計占全球 GDP 的一半左右，[4] 而且這些國家對世界經濟體系重要產業的支配力量甚至更大。由於這個陣營在制裁俄羅斯的問題上團結一致，終得以使相關罰則的效果明顯優於不團結。也由於美

國和盟國採取協調的一致行動，這整場制裁作戰才免於淪為一場對「美國經濟領導權」的全球公投。俄羅斯就是預期這場公投遲早將發生，才會決定從 2018 年就開始減少其外匯準備中的美元部位，並增加歐元部位——[5] 俄羅斯的領導班子認定，當美國對他們發動經濟攻勢的那一天到來，歐盟將不會加入美國的行列。如果後來的事實證明這個假設是正確的，其他國家理應也會做出相同的結論。

舉例來說，如果美國鎖定俄羅斯央行，但歐盟卻拒絕跟進，最後的結果可能會是：世界各國大規模從美元撤出並轉入歐元。然而，這一次，美國與歐盟團結一致，俄羅斯的盤算因此落空且措手不及，最終落得有超過一半的戰爭資金變得「無法動用」。事實上，在制裁俄羅斯的行動展開後，美元在全球支付方面的使用量還激增到歷史新高，其增幅遠高於人民幣或其他主要貨幣。[6] 實質上，美國和全球其他主要準備貨幣發行國採取一致行動後，美國非但沒有喪失全球金融體系領導者的地位，還把這個地位化為一種武器。蘇利文把 G7 譽為「自由世界的指導委員會」[7] 自有他的理由。

不過，普丁也透過友誼獲得一些紅利。印度、中國、土耳其、阿聯與其他 G7 以外的國家，還是繼續和俄羅斯做生意，這有效緩衝了制裁的打擊。俄羅斯雖失去它最大的石油市場歐盟，卻隨即在印度找到一個全新的市場——原本印度只採購少量的俄羅斯石油，但到後來，它的採購量竟達到每天 200 萬桶。[8] 到 2023 年，俄羅斯已成為印度最大的外國石油來源。[9] 另外，中國也大規模增加和俄羅斯的貿易，[10] 這填補了西方企業離開後所留下的空缺。土耳其也大幅提高俄羅斯石油進口量，[11] 俄羅斯則向土耳其購買很多原本向歐洲採購的產品。

阿拉伯聯合大公國則再次施展當年透過伊朗禁令所學到的花招，成

了規避制裁的萬用中心。杜拜成了遭到制裁的俄羅斯寡頭統治集團成員的天堂，[12] 也成了很多俄羅斯石油交易員的基地。

拜這些緩衝與其他因素所賜，對俄羅斯的制裁行動並未立即產生分析師所預期的那種毀滅性影響。整個2022年，俄羅斯經濟體系僅萎縮約2％。[13] 儘管這樣的衰退幅度已經相當顯著——畢竟如果沒有遭到制裁，俄羅斯經濟理應會成長——卻和分析師在這場制裁作戰行動初期所做的可怕預測相去甚遠（當時一般預測俄羅斯GDP將萎縮10％或甚至15％）；隔年，俄羅斯經濟甚至因軍事支出與國內武器生產暴增而恢復溫和的成長，[14] 更深層的經濟功能失調問題因此遭到掩蓋。由於大部分的全球南方國家都不願意配合制裁措施，所以俄羅斯經濟只是逐漸衰退，沒有快速崩潰。只不過，衰退就是衰退，這是不爭的事實。

就在G7成為「自由世界的指導委員會」（經濟作戰相關事務）之際，金磚國家也合併為一股分庭抗禮的力量。2023年8月，這個陣營邀請了6個新會員國家加入，[15] 包括阿根廷、埃及、衣索比亞、伊朗、沙烏地阿拉伯，以及阿拉伯聯合大公國。伊朗的加入特別值得一提。在歐巴馬執政時期，中國、印度和俄羅斯為了支持美國的核外交而勉強配合了對伊朗的制裁，阿拉伯聯合大公國最終也斷絕了和伊朗之間的經濟聯繫，沙烏地國王甚至還催促美國官員「斬斷蛇頭」，[16] 轟炸伊朗的核設施。如今這些國家卻聯合起來，幫助伊朗推動外交復興運動[17]。

2個月後，哈瑪斯對以色列發動一系列可怕的攻擊，在加薩（Gaza）鼓動了一場可能足以吞噬整個中東地區的戰爭。就這樣，向哈瑪斯的幕後老大伊朗施壓，突然再次成了華盛頓當局的最高優先事項。不過，這一次美國必須在國際支援減弱的情況下進行這件工作，而且還得承擔同時制裁俄羅斯與伊朗這兩大產油國[18] 的風險。從烏俄戰爭爆發後，油價

上漲的幽靈就始終纏著拜登政府不放；這正是白宮當局反對以全方位的美國經濟彈藥庫來打擊俄羅斯的主要原因，特別是牽涉到俄羅斯石油出口的制裁措施。如今隨著對俄羅斯與伊朗的兩條經濟戰線同時開啟，白宮當局自然是加倍憂慮。

不管是從地緣政治或意識形態的角度來看，在伊朗加入後，擴大編制的金磚國家陣營變得愈來愈缺乏凝聚力；不過，伊朗加入卻強化了這個陣營的統一宗旨：削弱西方國家經濟武器的威力。金磚國家可能無法讓美元失去霸權地位，也無從以戲法變出能取代西方最先進技術的替代品，但它們還是能在遭受攻擊的時候彼此伸出援手。對中國來說，一旦它入侵台灣，勢必會遭受一波波嚴厲的經濟懲罰，這時，金磚國家就能成為它的堡壘，協助它抵禦這些經濟懲罰浪潮。

制裁措施對俄羅斯軍工複合基礎造成的損害讓美國官員相當欣喜，他們也對成功維護 G7 的團結而感到自豪。不過，這些官員還是得設法應對一個無可否認的事實：威懾手法已然失敗。拜登政府原本指望只要口頭威脅將實施大規模制裁，就能嚇阻普丁，讓他不敢輕易入侵烏克蘭。這就是拜登政府在這場戰爭爆發前，反覆公開警告俄羅斯將因侵略烏克蘭而「立即面臨嚴重的後果」的背後意圖。不過到頭來，這種口頭威脅並沒有發揮效用。等到普丁下令坦克車前進烏克蘭時，就制裁的首要目標而言，制裁已經失敗。

威懾可能注定失敗──因為普丁無論如何都不會放棄追求他的帝國夢。或許**經濟**痛苦的威脅還不夠；要成功達到威懾的目的，可能還需要配合可信的軍事威脅，不過，美國從來都沒有進行軍事威脅的準備。真

相不得而知，但我們不得不問，若有可能，美國及其盟友本來可以在哪方面做得更好一些？

答案的潛在線索之一藏在制裁俄羅斯央行的方案裡。俄羅斯的外交部長拉夫羅夫事後承認，莫斯科當局「沒有人」預料到七大工業國集團[19]會鎖定俄羅斯中央銀行，而娜比烏琳娜也因為未能預見到這個發展，承受了辭職下台的沉重內部壓力。一方面來說，俄羅斯官員感到意外是好事一件：如果他們本來就預料到西方國家會走這一步，就不會放任一半以上的央行外匯準備留在美元資產，並因此面臨被制裁的風險，而且 G7 應該也沒辦法在俄羅斯入侵烏克蘭後短短幾天內，就把那麼巨額的俄羅斯戰爭基金「關禁閉」。但另一方面來說，這個發展顯示，俄羅斯政府**低估**了它可能面臨的制裁強度，而如果你的敵人低估了你採取行動的能力或意願，你再怎麼威懾都不會管用。

這凸顯出一個重點：雖然 G7 早在俄羅斯展開入侵行動之前，就花了無數時間準備可能的制裁選項，這個陣營卻從未能提前就具體的應對措施達成共識。誠如賽伯特經常強調的，在歐洲領袖親眼見識到這場戰爭的「殘酷視覺畫面」[20]之前，他們根本不會對任何行動方針做出承諾。華盛頓當局的情況也差不多：辛格雖力促實施更嚴厲的措施，但直到俄羅斯入侵烏克蘭的前夕，拜登政府仍未能就打擊俄羅斯的強度達成共識，內部意見甚至還相當分歧。莫斯科當局沒有人預料到俄羅斯央行會成為制裁目標，最明確的證據是：連華盛頓與布魯塞爾當局都沒有人預料到，俄羅斯央行會淪為被制裁的目標。

換言之，拜登雖公開威脅將讓俄羅斯承受「立即且嚴重的後果」，但背地裡，G7 聯盟卻尚未下定決心要採取什麼具體的制裁方案。西方國家把沒有說出的內容留給普丁去想像，但普丁卻一如往常地斷定，事實終

將證明西方國家只會軟弱應對。如果一切可以重來，美國和 G7 的其他國家，應該會寧可在烏克蘭各大城市下起俄羅斯的彈雨之前，明確闡述俄羅斯將因入侵烏克蘭而付出什麼代價，同時強硬對它落實經濟戰。

華盛頓當局從俄烏戰爭記取教訓的同時，也必須考量制裁的另一個利弊得失。雖然從威懾的角度來說，在經濟武器的使用上有所保留或許有幫助，但如果威懾已非可行的目標，這麼做就沒有太大意義。換言之，如果制裁永遠也嚇阻不了普丁，那麼西方國家就應該在他入侵烏克蘭之前，竭盡所能地削弱俄羅斯的經濟，這樣的結局會好一些。對七大工業國集團來說，最昂貴的錯誤就是它們遲遲不願嚴肅討論石油制裁議題，等到戰爭爆發後，才終於正視這個制裁選項，而且又花了將近 10 個月，才終於實施價格上限與歐盟石油禁運等制裁。結果 2022 年，俄羅斯透過石油出口瘋狂吸納了 2,200 億美元，[21] 這是克里姆林宮有史以來最高的單一年度能源收入。

對西方國家的對中政策來說，這個現象的寓意也令人感到不安。如果西方國家的官員斷定習近平已決心在某個時間點試圖征服台灣，[22] 那麼，最合理的行動方針應該是**此時此刻**先採取更激進的措施，來削弱中國的實力。儘管這麼做肯定會對西方國家造成巨大的經濟代價，但與其等到戰爭真的爆發，不如現在先承受這些成本。經濟消耗需要時間，而事實可能會證明，目前以「小院高牆」概念為中心所打造的方法，成效將非常有限，不足以對中國的軍事能量造成嚴重的損傷。

從很多方面來說，美國及其盟國這一次算是相當幸運。俄羅斯早在入侵烏克蘭的很久以前就先發出預警，所以西方國家的領袖有幾乎 5 個

月的時間可準備應對措施，但西方國家不能指望未來還能享有這樣的優勢。如果中國決定侵略台灣，很可能會以出乎 G7 意料的閃電方式出擊，就像 2014 年俄羅斯以迅雷不及掩耳的速度併吞克里米亞那樣。所以，不管西方國家對中國展開經濟作戰的真正目標只是要威懾中國，或是要真正削弱中國的實力，都應該現在就準備就緒。[23]

這些準備工作應該以政策與外交為中心：打造制裁與出口管制方案、就這些方案和盟國協調出共識，並將這些方案列為某個連貫戰略的固有環節。不過，務必透過政治管道讓外界理解這些措施是「不得不為」。阿富汗與伊拉克戰爭鏖戰多年，導致美國人極度厭惡使用武力，因為使用武力的成本非常高又無效。相較之下，經濟作戰似乎較受青睞，特別是對伊朗的制裁措施確實一度促成了伊朗核協議，而且美國經濟體系幾乎未因此付出任何代價。

不過，隨著美國將它的經濟彈藥庫對準俄羅斯和中國，情勢的發展也清楚顯示，除非美國願意接受真正的經濟風險，否則不可能對其他大國實施有效的制裁。2022 年制裁俄羅斯的立即衝擊之所以不如預期，主要必須歸咎於拜登政府的瞻前顧後——當時它擔心一旦切斷俄羅斯的石油銷售，可能會在美國國內造成一些政治後果，並推高汽油價格[24]而大幅升級對中國的制裁，可能得承擔更嚴峻的風險——因為那勢必會對美國經濟體系造成反噬，帶來嚴重的打擊。因此，美國官員設法針對台海潛在衝突擬定策略時，務必密切關注各種政治現實，制定積極的措施來減輕損害，同時要敦促美國民眾做好承受必然代價的準備。

對俄羅斯的經濟戰為我們留下了一個重要的教誨：遲遲不做出艱難的選擇，對美國沒有任何好處。不管是實施制裁或出口管制，都免不了得做出某種犧牲，尤其是針對其他大型經濟體發動制裁或出口管制時。

而且不管是制裁或出口管制，都必須事前做好縝密的準備，才有成功的可能。如果美國未來要跟過去 20 年一樣，繼續仰賴這些武器，就必須清楚認識這些武器的成本，並且更有計畫地使用。唯有如此，才能確保所有犧牲都不會白費。

結語　不可能的三位一體

　　經濟戰爭時代一開始並沒有什麼危害：一切始於李維掌管財政部某個還默默無聞的全新部門時，為了證明總統的觀點是錯的，孰不知他卻因緣際會揭開了經濟戰爭時代的序幕。隨著伊朗核子計畫的快速向前推進，小布希總統不禁感嘆「美國因（對這個國家）不再有影響力制裁了我們自己」[1]那時的情勢看來，美國似乎只剩下兩個極端的選項：開戰，或是放手讓伊朗成為核武國家。不過，李維決心證明還有第三個選項。

　　接下來幾年，李維和同事大幅翻修了美國的制裁政策。他們利用自身的法律專長與對金融業風險盤算的理解，徵召了跨國銀行業者參與一場將伊朗孤立於全球經濟體系之外的作戰行動。在國會的敦促下，他們測試了新經濟武器的極限——甚至找到了將1,000多億美元的伊朗石油資金凍結在海外託管帳戶的方法。長時間下來，這股經濟壓力導致伊朗的政治發生變化，並開闢了一條通往2015核協議的途徑。最後，美國順利壓制了伊朗發展核武的野心，而且一如歐巴馬在隔年的演說中誇口的，美國「不費一槍一彈」[2]就達到這個目的。

　　但在伊朗核協議談判期間，普丁做出了震驚全世界的舉動：他派遣一批「綠衣男子」進入克里米亞，迅速併吞了那片領土。美國官員雖決心制裁俄羅斯那種明目張膽的帝國土地掠奪行為，卻不想冒險和另一個核武強國俄羅斯正式開戰，於是，他們再次訴諸美國的經濟彈藥庫。俄

羅斯是比伊朗難搞很多的制裁目標：它不僅遠比伊朗龐大，融入世界經濟體系的程度也高於伊朗。舉例來說，歐洲國家高度依賴俄羅斯的石油和天然氣，所以如果制裁措施對俄羅斯造成大浩劫，相關的不良影響很快就會擴散到歐洲，甚至可能從歐洲再進一步擴散到美國本身。因此，對俄羅斯實施的所有制裁都必須限縮規模，而且必須「像手術刀般」精準。不僅如此，所有制裁措施都必須取得歐洲盟友的支持，才能避免跨大西洋夥伴關係破裂。

這時換弗瑞德登場了，這是身為美國外交老兵的他，歷經了近 40 年外交公務生涯後的最後一段旅程。弗瑞德居中牽線，使美國成功和歐盟以及 G7 的其他國家共組制裁同盟，並草創了經濟版的北約聯盟。這個聯盟陸續實施了，像外科手術般精準的制裁措施，並迅速將俄羅斯經濟推入惡性循環。不過，由於這些制裁措施造成了出乎意料的嚴重傷害，西方國家領袖在驚嚇之餘竟選擇縮手，並鴕鳥般地期待俄烏衝突能自動平息。川普在 2017 年入主白宮後，這些制裁措施的規模與力道更是逐漸萎縮。

川普是美國有史以來最熱衷於制裁的總統，[3] 他幾乎對每一個國家開砲，唯獨放過俄羅斯。這個方法造成的傷害通常多於好處。川普政府撕毀伊朗核協議，並試圖以「壓力極大化」的制裁來敲打德黑蘭當局，但最後他的制裁並沒有實現任何成果，只是平白讓伊朗擺脫了核計畫的束縛而已。在此同時，美國經濟作戰的力量與它的獨斷獨行，讓其他國家愈來愈戒慎恐懼，並因此努力加強自我保護，舉例來說，俄羅斯中央銀行將多數美元部位轉換為歐元和黃金；中國則是發行了數位版人民幣、設立本土的金融訊息與結算平台，同時努力尋找在國際上推廣人民幣的新方法。連歐盟都試圖採納能取代美國制裁措施的變通方法。

不過，川普政府至少在一個議題上留下了較有建設性的政績。在博明的耐心指引下，華盛頓當局終於將北京的多項經濟政策，視為挑戰美國技術領導地位與搶奪數位經濟體系制高點的預謀性作為。長期以來，中國主管機關和企業在和西方國家往來過程中的不當作為——包括剽竊智財權、強迫性技術轉移乃至不公平的貿易措施等——都不僅是為了獲得經濟利益；那些也都是中國取代美國地緣政治霸主地位的必要作為。華為是這個策略的先鋒——名義上來說，它是中國最大的民營企業，但實際上，它是中共為實現上述鴻鵠之志而精心安排的前線部隊。

為了阻撓北京當局的計謀，美國官員訴諸各種不同等級的經濟武器。美國沒有試圖斬斷中國和國際金融體系的連結，而是著手阻止華為與其他中國企業取得尖端技術。這些企業雖仍可進出華爾街，卻將被踢出矽谷。川普政府的官員花了好幾年進行錯誤的嘗試，最終才歸納出這個方法，不過，到川普任內最後一年，美國的出口管制已讓華為一蹶不振。[4] 最後，拜登政府進一步擴大對所有中國企業實施這項高科技圍攻政策，並公開宣布將實施「盡可能（在關鍵技術上相對於中國）保持最大領先程度」[5] 的政策。就這樣，幾十年來主宰美中關係的全球化**雙贏**邏輯，被超級強國之間技術對抗的**零和現實**取代。

在這三場經濟戰役中（包括 2005 年起到 2015 簽訂核協議期間對付伊朗的行動、在 2014 年俄羅斯併吞克里米亞後對付俄羅斯的行動，以及 2010 年代中期迄今與中國周旋），美國官員皆因後知後覺而不得不忙著修補一些長期存在的問題，或應對突然冒出來的意外危機。但到了 2022 年，美國在俄羅斯全面入侵烏克蘭後發動最新一輪經濟作戰時，情況已非如此：美國官員早在事發前幾個月，就已得知俄羅斯正準備入侵烏克蘭，因此，他們原本有機會提早使用足以**威懾**俄羅斯的制裁措施來阻止

它發動侵略，而不是等到事情發生以後才忙著逼俄羅斯回頭或懲罰它。不過，拜登總統卻只選擇對普丁發出口頭警告（他說，一旦俄羅斯對烏克蘭發動任何新攻擊，都將招致「有史以來最嚴厲的制裁」），[6]即使幾位歐洲領袖也呼應拜登的說法，普丁卻絲毫沒有動搖。俄羅斯最終還是開戰了，逼得西方國家不得不履行它們的威脅。

如今美國及其盟國為了破壞普丁在戰場上的作為，並永久削弱俄羅斯經濟體系的實力，訴諸了先前用來對付伊朗和中國的措施：金融制裁，包括對俄羅斯中央銀行與兩家最大商業銀行的制裁，以及高科技出口管制。不過，西方國家因擔心能源價格飆漲，所以一開始並未採取壓抑俄羅斯能源收入的措施（能源收入是俄羅斯經濟體系的活血）。一直過了9個月之久，美國及其盟友才終於對俄羅斯石油實施價格上限，而且這個機制比當年成功切斷伊朗石油資金流向的禁令溫和許多。目前為止，最新一輪的俄羅斯制裁措施既令人印象深刻又令人失望：令人印象深刻的是，在全球經濟體系的幾個主要領域，俄羅斯已被邊緣化，而在這個過程中，俄羅斯身為世界強國的地位也大幅下降；但令人失望的是，烏克蘭戰爭並沒有停止，換言之，經濟武器並未成功擋住普丁的部隊。

更糟的是，川普制裁伊朗以及美國為圍攻中國科技業而相繼實施的大規模罰則，已經引爆了一場更廣泛的經濟安全爭奪戰。如今世界各國的政府，都在努力消除全球化導致它們容易受外部壓力傷害的因素。當初成就了經濟戰爭時代的那些鎖喉點，如今反而都成了極端明顯的弱點，甚至威脅到從冷戰以來就蓬勃發展且互相依存的全球經濟體系。

部分原因是美國在經濟武器的使用上變得愈來愈魯莽。李維反思道：「在對付伊朗時，我們是用彎刀[7]一步步切斷他們的活路。但現在的人有能力迅速『直搗黃龍』。」不過，雖然美國頻繁使用制裁和出口管制等措

施,卻幾乎不願追求更爐火純青的經濟戰武藝。相反地,美國政府還是繼續依賴專案型的臨時流程和簡陋的政策機器來打這些戰爭。相較於五角大廈為傳統戰爭備戰的方式,包括招募與訓練專業軍隊、制定計畫以及反覆演練等,負責經濟戰的美國各級機關,看起來依舊像小聯盟裡上不了檯面的小咖。

若想提高作戰能力,美國必須先從人才的投資做起。成功的經濟作戰需要配備跨學科領域的人才庫:像是具法律敏感度的蘇賓、外交技巧純熟的弗瑞德、深諳區域情勢的專家博明,以及辛格那樣的經濟創意高手等。任何一個人都難以同時精通上述所有領域,所以美國政府應該要培養一個擁有那種多元能力的團隊。此外,這些團隊的每一位成員都應該熟悉每一個學科領域,才能真正理解同事的觀點。

而要建立那樣的多元人才庫,較好的方法之一是:在美國政府內部成立一個永久性的經濟戰委員會。[8]這個委員會將由國務院、財政部、商務部、中情局與其他相關機關臨時指派的官員組成,但這些官員必須擔任該委員會的委員至少1年或2年。官員加入這個委員會之前,必須先上過經濟作戰的訓練課程,而那些課程必須涵蓋所有基本知識。這個委員會也應該從民間部門網羅人才,打造一個讓產業界專家得以透過這種高影響力任期來為國家效勞的暢通管道。各大學也可以發揮一些作用:大學公共政策與國際關係等學術課程,應該把經濟作戰列為必修課,並將經濟作戰視為與軍事事務一樣重要的科目。

這個委員會將滿足一個急迫的需求:預先為明日的經濟戰爭進行規劃。[9]通常美國官員應對危機的方式,是在事發後才急忙趕到白宮戰情室開會,一起拼湊新的制裁選項,待制裁選項敲定後,再由政府的經濟學家協助預測將造成什麼影響;由於時間壓力極度緊迫,那些經濟學家的

預測經常流於過度審慎。也因如此，在本書敘述的每一個情境中，美國政府都高估了新經濟武器的負面外溢效應。如果今後能成立這個委員會，它平日就能開發跟新制裁有關的概念，並在危機爆發**之前**，[10] 先徹底審查這些概念是否可行，從而矯正這種急就章且過度審慎的問題。

制裁就像抗生素，如果使用正確，成效會非常好，但如果過度使用或使用不當，就會引發一大堆問題。以某些個案來說，問題出在方法錯誤：當華盛頓當局尋求政權更迭（例如川普政府對伊朗與委內瑞拉所做的），期待制裁奏效就形同緣木求魚；但以某些個案來說，制裁確實有成功的潛力，但必須使用足夠的劑量，且維持夠長的時間，才能夠避免「抗藥性」產生。這就是歐巴馬和拜登在對抗俄羅斯時，雙雙遭遇到的問題：他們採用漸進式的方法來強化制裁的力道，結果反而讓俄羅斯有時間適應與調整，從而在這個過程中增強「抗藥性」。結果，這兩位美國總統都未能對俄羅斯經濟造成致命的打擊，但至少拜登原本希望能做到這點。有時候既然出手了，最好還是放手一搏，抱持不成功便成仁的決心。

如果美國在面對經濟戰的漣漪效應時能更有韌性，就比較容易做到所謂的放手一搏，而要保有韌性，關鍵措施是投資美國工業產能，並透過「友岸外包」來強化供應鏈。不過，要做的不僅僅如此。降低國內石油消費量不僅對環境有利，也能讓美國家庭和企業免於遭受油價衝擊──如此一來，未來不管美國遭遇什麼樣的經濟衝突，都會更屹立不搖。如果當年白宮的官員不是那麼在意汽油的價格，美國理應有更大的空間能打造出更有效率的制裁措施。

美國也應該探討制裁措施與出口管制的創新用途。人類如今面臨的某些巨大挑戰，包括氣候變遷與人工智慧不受約束的風險等，通常不屬於經濟作戰的範疇，而是跨國集體行動的問題，不過，既然華盛頓能禁

止企業和伊朗或俄羅斯做生意，一定也能禁止企業參與世界各地的碳密集型能源計畫，因為這些計畫通常需要使用大量融資與技術，所以那類禁令應該能發揮實質的效用。在此同時。精密的人工智慧端賴多半由美國企業供應的硬體才能運行（全球各地銷售的人工智慧晶片，有超過70％[11] 是由位於矽谷的輝達公司所設計），所以如果華盛頓當局想要勸誘外國政府與企業接納「對人工智慧的使用負責」[12] 的標準，只要禁止輝達及其他美國企業和不願意採納這些標準的國家或企業做生意就好。

美國經濟彈藥庫的那類新用途看起來並非那麼不正統。事實上，這種用途的基本邏輯跟美國近年來對付中國與俄羅斯的經濟對策是一致的——就是要扭轉或永久改善全球化某些長遠下來弊多於利的特點。在過去30年的大部分時間裡，中國和俄羅斯利用和美國之間的深厚經濟關係，積極實現軍隊現代化，並建立了綿密且廣泛的監控國家（surveillance state），而美國官方實際上是贊同甚至鼓勵這個進程的，因為美國當局認為，不約束貿易與投資活動是天經地義的立場，更是仁慈的表現，特別是美國企業能在這個過程中賺到許多錢。如今華盛頓當局正利用經濟武器來改變過去的那些方針，在此同時，它也可以用相同的方法來遏制碳密集型大規模計畫，並約束人工智慧方面的危險應用。

美國除了改善本身的經濟作戰能力，也應該深化和盟友之間「同進退」的能量。G7已公開表達將共組經濟安全聯盟[13] 的期許。未來幾年，華盛頓當局應該投入必要的人力與物力，和志同道合的民主國家戮力合作，定期展開制裁規劃相關的對話，[14] 如此才能實現這個願景。若能提前開發且詳細審查各種新經濟武器，美國一定能大大獲益。同樣地，及早和盟友團結一致，別讓外交反過頭來變成危機來臨時的瓶頸，一樣也將使美國受益良多。每當遭遇新的經濟攻擊，才急著責成外交官從頭開

始組建新的國際聯盟,並非長久之計。

無論如何,當今美國經濟治國才能的最大弱點,並不是缺乏「棍棒」,而是缺乏「紅蘿蔔」。由於美國法律規定的緣故,白宮的主人輕易就能動用制裁與出口管制等武器:總統只須簽署一紙行政命令,那些措施就能馬上生效,因此,每一任白宮主人都很難抵擋使用那些武器的誘惑。相較之下,大規模的海外投資與國際經濟協議的核准就沒那麼容易了,那些案件通常需要取得國會支持。不過,想像一下,如果華盛頓當局擁有龐大的主權基金(sovereign wealth fund)、原油以外的關鍵礦物與其他大宗原物料商品戰略庫存,以及類似中國「一帶一路」倡議那種規格的海外直接資本使用自由等可供差遣,美國的政策會變得多麼有效率?遺憾的是,政治機能不良的問題導致美國無法擁有其他幾個國家所擁有的那種經濟資產。

未來幾年,不管是發動經濟戰或是贏得經濟戰,都只會變得更加困難,特別是中國與其他國家都已強化了它們的攻擊能力及防禦工事。所以美國承擔不起安於現狀的代價,美國必須持續不斷改良自己的經濟彈藥庫,並積極進行能強化美國全球金融與技術領導地位的國內投資,畢竟那兩個領域是美國作為強國的基礎。

每個時代都埋藏著可能造成自我毀滅的種子。二戰後透過布列敦森林協議建立的體制是以一個前提為基礎:透過資本管制與固定匯率制度來限制國際金融活動,是促進經濟復甦與政治穩定的必要元素。歷經近30年,這個體制的成效確實良好:世界經濟體系從戰爭的破瓦殘礫中漸漸恢復元氣,並變得比以往更有活力與生產力;因多年戰鬥、專制統治

以及軍事占領的壓力而分崩離析的那些國家，逐漸發展為繁榮的福利國，其中的法國更欣喜地將這個時期取名為「les trente glorieuses」，[15] 即「輝煌的 30 年」。不過，曾經成功促使布列敦森林協議造就那片榮景的核心特性，最終卻也引發摩擦。最初被視為安定保證的固定匯率政策，後來卻成了猜忌與怨恨的源頭。不僅如此，跨國企業也找到了規避資本管制的方法，而且它們的作為竟也漸漸獲得少數自私政府的支持。這一切導致布列敦森林協議最終在 1970 年代初期消滅，而它其實是因為不堪它本身的設計所衍生的沉重壓力而崩潰的。

和布列敦森林協議不同的是，1990 年代快速崛起並蓬勃發展到二十一世紀的經濟全球化，並沒有明確的創始時刻。然而，它同樣也以一個基本前提為基礎：經濟互相依存將讓這個世界變得更富裕且更安全。有一段時間，全球化確實發揮了作用：全球經濟體系中原本無緣參與「輝煌 30 年」榮景的國家——包括中國、前蘇聯陣營以及其他開發中國家——都因全球化而經歷了屬於它們各自的經濟奇蹟，而美國與其他工業國家也享受了再一次的繁榮。

經濟互相依存確實讓這個世界變得更富裕，但自始自終都沒有證據能證明這個世界因此變得更安全了。在戰火頻仍與地緣政治緊張情勢加劇的此刻，我們很難記起「市場與供應鏈整合理當讓國與國之間的衝突成為過去」[16] 的雙贏邏輯。[17] 假如是從那個邏輯延伸，就算國與國之間持續當前的競爭態勢，最終也只會進入「軟實力」領域[18] 的競爭，換言之，世界盃賽事與歐洲歌唱大賽（Eurovision Song Contest）將取代過往的地緣政治陰謀。詹姆斯（LeBron James）和姚明將取代甘迺迪與赫魯雪夫。

然而，那種樂觀的敘事忽略了一個重要的認知：超全球化

結語　不可能的三位一體

（hyperglobalization）是在冷戰結束的前提下才得以實現。世界級的經濟整合是冷戰結束的「果」，而非促使冷戰結束的「因」。誠如歷史學家約翰・路易斯・蓋迪斯（John Lewis Gaddis）所寫的，美國與蘇聯經濟體系之間的鮮明分歧，使美俄兩國形成了一種「互相**獨立**」[19]而非相互依存的特有關係。當今的世界經濟體系結構只適合1990年代那樣的良性地緣政治環境，不適合當前這種更危險的地緣政治環境。

全球化的凱旋進行曲，最初是在2008年金融危機以及危機後普遍在各工業化經濟體爆發的政治反彈中漸漸趨緩，[20]數十年來持續惡化的國內財富分配不均與製造業的持續沒落，在各國引爆了民粹主義的怒火。不過，直到各國政府開始將經濟互相依存視為一種負債而非資產後，全球化的凱旋進行曲才真正永久轉變為「撤退曲」：由於所有強國的經濟體彼此環環相扣，各國政府遂得以利用各種鎖喉點與鎖喉術來壓迫對手。由於各個強國深知，一旦大國之間爆發熱戰，整個世界就有走向核毀滅的可能，於是，各國遂將全球化視為較可行的作戰管道。這就是當初促使美國建立其經濟彈藥庫的背景，而經濟戰爭時代也自此揭開序幕。

我們還不知道經濟作戰的時代何時會結束，但可以預見到它將以什麼方式結束。我們可以把華盛頓、北京、布魯塞爾與莫斯科等地的政策制定者面臨的種種權衡與取捨，視為一個由**經濟互相依存**、**經濟安全**與**地緣政治競爭**等三個重要目標構成的三難困局，其中任何兩個目標都可能並存，但不可能三個同時發生。

在冷戰時期，地緣政治競爭的考量勝於一切。每一個陣營都因放棄與敵人互相依存，而享受到某種程度的經濟安全。不過，冷戰結束後，個中的利弊盤算改變了。西方國家的勝利使它們認定地緣政治競爭的概念幾乎毫無意義。既然美國在軍事、經濟與文化方面的實力都已達到顛

峰,它還有什麼好爭的?在那一段太平日子裡,中國和俄羅斯在美國眼中比較像是剛開始嶄露頭角的朋友,而非將帶來不祥的對手,因此,美國才會自在地擁抱經濟互相依存,也未因此失去經濟安全感。

但如今,另一個改變即將發生。俄羅斯的帝國主義與中國爭取世界霸權的行為,使得地緣政治競爭捲土重來且來勢洶洶;然而在此同時,經濟互相依賴的情況並沒有改變。這種種現象的結果就是,包括美國、中國、歐洲及俄羅斯等強國,沒有一個能感受到經濟安全,而在這個情況下,勢必得做出某種犧牲。

恢復安全感的方法之一是克制競爭,但當今各個強國之間彼此衝突的利益以及被壓抑的不滿和委屈,讓這個方法顯得不可行。較可能結果是經濟互相依存將繼續瓦解。此刻,美國處理在對中關係時,正試圖降低一點點的相互依存來換取大量的安全感。不過,那樣的交換非常難以落實,而且長期下來,各方可能只會變得更積極嘗試全面降低互相依存的程度。

一旦經濟作戰所仰賴的鎖喉點不再能發揮那麼強大的擠壓效果,經濟戰爭時代就可能走到終點。但這個狀況有可能在 10 年、20 年或甚至更久以後才發生。當初這些鎖喉點可說是草創不易,所以,要破解它們自然也不是那麼簡單。即使當今的鎖喉點會隨著時間的消逝而漸漸失去其效力,但隨著新產業興起,其他地方也會漸漸形成全新的鎖喉點;不過到最後,大型強國一定能找到方法來削弱那些鎖喉點的力量,讓它們不再構成強烈的威脅。最大的問題在於這個狀況是將逐漸發生(透過「友岸外包」與為達到自給自足而進行的長期投資),還是突然發生(透過在台灣或另一個熱點爆發的災難性大國戰爭)。

一定有些人會為經濟戰爭時代的結束歡呼,或許世人確實也有理由

為那樣的發展而喝采：如果大型強國之間不再畏懼彼此的經濟武器，這個世界就可能進入一種全新的穩定狀態。到時候，我們的世界將會失去經濟互相依存所帶來的效率與低價，但各方都將獲得某種安全感。供應鏈將回歸本土，就業機會也將倍增。這個世界將分裂為不同的經濟陣營，但依舊保持和平。

不過，未來的潛在發展有可能比上述的新穩定狀態黯淡：有史以來，大國對立是長久不變的現實。即使當今的經濟武器失去其優勢，大國對立的情況也不會改變。如果沒有能力把地緣政治衝突導向經濟領域，大型強國之間很可能再次走上實際的戰場，彼此殘忍廝殺。儘管經濟戰有很多缺點，但它終究可以成為暴力戰爭的**替代方案**。經濟戰爭時代終有結束的一天，但到那時，我們或許又會懷念它的存在。

本書完整注釋
請掃 qrcode

謝詞

本書是我個人數十年學習與經歷的產物。多年來，我很幸運能得到家人、朋友、師長和同事的大力支持，他們所有人的支持共同成就了這本書。

我的父母吉兒與馬克・費希曼（Jill and Mark Fishman）給了我無窮的愛和支持。母親一向鼓勵我追逐夢想與培養好奇心，在她的耳濡目染之下，我從閱讀與寫作中獲得了無窮的樂趣。我的力量來自母親無條件的愛，而她的價值觀更是長久以來引導我前進的明燈。父親是我的英雄：他是我認識的人當中最睿智也最可靠的。他教會我自律，也讓我學會時刻掌握輕重緩急的重要性。我的雙親不時耳提面命地告訴我，人際關係重於一切。如果我有任何成就，其中一半歸功於我自己的努力，另一半則應歸功於他們的支持與愛護。

我的人生深受幾位偉大的師長影響。葛雷德維恩小學（Gladwyne Elementary）的 Thelma Williams 老師教導我在課堂上以極高的標準嚴格自律；威爾許谷中學（Welsh Valley Middle School）的 Janet Chung 與 Charlie Flaster 老師，讓我見識到學術嚴謹的樂趣；哈里頓高中（Harriton High School）的 Paul Kinney、Susan Gross、Brian Gauvin 以及 Chris Santa Maria 等師長，則分別激發了我對國際事務、外國文化、科學探究以及歷

史等學科的興趣。深深感謝在我接受 12 年公立學校教育期間曾經教過我的所有好老師。

我在耶魯大學求學的時光，為我後續從事的外交政策與作者等工作奠定了堅實的基礎。Donald Kagan 是我遇過最棒的老師。他透過 4 個學期的課程以及暑期研究資助計畫，教會我如何評估歷史決策，並提出合理的論述。本書處處可見他對我的影響——首先是本書對事件發生時間序的堅持。John Gaddis、Charlie Hill、Paul Kennedy 以及 Walter Russell Mead 這幾位是大戰略研究（Studies in Grand Strategy）課程的講師，以及國際事務領域的傑出書籍作者，他們大大提升了我的寫作水準，並協助我把自己的歷史研究和當代外交政策連結在一起。即使我已畢業多年，他們還是持續為我提供建議和支持。Adam Tooze 激發了我對全球經濟學的興趣，他也是我的畢業論文（和 1870 年英國對剛統一的德國採行的政策有關）指導教授。在他的敦促下，我的知識領域得以進一步擴展。Joanne Freeman、Robert Greenberg、John Harris、Giuseppe Mazzotta、Sean McMeekin、Stephen Roach、Tim Snyder、Charles Walton 以及引導研究（Directed Studies）課程的講師們，也都對我的思想產生了持久的影響。

我在劍橋大學求學期間，撰寫有關美國 1990 年代初期外交政策的論文時，Brendan Simms 為我提供了專業的指導，就某種程度來說，那篇論文堪稱本書的前身。Amrita Narlikar 深化了我對國際政治經濟體系的瞭解，本書最初幾個和布列敦森林協議之興衰有關的章節，明顯體現了她對我的影響力。在史丹佛大學求學期間，Ed Batista、Rob Chess、Peter DeMarzo、David Dodson、Keith Hennessey、Josh Rauh、Condoleezza Rice、Amit Seru、Rob Siegel、Russ Siegelman 以及他們的同事，不僅教會我許多和商業與公共事務有關的知識，還讓我更懂得如何管理人生與專業上的

Chokepoints

挑戰。

我在美國政府任職的經歷對我的人生影響甚鉅。非常感激柯恩讓我首度有機會參與財政部的公職，也要感謝 Jen Fowler 與羅森伯格教會我如何在聯邦機構裡「求生存」。在國務院任職那幾年，我學習到非常多新知識，並度過了職涯中最忙碌與充實的時光。非常感激芬納、弗瑞德、哈瑞爾、John Hughes、Andrew Keller、David McKean、Siddharth Mohandas 與其他很多人對我的信賴，並讓我擔任開創新局的職務。我也要感謝我在政策規劃參謀辦公室（Policy Planning Staff）與經濟制裁政策與執行辦公室（Office of Economic Sanctions Policy and Implementation）的同事，除了感謝他們對我的友誼，也要感謝他們在這件值得做的工作上與我合作無間。外國資產管制辦公室的 Brian O'Toole、史密斯與其他人是一流的旅行同伴，謝謝他們幫助我搞懂制裁的實質運作細節。另外，我也有幸和五角大廈的許多軍官以及國防專家共事，他們總是對我展開歡迎的雙臂，從不介意我原本是國務院的人。我在馬汀・鄧普西將軍（General Martin Dempsey）戰鬥應用團隊（CAG）裡的同僚，將永遠在我的心中占有特殊的一席之地。

我在 Via、《外交》雜誌（*Foreign Affairs*）、Zoox 公司、新美國安全中心（CNAS）以及大西洋理事會（Atlantic Council）等政府單位以外的同事，也在很多方面幫助我學習與成長。其中特別感謝在我重要的專業與人生關頭為我提供智慧與支持的那些人，包括 Michèle Flournoy、Gideon Rose、Matt Olsen、Jeffrey Goldstein、Jon Foster、Cariann Chan 以及 Brad Hirschfield。

我還有一長串的人要感謝，沒有他們，這本書不可能存在。首先是無與倫比的經紀人 Gail Ross 以及 Portfolio 出版社的編輯 Noah

Schwartzberg。他們兩人幾乎打從一開始就深刻理解我對這個計畫的願景，並為我提供無法估量的支持。Gail 指導我完成了書籍提案行銷和銷售等錯綜複雜的流程，並幫我找到了 Portfolio 出版社的完美合作夥伴——Noah 與 Adrian Zackheim。Noah 不只是個編輯，還是個教練，他放手讓我執行自己為本書擬定的計畫，時刻關心所有進度，並在關鍵時刻為我提供指引和鼓勵。每一位作家都應該慶幸擁有像 Noah 這麼棒的編輯。另外，由衷感激 Adrian，打從一開始，他的熱情就給了做為新手作家的我極大信心。我也非常感謝 Niki Papadopoulos 對這個計畫的支持；謝謝 Leila Sandlin 協助把我的草稿轉化成一本真正的書；感謝 Carolyn Foley 為我進行謹慎的法律審查；謝謝 Ryan Boyle 監督整個生產流程；感謝 Ritsuko Okumura 努力把這本書推廣給世界各地的讀者；另外，我也要感謝 Kirstin Berndt、Lindsay Prevette、Savana Bishop、Catherine Morrissette、Rachel Baldauf 以及 Taylor Williams 協助管理宣傳和行銷工作。能成為 Portfolio 的一員是我的幸運。

哥倫比亞大學全球能源政策中心（Center on Global Energy Policy）是進行這種大型計畫的理想知識環境。全球能源政策中心的創始董事 Jason Bordoff 早在本書還只是個初步構想之際，就已預見它的價值，並慷慨提供一個機構空間給我。身為寫作人，他給我的是世界上最棒的禮物：閱讀、思考與寫作的時間與空間。感謝全球能源政策中心的研究董事 Melissa Lott 與 Robert Johnston 一直深信我必定能完成這件事。在此同時，我在全球能源政策中心的同事也每每在我需要的時候，提供非常寶貴的意見。我也非常感激全球能源政策中心的前通訊副主任 Natalie Volk，她在這個計畫剛展開時給了我很多協助。

過去幾年，我在哥倫比亞大學的國際與公共事務學院任教，而該學

院也對這個計畫發揮了非常核心的作用：本書就是發想自我在該學院開設的「經濟與金融治國方略」課程，本書大綱的設定正是參考那個課程的大綱。我要感謝 Andrea Bubula 與 Richard Robb 贊助我的課程，並向很多優秀的學生推薦。所有專注上過那堂課的學生都多多少少影響了本書的想法和論點。

在國際與公共事務學院任教，不僅幫助我更有效組織思路、激發新想法，也讓我認識了幾位最終親自協助本書創作的學生，Kevin Brunelli 與 Kiran Kaul 是這個班上第一代最優秀的兩位學生，他們在我展開這個計畫不久後，就加入擔任兼職研究助理（Kevin 畢業後也全職在國際與公共事務學院工作，他的職責之一是幫助我完成這個計畫。）如果沒有 Kevin 與 Kiran 的協助，本書絕對不會有今天的樣貌。Kevin 努力不懈地追蹤新聞報導、聽證會證詞、演說和其他主要資訊來源。他對細節的敏銳觀察力、對政治與能源政策的透徹理解，以及強烈的求知欲，大大改善了本書的成品。Kiran 一絲不苟的嚴謹研究與分析技能，有效幫助我瞭解本書所述的制裁會造成什麼經濟影響。她認真搜尋經濟數據與財金新聞，並扮演我的思考夥伴，幫助我理解那些數據與新聞所代表的意義。有 Kevin 與 Kiran 加入團隊，我真的感到非常幸運，而且對我們三個人來說，更幸運的是他們兩人現在都已各自在公共服務領域發展職涯。

Zach Krivine 和 Rachel Cifu 在這個計畫的最後階段加入，擔任兼職研究助理，他們兩人的貢獻也一樣彌足珍貴。 Zach 協助蒐集圖形資料、製作實體模型，並不時設法改良。Rachel 協助設定註解的格式與編排，為最後幾個章節提供研究支援，同時幫忙彙編出場人物介紹和詞彙表。Zach 與 Rachel 都讀過本書的完整草稿，並提出了不少優質建議。

我深深感謝我為了寫這本書而採訪過的 100 多位人士。其中很多人

不厭其煩，花好幾個小時與我分享他們的回憶、確認事實，並代我挖掘各種證據。本書的脈絡就是由他們的故事所構成，我要感謝他們願意相信我會是一名公平且精準的說書人。部分受訪者名單請見「資料來源附註」，不過其中只包含同意透露姓名的人士。

還有幾位編輯、事實查核員和藝術家以許許多多的方式為本書增色。特別感謝《外交》雜誌前編輯 Victor Brechenmacher，他敏銳的編輯判斷力讓本書的每一頁內容變得更盡善盡美，他幫我刪除冗餘的細節、精簡敘述文字，讓我的核心論點變得更清晰易懂。他是我共事過的最佳編輯之一。另一位出色的編輯 Usha Sahay 在撰寫重要的演講稿之餘，幫我在兩個星期內潤飾好我的手稿。幸好有她，我才得以免除疏漏的問題，不僅如此，她還不斷敦促我盡可能簡化。我很感謝她在本來計畫要去休假的時間，撥冗跟我一起工作。Mark Hitz 幫助我思考第一部的內容，他不僅提供非常寶貴的建議，還幫忙我改善文體鬆散的問題。我要感謝 Mark 讓本書有一個堅實又良好的開始。Katia Zoritch 與 Corinne Leong 煞費苦心地檢核本書的每一項事實，並使完稿避免犯下很多失誤。感謝他們的細心和專業。Henry Nuhn 製作的封面引人注目且構思巧妙，而 Alissa Theodor 設計的內頁版面也非常精美。Jeff Ward 負責繪製地圖與圖表，並不厭其煩地配合我提出的微調要求；Edie Weinberg 則負責收集照片。和他們兩人合作非常愉快。這是我的第一本書，從一開始提筆，我最擔心的事就是怕自己會因此孤獨地度過這個過程。幸好有上述每個人的協助與陪伴，讓這件事變得比我預想的更具有團隊合作氛圍，整個過程也變得有趣得多。

我結束寫作後，很多朋友、同事和家人大方地幫我閱讀完整的初稿。我要感謝 Harrison Avart、Jason Bordoff、Sam Breidbart、Richard

Danzig、Adam Deutsch、Mark Fishman、Krishna Jha、Chris Miller、Siddharth Mohandas、Stuart Reid、Edoardo Saravalle 以及 Adam Verhasselt 幫忙檢閱初稿，他們提供的回饋顯著改善了本書的定稿。Ben Alter 審閱了我的書籍提案，並隨時接聽我的諮詢電話。Wes Mitchell 針對圖表與封面提供了寶貴的建議。Louise Knight 與 Al Song 很早就鼓勵我考慮寫書。Hannah Zornow Alter、Max Barbakow、Meryl Breidbart、Jay Dockendorf、Dani Isaacsohn、Lee Isaacsohn、Willie Kalema、Sam Kleiner 以及 Jordan Schneider 更提供了方方面面的訣竅，包括創作流程與資料來源文件，乃至封面設計與內頁排版等。Linda Kinstler、Lev Menand、Chris Miller、Aaron O'Connell、Stuart Reid、Tatiana Schlossberg、Alex Ward 與 Ali Wyne 不是剛完成自己的書，就是還在寫書，但他們從這個計畫一展開，就提供非常多有用的建議，並幫助我做出關鍵的決定。我特別要感謝 Stuart，他一開始就要我寫適合普通人讀的書，我一向很依賴他的明智建議。

以上所述的每個人都讓這本書更加完美。當然，如果有任何缺陷，那絕對是我一個人的責任。

一直以來，不管我做什麼，朋友們總是無條件支持我，本書也不例外。兒時、大學與研究所時代的朋友都和我家人沒兩樣。無論是高潮或低谷，他們始終忠實地陪伴著我，並以許多方式讓我的人生變得更加豐富，我對他們只有無限的感激。

我的祖父母們一直是我的榜樣，他們對我一生的影響永遠也無法抹滅。如果沒有他們的愛和辛勤付出，我不可能成為今天的我。感謝祖母，Annabelle 與岳祖母 Gayatri 能和我一同慶祝本書的出版。她們的愛和支持對我來說非常重要。

我的姊姊 Samantha 與弟弟 Josh 以及姊夫、弟妹、小舅子和小姨

子——Rahul、Lissa、Steven 和 Sydne——從沒忘記為我加油。我對他們的愛超乎他們的想像。另外，10 多年來，我的岳父母 Bandana 與 Krishna Jha 給我滿滿的愛、鼓勵和支持，有他們做我的第二對父母是非常幸運的事。

我是從女兒 Ibha 出生後幾個月開始考慮寫這本書，最後終於在兒子 Ayan 出生後幾個月完成。這兩個孩子照亮了我的生命。我一生最大的樂趣，莫過於看著他們成長、歡笑以及學習。每次 Ibha 在我寫作時衝進我房間，都會讓我感覺自己實在太幸運了，能夠進行一個可以經常陪伴他們的計畫。我對他們的愛比山高，比海深。

最後，我要把最深的謝意獻給太太 Lepi—她是我一切事務的夥伴，也是我的一生摯愛。每次我向 Lepi 提出新的想法，她總是一貫地給我鼓勵，包括這本書，她讓我有信心完成。在我寫書過程中的每個階段，她都為我提供許多建議，並為我提出的一大堆繁瑣請求提供指引，同時還提供了數十項精闢的編輯建議。她總是在我為了趕截稿日而埋頭苦幹時挺身而出。她的堅定支持讓我得以安然度過人生的許多波折，不管是高潮或低谷、成功或失敗，都幸而有她。謹將本書獻給我太太 Lepi。

資料來源附註

如果不是 100 多位現任與前任美國官員、外國官員與企業界高階主管同意接受採訪,並坦率地提供他們的反思,本書不可能完成。其中很多人大方地花了好幾個小時多次與我對談,還有很多人投入額外的時間協助我確認各項事實。

由於內部政策討論與外交斡旋會議的內容高度敏感,所以我的多數採訪對象只願意在不具名的情況下分享他們最坦率的回憶。因此,當我利用訪談來重建當時的事件或重現對話時,並不會特別指名那是對誰的訪談。我只有在直接引用某人對過往事件公開發表過的分析或解釋時,才會引用自己的訪談。

讀者不宜假設本書提及的任何對話或場面的主要資訊提供者,是在那些對話或場面裡出現過的人。這些對話或場面其實是根據很多不同的資訊來源重建而成,包括顧問、同事、記錄人員和其他見證者的描述。

在絕大多數情況下,我能透過多重的消息來源確認本書描述的事件是否與事實相符。我盡可能利用那些消息來源為我挖掘的書面證據(包括電子郵件、簡訊、個人行事曆、護照戳章以及機票/車票收據等)來證實各項細節與時間序是否符合事實。我很感謝這些人士協助我確保準確性與精確度。未在本書附註裡明確引述的所有素材,皆來自我的訪談

以及我的消息來源所提供的證據。

我個人直接參與過本書所述的某些事件，尤其是第二部與第三部描述的那些事件。2011年，我在財政部任職，到2013年至2017年，則轉任國務院與五角大廈的職務。離開政府單位後，我定期會就制裁政策向美國官員諮詢。如果沒有這段經歷以及一路以來建立的人脈，我根本不可能寫成這本書。我個人的經驗當然對我的分析有所貢獻，而且那些經歷讓我瞭解到應該要誰商談，也讓我有能力判斷誰對事件的說法才值得信任。總之，本書所述的所有情節、對話或事實，絕對不只是源自我個人的記憶。

除了我的訪談，我還使用了非常多公開可取得的資料來源，包括書籍、報章雜誌文章、演說、聽證會證詞、經濟數據、學術文章，還有政府文件與新聞稿，這些都已在附註裡引述。我要感謝創作這些素材的學者、媒體工作者以及其他人。另外。為了避免造成混淆，在引用這些資料來源時，我擅自決定採用標準化的拼字（例如以「Kyiv」取代「Kiev」），並修訂當中打字錯誤的部分。

本書是有史以來第一份記載那一段歷史的文稿，未來無疑將有學者會補充本書的記述和結論，特別是等到他們能取得更多書面證據時。我期許本書能鼓勵更多人嘗試理解經濟戰爭時代，因為儘管經濟戰爭時代是形塑過去20年歷史的重要因素，迄今仍鮮少人深入涉獵這個主題。

受訪者名單

以下人士以及多位寧可保持匿名的人大方接受我的採訪,並貢獻了彌足珍貴的獨到見解,他們包括:Bruce Andrews、Rich Ashooh、Chris Backemeyer、Esfandyar Batmanghelidj、Leonardo Bellodi、Alex Bick、Jonathan Black、Josh Black、John Bolton、Jason Bordoff、Matt Borman、Erik Britton、Jonathan Burke、Josh Cartin、Tarun Chhabra、Christy Clark、David Cohen、Earl Comstock、Adam Deutsch、Mark Dubowitz、Robert Einhorn、David Feith、Jon Finer、Eytan Fisch、Christopher Ford、Dan Fried、Andrea Gacki、Anthony Gardner、Danny Glaser、Richard Goldberg、Zach Goldman、Brad Gordon、Alexander Gray、Eric Green、Peter Harrell、Ben Harris、Meghan Harris、Doug Hengel、Henrik Hololei、John Hughes、Cordell Hull、Andrew Jensen、Avi Jorisch、Ivan Kanapathy、Sean Kane、Andrew Keller、Emily Kilcrease、Keith Krach、Thomas Krueger、Jörg Kukies、Charles Kupchan、Stuart Levey、Jack Lew、Robert Lighthizer、Eric Lorber、Stephen Lovegrove、Rory MacFarquhar、Colin McGinnis、H. R. McMaster、Tim Morrison、David Mortlock、Nicholas Mulder、Richard Nephew、Tyler Nielsen、Nazak Nikakhtar、Victoria Nuland、Brian O'Toole、Peter Orszag、Carlos Pascual、Michael Pedroni、Matt Pottinger、Jason Prince、Elizabeth

Rosenberg、Robert Rubin、Josh Rudolph、Vance Serchuk、Brad Setser、Radek Sikorski、Daniel Silverberg、Daleep Singh、Adam Smith、John Smith、Colleen Stack、James Steinberg、Josh Steinman、David Stilwell、Adam Szubin、David Tessler、Liza Tobin、Matt Turpin、Howie Wachtel、Clete Willems、Kevin Wolf、Catherine Wolfram、Tom Wyler、Juan Zarate、Josh Zoffer、以及 Matt Zweig。

地圖、圖表與圖片清單

地圖

P.19　黑海與博斯普魯斯海峽

P.111　伊朗與其核子設施所在地

P.283　烏克蘭及其被占領的領土

P.482　俄羅斯及其石油與天然氣出口基礎建設

圖表

P.57　全球外匯交易量（1989年至2022年）

P.63　美國財政部的局部重要組織圖

P.149　伊朗石油出口與美國頁岩油產量（2006年至2015年）

P.275　盧布－美元匯率與油價（2014年至2015年）

　　　資料來源：國際貨幣基金、路孚特即時資料（Refinitiv Datastream）、俄羅斯中央銀行

P.399　華為集團營收（2015年－2021年）

　　　資料來源：華為公司

P.457　俄羅斯的外匯準備（2010年至2022年）

　　　資料來源：俄羅斯中央銀行

圖片

P.35　伯里克里斯、拿破崙與伍羅德·威爾遜：這三位領袖的經濟作戰

計畫最終都未能達到如其所願的結果。

P.51　威廉・西蒙：前債券交易員，他搞定了促使油元誕生的協議

P.67　史都華・李維：財政部第一任恐怖主義暨金融情報部次長

P.77　亞當・蘇賓：美國財政部外國資產控制辦公室主任

P.89　馬哈默德・哈馬迪內賈德：2005 年 9 月在聯合國大會上發表演說的伊朗新總統

P.99　說服用的道具：李維用來證明伊朗從事欺詐性金融作業的一則報紙廣告

P.139　大衛・柯恩與溫蒂・雪曼嚴肅的面孔：歐巴馬政府和國會之間的關係因伊朗制裁議題而陷入緊張

P.162　哈桑・羅哈尼：為民眾的不滿發聲，並因此讓伊朗選民動員起來的政治人物。

P.181　約翰・凱瑞與賈瓦德・扎里夫：正在協商伊朗核協議的夥伴兼對手。

P.189　消除疑慮的談話：約翰・凱瑞在外國資產管制辦公室主任約翰・史密斯（右側）陪同下，於 2016 年 5 月和銀行業人士會面。

P.199　丹・弗瑞德：國務院第一任制裁政策協調員。

P.205　宣洩不滿：2007 年 2 月，普丁在慕尼黑安全會議裡演講。

P.213　2013 年 12 月，維多利亞・盧嵐發餅乾給基輔獨立廣場上的示威民眾。

P239　路傑克，2013 年至 2017 年擔任美國財政部長

P.253　2014 年 7 月 17 日當天，馬來西亞航空公司第 17 號班機（MH17）在烏克蘭東部的墜機地點

P.263　石油大亨與沙皇：雷克斯・提勒森與普丁在艾克森美孚公司與俄羅斯石油公司簽署戰略夥伴關係契約的典禮中向對方微笑。

P.267	艾爾薇拉・納比烏琳娜：俄羅斯央行掌舵人，備受肯定的技術官僚
P.313	博明：川普國家安全委員會的亞洲事務資深處長
P.319	任正非：華為公司的創辦人暨執行長
P.339	2017年4月，川普與習近平在海湖莊園因巧克力蛋糕而結下善緣。
P.341	爭奪老闆的關愛眼神：羅伯・萊特希澤與史帝夫・梅努欽（右）在橢圓形辦公室坐在川普的對面
P.371	中國的獨門法寶：習近平在2019年5月到江西省參觀一座稀土加工設施
P.397	孟晚舟：華為的財務長兼愛國的象徵——攝於她的溫哥華豪宅外。
P.415	達利普・辛格：拜登執掌白宮時期負責國際經濟事務的副國家安全顧問
P.435	大權在握的歐盟官員：烏蘇拉・馮德萊恩以及她的幕僚長畢裘恩・賽伯特（左）
P.440	無上限：普丁與習近平在2022年北京冬季奧運期間宣布將發展全新的中俄夥伴關係。
P.441	2022年2月7日，新總理：奧拉夫・蕭茲（左）在白宮與拜登並肩發表演說。
P.445	開庭：2022年2月21日，普丁在克里姆林宮主持一場電視轉播會議，與會者是他的安全委員會。
P.461	珍妮特・葉倫：拜登政府時期的美國財政部長
P.503	戰時夥伴關係：弗拉基米爾・澤倫斯基以及傑克・蘇利文（右）在基輔握手。
P.527	金磚國家之牆：金磚國家領袖在俄烏戰爭期間團結在一起。

Chokepoints
How the Global Economy Became a Weapon of War

經濟戰爭時代
全球經濟如何成為美國的戰爭武器

作　　者	愛德華・費希曼	出　　版	感電出版
譯　　者	陶安禮	發　　行	遠足文化事業股份有限公司
編　　輯	鍾涵瀞、賀鈺婷		（讀書共和國出版集團）
編輯協力	王惠民	地　　址	23141 新北市新店區民權路 108-2 號 9 樓
視　　覺	許晉維、薛美惠	電　　話	0800-221-029
		傳　　真	02-8667-1851
副 總 編	鍾顏聿	電　　郵	info@sparkpresstw.com
主　　編	賀鈺婷		
行　　銷	黃湛馨		

印　　刷	呈靖彩藝有限公司
法律顧問	華洋法律事務所　蘇文生律師

ISBN　978-626-7523-62-9（平裝）
　　　978-626-7523-60-5（EPUB）
　　　978-626-7523-61-2（PDF）

定　　價　700 元
初版一刷　2025 年 9 月
初版二刷　2025 年 10 月

CHOKEPOINTS
Copyright © 2025 by Edward Fishman
All rights reserved including the right of reproduction in whole or in part in any form.
This edition published by arrangement with Portfolio, an imprint of Penguin Publishing Group, a division of
Penguin Random House LLC.
through Andrew Nurnberg Associates International Ltd.
Complex Chinese Language Translation copyright © 2025 by SparkPress, a Division of Walkers Cultural Enterprise Ltd.

如發現缺頁、破損或裝訂錯誤，請寄回更換。
團體訂購享優惠，詳洽業務部：(02)22181417 分機 1124。
本書言論為作者所負責，並非代表本公司／集團立場。

國家圖書館出版品預行編目（CIP）資料

經濟戰爭時代：全球經濟如何成為美國的戰爭武器 / 愛德華．費希曼（Edward Fishman）著；陶安禮譯. -- 新北市：感電出版：遠足文化事業股份有限公司發行, 2025.09
576 面；16×23 公分
譯自：Chokepoints : how the global economy became a weapon of war
ISBN 978-626-7523-62-9（平裝）

1.CST: 國際經濟關係 2.CST: 總體經濟學 3.CST: 經濟戰略　　　552.1　　114010630

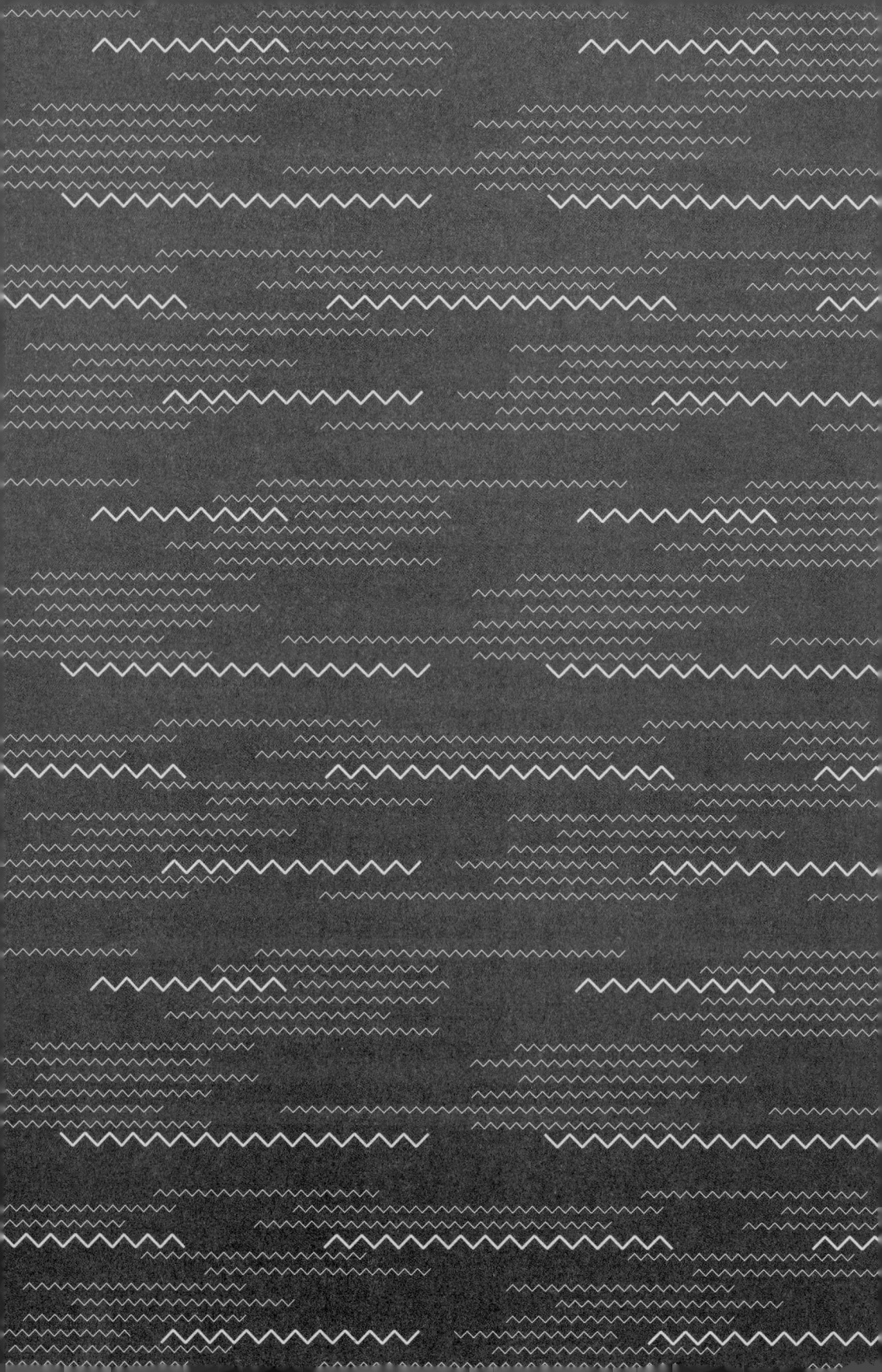

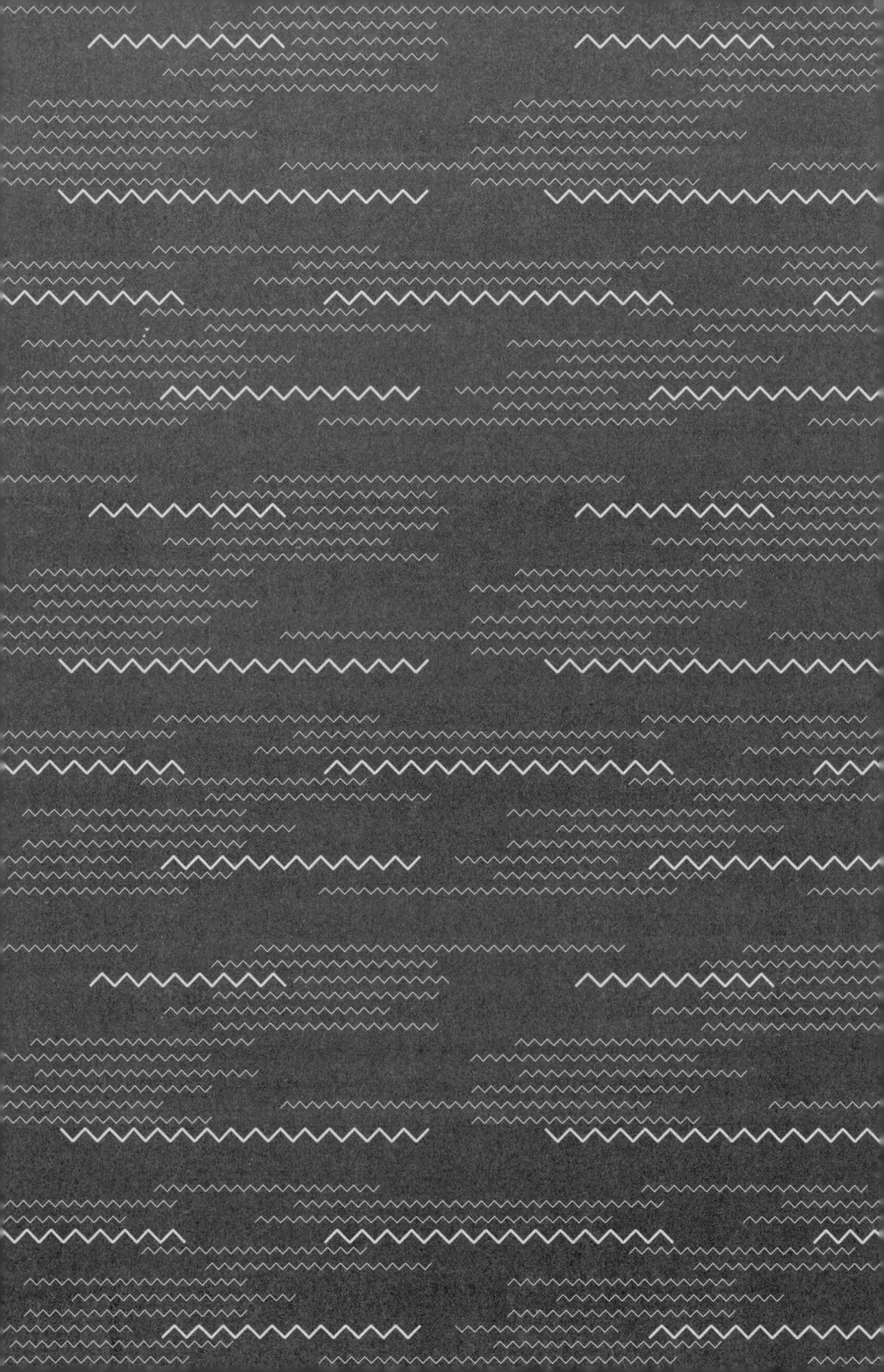